世纪高等院校财经类专业核心课程规划教材

保险投资学

Insurance investment

郭冬梅 郭三化 / 编著

中国财经出版传媒集团

经济科学出版社
Economic Science Press

图书在版编目（CIP）数据

保险投资学/郭冬梅，郭三化编著．—北京：经济科学出版社，2017.2（2022.1 重印）
21 世纪高等院校财经类专业核心课程规划教材
ISBN 978－7－5141－3068－3

Ⅰ.①保… Ⅱ.①郭…②郭… Ⅲ.①保险投资－高等学校－教材 Ⅳ.①F830.59

中国版本图书馆 CIP 数据核字（2015）第 136095 号

责任编辑：杜 鹏 张 力 赵 芳
责任校对：郑淑艳
责任印制：邱 天

保险投资学
郭冬梅 郭三化/编著
经济科学出版社出版、发行 新华书店经销
社址：北京市海淀区阜成路甲 28 号 邮编：100142
编辑部电话：010－88191441 发行部电话：010－88191522
网址：www.esp.com.cn
电子邮件：esp_bj@163.com
天猫网店：经济科学出版社旗舰店
网址：http://jjkxcbs.tmall.com
固安华明印业有限公司印装
710×1000 16 开 26 印张 530000 字
2017 年 2 月第 1 版 2022 年 1 月第 2 次印刷
ISBN 978－7－5141－3068－3 定价：42.00 元
（图书出现印装问题，本社负责调换。电话：010－88191510）

前　言

党的十八大首次提出全面建成小康社会的战略目标，并确定了“两个一百年”奋斗目标，就是到2020年实现国内生产总值和城乡居民人均收入比2010年翻一番；到21世纪中叶建成富强、民主、文明、和谐的社会主义现代化国家。

我国1980年恢复保险业，到1984年才开始出现保险资金的投资，在30多年的发展历程中，我国保险资金的投资经历了从严格管制、有条件放开到2012年以来的宽松管制，投资收益逐步回升。2015年我国总保费收入为2.43万亿元，GDP为67.67万亿元，保险深度为3.59%，保险行业整体净利润达2 823.6亿元，保险资金投资收益为7 803.6亿元，保险资金投资收益率为7.56%。未来随着我国社会发展的“战略目标”与“奋斗目标”的逐步实现，我国保险业将迎来快速发展期，2020年我国保险深度将提升至5%，伴随着保险资金规模的不断扩大，投资收益对保险公司盈利的贡献会逐步增加，保险投资业务未来发展前景十分广阔。

本教材具有以下四大特色：

一是内容新颖、不落俗套。本教材主要结合我国保险投资的历史发展与最新动态，紧紧围绕保险资金的特点，从保险投资原理、保险投资实务和保险投资监管三个方面进行论述，力图为读者勾勒出一幅立足我国保险业及保险投资发展、兼顾国外保险投资特点、整合保险与投资的理论和实务框架。

二是体系完整，符合教学规律。本教材每章均有内容提要、思维导图，每章后根据各章情况编写了知识拓展、经典案例、思考题、专业知识探究等不同层次的内容，为学生的拓展研究提供了相应的专业网站与参考文献，并建设了专业的网络平台（http：//i. youku. com/zhongshifeie，密码为保险消费者投诉维权热线的号码12378），为使用本教材的教师提供专业制作的课件，辅助老师教学，引导学生自学。

三是专业性强。本教材由长期从事保险投资及证券投资教学的教师编写。在编写过程中尽量将保险业务与投资理论进行有机结合，沿着由易到难的顺序对整体结构进行规划，因此，本教材既适合保险行业从业人员和保险专业学生使用，也适合任何一位对投资感兴趣的读者使用。

四是注重学生综合能力的培养。本教材在编写过程中注重学生自学能力与实践操作能力的培养，并将重点放在学生思维方式的培养上。教材中相关知识的讲解尽量由面到点，即以思维导图形式呈现整体框架，让学生在了解整体业务发展情况后进行相应知识点的学习，引导学生养成良好的思维方式；教材中每章后附了专题探究类的习题，用于培养学生的自学与实践能力，帮助学生完成跨学科知识的构建，提升综合应用能力。

本教材不足之处是对国外的保险投资研究略显滞后、视角不够广阔，对保险投资的数学建模涉及内容较少等，希望今后能够不断加以完善。另外，因编者知识与时间限制，教材中错漏之处难免，期待各位专家、学者、同行教师多提宝贵意见，及时斧正。

本教材第一、二、三、六章、第七章中的“寿险公司的估价方法”、第九章（第一、二、三、四节及经典案例）和第十一章由郭冬梅编著，第四、五、八、九（第一节中“保险资金参与资产支持证券的情况”、第五节）、十章以及第七章其他部分由郭三化编著。在本教材编写过程中硕士研究生康凯、王永康、李玲娜、贾昱进行了素材的搜集与整理，在此表示诚挚的感谢。同时感谢兰州财经大学对本教材编写给予的科研经费资助。

编　者

2016 年 10 月于兰州财经大学

目　录

第一编　保险投资原理

第二编　保险投资实务

第三编 保险投资监管

第一编 保险投资原理

第一章　保险投资概述

【本章内容提要】

本章主要介绍保险投资及与其容易混淆的相关术语、保险投资资金的来源与运用及保险投资的发展历程。要求学生重点掌握保险投资的内涵、保险公司的资产负债表、保险投资资金来源及现金流特点、保险投资的境内与境外投资渠道；了解保险险种演变与投资功能的发展；熟悉我国保险投资的历程。

1. 保险投资的内涵

- 保险投资的含义
- 区分几组概念
- 保险公司风险与投资

2. 保险投资资金的来源与投资渠道

- 保险公司的资产负债表
- 保险投资资金的来源及现金流特点
- 保险资金的投资渠道

3. 保险投资的发展历程

- 保险险种演变与投资功能的发展
- 我国保险投资的发展历程
- 我国保险资金投资状况

第一节　保险投资的内涵

一、保险投资的含义

保险投资有狭义与广义的概念。狭义的保险投资是指保险公司对其积累的保险资金的可投资部分进行管理与运作，实现保值增值，增强保险公司偿付能力的投资行为。主要指的是商业保险形成的保险资金的投资，国外常称为保险公司投资管理，我国目前常称为保险资金管理或保险投资。广义的保险投资则还要包含社会保险积累的保险资金的投资，即商业保险与社会保险之和。本教材主要研究狭义的保险投资的概念。

要了解保险投资，首先要弄清楚可用于投资的保险资金的概念。我国对保险资金的定义最早出现于《保险管理暂行规定》（1996年7月）第24条："保险资金指保险公司的资本金、保证金、营运资金、各种准备金、公积金、公益金、未分配盈余、保险保障基金及国家规定的其他资金。"此后《保险资产管理公司管理暂行规定》（2004年6月1日施行）第3条从保险资产管理公司资金管理的角度对保险资金进行了规定："保险资金是指保险公司的各项保险准备金、资本金、营运资金、公积金、未分配利润和其他负债，以及由上述资金形成的各种资产。"《保险资金运用管理暂行办法》（2010年8月31日施行）第3条规定："本办法所称保险资金，是指保险集团（控股）公司、保险公司以本外币计价的资本金、公积金、未分配利润、各项准备金及其他资金。"

二、区分几组概念

在现实生活中我们经常会混淆以下几组概念。

（一）保险资金、企业年金、全国社保基金

保险资金是保险公司积累的可用于投资增值的资金；企业年金是有实力的各类企业积累的企业年金计划资金，并不专属于保险公司特有；全国社保基金则是政府出面筹集的全国社会保障后备基金。

1. 保险资金。保险资金有广义与狭义之分。狭义的保险资金主要指通过商业保险手段由保险（集团）公司积累并能用于投资以增强保险公司实力的各项资金，包括资本金、公积金、未分配利润、各项准备金及其他资金；广义的保险资金则在狭义的基础上还包括了保险消费者用于购买保险的资金、社会保险积累的各项可以运用的资金，如社保基金、企业年金等，我们会在相关的知识拓展中为大家介绍。本教材主要探讨狭义的保险资金如何进行投资的问题，它是本教材的主要研究对象，属于保险类企业所拥有的资金。

2. 企业年金。我国《企业年金基金管理办法》（2011年5月1日施行）第2条规定："企业年金基金，是指根据依法制定的企业年金计划筹集的资金及其投资运营收益形成的企业补充养老保险基金。"它是各类企业根据自身经营状况确定的一种在基本养老保险之外，为了改善职工福利、增强企业竞争力而提取的一种补充养老保险，由我国人力资源和社会保障部、中国银行业监督管理委员会、中国证券监督管理委员会、中国保险监督管理委员会联合发文，可以算作广义的保险资金。

3. 全国社保基金。我国《全国社会保障基金投资管理暂行办法》（2001年12月13日施行）第2条规定："全国社会保障基金（以下简称社保基金）是指

全国社会保障基金理事会（以下简称理事会）负责管理的由国有股减持划入资金及股权资产、中央财政拨入资金、经国务院批准以其他方式筹集的资金及其投资收益形成的由中央政府集中的社会保障基金。”由财政部与劳动和社会保障部联合发文。主要是指政府筹集的社会保障资金，是全国人民的后备基金。

（二）保险保障基金、保险保证金

保险保障基金是由保险公司共同出资形成的保险行业风险救助基金，资金的筹集、管理与使用均由国有独资的中国保险保障基金有限责任公司（以下简称保险保障基金公司）负责，不由保险公司支配。保险保证金是属于保险公司的资金，只有在公司清算时才能使用。

1. 保险保障基金。保险保障基金是指保险公司按照相关规定缴纳形成的，在保险公司被依法撤销或者依法实施破产，其清算财产不足以偿付保单利益时；或者经中国保监会认定，保险公司存在重大风险，可能严重危及社会公共利益和金融稳定的情形下，用于救助保单持有人、保单受让公司或者处置保险业风险的非政府性行业风险救助基金①。保险保障基金分为财产保险保障基金和人身保险保障基金。当财产保险公司的保险保障基金余额达到公司总资产6%、人身保险公司的保险保障基金余额达到公司总资产1%时可以暂停缴纳。

2. 保险保证金。保险保证金即保险公司资本保证金。我国《保险公司资本保证金管理暂行办法》（2007年8月2日施行）第3条规定：“保险公司资本保证金，是指根据《保险法》的规定，保险公司成立后按照其注册资本总额的20%提取的，除保险公司清算时用于清偿债务外不得动用的资金。”它属于保险公司的资金，但一般不能用于保险投资活动。

（三）社会保险基金、商业保险基金

社会保险是我国社会保障体制的支柱，是国家强制实行的以保障相应成员基本生活、医疗等为目的而筹集的资金，不属于保险公司的资金。商业保险基金主要是指保险业积累的资金。

1. 社会保险基金。社会保险基金是指为了保障保险对象的社会保险待遇，按照国家法律、法规的规定，由缴费单位和缴费个人分别按缴费基数的一定比例缴纳以及通过其他合法方式筹集的专项资金。

社会保险基金包括基本养老保险基金、基本医疗保险基金、工伤保险基金、失业保险基金和生育保险基金。各项社会保险基金按照社会保险险种分别建账、分账核算、执行国家统一的会计制度。未来基本养老保险基金逐步实行全国统筹，其他社会保险基金逐步实行省级统筹。见《社会保险法》（2011年7月1日

① 《保险保障基金管理办法》（2008年9月11日施行）第3、13、16条。

施行）第64条。

2. 商业保险基金。商业保险基金是指由保险公司通过向投保人收取保费、承担赔偿义务而建立的保险基金，是保险公司可资利用、使其保值增值、不断增强保险公司实力的资金。广义上讲还应包括保险保障基金，但此项基金不归保险公司运作和管理。

（四）寿险与非寿险投资资金

1. 寿险投资资金。寿险投资资金主要是由经营寿险业务的保险（集团）公司积累的可用于投资业务的资金，主要包括人寿保险业务、健康保险业务和意外伤害保险业务。这也是保险资金运用的主体，寿险公司积累的资金由于期限长、金额大目前已经成为金融市场投资的主要资金来源。

2. 非寿险投资资金。非寿险投资资金主要是由经营非寿险业务的保险公司（如财产保险公司）积累的可用于投资业务的资金。非寿险业务包括财产损失保险、责任保险和信用保证保险等，由于这类保险业务期限短，风险发生的随机性很大，为保证保险公司的偿付能力，财产保险公司通常进行大额、长期投资的资金有限。

三、保险公司风险与投资

近年来，随着人类寿命延长、全球气候变化、金融创新、保险业竞争的加剧，保险公司的承保业务亏损概率增大，直接刺激了保险投资业务的发展。我国近年来也在不断放开保险投资的限制，希望增加保险公司的盈利能力，保证保险公司的偿付能力。

（一）保险公司的风险

保险公司的风险大体可分为两个部分：一是保险公司面临的核心风险；二是保险公司的业务风险。保险公司通过不同的投资手段能够将这些风险转移给风险偏好者。

1. 保险公司的核心风险。保险公司的核心风险大致可分为三种类型。

（1）能够通过标准业务流程进行消除或规避的风险。这类风险能够通过保险公司制定合理的业务流程、设计严谨的保单及程序的标准化来防范错误的决策；也可以通过根据多样化投资理论、大数法则以及中心极限定理分别建立资产或负债投资组合来进行分散；或通过管理层股权激励、员工持股计划等措施使雇员尽职尽责以减少风险。

（2）可转移的风险。保险公司还可以通过风险转移的方法将公司面临的风险转移给其他市场的参与者。如将精算风险转移给再保险公司；将利率风险通过利率上限期权（cap）、利率下限（floor）、互换、期货（future）或其他衍生产品对冲或转移；将巨灾风险以巨灾期货、巨灾债券的形式转移给风险爱好者。

（3）由保险公司主动管理的风险。保险公司还可以通过主动买入或卖出金融权益凭证、债券以及再保险等来分散承保业务面临的精算风险及头寸风险。这是一种积极的风险管理方式。

2. 保险公司的业务风险。通常保险公司业务面临的主要风险包括精算风险和财务风险两大类。

（1）精算风险。精算风险主要是定价问题，是指保险公司为获得资金支付过多成本而导致的损失，或者公司相对其承担的风险来说获益太少而导致的风险。[①] 北美精算师协会（Society of Actuaries' Committee）将精算风险分为四类。①C-1类：资产风险。主要包括利率风险、信用风险、市场风险和汇率风险，主要是指保险公司在投资过程中使公司资产的市价减少的风险。②C-2类：定价风险。包括预期的投资收益、寿险公司的死亡率、发病率的变化、保险公司的索赔、损失的频率和严重程度以及保险公司的管理成本、保单销售收入、保单失效情况等，主要源于对未来经营的不确定性。③C-3类：资产负债匹配风险。主要受利率、通货膨胀影响而导致资产、负债价值发生变化产生的风险，严重时会影响到保险公司的偿付能力。④C-4类：其他风险。包括税收和监管法规的变化、产品退化、员工和代理人的不当培训、不法、腐败或渎职行为等保险公司无法预料的风险。有些公司认为C-4还包括"愚蠢风险"，即没能雇佣和留住优秀人才的风险。近年来还有些人提出C-5类，即"野心风险"，是指由具有政治野心的人担任保险监督官所导致的风险。

（2）财务风险。通常包括系统风险、精算风险、流动性风险、信用风险、经营风险和法律风险等。①系统风险是不可通过多样化消除的风险。有时也称为市场风险，即资产、负债价值因系统性因素变化形成的风险，可以对冲但无法完全消除。负债的系统风险多采用ALM（资产负债匹配管理）管理，目前美国多使用Chalke公司的软件度量其负债的有效久期和凸性。资产的系统风险也可使用专门机构提供的软件来计算投资的久期和凸性。②精算风险是保险行业特有的风险。目前寿险公司利用利率和损失分布的保守静态假设人寿产品的定价处理精算风险，美国大部分保险公司使用Chalke公司的PTS软件或Tillinghast公司的软件，运用与固定收益证券和抵押支持证券中对资产进行定价相似的最新随机估值方法来估算保单价值。财险公司尚无很好的套利估价工具。人寿保险、健康保险以及财产与责任保险承保中也常使用制定好的报告和标准，如规定承保限额等方法来防范相应的风险。③流动性风险也是筹资危机风险。流动性风险会直接影响保险公司的短期偿付能力，多与意外事件关系密切，如巨额索赔、资产的账面价值降低、客户对保险公司丧失信心或法律危机。保险公司通常会提取各项业务的

---

① David F. Babbel、Frank J. Fabozzi. 保险公司投资管理［M］. 北京：经济科学出版社，2010：22.

责任准备来应付流动性风险，有些公司甚至希望通过保留足够多的盈余来应对“500 年一遇的”重大事件。④信用风险是指贷款人没有按约履行还款义务的风险，信用风险可能因借款人不能或者不愿依事先承诺的方式履约而产生。真正的信用风险是投资组合业绩对于期望值的偏离，可以分散，难以完全消除，因为总体违约率具有很大的波动性。主要依赖外部评级机构的评级来防范，如穆迪（Moody's）、Standard 和 Poor's、Duff 和 Phelps、Dunn 和 Bradstreet（邓白氏）等。美国保险公司的所有评级都由美国保险监督官协会（NAIC）证券评估办公室进行信用评级，我国目前主要的评级机构包括中国诚信信用管理有限公司、大公国际资信评估有限公司、上海远东资信评估有限公司、联合资信评估有限公司、上海新世纪资信评估投资服务有限公司等。⑤经营风险与准确处理索赔以及正确处理、安排、接受或进行现金交易有关，它会在记录保持、处理系统失效以及众多监管规定的过程中产生。⑥法律风险是财务合同特有的风险。有时新的法律、法官意见和监管规定都能使原本正确订立的交易引起争议，另外，法律风险也可能源于机构管理层、员工和代理人的欺诈、违反法律法规等行为造成的巨大损失。

（二）保险公司的风险与投资

保险公司面临的风险及风险的加剧对保险公司的偿付能力提出了新的挑战，从国外保险发展的历程看，多数保险公司的承保业务处于亏损状态，而金融市场的日益发达为保险公司通过投资提高盈利提供了良好的平台。保险公司的风险结构直接影响了保险公司的投资结构，保险公司的投资风险决定了保险公司的投资回报率，保险公司的投资回报率决定了保险公司抗风险的能力。

第二节　保险投资资金的来源与投资渠道

一、保险公司的资产负债表

要了解保险投资资金的来源与运用渠道，先要分析保险公司的资产负债表。下面以中国人寿保险股份有限公司（以下简称中国人寿）2013 年第三季度报告为例（上市大型保险公司）和中国大地财产保险股份有限公司（以下简称中国大地保险）为例谈谈不同性质保险公司的资产负债表的构成（见表 1-1）。由表 1-1 可知，保险公司的资产负债表由两部分组成：资产 = 负债 + 股东权益，由于中国人寿是上市股份制企业，此处以股东权益代替了以往报表中的所有者权益。随着股份制企业的增多，未来投资者的关注点将逐步由公司利润最大化向股东权益最大化转变。表中的资产项目主要是保险公司的资金的使用或投资，负债项目主要代表了保险公司的融资渠道，约有 84% 的负债为寿险责任准备金，责任准备金也是保险公司主要的资金来源。

表 1-1　中国人寿资产负债表 2013 年 12 月 31 日①　单位：百万元

资产		2013 年 12 月 31 日	2012 年 12 月 31 日
资产：			
1	货币资金	21 406	68 637
2	交易性金融资产	38 803	33 970
3	买入返售金融资产	8 295	894
4	应收利息	34 717	28 926
5	应收保费	9 876	8 738
6	应收分保账款	42	35
7	应收分保未到期责任准备金	121	101
8	应收分保未决赔款准备金	60	54
9	应收分保寿险责任准备金	14	13
10	应收分保长期健康险责任准备金	832	745
11	其他应收款	11 529	9 547
12	贷款	118 626	80 419
13	定期存款	664 174	641 080
14	可供出售金融资产	491 527	506 416
15	持有至到期投资	503 075	452 389
16	长期股权投资	34 775	28 991
17	存出资本保证金	6 153	6 153
18	投资性房地产	1 329	—
19	在建工程	6 125	5 126
20	固定资产	16 960	16 865
21	无形资产	6 388	6 498
22	其他资产	2 733	2 439
23	独立账户资产	25	35
资产总计		1 972 941	1 898 916
负债及股东权益		2013 年 12 月 31 日	2012 年 12 月 31 日
负债：			
1	卖出回购金融资产款	20 426	68 499
2	预收保费	6 305	2 576
3	应付手续费及佣金	1 630	2 459
4	应付分保账款	110	70

① 摘自中国人寿保险股份有限公司 2013 年度报告，网址 http：//www.e-chinalife.com/IRchannel/http/gb2312/annual_interim_reports.html.

续表

负债及股东权益		2013 年 12 月 31 日	2012 年 12 月 31 日
负债：			
5	应付职工薪酬	5 562	4 876
6	应交税费	382	425
7	应付赔付款	23 179	16 890
8	应付保单红利	49 536	44 240
9	其他应付款	4 297	2 713
10	保户储金及投资款	65 062	66 604
11	未到期责任准备金	6 896	5 955
12	未决赔款准备金	4 655	3 078
13	寿险责任准备金	1 461 267	1 359 894
14	长期健康险责任准备金	21 679	15 610
15	应付债券	67 985	67 981
16	递延所得税负债	4 919	7 834
17	其他负债	6 441	6 076
18	独立账户负债	25	35
负债合计		1 750 356	1 675 815
股东权益：			
19	股本	28 265	28 265
20	资本公积	37 689	59 251
21	盈余公积	40 798	37 221
22	一般风险准备	18 429	15 959
23	未分配利润	95 153	80 392
24	外币报表折算差额	—	—
25	归属于母公司股东的股东权益合计	220 331	221 085
26	少数股东权益	2 254	2 016
	股东权益合计	222 585	223 101
负债及股东权益总计		1 972 941	1 898 916

（一）保险公司的资产与负债

保险公司的资产包括流动资产、固定资产、其他资产和独立账户资产。其中，流动资产是指可以在一年内或者超过一年的一个营业周期内变现或者耗用的资产，包括现金、银行存款、存出保证金、拆出资金、应收及预付款项、低值易耗品及其他流动资产。固定资产包括使用期限在一年以上的房屋、建筑物、机器、机械、运输工具和其他与经营有关的设备等。不属于经营中主要设备的物品单位价值在 2 000 元以上并且使用期限超过 2 年的也应当作为固定资产。不具备上述规定条件的物品，作为低值易耗品。

保险公司的负债包括流动负债和长期负债。流动负债是指在一年内或超过一年的一个营业周期内应偿还的债务，包括短期借款、拆入资金、存入保证金、保户储金、应付福利费、应交税费、应付利润、其他应付、预收款项、未决赔款准备金、已发生未报告赔款准备金、未到期责任准备金等。长期负债是指在一年或超过一年的一个营业周期以上应偿还的债务，包括长期借款、住房周转金、其他长期应付款项、保险保障基金、长期责任准备金、寿险责任准备金、长期健康险责任准备金等。①

寿险公司与财险公司因险种不一样，因此，资产负债表也不尽相同。其中，独立账户资金与各类责任准备金项目是保险类公司较独特的项目（见表1－2）。

表1－2　　中国大地保险2013年12月31日资产负债表②　　单位：百万元

资产		2013年12月31日	2012年12月31日
资产：			
1	货币资金	540.73	377.65
2	交易性金融资产	507.29	1 454.62
3	应收利息	347.49	316.72
4	应收保费	470.69	439.92
5	应收分保账款	994.55	1 102.95
6	应收分保未到期责任准备金	589.87	584.53
7	应收分保未决赔款准备金	1 412.15	997.86
8	定期存款	5 500.00	5 500.00
9	可供出售金融资产	7 278.46	7 548.15
10	持有至到期投资	2 668.34	2 717.63
11	贷款及应收款项投资	1 020.00	120.00
12	长期股权投资	20.00	20.00
13	存出资本保证金	1 286.00	1 286.00
14	固定资产及在建工程	1 548.07	1 456.56
15	无形资产	128.91	104.91
16	递延所得税资产	357.33	232.88
17	其他资产	836.40	626.12
资产总计		25 506.27	24 886.48
负债		2013年12月31日	2012年12月31日
负债：			
1	卖出回购金融资产	632.08	2 149.00
2	预收保费	699.21	658.15

① 保险公司财务制度.1999.01.13颁布。
② 摘自中国大地保险2013年信息披露报告，网址 http：//www.cpcr.com.cn/tzzgx/.

续表

负债		2013 年 12 月 31 日	2012 年 12 月 31 日
负债:			
3	应付手续费及佣金	210.94	181.02
4	应付分保账款	741.28	886.42
5	应付职工薪酬	261.80	306.28
6	应交税费	124.75	265.22
7	应付赔付款	183.79	185.02
8	未到期责任准备金	8 162.72	7 303.70
9	未决赔款准备金	7 155.05	5 667.99
10	其他负债	590.98	479.08
11	负债合计	18 762.59	18 081.87
股东权益:			
1	股本	6 429.98	6 429.98
2	资本公积	-249.77	-14.81
3	盈余公积	62.78	38.94
4	一般风险准备	62.78	38.94
5	累计盈余	437.92	311.55
6	股东权益合计	6 743.68	6 804.61
负债和股东权益总计		25 506.27	24 886.48

(二) 保险公司的认可资产与认可负债

保险公司在偿付能力监管过程中有认可资产与认可负债的概念，保险公司的偿付能力通常会制约着保险公司的投资能力，如我国在 2012 年以前对保险公司投资不动产、股票及股票型基金等要求偿付能力不低于Ⅰ类 150% 的监管标准，2012 年后逐步降低为不低于 120%。我国自 2003 年开始注重对保险偿付能力的监管，分别于 2003 年和 2008 年颁布了《保险公司偿付能力额度及监管指标管理规定》(保监会令 2003 年第 1 号，已废止)、《保险公司偿付能力管理规定》(保监会令 2008 年第 1 号) 要求保险公司报送的偿付能力报表中含 6 张主表，分别是偿付能力状况表、最低资本表、实际资本表、认可资产表、认可负债表和动态偿付能力测试表，以及 2 张附表和 90 张明细表。

认可资产是保险公司在评估偿付能力时依据中国保监会的规定所确认的资产。认可资产适用列举法。

认可负债是保险公司在评估偿付能力时依据中国保监会的规定所确认的负债。本章后附偿付能力报表样本。

我们在考虑保险资金投资来源时参考资产负债表会更清晰，而偿付能力报表能更清晰地分析负债与保险投资的质量。

二、保险投资资金的来源及现金流特点

（一）从资产负债表的角度分析保险投资资金来源

从表1－1的负债及股东权益来看，都属于保险公司的资金来源，但是，这些资金并不都能用于保险投资，而是对保险资金中的可投资部分进行投资。正如本章第一节中对保险投资的定义所示，需要参考资金来源的风险与可用于投资的时间长短，本教材结合保险公司的资产负债表和保险资金的定义，主要介绍几类保险投资资金的来源：资本金、公积金、未分配利润、各项责任准备金（即保险合同准备金）和其他资金。

1. 资本金。资本金是保险公司的开业资金，各国政府一般都会对保险公司的开业资本金规定一定的数额，也属于一种备用资金。当发生特大自然灾害、各种准备金不足以支付时，保险公司即可动用资本金来承担保险责任。通常现金流稳定，能够进行长期的投资。我国2009年颁布的《保险公司管理规定》第7条规定注册资本金不低于人民币2亿元，应缴货币资本，外资保险公司外币出资折合人民币不低于2亿元；韩国要求人寿保险公司最低资本金为100亿韩元、非寿险公司不低于300亿韩元；日本为10亿日元；美国纽约州对不同类型的保险公司要求不一样，如人寿保险公司要求最低资本金不低于200万美元，初期资本为400万美元，相互保险公司不低于10万美元；欧盟的保险监管局以收入指数和偿付指数两个指标来考量，要求保险公司展业的规模应与自有资金保持一个适当的比例等。资本金属于所有者权益的组成部分。

2. 公积金。公积金也称资本公积金或盈余公积金，是一种准资本或资本的储备形式，通常是由公司非生产经营活动引起的资产增值，是非收益转化而形成的所有者权益，经过一定的程序可以转为公司资本金。公积金主要包括资本或股本溢价、法定财产重估增值、资本汇率折算差额、接受现金捐赠、股权投资准备、拨款转入等，可分为法定公积金和任意公积金两种。公积金的主要用途在于弥补公司亏损、扩大公司生产经营、转增公司资本，通常不作为主要的投资资金使用，只有在转为公司资本后才能用于投资。公积金属于所有者权益的组成部分。

3. 未分配利润。未分配利润是公司历年的结存利润，等于期初未分配利润加上本期实现的净利润减去提取的各种盈余公积和分出利润后的余额，在以后年度可继续进行分配。通常一家公司的净利润可按以下顺序进行分配：弥补以前年度亏损（用利润弥补亏损无须专门作会计分录）；提取法定盈余公积金、公益金（盈余公积用于弥补亏损或转增资本；公益金只能用于职工集体福利）；提取任意盈余公积金；分配优先股股利；分配普通股股利后剩下的就是年终未分配利润。未分配利润也属于所有者权益的组成内容，保险公司对于未分配利润的使用有较大的自主权，能够根据公司情况安排投资。

4. 各项责任准备金。在我国保险公司资产负债表上反映为保险合同准备金。图 1－1 列出了保单不同状态准备金的形成。按照保险监管机构的规定，保险公司必须针对不同的保单状态和保单责任，对所有开办的业务提取相应的责任准备金，以保证未来的偿付能力，它是保险公司最主要的投资资金来源，大部分属于保险公司的负债。从资产负债表的负债与所有者权益项目来看，未到期责任准备金、未决赔款准备金、保户储金属于短期负债，长期健康险责任准备金、寿险责任准备金、长期责任准备金、保险保障基金等属于长期负债，而一般风险准备金则属于所有者权益项目。

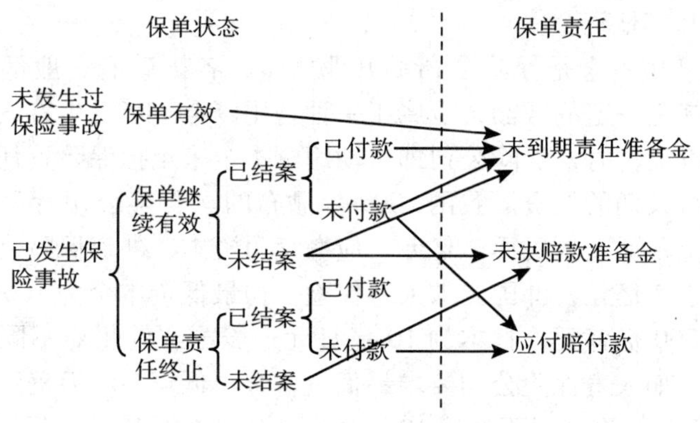

图 1－1 保单状态与保单责任

按照我国的相关规定，目前保险保障基金的管理权不归保险公司所有，因此，不能作为保险公司的资金进行投资，但它是由专门的保险行业管理机构进行管理运营，实现保值增值以增强整个保险行业的偿付能力的资金，因此，也属于保险资金。

（1）未到期责任准备金。未到期责任准备金是指保险公司为处于保险期间内从未发生过保险事故的保单和虽然已经发生保险事故但继续有效的保单提取的责任准备金。保险公司应当为其经营的所有未到期保险业务提取未到期责任准备金，包括财产保险业务、人寿保险业务、健康保险业务和意外伤害保险业务等。财产保险的未到期责任准备金可用于短期投资，寿险的未到期责任准备金则可用于较长期的投资。

（2）未决赔款准备金。未决赔款准备金是指保险公司为已经发生但尚未结案的保险事故提取的准备金，包括已发生已报案未决赔款准备金和已发生未报案未决赔款准备金（IBNR）。由于马上面临各种赔付，因此，只能用于同业拆借等短期投资业务。

在保险责任中还有一个是应付赔付款，它是指保险公司已经结案但尚未支付的各种赔款和给付款项，不再算作责任准备金，包括已发生保险事故并已结案、已到支付期、保单已经满期或者已经办理退保手续尚未支付给保单持有人的赔款、保险金或退保金等[①]。通常只能作为保险公司极短期投资的资金来源。

（3）寿险责任准备金。寿险责任准备金也称人身保险责任准备金，是指经营寿险业务的保险公司为履行今后保险给付的资金准备，保险人从应收的净保险费中逐年提存的一种准备金。人寿保险责任准备金适用于长期性人寿保险业务，它来源于当年收入纯保险费及利息与当年给付保险金的差数，可分为理论责任准备金与实际责任准备金，可用于长期的投资业务。

（4）长期健康险责任准备金。长期健康险是介于短期健康险与普通寿险之间的一类业务，其责任准备金有类似于寿险责任准备金的性质。长期健康险责任准备金的计算方法分为过去法和未来法，其计算公式与人寿保险相同，可进行中长期的投资安排。

（5）存出（存入）分保准备金。存出（存入）分保准备金是保险公司的再保险业务按合同规定由分保分出人扣存分保接受人部分分保费以应付未了责任的准备金。

（6）一般风险准备金。一般风险准备金是唯一一个放在所有者权益中核算的风险准备金，又称总准备金或自由准备金，是用来满足风险损失超过损失期望以上部分的责任准备金。一般风险准备金是从保险公司的税后利润中提取的。设置总准备金的目的主要是防范损失超过正常年份时偿付能力不足的问题，既是保持保险人业务经营稳定和组织经济补偿的需要，也是巨型灾害和特大事故的发生在年度间不平衡的必然结果。提取总准备金的计算方法是：

总准备金＝当年实现的利润－当年所得税－调节税－利润留成

5. 其他资金。其他资金主要包括负债表中能够用于短期投资的资金，如各类应付未付款项，包括应付工资、应付手续费佣金、应付分保账款等。此外，还包括一些短期外部融资款项，如从银行获得的贷款或同业拆借资金等，这些资金对保险公司而言都只是短期内的占用资金，只能安排短期投资。除此之外还包括以下两种资金。

（1）保户储金及投资款。保户储金是指财产保险公司向投保人收取的、在保险合同到期时必须返还的资金及相应的投资回报。保户储金项目不仅包括财产保险公司以前开办以储金利息作为保费收入的保险业务而收到保户交存的资金，还包括财产保险公司目前开办投资型非寿险业务向保户收取的资金及其承诺的投资回报，在保户提取前可进行投资。

（2）保险保障基金。保险保障基金是指按照《中华人民共和国保险法》和《保险保障基金管理办法》规定缴纳形成，在规定的情形下用于救助保单持有人、

---

① 《保险公司非寿险业务准备金管理办法（试行）》（保监会令〔2004〕13 号，以下简称“13 号令”）。

保单受让公司或者处置保险业风险的非政府性行业风险救助基金。目前按规定其资金的管理、运作的权力不属于保险公司所有，但仍属于保险投资资金的组成部分。

（二）从险种结构分析保险投资资金的现金流模式

对保险公司而言，不同险种形成了不同的资金来源特点，为了保证保险公司的未来偿付能力，在投资过程中应当根据不同险种的现金流特点来做资金的安排。无论寿险还是非寿险，其投资资金的动态现金流的形成是相似的。由于保险投资资金的主要来源是各项责任准备金，下面主要介绍保险责任准备金的动态现金流模式，之后以中国人寿和中国大地保险为例，介绍寿险与产险的静态现金流模式。

1. 保险责任准备金动态现金流模式。通常保险业务按照不同的分类方式可分为不同的类型，我国一般分为人身保险和财产保险，人身保险一般包括人寿保险、健康保险及意外保险；财产保险则分为损失保险、责任保险和信用保证保险。保险公司只要持续地经营某一险种，那么每天都会有保费收入与赔款支出，随着时间的推移，保险公司积累的责任准备金也会逐步增多。

图 1－2 给出了保险责任准备金的形成与用途。需要提醒注意的是总准备金也称为一般风险准备金，属于保险公司所有者权益。

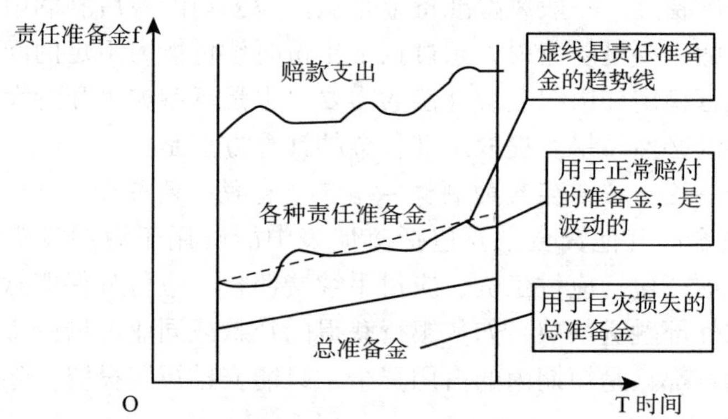

图 1－2　保险责任准备金的动态现金流形成与用途

对不同的险种均需要按规定提取责任准备金以保证未来的偿付能力。从责任准备金的形成来看，无论人身险还是财产险，均有长期积累形成的一般风险准备金即总准备金，一般用于巨灾的赔付，随着时间的推移，通常呈上升趋势，投资期可较长。各种责任准备金，包括未到期责任准备金、未决赔款准备金及长期健康险责任准备金等，一般主要用于正常赔付，因每年赔付不同而波动，但通常总趋势是向上的，根据险种不同投资期长短不一。每年保险公司都要进行赔款的支出，这部分资金即应付赔款，波动较大，基本只能用于短期投资。人身保险与财产保险的动态现金流模式基本相同，但静态现金流却差别较大，对保险资金的投资策略影响也较大。

2. 寿险公司不同险种的静态现金流模式。要分析寿险公司保险准备金的现金流模式，先要了解寿险公司的主要业务收入来源及主要产品，之后根据不同险种来分析现金流的特点。下面仍以中国人寿的相关数据为例来对寿险公司的不同险种的静态现金流进行分析。

表1－3列出了目前我国寿险公司对主要的业务收入来源的分类，共分为四种：个人业务、团体业务、短期险业务和大病保险业务，其中，短期险分为短期意外险和短期健康险，短期险业务财产保险公司也可以兼营。这四类业务均需要提取相应的寿险责任准备金，其中，个人险与团体险中需提取长期责任准备金、寿险责任准备金、长期健康险责任准备金、未决赔款准备金、已发生未报告赔款准备金、未到期责任准备金等，其现金流特点前面已经介绍。

表1－3　　**中国人寿2013年度业务收入分项数据**①　　单位：百万元

名称	2013年	2012年
个人业务	303 660	305 841
首年业务	112 929	125 649
趸交	72 658	80 118
首年期交	40 271	45 531
续期业务	190 731	180 192
团体业务	2 060	469
首年业务	2 064	462
趸交	2 029	458
首年期交	35	4
续期业务	(4)	7
短期险业务	18 056	16 432
短期意外险业务	10 623	9 527
短期健康险业务	7 433	6 905
大病保险业务	2 514	—
合计	326 290	322 742

说明：

①个人业务。本报告期内，个人业务已赚保费同比下降0.8%，主要原因是受银保渠道业务结构调整的影响。

②团体业务。本报告期内，团体业务已赚保费同比增长341.9%，主要原因是团体年金保险业务保费的增长。

③短期险业务。本报告期内，短期险业务已赚保费同比增长6.4%，主要原因是公司加大转型发展力度，基层公司拓展业务积极性进一步提升。

④大病保险业务。随着2013年部分省市推行大病保险试点工作，公司开展大病保险业务。

① 摘自中国人寿保险股份有限公司2013年度报告，网址 http：//www.e-chinalife.com/IRchannel/http/gb2312/annual_interim_reports.html.

表1－4列出了中国人寿列居中保费收入前五名的保险产品及收入情况，主要是分红型的险种，以两全保险、终身保险和年金保险为主。这也是我国近年来寿险业的现状，即分红型保险占比约为80%左右。下面以常见的几类寿险产品为例介绍寿险资金的静态现金流模式的特点。

表1－4　　中国人寿2013年度保费收入前五位的保险产品经营情况①

（截至12月31日止）　单位：百万元

保险产品	保费收入	新单标准保费收入
国寿鑫丰两全保险（分红型）	32 770	3 277
国寿鸿盈两全保险（分红型）	29 235	1 434
国寿福禄双喜两全保险（分红型）	27 506	8 047
康宁终身保险	25 672	—
国寿美满一生年金保险（分红型）	18 881	—

注：

①标准保费按照保监会《关于在寿险业建立标准保费行业标准的通知》（保监发〔2004〕102号）及《关于〈关于在寿险业建立标准保费行业标准的通知〉的补充通知》（保监发〔2005〕25号）文件规定的计算方法折算。

②康宁终身保险已于2008年停售，保费收入均为续期保费。本公司于2009年开始销售国寿康宁终身重大疾病保险。

③2013年本公司未销售国寿美满一生年金保险（分红型），保费收入均为续期保费。

（1）定期寿险。定期寿险又称定期死亡保险，是以被保险人在合同约定时间内死亡为给付保险金条件的人寿保险，投保人需要按合同约定在缴费期间连续缴纳保费以获得相应风险保障，具有保费低、保障额度高的特点，一般适合收入较低的家庭进行风险管理。

如图1－3所示，假设定期死亡保险期间为t_{1-tn}年，在t_1时刻有N个人购买，共收取保费为P_1，由于每年都会有人死亡，按照合同规定需要进行保险金的给付，在t_1时刻的给付为I_1，给付后不再交纳续期保费，根据生命表的统计规律，随着被保险人年龄的增长，死亡人数将增加，因此，每年的续期保费会随着死亡人数的增加呈下降趋势，即$P_1 < P_2 < \cdots < P_n$，设P为总保费收入，I为总给付金额，由图1－3可见，两者呈此消彼长的关系。当然这里只考虑的是t_1时刻保单的静态现金流的模式。

① 摘自中国人寿保险股份有限公司2013年年度报告，网址 http：//www.e-chinalife.com/IRchannel/http/gb2312/annual_interim_reports.html.

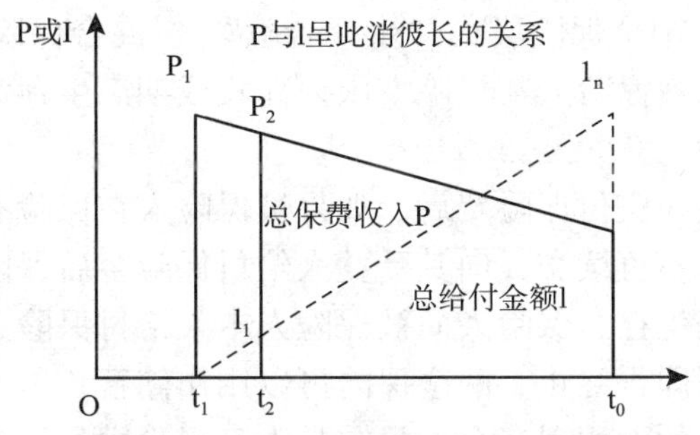

图1-3 定期寿险静态现金流分析

（2）终身寿险。终身寿险又称终身死亡保险，即无论被保险人何时死亡保险公司都予以给付的保险，由于人终有一死，因此，保险公司的给付是必然的。终身寿险的特点是在保险缴费期内长寿的人要一直缴纳续期保费，如果被保险人能活到生命表假定寿命的上限（如100岁或105岁）时，则其所缴保费中除有一部分要用于对先死者的补差外，自身积累的保单现金价值已基本达到保险金额，因此，具有较明显的储蓄特性。而定期寿险和财产险类似，适用于大数法则，具有多数人分担少数人损失的互助共济的特性。终身寿险相当于承保期限长于本人寿命极限的定期死亡保险，因此，其静态现金流模式与定期寿险相似，可参见图1-3。

（3）生存保险。生存保险是以被保险人于保险期间届满仍然生存为保险金给付条件的保险，也就是生存时给，去世反而不给。主要是为了满足被保险人一定期限之后的特定需要，例如子女的教育金、婚嫁金或被保险人的养老金等，也称为储蓄保险。

如图1-4所示，假设 t_1 时刻有N个人购买生存保险，保单缴费期间为n年（$t_1 \sim t_n$），期间有人死亡则会停止缴费，但不发生给付，共收取保费为P，在 t_n 年开始给付，若为一次性给付，则保单到期一次性给付保险金额为 I_1；若保单给付期为 t' 年（$t_n \sim t'$），则在 t_n 年开始给付，之后随着被保险人的死亡，给付金额不断减少，直到给付期满保单结束为止。

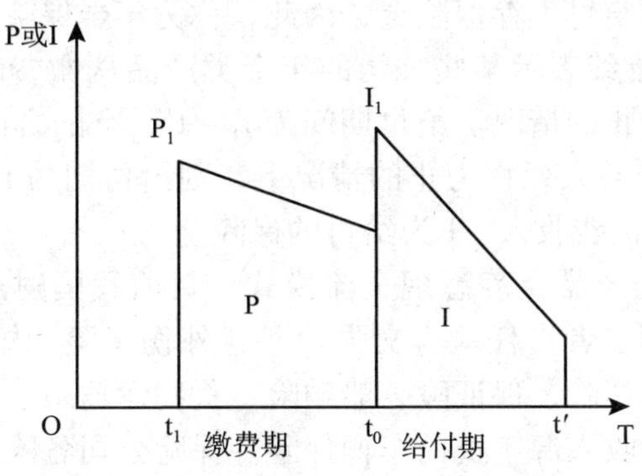

图1-4 生存保险静态现金流分析

（4）两全保险。两全保险又称“生死合险”、“混合保险”或“储蓄保险”，既保生亦保死，是以被保险人在保险期限内死亡或期满生存为给付保险金条件的保险。

投保人或被保险人交付保险费后，如果被保险人在保险有效期内死亡，死亡后未到期的保险费也不再续交，向其受益人给付保险金后保险合同终止；如果被保险人在保险期满仍生存，保险人向被保险人本人给付保险金，保险人给付全数保险金后，保险合同即告终止。两全保险可以用作储蓄，也可作为养老保障，还可以用于为特殊的目的而积累资金，目前是人身保险中最受欢迎的一个品种。

图 1－5 中，由于两全保险既保生又保死，因此，在缴费期间有人死亡后，就不再缴纳保险费，保险人给付死亡保险金后合同终止。如果合同约定为期满一次性给付生存保险金，则以图中虚线部分表示，但通常保险公司会选择在未来若干年中逐步给付生存保险金的模式，以缓解现金流压力，其给付以图中实线表示。其现金流模式具有定期寿险和生存保险两个险种的特征。

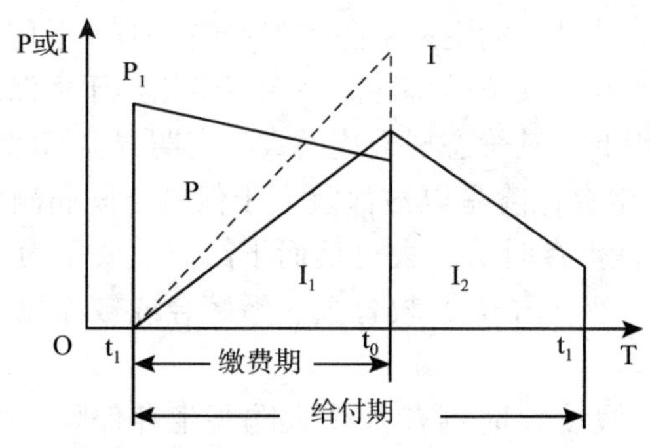

图 1－5　两全保险静态现金流模式

（5）年金保险。年金保险是生存保险的一种，是保险人在被保险人生存期间或约定期间内，按照合同约定的金额、方式定期地向被保险人给付保险金的保险。通常按年度周期给付生存保险金，因此，称为年金保险。

在图 1－6 中，虚线表示某些公司的年金类产品从缴费时即开始给付年金直到所有受益人死亡为止的情况。给付期间为 $t_1 \sim t'$，有的合同约定从 t_n 时刻开始进行给付直到所有受益人死亡为止的情况下，则给付期为 $t_n \sim t'$，图中以实线表示，如前假设，P 为保费收入，I 为给付的保险金。

3. 财产保险公司产品及静态现金流模式。目前我国财产保险公司的主要产品包括机动车辆及第三者责任险、交强险、意外伤害险、短期健康险、企财险、家财险、工程险、责任险、保证险、船舶险、货物运输险、特殊风险保险及农业险等，绝大部分业务收入源于机动车辆保险。保险公司各险种均需要按规定提取保险责任准备金，财产保险公司的责任准备金主要是未到期责任准备金和未决赔款准备金两类，也是财产保险公司可运用的投资资金。由于财产保险公司每年赔款占直保业务收入的比重较大，因此，资金运用会受到一定的时间限制。下面以中国大地保险为例谈谈财产保险公司的静态现金流模式。

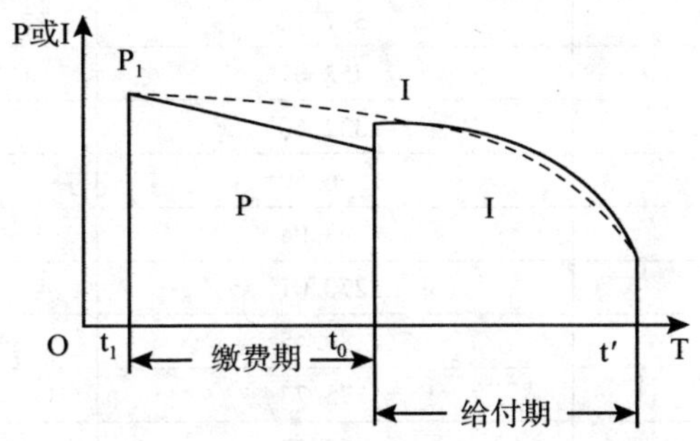

图 1－6　年金保险的静态现金流模式

表 1－5 列出了中国大地保险的 2012 年、2013 年主要业务收入来源。表 1－6 列出了 2012 年、2013 年主要赔款的支出，通过两张报表的分析可以看出，中国大地保险公司约 80% 的业务收入源于机动车辆及第三者责任险和交强险两个险种，公司的赔款约占当年直保业务保费收入的 55%。

表 1－5　　中国大地保险直保收入主要来源　　单位：百万元

险种类型	2013 年	2012 年
机动车辆及第三者责任险	10 873.84	9 556.09
交强险	4 808.97	4 422.13
意外伤害险	859.99	775.65
短期健康险	744.14	591.75
企财险	814.89	795.07
家财险	67.13	79.87
工程险	207.83	160.89
责任险	614.25	683.82
保证险	188.49	106.81
船舶险	279.76	340.78
货物运输险	192.48	214.44
特殊风险保险	114.65	118.25
农业险	79.60	56.67
合计	19 846.01	17 902.22

表 1-6　中国大地保险赔款支出　单位：元

	2013 年	2012 年
机动车辆及第三者责任险	5 891.67	5 087.40
交强险	3 059.91	2 944.42
意外伤害险	347.72	287.05
短期健康险	452.07	386.37
企财险	332.60	378.33
家财险	6.59	8.29
工程险	93.04	99.91
责任险	270.01	356.21
保证险	89.45	5.80
船舶险	175.77	226.69
货物运输险	67.37	68.82
特殊风险保险	91.64	14.92
农业险	40.47	12.47
合计	10 918.29	9 876.67

由于财产保险公司的险种特点是预交保费，通常保障期间为 1 年，保单一般是合同期满或在保险期间完全赔偿后终止，正常经营的公司保费收入应当有节余。其静态现金流类似于定期寿险业务，图 1-7 中可以看出以 1 年为观察期做个剖面，非寿险收入为总保费收入 P，一年的总赔款为 I，剩余资金可用于投资和下年结转。目前我国产险公司的赔款约占总保费收入的 55% 左右。

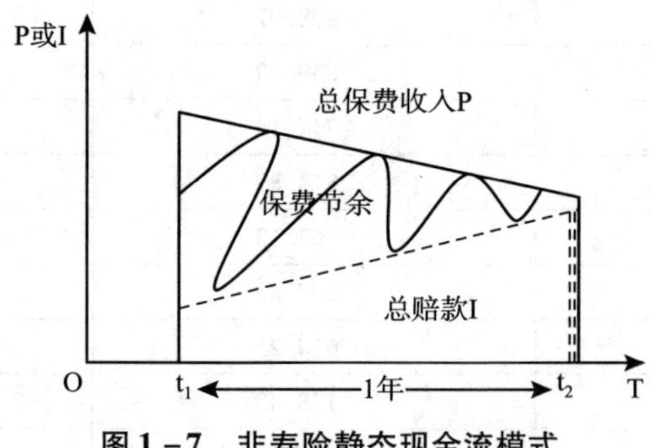

图 1-7　非寿险静态现金流模式

三、保险资金的投资渠道

保险公司与商业银行都是负债经营的企业，其资金主要来源于责任准备金，大部分的资金未来会用于赔偿或给付，因此，各国对保险公司的投资均监管较严格。目前我国保险资金的投资大体分为境内投资与境外投资两个渠道。图 1-8

简单列出了保险资金投资的主要渠道与投资工具。

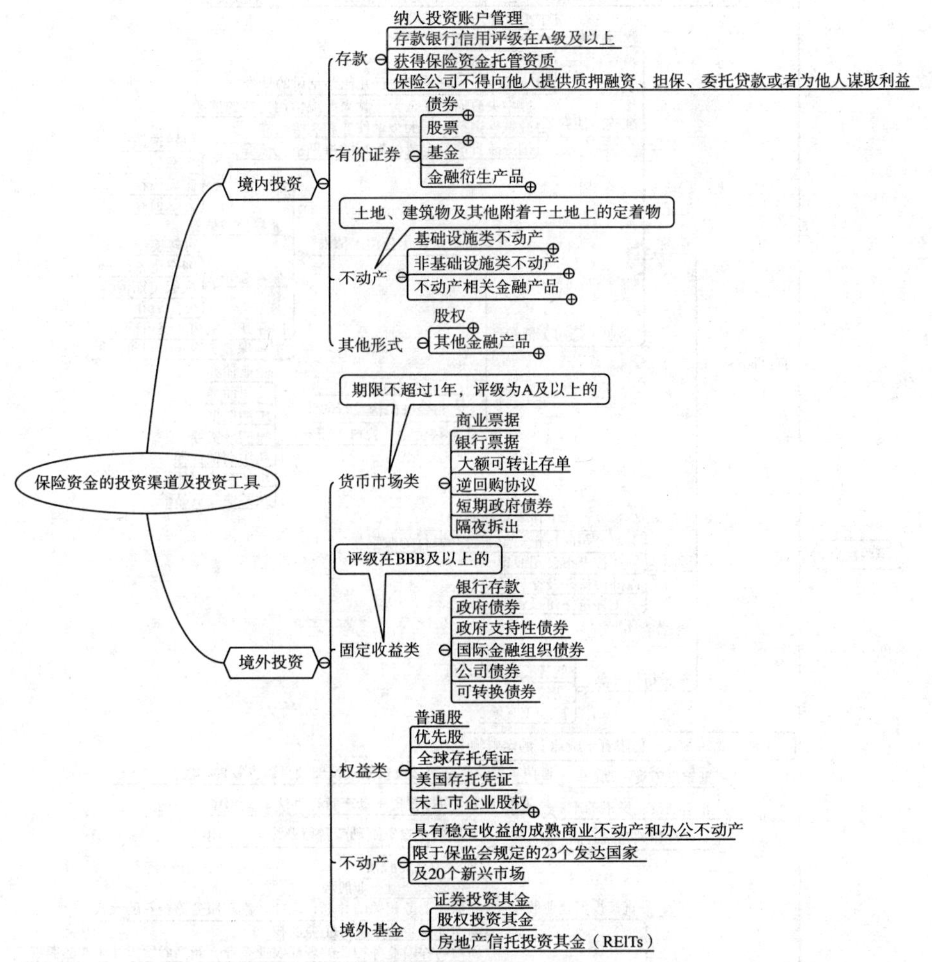

图 1－8 保险资金的投资渠道与投资工具

（一）境内投资

目前我国保险资金在境内投资的主要渠道是银行存款、买卖债券、股票、证券投资基金份额等有价证券、不动产投资以及国务院规定的其他资金运用形式。具体见图 1－9。

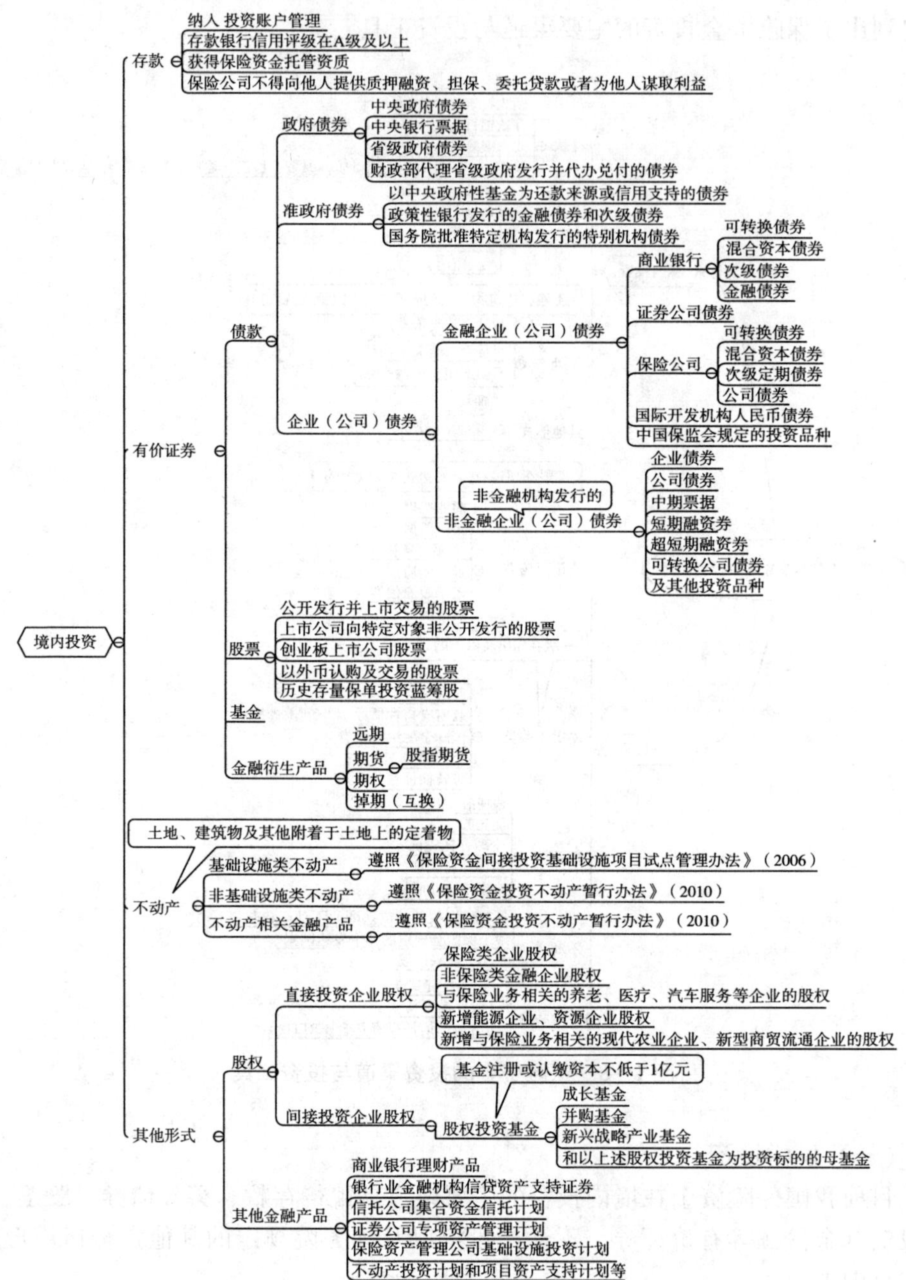

图 1－9　境内投资渠道与投资工具

1. 银行存款。保险公司办理银行存款业务，应当选择取得保险资金托管资质的商业银行或者其他专业金融机构实施第三方托管，存款银行应具备以下资质[①]：（1）资本充足率、净资产和拨备覆盖率等符合监管要求；（2）治理结构规范、内控体系健全、经营业绩良好；（3）最近三年未发现重大违法违规行为；（4）连续三年信用评级在投资级别以上，且最近一年长期信用评级要求达到A级或者相当于A级以上[②]。保险公司的银行存款需要纳入投资账户进行管理，保险公司不得将银行存款用于向他人提供质押融资、担保、委托贷款或者为他人谋取利益。

2. 有价证券。保险公司投资有价证券主要包括债券、股票、基金以及金融衍生产品。

（1）债券。保险资金能够投资的债券有三类，一是政府债券，是指省（自治区、直辖市、计划单列市）以上政府财政部门或其代理机构，依法在境内发行的以政府信用为基础并由财政支持的债券，包括中央政府债券、省级政府债券等，中央银行票据以及以财政部代理省级政府发行并代办兑付的债券，比照中央政府债券的投资规定执行；二是准政府债券，是指经国务院或国务院有关部门批准由特定机构发行的信用水平与中央政府债券相当的债券，主要包括以国家预算管理的中央政府性基金、作为还款来源或提供信用支持的债券、纳入准政府债券管理、政策性银行发行的金融债券和次级债券、国务院批准特定机构发行的特别机构债券，比照准政府债券的投资规定执行；三是企业（公司）债券，主要包括金融企业（公司）发行的债券和非金融企业（公司）发行的债券两类，一般地，金融企业（公司）包括商业银行、证券公司、保险公司、国际开发机构等，债券的品种主要有可转换债券、混合资本债券、次级债券、金融或公司债券等，非金融企业（公司）债券主要包括非金融企业发行的企业债券、公司债券、中期票据、短期融资券、超短期融资券、可转换公司债券及其他投资品种。

（2）股票。保险资金可以投资公开发行并上市交易的股票、上市公司向特定对象非公开发行的股票、创业板上市公司股票、以外币认购及交易的股票等，2014年开始允许历史存量保单投资蓝筹股。

（3）基金。保险资金可以投资于基金，但要求基金管理人具备如下条件：①公司治理良好，净资产连续三年保持在人民币1亿元以上；②依法履行合同，维护投资者合法权益，最近三年没有不良记录；③建立有效的证券投资基金和特定客户资产管理业务之间的防火墙机制；④投资团队稳定，历史投资业绩良好，管理资产规模或者基金份额相对稳定。[③]

（4）金融衍生产品。所谓金融衍生产品（以下简称衍生品）是指其价值取

---

① 《中国保险监督管理委员会关于修改〈保险资金运用管理暂行办法〉的决定》保监会令2014年第3号。

② 《中国保监会关于规范保险资金银行存款业务的通知》保监发〔2014〕18号。

③ 《保险资金运用管理暂行办法》（2014年修订）。

决于一种或多种基础资产、指数或特定事件的金融合约。保险资金可以投资金融衍生产品，如远期、期货（股指期货）、期权、掉期（互换）等，但保险机构参与衍生品交易仅限于对冲或规避风险不得用于投机目的。①

3. 不动产。保险资金投资的不动产是指土地、建筑物及其他附着于土地上的定着物。我国保险资金可以投资基础设施类不动产、非基础设施类不动产及不动产相关金融产品。保险资金投资基础设施类不动产，需要遵照《保险资金间接投资基础设施项目试点管理办法》（2006 年 3 月）及有关规定，投资非基础设施类不动产及与不动产相关的金融产品需要遵照《保险资金投资不动产暂行办法》（保监发〔2010〕80 号）及相关规定。中国保险监督管理委员会 2012 年将保险公司投资股权和不动产的上一会计年度净资产的基本要求均调整为 1 亿元人民币，偿付能力充足率的基本要求调整为上季度末偿付能力充足率不低于 120%。②

（1）基础设施类不动产投资。目前我国允许保险公司间接投资基础设施类不动产，保险资金间接投资基础设施项目是指委托人将其保险资金委托给受托人，由受托人按委托人意愿以自己的名义设立投资计划投资基础设施项目为受益人利益或者特定目的进行管理或者处分的行为③。保险公司投资基础设施债权投资计划的余额不超过该保险公司上季末总资产的 10%。④

（2）非基础设施类不动产投资。保险资金可以投资符合下列条件的非基础设施类不动产：①已经取得国有土地使用权证和建设用地规划许可证的项目；②已经取得国有土地使用权证、建设用地规划许可证、建设工程规划许可证、施工许可证的在建项目；③取得国有土地使用权证、建设用地规划许可证、建设工程规划许可证、施工许可证及预售许可证或者销售许可证的可转让项目；④取得产权证或者他项权证的项目；⑤符合条件的政府土地储备项目。

保险资金采用债权、股权或者物权方式投资的不动产仅限于商业不动产、办公不动产、与保险业务相关的养老、医疗、汽车服务等不动产及自用性不动产⑤。

（3）与不动产相关的金融产品。

保险资金投资不动产相关金融产品时要求具备以下条件：①具有完善的公司治理、管理制度、决策流程和内控机制；②实行资产托管机制，资产运作规范透明；③上一会计年度末偿付能力充足率不低于 120%，且投资时上季度末偿付能力充足率不低于 120%；④上一会计年度盈利，净资产不低于 1 亿元人民币（货币单位下同）；⑤具有与所投资不动产及不动产相关金融产品匹配的资金，且来源充足稳定；⑥最近三年未发现重大违法违规行为；⑦中国保监会规定的其他审

① 《保险资金参与金融衍生产品交易暂行办法》保监发〔2012〕94 号。
② 《关于保险资金投资股权和不动产有关问题的通知》保监发〔2012〕59 号。
③ 《保险资金间接投资基础设施项目试点管理办法》保监令（2006）1 号。
④ 《关于调整保险资金投资政策有关问题的通知》保监发〔2010〕66 号。
⑤ 《保险资金投资不动产暂行办法》保监发〔2010〕80 号 13 条。

慎性条件。

保险资金投资不动产相关金融产品形成的财产应当独立于投资机构、托管机构和其他相关机构的固有财产及其管理的其他财产。投资机构因投资、管理或者处分不动产相关金融产品取得的财产和收益应当归入不动产相关金融产品财产。

4. 其他形式。

（1）股权。所谓股权是指在中国境内依法设立和注册登记且未在中国境内证券交易所公开上市的股份有限公司和有限责任公司的股权（以下简称企业股权）。保险资金可以直接投资企业股权或者间接投资企业股权（以下简称直接投资股权和间接投资股权）。需要提醒大家注意的是这里的股权投资与不动产中的股权投资的标的不同。

直接投资股权是指保险公司（含保险集团（控股）公司）以出资人名义投资并持有企业股权的行为。保险公司投资股权限于保险类企业股权、非保险类金融企业股权以及与保险业务相关的养老、医疗、汽车服务等企业的股权，2012年新增能源企业、资源企业股权以及与保险业务相关的现代农业企业、新型商贸流通企业的股权，要求该股权指向的标的企业应当符合国家宏观政策和产业政策，具有稳定的现金流和良好的经济效益①。

间接投资股权是指保险公司投资股权投资管理机构（以下简称投资机构）发起设立的股权投资基金等相关金融产品（以下简称投资基金）的行为。保险资金投资的股权投资基金包括成长基金、并购基金、新兴战略产业基金和以上股权投资基金为投资标的的母基金。其中，并购基金的投资标的可以包括公开上市交易的股票，但仅限于采取战略投资、定向增发、大宗交易等非交易过户方式，且投资规模不高于该基金资产余额的20%。新兴战略产业基金的投资标的可以包括金融服务企业股权、养老企业股权、医疗企业股权、现代农业企业股权以及投资建设和管理运营公共租赁住房或者廉租住房的企业股权。母基金的交易结构应当简单明晰，不得包括其他母基金。保险资金投资的股权投资基金，非保险类金融机构及其子公司不得实际控制该基金的管理运营或者不得持有该基金的普通合伙权益。②

（2）其他金融产品。保险公司投资的金融产品是指在我国境内依法发行的商业银行理财产品、银行业金融机构信贷资产支持证券、信托公司集合资金信托计划、证券公司专项资产管理计划、保险资产管理公司基础设施投资计划、不动产投资计划和项目资产支持计划等，具体可参见《关于保险资金投资有关金融产品的通知》（保监发〔2012〕91号）及《关于保险资金投资集合资金信托计划有关事项的通知》（保监发〔2014〕38号）的相关规定。

---

①② 《关于保险资金投资股权和不动产有关问题的通知》保监发〔2012〕59号。

（二）境外投资

保险资金境外投资是指我国境内依法设立的保险公司、保险集团公司、保险控股公司等保险机构运用自有外汇资金、用人民币购买的外汇资金及上述资金在境外投资形成资产的投资行为。保险资金境外投资的当事人包括委托人、受托人和托管人三方。

所谓境外投资的委托人是指在中华人民共和国境内依法设立的保险公司、保险集团公司、保险控股公司等保险机构。

所谓受托人包括境内受托人和境外受托人。境内受托人是指在中华人民共和国境内依法设立的保险资产管理公司以及符合中国保险监督管理委员会（以下简称中国保监会）规定条件的境内其他专业投资管理机构。境外受托人是指在中华人民共和国境外依法设立符合中国保监会规定条件的专业投资管理机构。

所谓托管人是指在中华人民共和国境内依法设立符合中国保监会规定条件的商业银行和其他金融机构。担任托管人的商业银行包括中资银行、中外合资银行、外商独资银行和外国银行分行。①

目前我国保险资金境外投资的主要工具包括五类：货币市场类、固定收益类、权益类、不动产及境外基金。具体见图 1－10。

1. 货币市场类。货币市场类工具包括期限不超过 1 年的商业票据、银行票据、大额可转让存单、逆回购协议、短期政府债券和隔夜拆出等货币市场工具或者产品。

货币市场类工具（包括逆回购协议用于抵押的证券）的发行主体应当获得 A 级或者相当于 A 级以上的信用评级。

2. 固定收益类。固定收益类工具包括银行存款、政府债券、政府支持性债券、国际金融组织债券、公司债券、可转换债券等固定收益产品。

债券应当以国际主要流通货币计价且发行人和债项均获得国际公认评级机构 BBB 级或者相当于 BBB 级以上的评级。按照规定免于信用评级要求的，其发行人应当具有不低于该债券评级要求的信用级别。中国政府在境外发行的债券可不受信用级别限制。可转换债券应当在规定的国家或者地区证券交易所主板市场挂牌交易。

3. 权益类。权益类工具包括普通股、优先股、全球存托凭证、美国存托凭证、未上市企业股权等权益类工具或者产品。股票以及存托凭证应当在规定国家或者地区证券交易所主板市场挂牌交易。直接投资的未上市企业股权限于金融、养老、医疗、能源、资源、汽车服务和现代农业等企业股权。

---

① 《保险资金境外投资管理暂行办法》（保监会、人行、外管局令 2007 年第 2 号）。

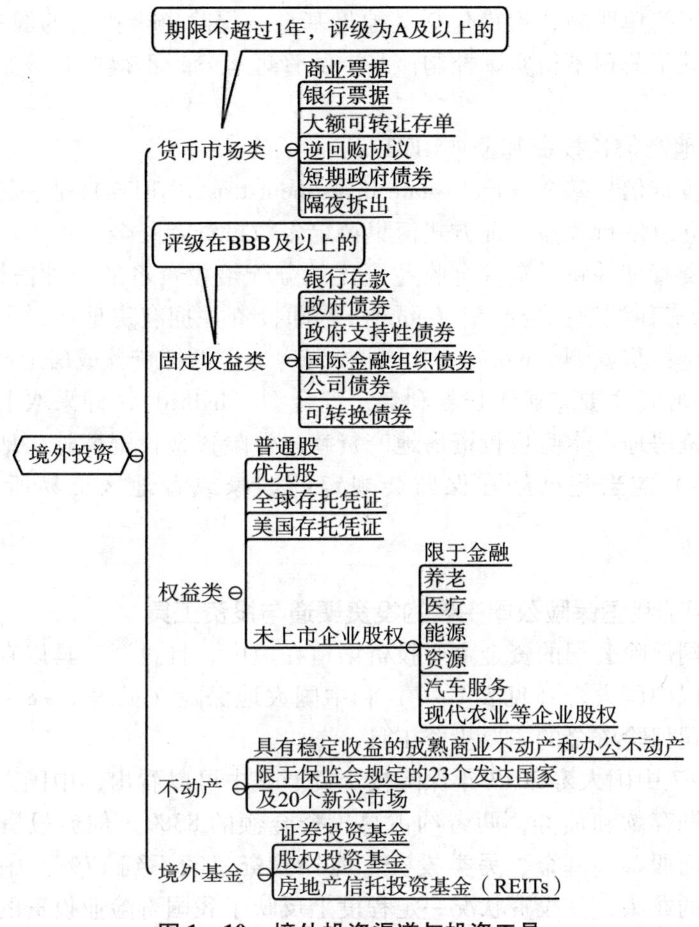

图1-10　境外投资渠道与投资工具

4. 不动产。直接投资的不动产限于位于规定的发达市场主要城市的核心地段且具有稳定收益的成熟商业不动产和办公不动产。

5. 境外基金。保险资金境外投资的基金目前主要包括证券投资基金、股权投资基金、房地产信托投资基金（REITs）三类。

（1）证券投资基金。保险资金投资境外基金应当符合保监会规定的国家或者地区证券监督管理机构认可或者登记注册；基金管理人符合相关规定；可供追溯的过往业绩不少于3年；结构简单明确，基础资产清晰且符合相关规定；货币市场基金还应当获得AAA级或者相当于AAA级的评级。

（2）股权投资基金。股权投资基金的投资标的处于成长期、成熟期或者具有较高并购价值，不受保监会规定的国家和地区的限制；认缴资金规模不低于3亿美元或者等值可自由兑换货币且实缴资金按认缴规模配比到位；具有相应的投资能力；保险资金也可以投资符合规定的股权投资基金为标的的母基金，母基金的交易结构应当简单明晰，不得包括其他母基金；保险资金投资的股权投资基金，金融机构及其子公司不得实际控制该基金的管理运营，不得持有该基金的普通合伙权益。

（3）房地产信托投资基金（REITs）

房地产投资信托基金（real estate investment trus，REITs）是一种由专业投资机构发起设立以发行收益凭证方式汇集特定多数投资者资金，由专门投资机构进行房地产投资管理并将投资综合收益按比例分配给投资者的一种信托基金。REITs 主要分为三种类型：资产型（equity），即投资并拥有房地产，主要收入来源于房地产租金；贷款型（mortgage），即投资房地产抵押贷款或房地产贷款支持证券（MBS），收益主要来源于贷款利息；混合型（hybrid），即采取上述两类投资策略，既投资房地产本身也投资房地产贷款。保险资金投资境外房地产信托投资基金（REITs）应当是已经在保监会规定的国家或者地区交易所挂牌交易的基金。

（三）目前我国保险公司主要的投资渠道与投资工具

目前我国保险公司的资金主要投资渠道在境内，且投资工具以存款和债券为主。本教材以中国人寿（见表 1－7）和中国大地保险（见表 1－8）为例，谈谈我国保险公司保险资金的主要投资工具。

从表 1－7 中国人寿 2013 年保险投资资产表中可以看出，中国人寿的主要投资工具为定期存款和债券，两者约占总投资金额的 83%，债券投资占比略高于定期存款，而股票、基金、另类投资、境外投资总额不到 17%。中国人寿是我国寿险企业的龙头，其投资状况一定程度上反映了我国寿险业投资的现状。

表 1－7　　中国人寿保险投资资产　　单位：百万元

投资资产	2013 年 12 月 31 日		2012 年 12 月 31 日	
	金额	占比	金额	占比
货币资金	21 406	1.16%	69 434	3.88%
定期存款	664 174	35.93%	641 080	35.80%
债券	873 567	47.25%	828 075	46.24%
基金	59 007	3.19%	59 228	3.31%
股票	79 716	4.31%	102 074	5.70%
其他方式	150 874	8.16%	90 912	5.07%
合计	1 848 744	100.00%	1 790 803	100.00%

从表 1－8 中国大地 2013 年保险投资收入一览表中可以看出，中国大地的主要投资工具为定期存款和债券，两者约占总投资金额的 95%，债券投资略多。

而其他投资总额约为13%。中国国内最大的人保财险（香港上市），其投资资产约77.4%来自于定期存款和债券，其中，债券投资约占总投资金额的44.1%。之所以选择中国大地保险，是因为其只经营财产保险业务且2013年保费收入名列财产保险公司第六名，较能代表中小财产保险公司的投资状况。

表1-8　　中国大地保险投资收入一览　　单位：百万元

	2013年		2012年	
利息净收入	金额	占比	金额	占比
存款利息收入	378.55	43.47%	359.85	51.03%
债券利息收入	395.50	51.91%	383.04	54.46%
—交易性金融资产	14.82	1.70%	15.90	2.26%
—可供出售金融资产	248.53	28.54%	268.51	38.08%
—持有至到期投资	132.15	15.18%	98.63	13.99%
贷款及应收款项投资利息收入	22.08	2.54%	7.26	1.03%
买入返售金融资产利息收入	5.87	0.67%	0.88	0.12%
保证金利息收入	0.34	0.04%	0.43	0.06%
卖出回购金融资产利息支出	-40.52	-4.65%	-48.07	-6.82%
小计	761.82	87.49%	703.38	99.75%
投资净收益/（损失）				
债券投资				
—交易性金融资产	0.34	0.04%	2.38	0.34%
—可供出售金融资产	-1.24	-0.14%	7.27	1.03%
权益工具投资				
—交易性金融资产	11.04	1.27%	-6.24	-0.88%
—可供出售金融资产	98.79	11.35%	-1.62	-0.23%
小计	108.94	12.51%	1.79	0.25%
合计	870.76	100.00%	705.18	100.00%

第三节　保险投资的发展历程

一、保险险种演变与投资功能的发展

（一）寿险险种演变与投资功能的发展

1. 寿险投资的萌芽与正式出现（12~18世纪）。在公元前500年至公元前200年的希腊有一些致力于向守护神进贡的宗教组织即希腊社团是早期的一种保险实践，因此，通常认为个人保险起源于希腊。12世纪意大利的威尼斯共和国

产生了“蒙丹期”公债储金办法，这是当时的统治者为了应付战时财政困难而发行的强制认购的公债，由于当时的宗教对高利贷的禁止使得年金成为人们借用大笔资金的有效手段，到1656年有一个意大利银行家洛伦佑·伶蒂设计了一套年金保险计划，即公债向认购者支付酬金直到死亡但不退还本金，并于1689年由法国国王路易十四颁布实施，命名为伶蒂法，这是较早的年金保险的雏形。从“蒙丹期”公债储金办法的诞生到伶蒂法的实施，虽然其本意与保险资金保值与增值不直接相关，但客观上是以某种用途实现未来的给付，因此，具备了寿险资金投资的一些萌芽。

早期保险公司均是个人承保人，承保的各种寿险风险通常是短期的，一般不超过1年。第一家真正意义上的相互保险公司是于1699年在伦敦建立的保险与年金协会。1706年英国成立了伦敦协和保险社，将成员人数限制在2 000人以内，在一个独特的津贴制度下运作，算是最早的人寿保险经营机构。1720年两家英国保险人——皇家交易所和伦敦交易所试图取得垄断地位并开始进行股票和债券投资。18世纪30年代后，太阳保险公司尝试进行贷款投资。1759年美国第一家相互保险公司在费城成立，目的是减轻牧师及其孤儿寡母的穷困。随着生命表和均衡保险在寿险中的应用，1765年世界上第一家以现代保险原则组建并经营的寿险公司——英国公平人寿保险公司的设立成为现代寿险业的开端，均衡保费的采用为寿险积累大量的投资资金奠定了基础，从此，寿险公司设计的保单由保障功能开始逐步向储蓄投资功能转变，保险资金的投资业务正式成为寿险公司经营的一个业务环节，因此，1765年也被认为是现代寿险资金投资的开端。

2. 寿险投资的初创时期（1766～1950年）。1794年美国第一家股份制保险公司——北美保险公司（the Insurance Company of North America）在宾夕法尼亚成立，最初的设立目的是销售年金，由于销售情况不佳，1804年停止了其人寿保险业务。1812年向公众签发寿险和年金的第一家北美保险公司——宾夕法尼亚人寿与年金保险公司成立，但于1872年也停止了其保险业务。1818年马萨诸塞州医院人寿保险公司成立，1830年纽约人寿与依托公司成立，这也是第一家使用代理人的公司，这三家公司都是股份保险公司，后先后停止了保险业务代之以银行或信托公司的形式存续。可以说这一时期寿险与年金保险的尝试之所以都以失败告终与当时保险公司的投资环境是密切相关的，由于寿险与年金保险大多最终都要给付给被保险人或其受益人，这一时期的主要投资品种仍是股票、债券和贷款，由于其市场规模有限，因此，保险资金的保值增值问题突出。

真正引起对保险资金投资业务重视的险种出现于1836年美国费城基亚德人寿、年金与信托保险公司，它在出售的保单中首次使用了保单持有人可以从利润中分红的原则，第一次保单红利在1844进行了分配，保单持有3年以上的都可享受分红。1848年美国出现了保单抵押贷款。1861年马萨诸塞州成为第一个规定寿险保单中“不丧失价值条款”的州，1880年又规定了现金退保价值的条款。

1875 年美国的谨慎保险公司将简易人寿保险引入美国市场，引发了公众对寿险保险的意识，成为保险市场的催化剂，到 1879 年，恒康保险公司（John Hancock Mutual Life Insurance）和大都会人寿保险公司（Metropolitan Life Insurance Company）也开始销售简易人寿保险。1880 年 Baltimore& Ohio Railroad Company 设计出第一份由雇主和雇员共同缴费的养老计划。日本第一家人寿保险公司是 1881 年的明治人寿股份保险公司（Meiji Life Assurance Company），1888 年帝国人寿保险公司（Teikoku Life Assurance Company）成立，1889 年日本生命保险公司（Nippon Life Assurance Company）成立，主要险种是传统的人寿保单。

从 1765 年出现现代人寿保险业务开始，寿险险种经历了从定期寿险、终身寿险（年金保险）向分红保险的转变，期间全球资本市场也不断完善，1602 年最早的股票市场在荷兰的阿姆斯特丹成立，1724 年巴黎证券交易所成立，1773 年英国伦敦证券交易所成立，1792 年美国纽约证券交易所诞生，日本最早的证券交易所是 1878 年成立的东京株式交易所，当时的组织形式为股份有限公司，早期的交易主要是公债。1971 年 NASDAQ 建立，保险的投资业务开始从收益率较低的银行存款、政府债券向收益较高的抵押贷款、土地抵押贷款甚至是直接参与房地产投资等转变，当然最初的抵押贷款并不是保单抵押贷款，19 世纪末 20 世纪初，随着美国投资回报率不断下降，出现了海外投资热潮，但股票投资仍不是保险资金投资的主要工具。

1765 ~ 1950 年近 200 年间是寿险资金投资业务的初创时期，在这一时期随着寿险险种的变化，寿险投资的规模不断扩大，同时对寿险资金投资的限制性条款不断出现，如给付条件、保单分红、保单抵押贷款、不丧失价值条款及现金退保价值等，这使得一家保险公司经营的成败逐步取决于其投资政策的成败。

3. 寿险投资成熟期（1950 年至今）。20 世纪 50 年代后至今，寿险险种出现了新的创新，逐步出现了变额年金、投资连结保险和万能寿险等，由此也开始设立区分保险公司承担风险的保险投资通用账户（general account）和投保人承担风险的独立账户（separate account）。随着承保业务的利润下滑，自此保险投资业务成为保险公司的主要业务环节。

1952 年美国出现了变额年金。1954 年出现了变额年金合同。1957 年英国伦敦曼斯特公司发行的基金连锁保单是最早出现的投资连结保险，投连险的出现使保险公司开始深入介入资本市场。1959 年美国要求签发变额年金保单的寿险公司建立独立账户，自此开始区分通用账户与独立账户各自的投资原则与投资资产。1964 年美国证券交易委员会（SEC）宣布独立账户中的保单是发行证券行为，需要接受证券法的监管，此时，寿险公司的业务已介入特定证券的发行与投资领域，独立账户投资基金性质与之前分红险对保险资金投资的影响是不同的，其资金的性质与运作模式完全不同。1976 年美国继英国、加拿大之后推出了个人变额寿险保单，1977 年推出万能寿险，之后一直到 1985 年推出了变额万能寿险。

随着寿险险种的不断创新，保险投资的领域也逐步变得更加多元化，资本市场的不断完善，使得股票、衍生工具、风险投资等先后成为寿险资金的投资工具。1986 年 10 月英国通过《金融服务法案》允许本国和外国银行、保险公司以及证券公司申请成为交易所成员，允许交易所以外的银行或保险公司甚至外国公司购买证交所成员的 100% 股票。1996 年底，日本开始推行金融大改革，1998 年 12 月 1 日“金融体系改革一揽子法”面世，《证券交易法》、《投资信托法》、《银行法》、《保险法》、《外汇法》、《日本银行法》等共同构成日本金融法新体系，放宽对银行、证券、保险等行业的限制。美国国会 1999 年 11 月 4 日通过了《金融服务现代化法案》，自此保险、银行、基金等之间的法律障碍被彻底扫清，进入更为广阔的金融业混业经营时代。

（二）非寿险险种演变与投资功能的发展

非寿险早于寿险出现，相比寿险储蓄 + 投资的特点，非寿险资金的负债性特点更为明显。投保人预交的保费就像是活期存款，在保单存续期间进行赔付之后剩余的保险资金才能用于投资，我们在图 1 – 3 中曾讲过其动态现金流的特点，如期限短、每年的赔付不固定使得保费存量波动大、投资资金的积累能力明显小于寿险，目前全球寿险与非寿险的保费比重约为 6∶4，这对非寿险资金的投资工具、投资期限与投资回报有一定的限制，但这并不意味着投资业务对寿险公司不重要。早在 1683 年，被喻为火灾保险之父的尼古拉斯 · 巴蓬于 1667 年开设的第一家现代意义上的火灾保险社就开始拿地租做担保用于火险的赔款，到 20 世纪 80 年代后，英国的非寿险业务已变成依赖投资业务来弥补承保业务亏损，最终实现盈利的模式。

1963 年日本推出了首个储蓄性火灾保险，1969 年韩国出现了长期家庭综合保险，2000 年我国华泰保险公司推出了理财型家庭综合保险。这类非寿险险种的创新改善了非寿险资金短期性的特点，为非寿险更好地进行中长期的投资、增强盈利能力提供了一定的前提。

二、我国保险投资的发展历程

（一）无保险投资阶段（1949 ~ 1983 年）

1949 年新中国第一家保险公司——中国人民保险公司（PICC）成立，1958 年全面停办国内保险业务，1980 年恢复办理保险业务，我国保险发展相当薄弱，保费收入畸低，直到 1984 年新文件出台前谈不上有什么保险投资业务。

（二）严格限制投资（1983～1998 年）

1998 年以前，对保险业的监管主要由中国人民银行负责。

1. 有规范，但比较乱的阶段。1984 年，中国人民保险公司在《改革保险管理体制，加快发展我国的保险事业》的文件中提出："有效地运用保险资金，是衡量保险企业经济效益的一个重要方面。"自此保险公司开始了保险资金的运用业务，之后由于保险公司盲目投资房地产以及各类实业项目，大量涉足有价证券、信托甚至股票市场，国务院、中国人民银行开始对保险市场清理整顿，先后出台了一系列法规对保险投资业务进行了规范。1985 年出台了《保险企业管理条例》规定保险企业各项准备金的运用方法。1986 年中国平安保险公司、1991 年中国太平洋保险公司的成立，打破了我国保险业的完全垄断格局，增加了保险业的竞争，同年中国人民银行颁布的《关于中国人民保险公司存款利率的规定》规范了存款业务，并将可投资保险资金纳入人行信贷计划，投资方向限定在固定资产项目上。1987 年，开始拓宽保险资金投资范围，增加了短期投资项目如流动资金贷款和金融债券等。1990 年中国人民保险公司颁布的《中国人民保险公司资金运用管理暂行办法》、《中国人民银行颁布的关于保险公司保险金存款问题的通知》为保险资金运用工作进行了较明确的规定，推动了保险投资业务的发展。之后国务院、中国人民银行又先后出台了《关于保险业务和机构进一步清理整顿和加强管理的通知》（1991）、《关于保险企业资金收支计划与资金运用计划管理有关问题的通知》（1991）、《关于进一步加强宏观金融调控的通知》（1993）等。

20 世纪 80 年代末到 90 年代初的阶段是我国保险资金投资运用比较混乱的时期，当时保险资金运用的范围大致是：①银行存款，但按规定只能存入中国工商银行、中国农业银行、中国银行和中国建设银行四家国有银行；②有价证券，包括股票和债券，对股票的投资由保险公司在其可运用资金规模内自行决定，对债券的投资也完全由保险公司自行决定；③流动资金贷款，中国人民保险公司、中国太平洋保险公司、中国平安保险公司和新疆兵团保险公司的流动资金贷款计划由中国人民银行总行核定并经其总公司下达所辖公司；④资金拆出，保险公司只能将其闲置的资金拆出给其他金融机构，不得以拆出的名义给非金融机构和个人融资和贷款，另外，除应付大额赔付资金周转需要外，保险公司一般不得拆入资金，更不允许拆入资金进行营利活动。在 1992～1993 年我国经济过热时期，保险资金投资仍形成了 100 多亿元的不良资产。①

2. 有正式的法律严格规范的阶段。1995 年我国颁布了《中华人民共和国保险法》，以法律形式规定保险投资范围为银行存款、政府债券、金融债券和国务

---

① 祝杰．我国保险资金运用法律规则的审视与优化［J］．当代法学，2013（3）：87.

院规定的其他渠道，但相应的细化规定没有出台，对保险资金的运用范围限制较为严格，保险公司的资金运用主要集中在银行存款上，对保险资金安全与收益的两难选择致使我国寿险业在1996～2002年连续8次降息后的利差损超过500亿元。

同期我国资本市场正在蓬勃发展。如1987年人行与国际信托投资公司面向海外投资者推出了我国第一支投资基金——国家基金，1989年第一支中国概念基金——新鸿基中华基金的设立开启了海外基金设立的热潮，1991年我国最早的国内基金——珠信基金设立，1992年我国开始向市场经济转轨，中国第一家基金管理公司——深圳投资基金管理公司成立，1984年11月14日上海飞乐音响股票首次公开发行，1986年9月26日新中国第一个股票交易柜台——静安股票交易柜台正式启动，公开挂牌代理买卖股票，1990年上海证券交易所成立，1991年深圳证券交易所成立。资本市场的发展给保险公司的经营带来了严峻的挑战，我国对保险资金运用的严格限制制约了保险公司的发展。

（三）投资渠道不断拓宽（1998～2003年）

1998年我国将保险监管职能从人行剥离出去，成立了中国保险监督管理委员会（以下简称保监会），在保险业界的强烈呼吁下，从1998年开始，保险资金的投资渠道不断拓宽，增加了保险公司的盈利来源。

1998年允许保险公司进入全国同业拆借市场，从事债券现券的买卖业务。1999年允许保险公司购买评级在AA+以上的央企债券、国债回购市场及与商业银行办理保险资金协议存款，同年保监会印发了《保险公司投资证券投资基金管理暂行办法》（1999年10月），允许保险公司开办投资基金业务，但投资比例需要监管部分核定，初期普通账户的上限为上月末总资产的5%，投连险账户为30%。2000年放宽了不同保险公司投资基金的上限，普通账户上限最高到15%，投连险独立账户的上限最高达到100%，2000年底我国保险公司证券投资额首次超过银行存款。2001年保监会允许保险资金购买电信类企业债。2002年国务院下发了《关于取消第一批行政审批项目的通知》，取消了保险公司投资基金的资格审批的规定。2003年中国保险监督管理委员会修订了《保险公司投资证券投资基金管理暂行办法》，将保险公司投资基金的比例统一规定为普通账户不超过15%，独立账户中投连险为100%，万能险为80%。2003年进一步放宽了保险资金投资债券的比例和范围，如规定保险资金可投资评级在AA级以上的所有企业债，投资比例最高为20%，还可投资央行票据和货币市场工具，同年保监会设立了专司保险投资监管职能的保险资金运用监管部。①

① 徐高林．保险资金投资管理教程［M］．北京：北京大学出版社，2008，250～252.

（四）全面放开投资，保险投资法规体系不断完善（2004 年以来）

1. 放开保险资金的境外投资。所谓全面放开是指自 2004 年开始我国允许保险公司进行境外投资，初步形成了境内与境外两个投资渠道。

2004 年我国出台的《保险外汇资金境外运用管理暂行办法》（保监会、人民银行令〔2004〕9 号，已废止）允许保险公司以外币计价的资本金、公积金、未分配利润、各项准备金和存入保证金进行境外存款、债券投资及货币市场等工具的投资，之后于 2007 年 6 月出台的《保险资金境外投资管理暂行办法》（保监会、人行、外管局令 2007 年 2 号）拓宽了海外投资的品种，增加了股票等权益类工具，2012 年 10 月出台的《保险资金境外投资管理暂行办法实施细则》（保监发〔2012〕93 号），将海外投资资产划分为四个部分：货币市场类、固定收益类、权益类和不动产，增加了不动产投资，拓宽了股权投资的范围，降低了投资类债券的评级级别。

2. 进一步拓宽了保险投资范围。

（1）允许保险资金直接投资股票。2004 年 10 月，经国务院批准，中国保监会联合中国证监会下发了《保险机构投资者股票投资管理暂行办法》及《关于保险机构投资者股票投资交易有关问题的通知》（2005）、《保险机构投资者股票投资登记结算业务指南》、《保险公司股票资产托管指引》和《关于保险资金股票投资有关问题的通知》（2007）等配套文件，推动保险资金直接投资股票市场，到 2010 年允许保险资金直接投资股票的最高比例达上季末总资产的 20%。2014 年中国保险监督管理委员会发布的《关于保险资金投资创业板上市公司股票等有关问题的通知》（保监发〔2014〕1 号，2014 年 1 月）开始允许投资创业板股票。同年发布的《保监会试点历史存量保单投资蓝筹股政策》（2014 年 1 月）允许历史存量保险投资蓝筹股。

（2）允许间接投资基础设施。2006 年中国保险监督管理委员会颁布了《保险资金间接投资基础设施项目试点管理办法》（保监会令 2006 年 1 号，2006 年 3 月），允许保险公司将保险资金委托给合格的受托人，由受托人通过设立投资计划，间接地投资基础设施项目，之后又分别于 2007 年、2009 年和 2012 年分别出台了相关文件，《保险资金间接投资基础设施债权投资计划管理指引（试行）》（保监发〔2007〕53 号）、《基础设施债权投资计划产品设立指引》（保监发〔2009〕41 号）、《关于保险资金投资基础设施债权投资计划的通知》（保监发〔2009〕43 号）、《基础设施债权投资计划管理暂行规定》（保监发〔2012〕92 号），逐步明确了受托人为保险资产管理公司等专业管理机构，并对债权计划的设立与发行、信用增级等做了相应规范。

（3）允许投资股权，拓宽不动产投资范围。自 2006 年中国保险监督管理委员会下发《关于保险机构投资商业银行股权的通知》（保监发〔2006〕98 号），我国开始允许保险资金进行股权投资。2010 年中国保险监督管理委员会正式颁布了《保险资金投资股权暂行办法》（保监发〔2010〕79 号），规定保险资金可以直接或间接方式投资在我国境内未公开上市的股份有限公司和有限责任公司的企业股权，同年下发的《保险资金投资不动产暂行办法》（保监发〔2010〕80 号）允许保险资金投资基础设施类不动产、非基础设施类不动产及不动产相关金融产品，要求投资基础设施的参照上述的间接投资管理相关规定。2012 年中国保险监督管理委员会颁布的《关于保险资金投资股权和不动产有关问题的通知》（保监发〔2012〕59 号）中调整了对净资产和偿付能力充足率的限制，将净资产的基本要求，均调整为上一年度末为 1 亿元人民币，偿付能力充足率调整为上季度末偿付能力充足率不低于 120%。

（4）增加债券投资品种。2005 年债券投资首次超过银行存款成为我国保险资金资产配置的第一大工具。2009 年中国保险监督管理委员会下发了《关于增加保险机构债券投资品种的通知》（保监发〔2009〕42 号），增加了地方政府债券、境内市场发行的中期票据等非金融企业债务融资工具以及大型国有企业在香港市场发行的债券、可转换债券等无担保债券投资品种；2012 年中国保险监督管理委员会正式下发了《保险资金投资债券暂行办法》（保监发〔2012〕58 号），将债券投资品种明确为依法在中国境内发行的人民币债券和外币债券，包括政府债券、准政府债券、企业（公司）债券及符合规定的其他债券；2013 年中国保险监督管理委员会颁布的《关于加强保险资金投资债券使用外部信用评级监管的通知》（保监发〔2013〕61 号）中对投资债券的信用评级进行了相应规定。

（5）允许投资其他金融产品。为适应我国金融市场的创新，2012 年中国保险监督管理委员会增加了相关金融产品的投资。2012 年中国保险监督管理委员会在《关于保险资金投资有关金融产品的通知》（保监发〔2012〕91 号）中，增加了商业银行理财产品、银行业金融机构信贷资产支持证券、信托公司集合资金信托计划、证券公司专项资产管理计划、保险资产管理公司基础设施投资计划、不动产投资计划和项目资产支持计划等新的金融产品；2014 年中国保险监督管理委员会在《关于保险资金投资集合资金信托计划有关事项的通知》（保监发〔2014〕38 号）中放宽了信托计划的评级。

（6）对金融衍生产品的投资进行了再规范。在 2012 年中国保险监督管理委员会下发了《保险资金参与金融衍生产品交易暂行办法》（保监发〔2012〕94 号）、《保险资金参与股指期货交易规定》（保监发〔2012〕95 号），进一步将保险资金投资的范围拓宽至金融衍生产品、股指期货等，但投资衍生产品仅限于对冲风险。

（7）寿险险种的创新将持续影响保险资金的未来投资选择。2012 年 4 月泰康人寿推出中国内地首款可作为养老社区入住“门票”的挂钩保险产品——“幸福有约终身养老计划”。2013 年国务院针对我国人口老龄化问题下发了《国务院关于加快发展养老服务业的若干意见》（国发〔2013〕35 号），鼓励保险业进入养老产业。2014 年 7 月，中国保险监督管理委员会发文《开展老年人住房反向抵押养老保险试点指导意见》（保监发〔2014〕53 号），开展将住房抵押与终身养老年金保险相结合的创新型商业养老保险业务——“反向抵押养老保险”试点。相信随着未来保险险种的不断创新，我国保险资金的投资领域将更加广阔。

3. 明确了保险投资的两种模式。自 2003 年以来，为解决保险资金投资收益率持续走低的问题，中国保险监督管理委员会按照集中化和专业化原则，推动建立保险资产管理公司，2012 年又相继出台了新的文件，目前我国保险投资已明确为两种模式：保险公司自主投资模式和资产管理公司等投资机构受托投资模式。中国保险监督管理委员会并对保险公司投资管理的组织结构进行了规范，这些文件包括 2004 年 2 月颁布的《保险资产管理公司管理暂行规定》（保监会令〔2004〕2 号）、2012 年 7 月下发的《保险资金委托投资管理暂行办法》（保监发〔2012〕60 号）和《保险资产配置管理暂行办法》（保监发〔2012〕61 号）、2012 年 10 月的《关于保险资产管理公司有关事项的通知》（保监发〔2012〕90 号）、2013 年的《关于加强和改进保险机构投资管理能力建设有关事项的通知》（保监发〔2013〕10 号，2013 年 2 月）和《关于保险机构投资风险责任人有关事项的通知》（保监发〔2013〕28 号，2013 年 4 月），尤其是 2012 年的投资新政，增加保险资金的受托人为保险资产管理公司、证券公司、证券资产管理公司、证券投资基金管理公司及其子公司等专业投资机构，扩大了保险资产管理公司的受托资金的范围为除受托管理保险资金外，还可受托管理养老金、企业年金、住房公积金等机构的资金和能够识别并承担相应风险的合格投资者的资金。

4. 形成了较完善的保险资金投资法律法规体系。我国对保险资金的法律规范一直处于分散零星的状态，从第一个与保险资金相关文件的出台至 2014 年，经过近 30 年的制度建设，我国已基本形成了以《保险法》（2009 年第 2 次修订）、《保险资金运用管理暂行办法》（2010）为指导，以债券、不动产、基础设施、金融衍生产品、金融产品、境外投资等投资细则为配套的较完整的关于保险资金投资法律法规体系。

三、我国保险资金投资状况

表 1－9 反映了我国 2004～2015 年保险资金的运用状况，由表中数据可见，我国保险资金的运用余额逐年递增，至 2015 年底可投资资金达 11.18 万亿元，股票和债券投资基金上升至 15.18%，其他投资约占 28.65%。由表 1－9 还可以发现 2005 年债券投资（46.84%）首次超过了银行存款（36.65%），之后银行存款比例基本保持在 30% 左右，2013 年开始债券和银行存款之和开始出现下滑，由原来平均约占 70% 下降至 2015 年的 56%，股票和证券投资基金投资、其他

投资占比不断飙升，说明我国自 2012 年放松保险资金投资渠道管制以来，保险资金投资结构已发生了巨大变化。

表 1－9　　保险资金投资运用结构　　单位：亿元

年份	资金运用余额	银行存款		债券		股票、证券投资基金		其他投资	
		金额	占比%	金额	占比%	金额	占比%	金额	占比%
2004	10 778. 62	5 071. 11	47. 05%	4 284. 43	39. 75%	666. 32	6. 18%		
2005	14 092. 69	5 165. 55	36. 65%	6 600	46. 83%	1 107. 01	7. 86%		
2006	17 785. 41	5 898. 11	33. 16%	8 522. 9	47. 92%	912. 08	5. 13%		
2007	26 647. 81	6 503. 44	24. 41%	11 654. 2	43. 73%	2 519. 41	9. 45%		
2008	30 552. 83	8 087. 49	26. 47%	17 560. 9	57. 48%	1 646. 46	5. 39%		
2009	37 417. 12	10 519. 48	28. 11%	18 874. 5	50. 44%	2 758. 78	7. 37%		
2010	46 046. 62	13 909. 68	30. 21%	22 790. 5	49. 49%	2 620. 73	5. 69%		
2011	55 192. 98	17 692. 69	32. 06%	25 916. 8	46. 96%	2 909. 92	5. 27%		
2012	68 542. 58	23 446. 11	34. 21%	30 528	44. 54%	3 625. 58	5. 29%		
2013	76 873. 41	22 640. 98	29. 45%	33 375. 42	43. 42%	7 864. 82	10. 23%	12 992. 19	16. 90%
2014	93 314	25 311	27. 12%	35 599. 71	38. 15%	10 325. 58	11. 07%	22 078. 41	23. 66%
2015	111 795. 49	24 349. 67	21. 78%	38 446. 42	34. 39%	16 968. 99	15. 18%	32 030. 41	28. 65%

资料来源：据保监会官方网站相关数据整理，http：//www. circ. gov. cn/web/site0/.

图 1－11 列出了 2001～2015 年我国保险资金投资收益率的情况，从图中数据可知，我国 2001～2015 年共 15 年中，保险资金的平均投资收益率为 4. 90%；2007 年由于我国股票市场因政策红利的释放而迎来了前所未有的大牛市，保险资金的投资收益率达到史上最高，为 12. 2%；2008 年受美国次贷危机的影响，

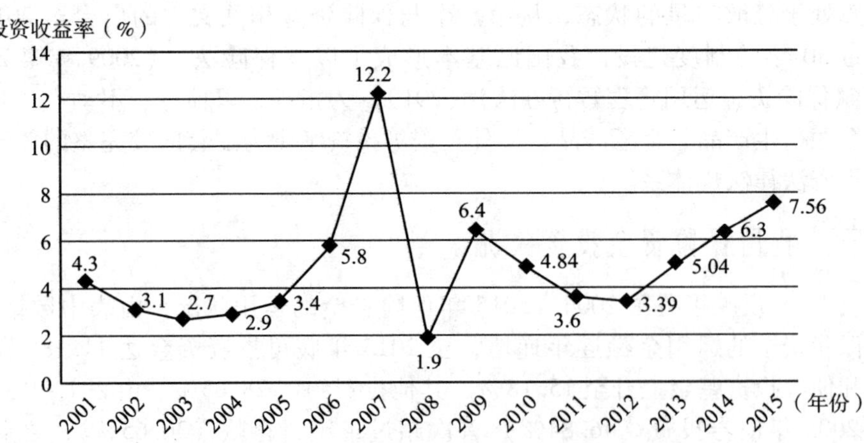

图 1－11　2001～2015 年我国保险资金投资收益率情况

资料来源：据保监会相关数据整理，http：//www. circ. gov. cn/web/site0/.

投资收益率仅为1.9%；2009年随着股市的小牛市反弹，投资收益率达6.4%，之后投资收益率在低位徘徊；随着2012年以来保监会拓宽保险资金投资渠道的多项投资新政的颁布，2015年保险资金投资收益率升至7.56%，平均收益率从2001~2012年的4.54%上升至2001~2015年的6.15%，说明新政颁布后，我国保险资金的投资收益率已经开始逐步上升。

【经典案例】

平安保险集团海外投资之路①

一、投资香港惠理集团

2007年，中国平安投资约11亿港元参与了香港惠理集团股票的公开发行，购买了该公司1.44亿股，占惠理集团发行后9%股份。惠理基金是香港一家主要投资于高增长大中华股市的基金，目前管理的资产规模超过50亿美元，旗下共有5只基金，主要投资于A、B股和H股，平安在此笔投资的浮盈为8 900万港元。2009年中国平安通过投资于惠理的全资附属公司盛宝资产管理香港有限公司50%股权组成合资公司，与惠理共同发展有关产品业务，此项交易中国平安将出资约2 325万港币，2013年7月31日据新浪财经私募排排网消息称由香港惠理基金担任投顾的平安信托旗下两款阳光私募产品两年来亏损超过20%，大幅跑输同期行业平均收益。

二、投资富通集团巨亏

1990年诞生的富通是低地三国（Benelux）（比利时、荷兰、卢森堡）规模最大的综合性金融集团。原本主要基地是在荷兰，以保险业务为主。1997年收购比利时通用银行及其他银行后，成为三国最大的金融机构，业务范围横跨保险、银行、投资三大领域，旗下富通基金管理公司是欧洲债市和股市的最大机构投资者，2007年参与收购荷兰银行（ABN AMRO）部分业务后更成为是欧洲最大的金融机构之一。富通集团的核心业务包括零售银行、商业银行、投资公司、保险公司四大部分，是世界上最大的银保联合经营的金融集团。在2008年《财富》世界500强中升至第14位，在商业及储蓄银行类别中更升至全球第二位，被誉为成功依靠收购兼并而成长起来的典范，对欲进行海外扩张的中国平安集团有极大的吸引力。

2007年11月，中国平安决定以18.1亿欧元收购了富通4.18%的股份，因此成为富通的最大单一股东；中国平安随后追加投资，分别于2008年1月22日通过平安人寿在二级市场购入富通集团约1.1亿股或4.99%的股份，总对价

---

① 参见《中国平安投资富通巨亏228亿索赔比利时政府》，凤凰财经，2012年9月26日，http://finance.ifeng.com/stock/roll/20120926/7087089.shtml及其他网上新闻整理。

21.1 亿欧元；2008 年 4 月 3 日平安发表公告将投资富通集团旗下富通投资管理公司吸收合并荷兰银行资产管理公司（不包括某些非核心资产）后总发行股份的 50%，对价约 21.5 亿欧元，将在富通的股份提高到 4.99%，两次投资合计约 240 亿元人民币，这是中国保险行业在海外的最大投资。始料未及的是，中国平安入股富通不到一年，席卷全球的金融危机爆发，富通集团出现严重的流动性危机，到 2008 年下半年，富通股价已下跌逾 96%。

随后，比利时政府出台国有化救助方案，将其拆解出售，富通集团资产大大缩水。根据公开资料，比利时政府将富通银行从富通集团剥离，并将其 75% 的股权以 114 亿欧元的价格出售给法国巴黎银行。按照相关协议，这一交易需要获得富通集团股东大会的批准，但比利时政府并未依约寻求股东的同意。为平息股东的不满，比利时政府成立了一个基金来补偿富通集团的股东，但这一补偿计划只涉及欧盟国家的机构股东，而作为第一大股东的中国平安不但始终被排除在重组之外，甚至连补偿也无缘获得。国有化之后，富通集团从“银、保双头鹰”肢解成一家仅含国际保险业务、结构化信用资产组合部分股权及现金的保险公司，而上市公司核心业务不复存在，其股价也一路跌至 1 美元，令中国平安损失惨重。为此，中国平安不得不于 2008 年底计提减值准备金 228 亿元。而其 2008 年年报显示，中国平安对富通的投资共合人民币 238 亿元，由此损失超过 90%。

比利时政府的做法虽然遭到中国平安及其他很多股东的强烈抵制，但还是执意完成了富通集团的国有化及出售计划。不过，比利时政府却在富通集团国有化中获利不小。公开资料显示，比利时政府收购富通集团的价格为 94 亿欧元，而单是富通银行 75% 股权就售得 114 亿欧元。在 2009 年初的富通集团股东大会上，中国平安和数千名小股东以微弱多数否决了比利时政府的资产处置方案。此后，富通 2 000 多名小股东联名提起诉讼并获得比利时最高法院的支持。法院裁定，政府在国有化过程中并未履行股东大会程序，违背了公司治理与法理原则，因此，该交易非法。2012 年 9 月中国平安对富通的投资账面浮亏金额大致为 216 亿元，损失近 90%，中国平安集团宣布向国际投资争端解决中心提起仲裁申请，称比利时政府对富通集团资产处理不当，造成其投资损失，并向比利时政府索赔，但中国平安的维权之路前景艰辛。

三、购买海外地产

2013 年 7 月，中国平安以 2.6 亿英镑从德国商业银行旗下的德国不动产投资管理公司（Commerz Real）接手劳合社大楼，市场人士分析从静态收益上看，劳合社大楼的租金收益或将远远高于中国平安近几年的总投资收益率。据有关媒体测算，劳合社每年支付的租金为 1 600 万英镑，倘若按同样的价格租出整栋大楼，则年租可达 2 400 万英镑，如按该年租金水平起算，中国平安这笔投资可在 10 年左右收回投资成本，剔除汇率等因素，该投资的年投资回报率在 6.15% ~ 9.23%。

【知识拓展】

保险公司资产负债表与认可资产负债表的比较

附表1、附表2为认可资产与认可负债表，请对表中的资产与负债进行对比，按你的理解找出异同。

附表1　　2010年12月31日认可资产表　　单位：万元

	附注	2010年12月31日			2009年12月31日
科目		账面余额	非认可价值	净认可价值	净认可价值
现金	4	194 539	—	194 539	121 530
流动性管理工具	5	15 045	—	15 045	23 738
现金及流动性管理工具小计		209 584	—	209 584	145 268
政府债券		—		—	—
金融债	6	161 163	1 556	159 607	90 480
企业债券	7	21 582	—	21 582	8 790
资产证券化产品		—	—	—	—
信托资产		—	—	—	—
权益投资	8	33 564	1 678	31 886	18 748
贷款		—	—	—	—
其他投资资产	9	18 884	944	17 940	8 405
投资资产小计		235 193	4 178	231 015	126 423
在子公司、合营企业和联营企业中的权益		—	—	—	—
应收保费	10	11 528	2 969	8 559	4 879
应收分保准备金		30 774	1 841	28 933	18 212
应收分保款项		8 713	2 397	6 316	4 394
应收利息	11	2 220	—	2 220	1 843
应收股利		—	—	—	—
预付赔款		395	—	395	131
存出保证金		674	—	674	422
其他应收款	12	5 485	3 254	2 231	1 409
应收预付款项小计		59 789	10 461	49 328	31 290
固定资产	13	5 965	753	5 212	4 528
无形资产	14	2 566	673	1 893	1 508
房地产评估增值		—	—	—	—
其他资产		3 027	3 027	—	—
非独立账户资产小计		516 124	19 092	497 032	309 017
独立账户资产		—	—	—	—
资产合计		516 124	19 092	497 032	309 017

附表 2　　2010 年 12 月 31 日认可负债表　　单位：万元

	2010 年 12 月 31 日	2009 年 12 月 31 日
未到期责任准备金	138 119	102 478
其中：财产保险业务的未到期责任准备金	129 043	98 081
人寿保险业务的未到期责任准备金	—	—
健康保险业务的未到期责任准备金	2 610	1 067
意外伤害保险业务的未到期责任准备金	6 466	3 330
未决赔款责任准备金	95 663	56 219
其中：已发生未报案未决赔款准备金	41 356	27 737
准备金负债小计	233 782	158 697
应付保户红利	—	—
累计生息保单红利	—	—
保户储金	—	—
应付赔付款	3 604	3 527
预收保费	46 436	19 904
应付分保款项	12 523	12 519
应付佣金及手续费	5 558	4 339
应付工资和福利费	8 169	6 337
应交税金	3 941	2 731
应缴保险保障基金	794	636
卖出回购证券	—	—
应付返售证券	—	—
资本性负债（应付次级债）	—	—
应付利润	—	—
预计负债	—	—
其他负债	113 922	2 133
非准备金负债小计	194 947	52 126
独立账户负债	—	—
其中：独立账户单位准备金	—	—
或有负债	—	—
认可负债合计	428 729	210 823

关键术语

保险资金　保险投资　资本金　公积金　未分配利润　责任保证金　未到期责任准备金　未决赔款准备金　寿险责任准备金　长期健康险责任准备金　存出（存入）分保准备金　一般风险准备金　保户储金及投资款　保险保障基金　金融衍生产品　不动产　基础设施类不动产投资　非基础设施类不动产投资　与不

动产相关的金融产品　股权　直接投资股权　间接投资股权　金融产品　货币市场类　固定收益类　权益类　境外基金　证券投资基金　股权投资基金　房地产信托投资基金（REITs）

思考题

1. 请思考全国社保基金与社会保险基金的异同。

2. 试分析保险资金、企业年金和全国社保基金的异同。

3. 试分析保险保障基金和保险保证金的异同。

4. 试分析社会保险基金与商业保险基金投资的异同。

5. 试分析寿险与非寿险投资资金的异同。

6. 保险公司的核心风险有哪些?

7. 保险公司的财务风险有哪些?

8. 保险公司的精算风险如何分类?

9. 试谈谈保险公司的资产负债表和认可资产与认可负债的报表的相关性。

10. 试画出保险责任准备金动态现金流模式图，并对保险责任准备金的形成与用途进行简单的分析。

11. 试画出定期寿险、终身寿险、生存保险、两全保险及年金保险的静态现金流模式图，并简单说明其对保险资金投资的影响。

12. 试画出财产保险公司产品及静态现金流模式图，并说明与寿险的公司的不同点。

13. 简要说明我国保险资金的投资渠道与主要的投资工具。

14. 从我国保险资金的投资历程出发，分析我国目前寿险与产险公司的主要投资工具有哪些?

15. 我国保险公司的主要资产有哪些? 主要负债有哪些?

本章探究专题

1. 请查阅中国平安保险（集团）股份有限公司近5年的财务报表，分析其营业收入变化情况，画出中国平安的保险资金运用渠道与主要投资资产，查阅中国平安的重大投资事项，并试分析其投资状况。

要求：找某寿险或产险公司的均可，也可要求学生对比产寿险公司的资产负债表不同之处，教师可根据学生情况来安排。要求制作PPT在课堂上进行作品展示，并使用知识地图或思维导图列出演讲的脉络。达到的目的：锻炼学生的综合知识运用能力。

2. 请根据文后经典案例中介绍的相关内容，分析我国保险资金海外投资应当注意的问题。

第二章　保险投资模式

【本章内容提要】

本章主要介绍了我国保险投资的两种投资模式，即保险公司自行投资模式和委托投资模式；要求学生重点掌握保险公司自行投资模式的定义、其决策运行机制；掌握委托投资模式的定义、决策运行机制；掌握保险业内委托投资模式、大委托投资模式的定义与异同点；熟悉我国保险投资模式的演变历程。

1. 保险公司自行投资模式

- 自行投资模式
- 内设投资部模式
- 集团内集中统一管理模式

2. 保险公司委托投资模式

- 委托投资模式概述
- 保险业内委托投资模式
- 大委托投资模式

3. 我国保险投资模式的演变

- 保险公司自行投资模式为主的阶段（1984~2003年）
- 保险资产管理公司投资模式为主的阶段（2003~2011年）
- 大委托投资模式形成阶段（2012年至今）

保险投资模式主要是指保险监管当局规定的保险公司对保险资金运用的方式、组织结构、决策及运作机制等的总和。从资金运作主体的角度可分为保险公司自行投资模式和保险公司委托投资模式两种。自行投资模式一般包括内设投资部模式、集团内集中统一管理模式两种组织形式；委托投资模式则包括保险业内委托投资模式和大委托投资模式两种，由于大委托投资模式更符合保险业的发展与外部环境变化，已成为保险资金当前与未来投资模式的主要发展方向。

第一节 保险公司自行投资模式

一、保险公司自行投资模式

（一）定义

所谓保险公司自行投资模式，主要是指保险公司根据自身的投资管理能力和风险管理能力决定由保险公司自己来进行保险资金的运作并承担相应投资风险的模式。一般包括内设投资部和集团集中统一管理两种形式。通常在保险资金运用的早期阶段、保险监管较松散时期或小型的保险公司多采用内设投资部的形式；当保险公司发展成为较大的集团或控股公司时，多会设立专门的集团内投资平台来统一管理保险资金的运作，所有的投资决策、资产配置、投资策略等均由保险公司自主决定。

保险公司自行投资的优点在于，所有的决策都在公司内部进行，在资产负债管理、风险管理等方面便于沟通与协调；缺点是，内部的投资管理人才与管理水平有限，投资收益与回报率不高。

（二）决策运行机制①

保险公司在自行投资过程中，应当遵循决策权、监督权和运营权三权分立、互相制衡的原则来进行保险资金的投资管理，以便较好地管控风险。董事会一般对投资负最终责任，通过下设的投资决策委员会来行使决策权；监督权一般由风险管理委员会和保险公司的内部稽核与审计等部门来行使；资金的运营权一般归经营管理层。

1. 决策权。在保险公司自行投资过程中，保险资金运用实行董事会负责制，保险公司董事会应当对资产配置和投资政策、风险控制、合规管理承担最终责任；董事会下设立资产负债管理委员会（也称投资决策委员会）和风险管理委员会或类似的专业委员会；董事会需要负责审定保险资金运用管理制度，确定保险资金运用的管理方式，审定投资决策程序和授权机制，审定资产战略配置规划，年度投资计划和投资指引及相关调整方案，决定重大投资事项，审定新投资品种的投资策略和运作方案，建立资金运用绩效考核制度等。

2. 监督权。保险公司在自行投资过程中，对保险资金投资的监督权可能会归于几个部门。通常由公司内部的风险管理委员会或负责风险管理的部门（有些公司将该职能归于法规部门）负责履行拟订保险资金运用风险管理制度，审核和监控保险资金运用合法合规性，识别、评估、跟踪、控制和管理保险资金运用风

① 《保险资金运用管理暂行办法》，中国保监会令 2014 年第 3 号，第 27 ~ 34 条。

险，定期报告资金运用风险管理状况等。风险管理部门只负有对重大风险化解的建议权而无投资经营管理权。

公司内部稽核和外部审计等部门的监督作用主要表现在对保险资金运用的内部全面稽核审计上，一般一年至少进行一次审计，并在向总经理和董事会上报的内控审计报告中应当揭示保险资金运用管理的合规情况和风险状况，同时，在主管投资的高级管理人员、保险资金运用部门负责人和重要岗位人员离职前应当进行离任审计。

3. 运营权。保险公司在自行投资过程中其运营权通常会交给专门的保险资产管理部门，该部门要求要独立于财务、精算、风险控制等其他业务部门，并负责拟订保险资金运用管理制度、拟订资产战略配置规划和年度资产配置策略、拟订资产战略配置调整方案、执行年度资产配置计划、实施保险资金运用风险管理措施等职责。

保险资产管理部门应当在日常投资、交易管理、投资研究、资产清算、风险控制、业绩评估、相关保障等环节设置相应的专业岗位，并根据情况建立防火墙体系，实现保险资金专业化、规范化、程序化运作。

图 2 - 1 反映了保险公司在自行投资过程中的投资决策流程，由图 2 - 1 中可以看出，决策权通常由董事会下设的专业委员会——投资决策委员会（有些公司归于资产负债管理委员会）负责；监督权通常由风险管理委员会和稽核审计部门负责，监事会也有一定的监督职责，但并不专门针对保险投资来行使其职能；经营权主要由公司经营管理层下设的保险资产管理部门来运作，并下设专门的投资、交易等部门。

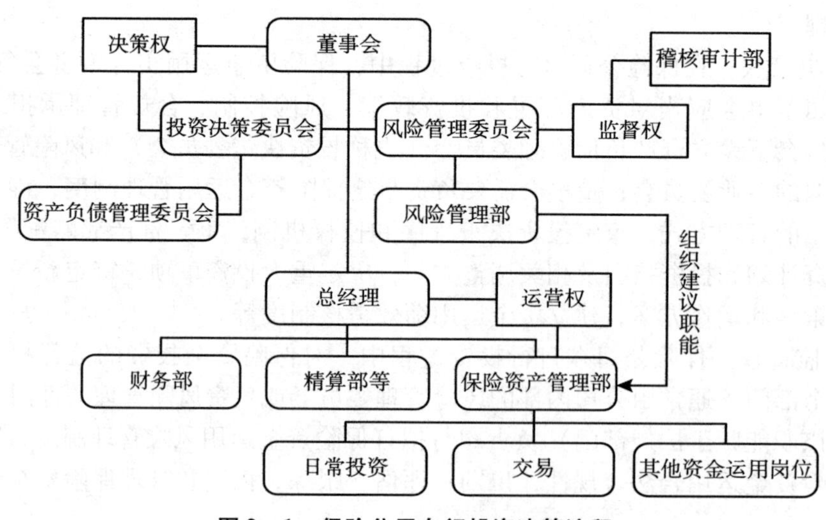

图 2 - 1　保险公司自行投资决策流程

二、内设投资部模式

内设投资部模式是指在保险公司内部设立独立于其他部门的专门负责保险资金投资的管理部门。如中国人民保险公司自1985年开始就设立了专门的投资部，1985～1995年对保险公司投资方向严格控制的时期主要采用的就是这种模式①。通常在资金投资控制较严格的发展时期或保险公司可以利用的保险资金规模比较小、投资风险不是很大时会采用，目前已基本被集中统一管理模式和委托投资模式所取代。

内设投资部的优点是：由于内设投资部是保险公司内部的一个专业部门，因此，所有的投资、决策等活动均在保险公司的直接掌控下进行，有利于公司随时掌握情况，确保资金的安全性；另外，在与其他部门的沟通上会更容易，能较好地根据公司的情况安排相应的投资业务，及时进行资产负债匹配的调整，满足公司偿付能力要求。较适合保险资金投资工具选择较少、风险较低及资金规模较小的公司使用。

内设投资部的缺点是：由于内设的投资部门只是保险公司的一个部门，在法律上不具有法律主体地位，因此，投资决策不具有独立性，要受公司的政策制约，会影响决策效率和资金运用效率，有可能错过较好的投资机会，也有可能造成保险资金的挪用或乱用；当保险资金规模较大时，内设投资部的投资人才、投资能力较有限，无法满足现代保险公司资金运用专业化的需要。例如，1986年，中国人民保险公司国内业务资金运用率为9.23%，投资收益率仅为0.83%；到2013年我国保险资金运用总余额已高达7.68万亿元，其中人保财产保险股份有限公司的可投资资产为2 391.90亿元②，实现投资收益96.74亿元，内设投资部的形式早已不适应新的环境了。

三、集团内集中统一管理模式

集团内集中统一管理模式适合较大的集团化、专业化管理的保险公司采用，通常在集团内设立专门的负责投资的平台公司——专业投资子公司，由其负责公司资金的运用，各产、寿险公司将资金统一上缴至集团公司后，再由集团公司根据集团经营情况统一划拨投资资金至投资子公司的模式。通常专业投资子公司须将产、寿险子公司资金分别设立账户，独立进行投资管理。1995～2002年中国人民保险集团公司、平安集团等均采用这种投资模式，日本东京海上与火灾保险公司（Tokyo Marine&Fire）、德国安联（Allianz）、法国安盛—巴黎联合保险公司（AXA—UAP）、英国皇家太阳联合公司（Royal & Sun Alliance）等采用这种投资

① 1995年以后开始出现了保险集团公司，并开始尝试集团集中统一管理模式。

② 中国人民财产保险股份有限公司2013年度财务报告，http：//www.picc.com/html/folder/4295.htm。

模式（见图 2－2）。①

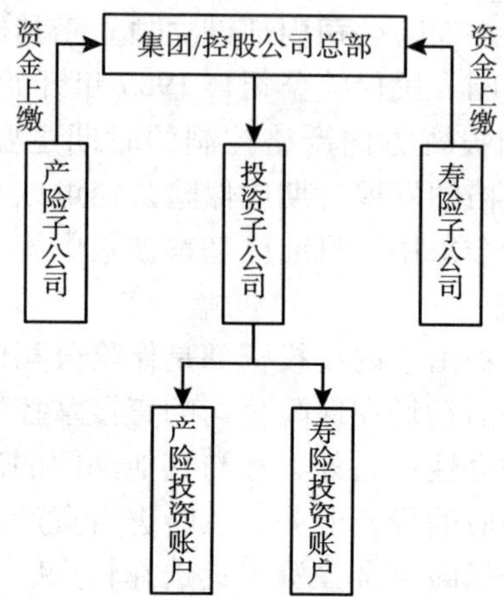

图 2－2 集团内集中统一投资模式

另外，我国有些保险公司在某些领域的投资也采用这种模式，如中国人寿保险（集团）公司于 2007 年 1 月 8 日设立了全资子公司——国寿投资控股有限公司，专注于另类投资业务及项目管理，业务涵盖股权投资、不动产投资、养老养生投资以及资产管理等领域，目前，该子公司管理资产规模近 400 亿元，自有资产规模超百亿元，控股企业 10 余家。中国平安保险（集团）股份有限公司下设了平安不动产子公司，负责集团的不动产投资及不动产金融产品的开发；平安罗素是平安集团与美国罗素投资共同出资设立的合资公司，平安控股 51%，专注探索创新的 MOM（Manager to Manager）模式，2012 年 8 月 6 日，平安罗素成功发行中国第一只创新 MOM 模式产品服务于高端投资——同时担任罗素 QFII 产品的投资管理人，并为平安集团保险资金提供投资咨询服务。中国人民保险（集团）股份有限公司于 2007 年 8 月 23 日设立以不动产投资为核心的专业化全资投资子公司——人保投资控股有限公司（PICC Investment Holding Co.，Ltd.），经营范围包括不动产投资、资产经营与管理、物业管理、租赁、咨询等；另外，还成立了北京西长安街八十八号发展有限公司（以下简称“八十八号公司”），系人保集团旗下的一级法人机构，2012 年起致力于将自身打造为系统物业管理资源整合的平台；人保资本投资管理有限公司（以下简称“人保资本”），原名人保金控投资有限公司（以下简称“人保金控”），2008 年设立，是人保集团旗下专门对其系统内外的保险及非保险资金开展直接股权投资、债权投资等非交易业务的专业化运作平台。

① 张明燕．保险投资组织模式的选择［J］．中外科技信息，2001（12）：14.

第二节　保险公司委托投资模式

保险公司在选择投资模式时并非只是单一的模式，往往是既有自行投资，也有委托投资。保险公司需要根据自己的投资管理能力和风险管理能力来决定采用自行投资模式或委托投资模式，当然投资管理能力与风险管理能力需要符合监管当局的相应标准。但无论是采用哪种模式，保险公司都需要设立专门的保险投资管理部门来负责内部的投资交易或对外的协调管理工作。目前我国要求保险公司应当按照“集中管理、统一配置、专业运作”的要求，实行保险资金的集约化、专业化管理，保险资金通常交由法人机构统一管理和运用，各分支机构不允许从事保险资金的运用业务①。

一、委托投资模式概述

（一）定义

委托投资模式是指保险集团（控股）公司和保险公司（以下统称保险公司），将保险资金委托给符合条件的投资管理人，开展定向资产管理、专项资产管理或者特定客户资产管理等投资业务的模式。投资管理人一般包括保险资产管理公司、证券公司、证券资产管理公司、证券投资基金管理公司及其子公司（以下简称基金管理公司）等专业投资管理机构。保险公司开展委托投资②，应当满足下列要求：（1）具有完善的公司治理、决策流程和内控机制；（2）具有健全的资产管理体制和明确的资产配置计划；（3）财务状况良好，资产配置能力符合中国保监会有关规定；（4）建立委托投资管理制度，包括投资管理人选聘、监督、评价、考核等制度，并覆盖委托投资全部过程；（5）建立委托资产托管机制，资金运作透明规范；（6）最近三年未发现重大违法违规行为。可见，决策运行机制的完善与否直接关系着保险公司能否有资格开展委托投资业务。

委托投资模式目前是保险资金运用的主流形式，世界著名的大型保险公司通常采用委托投资模式，如美国国际集团（AIG）、加拿大宏利保险集团（Manulife）、美国安泰（Antna）、瑞士丰泰保险公司（Winterthur）等。我国自2003年7月16日设立首家保险资产管理公司——中国人保资产管理股份有限公司（以下简称“人保资产”）起开始引入委托投资模式。

根据保险公司是否将保险资金委托给保险业内的投资管理人进行管理，可以将保险委托投资模式分为保险业内委托投资模式和大委托投资模式。到2012年，

① 参见《保险资金运用管理暂行办法》，中国保监会令2014年第3号，第18条。

② 参见《保险资金委托投资管理暂行办法》，中国保监会发〔2012〕60号，第5条。

随着一系列保险投资新政的出台，我国保险公司委托投资已进入了大委托投资模式的时代。

（二）决策运行机制

委托投资的投资决策运行机制是双重的，包括内部决策机制与外部决策机制两部分，委托投资与自行投资的最大区别在于运营权的归属不同。

在保险公司的内部决策机制中，保险资金的委托投资依旧遵循三权分立的原则，需要明确股东（大）会、董事会和经营管理层的决策及批准权限设立，决策权归于董事会，保险公司决定是否采用委托投资模式，以及投资无担保债券、股票、股权和不动产等重大保险资金运用事项，应当经董事会审议通过，由董事会承担委托投资的最终责任；监督权归于风险管理部门及稽核审计部门，这与自行投资模式类似，不同之处在于，在保险资产管理部门要求设立风险管理首席执行官①，首席风险管理执行官属于保险公司的高级管理人员，负责组织和指导保险资产管理机构风险管理，包括保险资产管理机构运作的所有业务环节，并独立向董事会、中国保监会报告有关情况，提出防范和化解重大风险的建议，但是，首席风险管理执行官不得主管投资管理；经营权则归于投资管理人，保险公司设立的资产管理部门不再负责保险资金的投资，而是主要承担委托人的职能②，如负责制定投资管理人选聘标准和流程，综合考虑风险、成本和收益等因素，通过市场化方式，合理确定投资管理人数量；与投资管理人签订委托投资管理协议，载明当事人权利义务、关键人员变动、利益冲突处理、风险防范、信息披露、异常情况处置、资产退出安排以及责任追究等事项；根据保险资金风险收益特征，审慎制定委托投资指引，合理确定投资范围、投资目标、投资期限和投资限制等要素，定期或者不定期审核委托投资指引，并做出适当调整；负责协商确定管理费率定价机制，动态调整管理费率水平，并在委托投资管理协议中载明等。

保险公司外部决策机制主要是指投资管理人对受托资金的管理，我国要求保险资产管理公司要建立完善的公司法人治理结构和有效的内控制度，设立投资决策部门和风险控制部门，建立相互监督的制约机制；保险资产管理公司有权列席保险公司投资决策委员会或资产管理委员会的资产负债管理等的相关会议；保险资产管理公司内部的风险控制部门主要负责的是保险资产管理公司内部的风险；另外，保险公司可向受托管理保险资金的保险资产管理公司派驻监督人员③；保险公司是否可向证券公司、基金公司等派驻监督人员无明文规定，但在实务中可以与相关公司协商解决。

---

① 参见《保险资产管理公司管理暂行规定》，中国保监会令（2004）2号，第45条。

② 参见《保险资金委托投资管理暂行办法》，中国保监会〔2012〕60号，第11、12、13、14条。

③ 参见《保险资产管理公司管理暂行规定》，中国保监会令〔2004〕2号，第47条。

图2－3列出了保险公司委托投资模式的决策机制，由图2－3中可以看出，粗虚线上方反映了保险公司内部决策机制，下方主要反映了受托人即投资管理人的投资决策机制，保险公司不能直接参与投资管理人的决策与运作，但可以通过委托管理合同对其投资进行约束；保险公司的风险管理部门基本上是独立于经营部门等而独立运营的，行使监督权，直接向董事会负责；运营权主要交给了保险资金的投资管理人，即受托人。

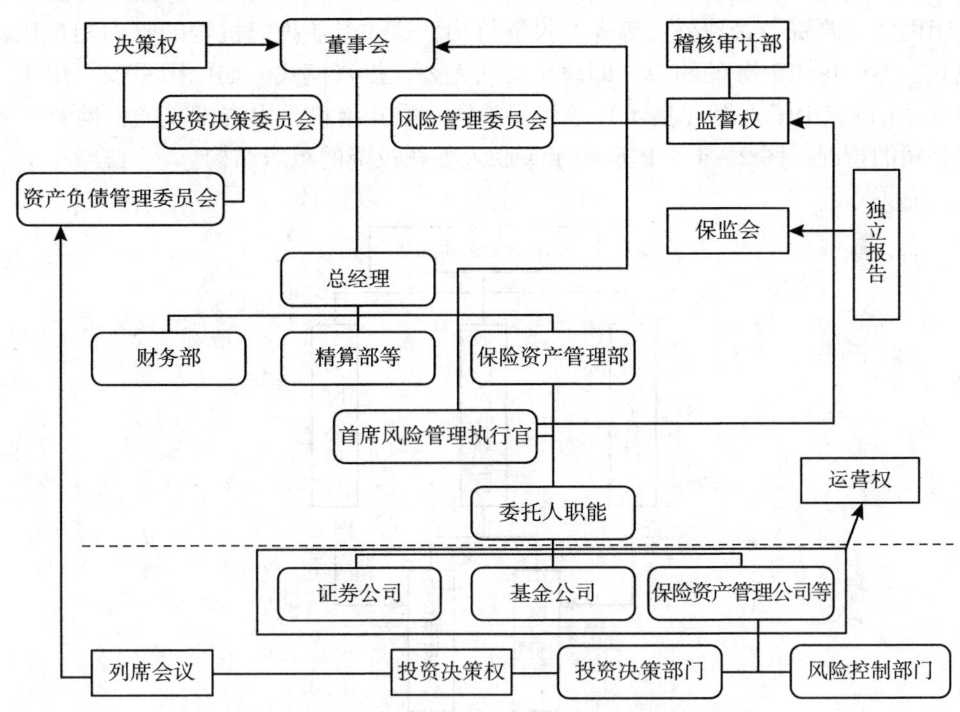

图2－3 保险公司委托投资模式决策机制

二、保险业内委托投资模式

所谓保险业内委托投资模式，是指保险公司将保险资金委托给由保险公司出资设立的保险资产管理公司等专业投资公司进行管理的投资模式，对其的监管都由保监会负责。按保险公司是否是投资管理人的股东为标准，又可分为关联人委托投资和非关联人委托投资两种模式。

（一）关联人委托投资模式

1. 关联人委托投资模式的定义。关联人委托投资模式是指保险公司通过成立全资、控股或参股的保险资产管理公司等专业投资公司，通过签订资金委托投资管理协议的方式，来受托管理股东（关联方）托管的保险资金，且资金的划拨不通过集团财务整体安排的模式。通常保险公司设立的资产管理公司等专业投资公司既可接受股东的委托，也可接受外部人的委托，还可以管理自有的资产，我们将接受股东为保险公司委托管理保险资金的模式定义为关联人委托模式，保险资产管理公司等专业投资机构在运营过程中需要对不同资金分别设立不同的账户进行管理。国外很多著名的保险集团采用这种模式，我国一些大型的保险公司都设立了保险资产管理公司，这些保险公司的产寿险公司将自己的保险资金委托给集团内的保险资产管理公司等专业投资机构，这些专业投资机构的管理相对比较独立，不受集团财务的约束，即属于关联人委托投资模式，如中国平安、中国人寿（集团）、中国人保（集团）等将保险资金委托给自己出资设立的保险资产管理公司的情况。图 2－4 大体反映了关联人委托投资的组织结构。

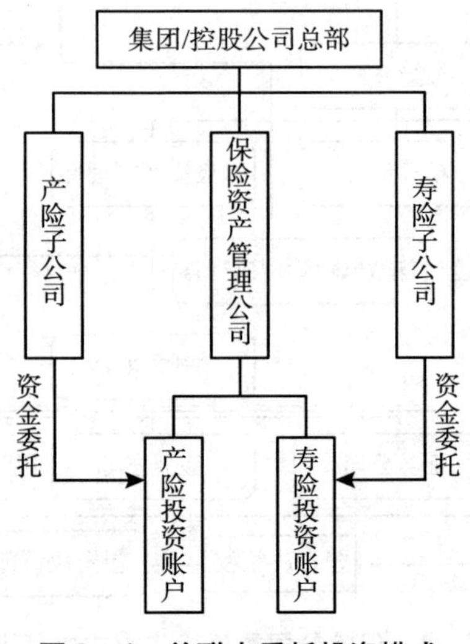

图 2－4 关联人委托投资模式

2. 优缺点。关联人委托投资模式的优点是，可以利用集团或控股公司总部的双重双层风险监控体系有效防范风险；在经营方面由集团内的专业投资公司来进行分账运营，避免产寿险资金的混合运用，降低资金错配风险；由专业投资公司来独立运作资金，增强了对市场变化的反应速度，可以有效防止集团或控股公司操纵进行内部交易和关联交易；集团内的投资公司除接受股东的委托外，还可接受外部人的资金委托，增加了保险公司的盈利来源。

缺点是，由于保险资产管理公司的独立性较强，因此，在与产寿险资产负债管理上的协调较复杂，对集团或控股公司总部的控制力度有较高的要求。如中国平安目前致力于打造成为个人综合金融服务集团，旗下有 24 家子公司。

对保险资金投资管理人的介绍放在大委托投资模式中进行深入探讨，对我国保险集团公司的投资模式请参阅本章后的知识拓展。

（二）非关联人委托投资模式

1. 非关联人委托投资模式的定义。非关联人委托投资模式主要是指保险公司根据自身的投资能力与风险管理能力，选择将保险资金委托给保险业内的第三方合格投资管理人来进行资金运作的模式。通常较小的寿险公司和大部分未成立保险资产管理公司的保险公司或自身未取得相应资产投资资格的大公司都会选择委托第三方的方式进行保险资金的运用。

2. 优缺点。其优点主要表现在，投资管理能力较弱的保险公司可以利用专业投资机构的人员与投资优势来进行专业化的资金运用，取得较好的收益；对未取得相应资产投资资格的保险公司也可通过有投资资质的第三方来介入相应资产的配置。

缺点是，在资产负债匹配管理上不够灵活，易产生委托代理问题，对其监控不如内部委托方式。因此目前很多小型的保险公司倾向于几家公司共同组建保险资产管理公司来解决投资管理问题。

保险业内委托模式无疑限制了保险资金的投资选择范围，对保险资金的盈利能力缺乏管理人之间的竞争压力，如 2013 年年末，国内的保险公司共 138 家，保险市场处于垄断竞争市场格局，前 5 大保险公司的保费收入约占行业的 70%，保险资产管理公司仅有 18 家，基本上是实力较强的大公司设立的，服务以集团公司为主，中小保险公司的投资盈利能力受到较大的限制。为摆脱投资困境，中小保险公司倾向于联合组建资产管理公司的模式，例如，2013 年，华安财险联合 4 家中小保险公司和 1 家业外股东，成立资产管理公司；阳光和中意人寿也联合 2～3 家中小保险公司，达成成立保险资产管理公司合作意向。

三、大委托投资模式

（一）大委托投资模式的定义

所谓大委托投资模式，是指在当前大资管时代，保险公司的保险资金可以委托给任何符合条件的投资管理人进行管理，且保险资产管理公司的经营范围也不再局限于管理保险资金，而是真正成为资产管理公司，可管理保险业内外的资金，甚至是公募性质的资产管理业务。大委托投资模式是在当今混业经营的背景下保险投资的必然选择，也符合当今保险资金管理集中化、专业化的发展方向。

2012 年我国新增了证券公司、证券资产管理公司及基金公司作为保险资金的投资管理人，同时将保险资产管理公司的经营范围进一步拓宽，除接受保险资金的托管业务外，还可以受托管理养老金、企业年金、住房公积金等机构的资金以及能够识别并承担相应风险的合格投资者的资金，并可以设立资产管理产品，甚至可以开展公募性质的资产管理业务，这标志着我国已经进入保险资金大委托投资模式的时代。

（二）大委托投资模式的优缺点

大委托投资模式优点在于，更有利于有资金实力设立保险资产管理公司的保险公司的业务发展，让其盈利能力除保险资金投资外还可拓展到资产管理领域，增加利润来源；对未设立保险资产管理公司的中小型保险公司而言，拓宽了保险资金投资管理人的选择范围，增强了资产管理人之间的竞争，有利于提高保险投资收益率。

其缺点在于，保险资产管理公司的投资能力与证券公司等专业投资公司相比处于一定的劣势地位，竞争的加剧可能会带来保险资金由业内向业外分流；而保险公司在进行委托投资的过程中不可避免地会遇到委托代理问题，增加了资金运用的风险；在保险投资与资产负债匹配管理上有一定的难度，要求保险公司的资产管理部门有较强的风险监控能力。

（三）投资管理人

1. 投资管理人的职责与条件。在大委托投资模式下，投资管理人受托管理保险资金，应当履行以下职责：（1）严格遵守委托投资管理协议、委托投资指引和相关规定，清晰制定投资说明书，恪尽职守，履行诚实、信用、谨慎、有效的管理义务；（2）持续评估、分析、监控和核查保险资金的划拨、投资、交易等行为，确保保险资金在投资研究、投资决策和交易执行等环节得到公平对待；（3）依法保守保险资金投资的商业秘密；定期或不定期向保险公司披露受托资金配置状况、价格波动、交易记录、绩效归因、风险合规及投资人员变动等信息，为保险公司查询上述信息提供便利和技术支持；（4）对不同保险公司和不同保险产品的保险资金进行分账和分类管理。

保险公司开展委托投资，境内受托的投资管理人[①]应当符合下列条件：（1）公司治理完善，市场信誉良好，具有国家有关部门认可的资产管理业务资质；（2）具有健全的操作流程、内控机制、风险管理及稽核制度，建立公平交易和风险隔离机制；（3）具有丰富的产品线，稳定的过往投资业绩；（4）设置产品开发、投资研究、投资管理、风险控制、绩效评估、咨询服务等专业岗位；（5）具有稳定的投资管理团队，拥有不少于15名具有相关资质和投资经验的专业人员，其中具有5年以上投资经验的不少于5名，具有3年以上投资经验的不少于5名；（6）最近三年未发现重大违法违规行为。

境外受托人从事保险资金境外投资受托管理业务，应当具备下列条件：

① 《保险资金委托投资管理暂行办法》，中国保监会，2012年，第6、15条。

（1）具有独立法人资格，依照所在国家或者地区的法律，具有从事资产管理业务的相关资格；（2）建立健全的法人治理结构，实行有效的内部管理制度；（3）建立严密的风险控制机制、安全高效的交易管理系统和财务管理系统，具备全面的风险管理能力；（4）具有经验丰富的管理团队，擅长保险资产管理业务，配备一定数量的投资专业人员且平均专业投资经验在10年以上；（5）财务稳健，资信良好，风险监控指标符合所在国家或者地区法律和监管机构的有关规定，近3年没有重大违法、违规记录；（6）有符合中国保监会规定的资本规模和资产管理规模；（7）购买与资产管理规模相适应的有关责任保险；（8）所在国家或者地区的金融监管制度完善，金融监管机构与中国金融监管机构已经签订监管合作文件，并保持有效的监管合作关系等条件。

2. 保险资产管理公司。保险资产管理公司是指经保险监管当局同意，依法设立的受托管理保险资金的金融机构，其组织形式主要是有限责任公司和股份有限公司两种。设立保险资产管理公司①，应当至少有一家股东或者发起人为保险公司或者保险控股（集团）公司，该保险公司或者保险控股（集团）公司应当具备下列条件：（1）经营保险业务8年以上；（2）最近3年未因违反资金运用规定受到行政处罚；（3）净资产不低于10亿元人民币；总资产不低于50亿元人民币，其中保险控股（集团）公司和经营有人寿保险业务的保险公司总资产不低于100亿元人民币；（4）符合规定的偿付能力要求；（5）具有完善的法人治理结构和内控制度；（6）设有资产负债匹配管理部门和风险控制部门，具有完备的投资信息管理系统；（7）资金运用部门集中运用管理的资产占公司总资产的比例不低于50%，其中经营有人寿保险业务的保险公司不低于80%等条件。

保险公司选择保险资产管理公司开展委托投资，保险资产管理公司除符合《保险资金委托投资管理暂行办法》第6条规定外，还应当符合下列条件②：（1）注册资本不低于1亿元；（2）管理资产余额不低于100亿元；（3）具有一年以上受托投资经验。保险资产管理公司受托管理关联方机构的资金时，不受第6条二、三款限制。截至2014年6月我国内地共有20家保险资产管理公司，8家资产管理（香港）公司，受托管理的保险资金占全行业可运用资金的80%。具体见表2－1和表2－2。

表2－1　　　　我国保险资产管理公司一览表

序号	公司名称	成立时间	注册地
1	中国人保资产管理股份有限公司	2003年7月	北京
2	中国人寿资产管理有限公司	2003年11月	北京

① 《保险资产管理公司管理暂行规定》，中国保监会，2004年，第7、8条。
② 《保险资金委托投资管理暂行办法》，中国保监会，2012年，第7条。

续表

序号	公司名称	成立时间	注册地
3	华泰资产管理有限公司	2005 年 1 月	上海
4	中再资产管理股份有限公司	2005 年 2 月	北京
5	平安资产管理有限公司	2005 年 5 月	上海
6	友邦资产管理中心	2006 年 1 月	上海
7	泰康资产管理有限公司	2006 年 3 月	北京
8	新华资产管理股份有限公司	2006 年 6 月	北京
9	太平洋资产管理有限公司	2006 年 6 月	上海
10	太平资产管理有限公司	2006 年 8 月	上海
11	安邦资产管理有限公司	2011 年 5 月	北京
12	生命人寿资产管理有限公司	2011 年 7 月	深圳
13	合众资产管理股份有限公司	2011 年 11 月	北京
14	光大永明资产管理股份有限公司	2011 年 9 月	北京
15	中英益利资产管理股份有限公司	2012 年 6 月	北京
16	民生通惠资产管理有限公司	2012 年 11 月	上海
17	阳光资产管理股份有限公司	2012 年 12 月	深圳
18	中意资产管理股份有限公司	2013 年 6 月	北京
19	华安财保资产管理有限责任公司	2013 年 8 月	天津
20	华夏久盈资产管理有限责任公司	2014 年 6 月	深圳

表 2-2　　我国保险资产管理（香港）公司

序号	公司名称	成立时间	注册地
1	中国人寿资产管理（香港）有限公司	2005 年	香港
2	平安资产管理（香港）有限公司	2006 年	香港
3	华泰资产管理（香港）有限公司	2007 年	香港
4	泰康资产管理（香港）有限公司	2007 年	香港
5	中国太保资产管理（香港）有限公司	2008 年	香港
6	安邦资产管理（香港）有限公司	2011 年	香港
7	生命资产管理（香港）有限公司	2012 年	香港
8	新华资产管理（香港）有限公司	2013 年	香港

3. 证券公司或证券资产管理公司。证券公司是指依照《公司法》和《证券法》的规定设立并经国务院证券监督管理机构审查批准而成立的专门经营证券业务的有限责任公司或者股份有限公司。截至 2013 年年底，我国共有 115 家证券公司，表 2-3 列出了 2013 年度证券公司总资产排名的前 20 大证券公司，表 2-4 列出了 2013 年度受托客户资产管理业务净收入不低于中位数的排名前 44 家证券公司。

表 2-3　　2013 年度证券公司总资产排名　　单位：万元

序号	证券公司	总资产	序号	证券公司	总资产
1	中信证券	19 293 365	11	东方证券	5 513 911
2	海通证券	12 901 784	12	光大证券	4 710 882
3	国泰君安	11 784 112	13	平安证券	3 621 483
4	广发证券	10 884 661	14	安信证券	3 528 175
5	华泰证券	8 834 968	15	齐鲁证券	3 480 208
6	招商证券	7 518 404	16	宏源证券	3 211 771
7	国信证券	7 076 072	17	方正证券	3 206 617
8	银河证券	6 972 940	18	兴业证券	3 166 143
9	中信建投	6 568 393	19	西南证券	2 962 566
10	申银万国	5 978 954	20	中投证券	2 949 452

资料来源：中国证券行业协会网站，http：//www. sac. net. cn/ljxh/xhgzdt/201405/t20140530_93890. html.

表 2-4　　2013 年度证券公司受托客户资产管理业务净收入排名（合并口径）　　单位：万元

序号	证券公司	受托客户资产管理业务净收入	序号	证券公司	受托客户资产管理业务净收入
1	国泰君安（上海国泰君安证券资产）	59 669	16	浙商证券（浙江浙商证券资产）	12 088
2	中信证券	44 158	17	中银国际	11 682
3	宏源证券	36 349	18	国信证券	11 016
4	申银万国	35 483	19	东兴证券	10 998
5	华泰证券	30 858	20	兴业证券	10 713
6	光大证券（上海光大证券资产）	23 833	21	恒泰证券	10 605
7	第一创业	23 038	22	东海证券	10 350
8	东方证券（上海东方证券资产）	23 038	23	信达证券	9 918
9	广发证券	20 615	24	海通证券（上海海通证券资产）	9 794
10	中信建投	20 340	25	长城证券	9 603
11	招商证券	17 493	26	齐鲁证券	8 864
12	安信证券	17 054	27	华鑫证券	8 189
13	华融证券	16 422	28	中山证券	7 992
14	中金公司	14 836	29	江海证券	7 949
15	银河证券	12 542	30	长江证券	7 461

续表

序号	证券公司	受托客户资产管理业务净收入	序号	证券公司	受托客户资产管理业务净收入
31	财通证券	6 918	38	东北证券	5 417
32	民族证券	6 625	39	金元证券	5 207
33	渤海证券	6 399	40	国金证券	4 969
34	中投证券	6 211	41	国盛证券	4 822
35	德邦证券	5 871	42	华创证券	4 620
36	西南证券	5 823	43	平安证券	4 587
37	广州证券	5 605	44	国元证券	4 381

注：（1）中位数为 4 237 万元，不低于中位数的为排名前 44 位的公司；（2）排名中国泰君安与上海国泰君安证券资产、光大证券与上海光大证券资产、东方证券与上海东方证券资产、浙商证券与浙江浙商证券资产、海通证券与上海海通证券资产合并计算。

资料来源：中国证券行业协会网站，http：//www. sac. net. cn/ljxh/xhgzdt/201405/t20140530_93890. html.

证券资产管理公司主要是由证券公司发起设立的专门进行资产管理业务的控股、参股或全资子公司。证券公司或证券资产管理公司开展保险资金投资管理业务的，必须：（1）取得客户资产管理业务资格三年以上；（2）最近一年客户资产管理业务管理资产余额（含全国社保基金和企业年金）不低于 100 亿元，或者集合资产管理业务受托资金余额不低于 50 亿元；（3）接受中国保监会涉及保险资金委托投资的质询，并报告有关情况①。

证券公司或证券资产管理公司从事保险资产管理业务②，应当实行集中运营管理，对外统一签订资产管理合同，并根据资产管理合同约定的方式、条件、要求及限制对保险公司的资产进行经营运作，为客户提供证券及其他金融产品的投资管理服务。

4. 基金公司。基金公司即证券投资基金管理公司，是指经监管当局批准设立，主要从事证券投资基金管理业务的企业法人。公司董事会是基金公司的最高权力机构。基金公司的发起人一般是从事证券经营、证券投资咨询、信托资产管理或者其他金融资产管理的机构。保险公司选择基金管理公司开展委托投资的，该基金公司除符合《保险资金委托投资管理暂行办法》第 6 条的规定外，还应当符合下列条件：（1）取得特定客户资产管理业务资格三年以上；（2）最近一年管理非货币类证券投资基金余额不低于 100 亿元；（3）接受中国保监会涉及保险资金委托投资的质询，并报告有关情况。

截至 2013 年年底我国共有基金管理公司 91 家，管理的基金数量为 2 418 只，基

① 《保险资金委托投资管理暂行办法》，中国保监会，2012 年，第 8 条。

② 《证券公司客户资产管理业务管理办法》，中国证监会，2012 年，第 5、6 条。

金资产净值约4.23万亿元。图2-5反映了我国基金业1998~2013年的发展趋势。

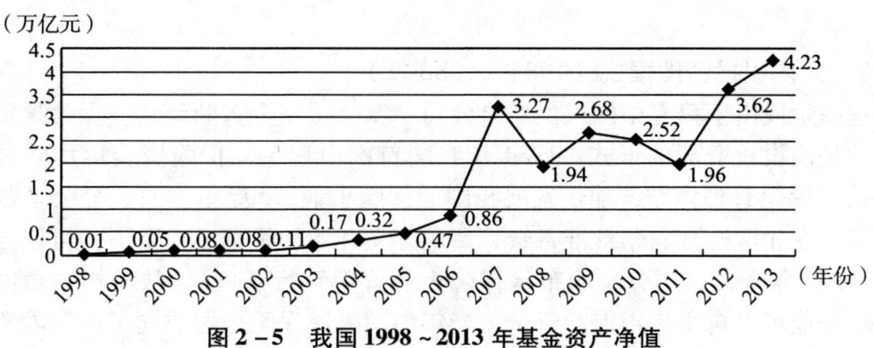

图2-5　我国1998~2013年基金资产净值

第三节　我国保险投资模式的演变

我国自1984年开始有保险资金投资以来，大体经历了三个较重要阶段的变化：一是1984~2003年以保险公司自行投资模式为主的阶段；二是2003~2011年以保险资产管理公司投资模式为主的阶段；三是2012年以来，随着一系列投资新政出台后解除了委托投资的各类限制的以大委托投资模式为主的阶段。具体见图2-6。

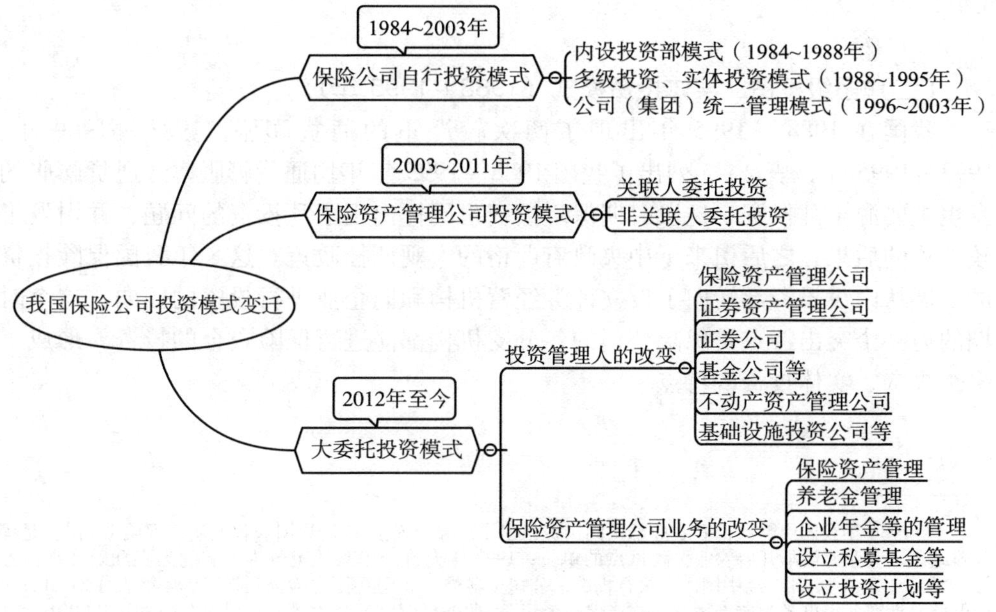

图2-6　我国保险公司投资模式的演变历程

一、保险公司自行投资模式为主的阶段（1984～2003 年）

（一）内设投资部模式（1984～1988 年）

这一阶段由于只有中国人民保险公司一家公司完全垄断经营，保险投资主要采用的是内设投资部的形式。1984 年我国首次出现关注保险资金运用问题的文件《改革保险管理体制，加快发展我国的保险事业》，提出“总、分公司收入的保险费，在扣除赔款、赔款准备金、费用开支和缴纳税金后，余下的可以自己运用”。1985 年 3 月，国务院颁布《保险企业管理暂行条例》，从法规的角度明确了保险企业可以自主运用保险资金，当年中国人民保险公司成立了以保险资金运用为主的信托投资部，1986 年保险投资方向为地方自筹的固定资产项目，1987 年首次放宽了保险资金的投资范围，允许保险公司进行短期投资，试办流动资金贷款业务和购买金融债券，1987 年交通银行成立了保险部（后于 1991 年成立了太平洋保险公司），直到 1988 年平安保险公司的设立为止，我国基本上只有一家国有独资的中国人民保险公司完全垄断经营[①]。保险资金的投资主要由中国人民保险公司内设的投资部负责，其投资纳入中国人民银行的信贷计划，投资方向单一，风险低，收益差。以 1986 年为例，中国人民保险公司国内业务资金运用率为 9.23%，投资收益率仅为 0.83%；1988 年中国人民银行下达给中国人民保险公司的投资额度为 4.3 亿元，而当年其总资产却为 137 亿元，资金运用率仅为 3.1%。

（二）多级投资、实体投资模式（1988～1995 年）

我国在 1988～1995 年出现了两次较严重的通货膨胀，1988～1989 年、1993～1995 年，表 2－5 列出了我国 1988～1995 年年均通货膨胀率。通货膨胀的发生主要源于乱投资，这段时期保险投资也同样出现了乱投资的问题，并引发了较严重的后果，之后引来了中央政府严格的宏观调控政策。这 8 年我国保险投资的发展从内设投资部转向了设立证券经营机构和向企业进行投资的倾向，这个时期的另一个突出特点是保险公司的各分支机构都能进行保险资金的投资，形成了多级投资、实体投资的特点。

---

① 1986 年我国由财政部和农业部共同出资组建了“新疆生产建设兵团农牧业生产保险公司”，是国家财政部、农业部最早开展农业保险试点的单位；1992 年允许经营兵团范围内所有的人身和财产保险业务；1993 年 2 月 15 日，经中国人民银行批准，公司更名为“新疆兵团保险公司”；2000 年 7 月 21 日，中国保监会批准公司更名为“新疆兵团财产保险公司”，业务经营区域扩大到新疆维吾尔自治区；2001 年业务经营区域扩大到全国；后于 2002 年改名为中华联合财产保险公司，2004 年改制为中华联合保险控股股份有限公司。因此，在 2001 年前其影响范围是十分有限的。

表 2-5 1988~1995 年平均年通货膨胀率

年份	1988	1989	1990	1991	1992	1993	1994	1995
通货膨胀率	18.8	18.0	3.1	3.4	6.4	14.7	24.1	17.1

1988 年成立的平安财产保险公司是我国第一家股份制保险公司（1992 年更名为中国平安保险，成为三大综合性保险公司之一），同年 AIG 等 16 家外资保险公司在我国设立联络机构；1991 年太平洋保险公司成立，打破了我国中国人民保险公司完全垄断的格局，确立了保险市场“三足鼎立”的寡头垄断格局；1990 年我国上海证券交易所和深圳证券交易所先后成立，同年颁布了《中国人民保险公司资金运用管理暂行办法》；1992 年邓小平南方谈话后我国确立了向市场经济转型的政策，同年我国在上海设立了第一家外资保险公司——美国友邦上海公司，成立了证券监督管理委员会，并从人民银行中分立出去，我国资本市场进入一个爆发式的发展阶段；1992~1994 年中国人民保险公司先后设立了人保信托投资公司、深圳阳光基金管理公司，中国平安也设立了平安证券等证券经营机构，太平洋保险也设立了证券投资部；1994 年天安财产保险公司成立，1995 年大众财产保险公司成立，标志着我国开始进入垄断竞争格局的建立初期。

这段时期我国投资膨胀、信贷规模失控、通货膨胀、社会产出效益低下等问题并发，由于缺乏对保险公司投资方面的法律法规限制，经济增长过热，导致保险公司也盲目投资于房地产、有价证券、信托甚至贷款，无所不及，在 1992~1993 年我国经济过热时期，保险资金投资形成了 100 多亿元的不良资产①，这一时期为抑制通货膨胀，国家采取了各种措施，如严格控制投资规模、信贷规模等，实行双紧政策等。1995 年②我国首次颁布了《保险法》，明文规定禁止保险公司设立证券经营机构和向企业投资，幸好当时我国保险资金投资数量有限，主要投资工具基本上限定在银行存款或纳入中国人民银行贷款计划的贷款发放，从而只形成了少量的不良资产。但经济过热导致保险公司在保单推销过程中卖出的大量高预定利率的保单，为后来保险公司大量的利差损埋下了隐患。

（三）公司（集团）统一管理模式（1996~2003 年）

鉴于之前两次经济过热中保险公司多级资金运用、设立投资实体等保险资金乱投资问题，1996 年我国出台了《保险管理暂行规定》，同时依据《保险法》的相关规定确立了产、寿险分业经营以及保险资金实行由集团集中统一管理的政策。

---

① 姜姗．保险资金投资问题研究［D］．首都经济贸易大学硕士论文，2008.

② 1995 年我国申请恢复“关贸总协定成员国”席位，开始了新一轮的对外开放，直到 2001 年我国才正式加入 WTO 组织。

1996 年我国设立了第一家合资保险公司——中宏人寿，同年新华人寿、泰康人寿、华泰财险、永安财险、华安财险等保险公司分别成立，中国人民保险公司改制为中国人民保险（集团公司），并下设三家子公司即中保财产、中保人寿和中保再保险有限责任公司，保险资金归集于集团公司统一管理。

1997 年亚洲金融危机爆发，日本大量保险公司倒闭，利差损问题引起大家的关注。同年我国首次出现寿险保费收入超过产险，预示着我国保险资金投资的重要性开始出现重大转折，中国平安成立了平安投资管理中心。

1998 年我国设立了保险监督管理委员会，并从人民银行分立出来，自此结束了人民银行对保险业的监管历史。

1999 年[①]开始中国人民保险（集团）公司三家子公司分设为独立的保险公司，中国人民保险公司的品牌由原中保财产继承，成立中国人民保险公司、中国人寿保险公司和中国再保险公司，保险业真正形成了寡头垄断竞争格局；同年，我国开始拓宽保险资金的投资渠道，允许保险公司间接进入股市、购买中央企业债券等。

2001 年我国正式加入 WTO，太平洋保险改为太平洋保险（集团）公司，我国开始允许保险公司购买电信类企业债券，同年我国颁布了严重影响股票市场交易的文件《减持国有股，筹集社会保障基金管理暂行办法》，之后我国整个资本市场陷入低迷长达 5 年之久，也严重影响了我国保险资金的投资收益。

2002 年我国《保险法》第 1 次修订，取消了保险资金企业投资禁令，中华联合财产保险公司设立。

2003 年我国成立了银行监督管理委员会，自此我国真正形成了“一行三会”[②]的金融监管体系；同年我国国有保险公司开始进行股份制改革，原中国人民保险公司 1999 年分设的三家保险公司分别改制成集团或控股公司，下设相应的产寿险股份公司[③]，2003 年 11 月中国人民保险控股公司在香港地区上市，12 月中国人寿保险股份有限公司在香港地区和纽约同时上市，分别成为我国首家上市的产寿险公司；我国第一家资产管理公司——人保资产管理股份有限公司于 2003 年 7 月 16 日成立，同年 11 月中国人寿资产管理有限责任公司成立，保险资产管理公司的设立使我国的保险资金投资进入了新的时代，但当年相应的法规并未出现；在当年出台的《保险公司投资证券投资基金管理暂行办法》中提出，保

---

① 1999 年我国先后出台了《保险公司投资证券投资基金管理暂行办法》、《保险公司管理规定》（已废止）和《保险公司购买中央企业债券管理办法》等。

② 中国人民银行（央行）、证监会、保监会、银监会。

③ 2003 年 7 月 19 日成立中国人民保险（控股）公司，并出资设立中国人民财产保险股份有限公司（2003 年 11 月在香港地区上市）和我国第一家保险资产管理公司——人保资产管理有限责任公司（2003 年 7 月 16 日成立）；2003 年中国人寿保险（集团）公司成立（2003 年 7 月 21 日），并出资设立中国人寿保险股份有限公司（2003 年 6 月 30 日设立，同年 12 月在纽约、香港地区同时上市，2007 年回归 A 股市场）和中国人寿资产管理有限责任公司（2003 年 11 月 23 日）。

险公司应当分设投资决策部、资金运营部和稽核部，做到三权分立、相互制衡、分散投资风险，并引导保险公司集中化管理运营保险资金；同时，进一步放宽了保险资金的投资范围，允许投资评级在 AA 以上的所有企业债；2003 年我国共有 61 家保险公司，其中，寿险 31 家，产险 30 家，已基本形成了垄断竞争的市场格局。

二、保险资产管理公司投资模式为主的阶段（2003～2011 年）

（一）保险公司业内委托投资模式的法律规范

2003～2011 年我国主要处于保险资金严格的业内委托投资阶段。2004 年我国出台了《保险资产管理公司管理暂行规定》、《保险资金运用风险控制指引》，正式确立了我国保险资金管理集中化、专业化的发展方向，但对保险资产管理公司的经营范围与投资方向进行了严格的限制，例如，明确规定设立保险资产管理公司必须有一家保险公司或保险（集团）或控股公司作为股东，且规定受托管理的资金只能是关联方资金或保险业内的委托资金；同年颁布的《保险外汇资金境外运用管理暂行办法》拓宽了海外投资渠道；这一年我国开始允许保险资金直接进入股市。①

2005 年我国《保险法》进行了第 2 次修订，2009 年新的《保险法》实施，以法律形式拓宽了保险资金的投资方向。

2006 年出台了《保险资金间接投资基础设施项目试点管理办法》、《关于保险机构投资商业银行股权的通知》；2007 年出台了《保险资金境外投资管理暂行办法》，并允许投资基础设施债权计划；2009 年进一步提高基础设施债权投资比例、扩大债券投资品种；2010 年出台了《保险资金投资不动产暂行办法》、《保险资金投资股权暂行办法》、《保险资金运用管理暂行办法》，从不同层面拓宽了保险投资范围，并明确提出了各家公司必须设立投资决策委员会的要求。

（二）保险资产管理公司得以发展

保险资产管理公司作为我国保险资金管理集中化、专业化发展的载体，在这一阶段得到一定的发展。自 2003 年中国人保资产管理股份有限公司成立开始，至 2011 年年底内地保险公司共设立保险资产管理公司 14 家，并在香港地区设立了 6 家保险资产管理公司，具体见表 2－1 和表 2－2。

2006 年保险“国十条”——《国务院关于保险业改革发展的若干意见》出台，引爆我国保险资金海外投资潮。例如，2005 年年底，中国人寿资产管理公司率先在香港地区设立中国人寿资产管理（香港）公司，拿到香港证监会向内地保险机构批复的第一张资产管理牌照；2006 年 12 月，中国人寿资产管理（香

① 2004 年中华联合保险控股公司成立，真正走向全国。

港）公司获批引入富兰克林邓普顿战略投资公司，由中国人寿所属子公司中国人寿资产管理有限公司（50%）与富兰克林邓普顿战略投资公司（26%）、中国人寿保险（海外）股份有限公司（24%）三方共同出资组成合资公司，并将原中国人寿资产管理（香港）公司更名为中国人寿富兰克林资产管理公司。2006 年中国平安保险公司宣布成立香港平安资产管理公司，作为全球性资产配置和投资管理平台。2007 年，华泰资产管理公司获批设立“华泰资产管理（香港）有限公司”，泰康资产管理公司亦获设立泰康资产管理香港公司；2008 年年初，中国太保获准设立资产管理（香港）有限公司，至此，目前在境内上市的三大保险股已悉数在香港地区设立了投资平台；2011 年安邦财险获批在香港地区设立安邦资产管理（香港）有限公司（下称“安邦资产香港公司”）。

2005 年 8 月，中国人寿资产管理公司获得劳动和社会保障部颁发的首批企业年金基金投资管理人资格，第三方资产管理业务拉开序幕。

（三）外部环境的变化使业内委托投资模式的盈利能力受到影响

2004 ~ 2009 年也是我国外部投资环境发生巨大变化的几年。2004 年我国在深圳证券交易所设立了中小企业板，标志着我国的市场经济进程加快，资本市场进一步完善。2004 年中小企业板、2009 年的创业板均在深圳证券交易所设立，至此我国上海证券交易所负责大型企业（公司）的上市、深圳证券交易所负责中小型企业上市的整体布局基本完成，资本市场的完善为保险公司拓宽投资渠道奠定了基础。2005 年 7 月 21 日我国进行了人民币汇率改革，人民币开始了长期的缓慢升值之路，同年银监会出台了《商业银行个人理财业务管理暂行办法》，允许商业银行为客户开展理财顾问和综合理财服务，2007 年以来我国信托投资公司开始转向“投资与资产管理”受托人形式，这一系列改变都增加了与保险资产管理公司的业务竞争。

外部投资环境的巨大变化，对保险投资而言既是机遇又是挑战。这一时期保险投资内设投资部、集团统一管理、委托资产管理公司管理三种模式并存，对保险资金的委托有较严格的限制，只允许保险资产管理公司来受托管理保险资金，即保险公司只能将保险资金委托给业内成立的保险资产管理公司进行管理，2012 年年底共有 17 家资产管理公司成立，托管了业内 80% 的保险资金。但对保险公司而言，保险资产管理公司大都是 2003 年以后才成立的，投资能力不强，全行业也只有十几家公司备选，国内投资方向受到较严格的管制，影响了保险投资收益。如 2005 年的股权分置改革，释放的政策红利使我国股票市场迎来了前所未有的大牛市，从 2005 年 6 月 6 日历史最低点 998 点上涨到了 2007 年 10 月 16 日的最高点 6 124 点，但随着 2008 年美国次贷危机的爆发，上证指数在 2011 年 12 月 28 日达到 2 134 点，保险公司投资也面临过山车行情，2005 年、2007 年和 2011 年保险投资收益率分别达到 3.4%、12.2% 和 3.6%，2008 年保险投资收益率更是迅速降至1.9%，之后保险投资收益率一直在低位徘徊，具体可参见本教材中的图1－12。在我国海外投资升温背景下，我国第一单海外收购案——平安投资富通集团因次贷危机最终以亏损90%的悲剧收尾，敲响了我国保险资金海外投资的警钟。随着保险资金日益快速地积累，资金规模不断扩大，业内委托的模式也不再适应我国保险业的发展。

三、大委托投资模式形成阶段（2012年至今）

为适应外部投资环境的变化，彻底改变我国保险投资收益率低下的问题，2012年我国保监会先后出台了十项[①]关于放宽保险投资方面的文件，其中较重要的有《保险资金委托投资管理暂行办法》、《保险资产配置管理暂行办法》和《关于保险资产管理公司有关事项的通知》；2013年细化了保险投资管理能力和风险管理方面的内容，出台了《关于加强和改进保险机构投资管理能力建设有关事项的通知》、《关于保险机构投资风险责任人有关事项的通知》，2014年4月修订了《保险资金运用管理暂行办法》，同时为解决1997年前高保底利率保单利差损问题出台了《保监会试点历史存量保单投资蓝筹股政策》，同时对银行存款、创业板股票投资及集合资金信托投资计划等进行了相应的规定[②]。

这些文件将我国保险资金的委托人增加为符合规定的投资管理人，如保险资产管理公司、证券公司及证券资产管理公司、基金公司等，同时扩大了保险资产管理公司受托资金的范围，增加了企业年金、养老金、住房公积金等，从而打破了保险业与其他投资业的严格界限，将保险资产管理公司打造为真正的资产管理公司，不仅能够接受保险资金等的委托投资业务，还可以设立公募性资产管理业务，如开办一些债权投资计划等，这标志着我国保险公司不仅可以通过委托投资管理人的方式来增加盈利，还可以通过开办资产管理业务的方式来拓宽利润增长点，因此，自2012年起我国保险投资正式进入大委托投资管理模式的时代。

【知识拓展】

当前我国保险公司的投资模式分析

2015年底我国保险公司共计148家，其中财产公司73家，人身保险公司75家，其中中资公司共计98家，保险资产管理公司共计28家，其中8家是同时在

① 可参照书后保险投资政策法规汇编。

② 《关于规范保险资金银行存款业务的通知》（保监发〔2014〕18号）（2014年3月）、《关于保险资金投资创业板上市公司股票等有关问题的通知》（保监发〔2014〕1号）（2014年1月）、《关于保险资金投资集合资金信托计划有关事项的通知》（保监发〔2014〕38号）（2014年5月）、《保监会：开展老年人住房反向抵押养老保险试点指导意见》（保监发〔2014〕53号）（2014年7月）等。

大陆和香港地区注册的，3家为外资设立的资产管理公司[①]；我国98家中资保险公司的投资模式大约可分为三类：多种投资模式并举、仅设立了保险资产管理公司和设立投资管理中心。前两类以自行投资为主，后一类以委托投资为主。具体情况如图2－7所示。

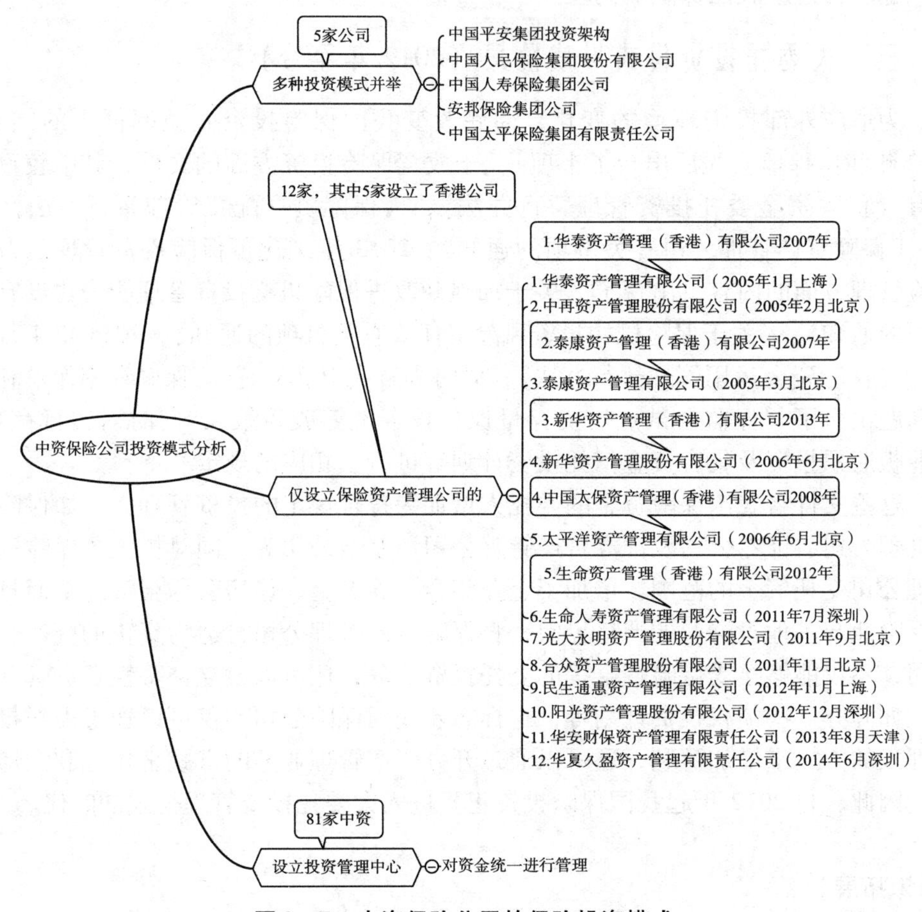

图2－7　中资保险公司的保险投资模式

（一）多种投资模式并举

这基本上是大型保险集团（控股）公司采用的模式，目前我国共有5家保险公司采用了除资产管理公司以外的其他投资平台投资的模式，主要是中国平安集

① 三家外资保险资产管理公司，分别是中英益利资产、友邦资产、中意资产。

团、中国人保集团①、中国人寿集团②、安邦保险集团③、中国太平集团④。其中以中国平安最具代表性，由于其愿景是成为中国领先的个人综合金融服务提供商，投资类公司共计约28家，投资涉及信托、证券、不动产、基金、创新资本等多个领域，已脱离了一般意义上的保险公司的投资模式的概念，成为国内最具想象空间的保险上市公司。具体如图2-8和图2-9所示。

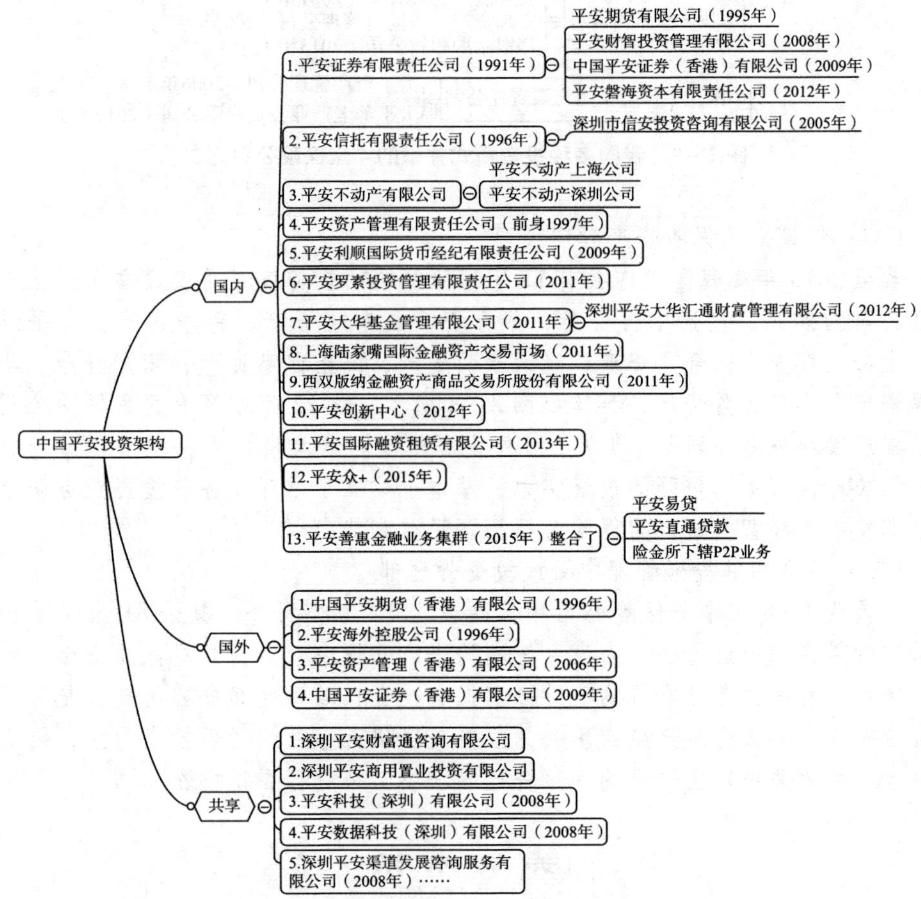

图2-8　我国多种投资模式并举的5家保险公司之一

---

① 共有投资公司：人保资产、人保投控、人保资本和88号公司。
② 共三家，中国人寿资产、中国人寿资产（香港）和国寿投资控股公司。
③ 共三家，安邦资产、安邦资产（香港）、邦银金融租赁公司。
④ 共两家，太平资产和太平养老产业投资有限公司。

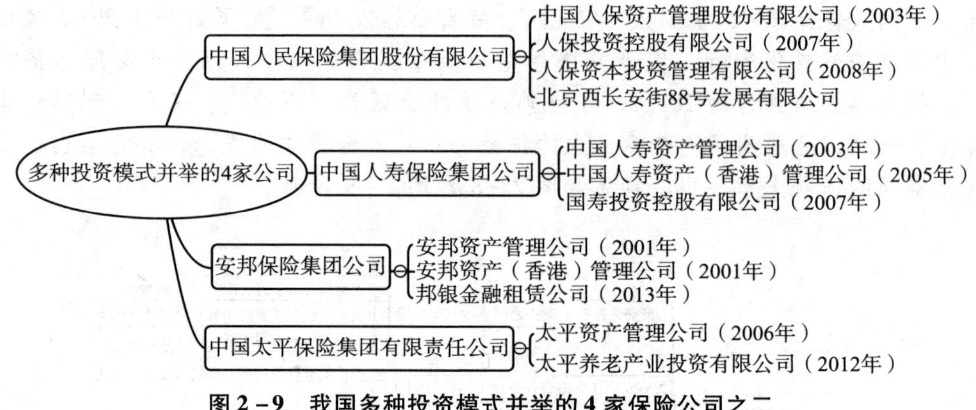

图2-9　我国多种投资模式并举的4家保险公司之二

（二）仅设立了保险资产管理公司

截至2015年底我国境内共有12家保险公司的投资模式是仅设立了保险资产管理公司的模式，包括中再资产、华泰资产、泰康资产、新华资产、太平洋资产、生命人寿资产、合众资产、光大永明资产、民生通惠资产、阳光资产、华安财保资产、华夏久盈资产，具体如图2-8所示。这12家中还有5家保险公司设立了资产管理香港公司①，建立了海外投资平台。这类设立了保险资产管理公司的保险公司，具备了较强的投资实力，基本上建立了承保业务与投资业务两个轮子协调发展的经营模式，为保险公司拓宽了盈利能力②。

（三）设立内部投资管理中心或投资管理部

目前我国98家中资保险公司中，除以上17家公司外，其余81家保险公司都采用的是在一级法人公司内设立统一的资产管理中心，由其对保险资金进行统一、集中的管理，各分支机构不再分别拥有投资权限。这部分公司要么是可运用的资金较少，要么是投资渠道单一，主要是以银行存款或债券投资为主，要么根据保监会的相关规定由内设的保险资产管理中心来进行委托投资。

关键术语

保险投资模式　保险自行投资模式　保险委托投资模式　保险业内委托投资模式　大委托投资模式　保险资产管理公司　基金公司　证券公司

思考题

1. 保险业内委托投资有哪些局限性?

---

① 这5家保险公司分别是华泰保险、泰康保险、太平洋保险、生命人寿和新华保险。

② 值得一提的是，中华联合保险（集团）公司是唯一一家只设立了资产管理中心的集团公司。

2. 大委托投资模式的优势表现在哪些方面？
3. 保险自行投资的优缺点有哪些？
4. 保险自行投资的决策机制有何特点？
5. 保险委托投资的决策机制有何特点？
6. 委托投资模式的受托人有哪些？各有何不同？
7. 大委托投资模式的劣势有哪些？如何防范？

本章探究专题

1. 谈谈如何加强对中国平安保险（集团）股份有限公司的投资监管？

2. 试比较中国平安集团、中国人寿集团、中国太平洋集团公司及中国人保（或上市保险公司）的投资模式选择，通过调研分析，谈谈你对它们投资效益的看法并提出相应的建议。

第三章 保险公司资产配置

【本章内容提要】

本章主要介绍了保险公司资产配置的四个原则，以及保险公司资产配置模型和配置策略。要求学生重点掌握偿付能力约束原则、资产负债管理原则、全面风险管理原则和分账户管理原则、经济盈余最大化模型以及战略性资产配置、战术性资产配置及三种动态再平衡策略。

1. 保险公司资产配置原则

- 资产配置的偿付能力约束原则
- 资产配置的资产负债管理原则
- 资产配置的全面风险管理原则
- 保险资产配置的分账户管理原则

2. 保险公司资产配置模型

- 经济盈余最大化资产配置模型
- 资产配置模型的应用

3. 保险资产配置策略

- 战略性资产配置
- 战术性资产配置
- 资产配置的动态再平衡策略

保险公司资产配置，主要是指保险公司以独立法人为单位，根据经济环境变化和公司发展战略，按照安全性、流动性和收益性要求，遵循偿付能力约束、资产负债管理、全面风险管理和分账户管理原则，自主决策、自主配置、自担风险的资产配置行为。保险公司在资产配置过程中应当统筹考虑偿付能力状况、资本配置情况、整体风险承受能力和相关约束因素，以保险产品为基础，制定、实施、监控和调整资产配置政策。我国规定，保险公司资产管理部门应当设立专职岗位，根据授权提出资产配置政策和调整建议，协调并执行经审定的资产配置政策。对总资产规模超过 1 000 亿元的保险公司，其资产管理部门应当至少拥有 5

名具有资产配置相关经验的专业人员，其中具有3年以上相关经验的不少于3名。①

第一节 保险公司资产配置原则

一、资产配置的偿付能力约束原则

（一）保险公司偿付能力监管的发展

1. 国外偿付能力监管的发展。对保险公司偿付能力的关注始于20世纪70年代的欧洲，最早提出保险机构偿付能力Ⅰ，监管框架着重于资本监管要求；1994年，欧盟出台了第三代保险法令（Insurance Directives），并于2002年对该框架中负债的会计处理采用公允价值法，欧盟偿付能力Ⅰ的出台对发展贯通整个欧洲的大保险服务市场（single market）、对加强投保人和被保险人利益的保护起到了积极作用；2001年欧盟委员会下属的保险委员会（European Insurance Committee）正式启动了偿付能力Ⅱ项目，2003年欧盟委员会确定了偿付能力Ⅱ的基本概念和原则，2008年欧盟委员会向欧盟议会提交了《偿付能力Ⅱ法令框架草案》，同时，欧洲保险和养老金监管委员会（CEIOPS）分别就准备金计量的可行方法、对资本的潜在影响、技术规范明细、运行风险等问题进行了四次定量影响研究（QIS），2010年CEIOPS展开第五次定量影响研究，修改定稿的偿付能力Ⅱ，并于2011年10月提交英国金融服务管理局（FSA），2012年正式实施。

偿付能力Ⅱ对认可资产和认可负债的评估采用国际会计准则（IFRS），更具风险敏感性，资本要求能够及时预警偿付能力的变化。偿付能力Ⅱ引入了一个较为完整的风险管理框架，用于界定资本要求的不同等级，以及实施不同等级风险的识别、测量和管理程序，欧盟偿付能力Ⅱ监管体系主要涵盖“三支柱”：支柱一主要是对资本的定量要求，包括准备金要求、最低资本要求（MCR）和偿付能力资本要求（SCR）、投资指引和内部模型等内容；支柱二主要是定性监管审查，既包括保险机构自身治理、内部控制和风险管理、个体风险和资本衡量要求，又包括对保险机构进行有效监管审查的要求，重点监管保险公司的内控机制及保险公司承担的未纳入第一支柱的其他类型风险；支柱三主要是支持基于风险监管方式的市场规范机制，包括透明度、信息披露等内容，要求保险公司及时向监管机构上报并公开披露经营状况、财务报告和承担风险情况。图3-1反映了

① 参见《保险资产配置管理暂行办法》，中国保监发，第3、4、5、10条。

欧盟保险偿付能力监管规则的演变①。

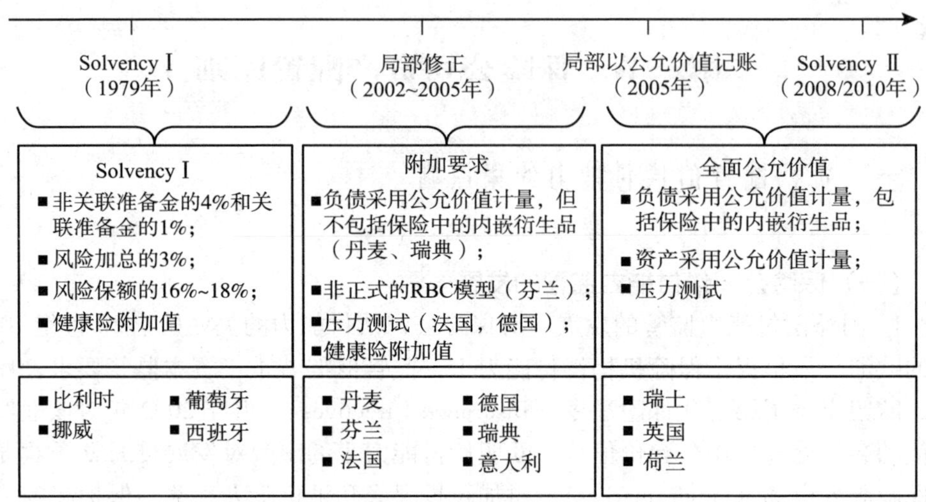

图 3-1 欧盟偿付能力监管规则的演变

2. 我国对偿付能力的监管发展。我国对保险偿付能力的监管始于 2003 年保监会颁布的《保险公司偿付能力额度及监管管理规定》。2007 年年底，基本搭建起具有中国特色的第一代偿付能力监管制度体系，第一代偿付能力监管制度体系仅对财产保险公司、人寿保险公司和全国性保险公司规定了不同的最低资本需求，未根据风险性质来设定保险资本，在推动保险公司树立资本管理理念、提高经营管理水平、防范风险、促进保险业科学发展方面起到了十分重要的作用。

随后 2008 年的《保险公司偿付能力管理规定》和 2009 年修订的《保险法》进一步完善了我国关于偿付能力监管的相关规定，2012 年我国颁布了《中国第二代偿付能力监管体系建设规划》，提出到 2014 年底之前形成《第二代偿付能力监管制度体系征求意见稿》，2013 年 5 月发布《中国第二代偿付能力监管制度体系整体框架》。中国第二代偿付能力监管制度体系的中文名称为“中国风险导向的偿付能力体系”（简称“偿二代”），英文名称为 China Risk Oriented Solvency System（简称 C-ROSS），“偿二代”确立了我国保险机构的三支柱监管体系②。

（1）第一支柱定量资本要求。第一支柱定量资本要求主要防范能够量化的风险，通过科学地识别和量化各类风险，要求保险公司具备与其风险相适应的资本。主要包括五部分内容。一是第一支柱量化资本要求，具体包括：保险风险资

① 高利．保险公司资产负债匹配管理系列报告三：来自偿付能力的约束［R］．华创证券研究报告，2011，12（27）：5.

② 参见《中国第二代偿付能力监管制度体系整体框架》中对三支柱的定义。

本要求；市场风险资本要求；信用风险资本要求；宏观审慎监管资本要求，即对顺周期风险、系统重要性机构风险等提出的资本要求；调控性资本要求，即根据行业发展、市场调控和特定保险公司风险管理水平的需要，对部分业务、部分公司提出一定期限的资本调整要求。二是实际资本评估标准，即保险公司资产和负债的评估标准与认可标准。三是资本分级，即对保险公司的实际资本进行分级，明确各类资本的标准和特点。四是动态偿付能力测试，即保险公司在基本情景和各种不利情景下对未来一段时间内的偿付能力状况进行预测和评价。五是监管措施，即监管机构对不满足定量资本要求的保险公司，区分不同情形可采取的监管干预措施。

（2）第二支柱定性监管要求。第二支柱定性监管要求，是在第一支柱的基础上，对于不易量化的操作风险、战略风险、声誉风险等，将通过第二支柱进行定性监管。第二支柱共包括四部分内容：一是风险综合评级，即监管部门综合第一支柱对能够量化的风险的定量评价，和第二支柱对难以量化风险（包括操作风险、战略风险、声誉风险和流动性风险）的定性评价，对保险公司总体的偿付能力风险水平进行全面评价。二是保险公司风险管理要求与评估，即监管部门对保险公司的风险管理提出具体监管要求，如治理结构、内部控制、管理架构和流程等，并对保险公司风险管理能力和风险状况进行评估。三是监管检查和分析，即对保险公司偿付能力状况进行现场检查和非现场分析。四是监管措施，即监管机构对不满足定性监管要求的保险公司，区分不同情形可采取的监管干预措施。

（3）第三支柱市场约束机制。第三支柱市场约束机制，是引导、促进和发挥市场相关利益人的力量，通过对外信息披露等手段，借助市场的约束力，加强对保险公司偿付能力的监管，进一步防范风险。其中，市场力量主要包括社会公众、消费者、评级机构和证券市场的行业分析师等。

（4）三个支柱的关系。与保险公司内部偿付能力管理不同，三个支柱都是保险公司外部的偿付能力监管。三个支柱的作用各不相同，在防范风险方面各有侧重：第一支柱是通过定量监管手段，防范能够量化的偿付能力相关风险；第二支柱是通过定性监管手段，防范难以量化的偿付能力风险；第三支柱是通过信息披露等手段，发挥市场约束力量，可以强化第一支柱和第二支柱的效果，并且更加全面地防范保险公司的各类偿付能力风险。三个支柱相互配合、相互补充，成为完整的风险识别、分类和防范的体系。

（二）偿付能力充足率

1. 偿付能力充足率定义。保险公司偿付能力是指保险公司偿还债务的能力。偿付能力充足率即资本充足率，是指保险公司的实际资本与最低资本的比率。其计算公式如下：

$$\text{偿付能力充足率} = \frac{\text{认可资产} - \text{认可负债}}{\text{最低要求资本}} \tag{3.1}$$

根据保险公司偿付能力状况可将保险公司分为三类：（1）不足类公司，指偿付能力充足率低于100%的保险公司；（2）充足Ⅰ类公司，指偿付能力充足率在100%～150%之间的保险公司；（3）充足Ⅱ类公司，指偿付能力充足率高于150%的保险公司。保险监管机构依据偿付能力充足率对保险公司实施分类监管。如我国《保险公司偿付能力管理规定》第3条规定："保险公司应当具有与其风险和业务规模相适应的资本，确保偿付能力充足率不低于100%。"第4条中规定："保险公司应当建立偿付能力管理制度，强化资本约束，保证公司偿付能力充足。"我国《保险法》第138条规定："保险监督管理机构应当健全保险公司偿付能力监管指标体系，对保险公司的最低偿付能力实施监控。"如果偿付能力不达标，则资产配置的风险容忍度较低，可供选择的资产配置类型也会受限。2012年我国将股权与不动产投资、境外投资等的偿付能力充足率比例由150%降至120%。

2. 偿付能力充足指标。评价保险公司偿付能力状况的指标①主要有三个：核心偿付能力充足率、综合偿付能力充足率和风险综合评级。

（1）核心偿付能力充足率，是指核心资本与最低资本的比率，反映保险公司核心资本的充足状况。

（2）综合偿付能力充足率，是指核心资本和附属资本之和与最低资本的比率，反映保险公司总体资本的充足状况。

（3）风险综合评级。综合第一支柱对能够量化的风险的定量评价，和第二支柱对难以量化风险的定性评价，对保险公司总体的偿付能力风险水平进行全面评价所得到的评级，评级结果反映了保险公司综合的偿付能力风险。

核心偿付能力充足率、综合偿付能力充足率反映公司量化风险的资本充足状况，风险综合评级反映公司与偿付能力相关的全部风险的状况，当使用不同的会计记账准则时，对认可资产、认可负债及偿付能力有不同的影响，表3－1列出了利率变动及不同记账准则下对保险公司认可资产、认可负债、实际资本及偿付能力的影响。

表3－1　利率变动对偿付能力充足率的影响

利率情景 (1)	认可资产价值 (2)	认可负债计量方法 (3)	认可负债价值 (4)	实际资本 (5)=(2)-(4)	偿付能力充足率 (6)
下降	上升	公允价值准备金	上升	可能不变或小幅变动	可能不变或小幅变动
	上升	法定准备金	不变	上升	上升

① 参见《中国第二代偿付能力监管制度体系整体框架》，2013年5月14日。

续表

利率情景 （1）	认可资产 价值 （2）	认可负债 计量方法 （3）	认可负债 价值 （4）	实际资本 （5）=（2）-（4）	偿付能力充足率 （6）
上升	下降	公允价值准备金	下降	可能不变或小幅变动	可能不变或小幅变动
	下降	法定准备金	不变	下降	下降

资料来源：高利．保险公司资产负债匹配管理系列报告三：来自偿付能力的约束［R］．华创证券研究报告，2011，12（27）：8.

3. 认可资产与认可负债。认可资产是保险公司在评估偿付能力时依据中国保监会的规定所确认的资产。认可资产适用列举法。偿付能力监管体系中的认可资产不同于财务会计报告体系中的资产，需要根据偿付能力监管的目的和计量的差异对资产金额进行适当调整。例如，有迹象表明保险公司到期不能处置或者对其处置受到限制的资产（如被依法冻结的资产、由于战乱等原因无法处置的境外资产等），在偿付能力监管体系中不能确认为认可资产，或者其确认和计量的原则不同于财务会计报告体系中的资产。表3－2列出了部分金融资产的认可比例①。

表3－2　　部分金融资产认可比例示例

金融资产	会计分类	账面价值	认可比例
债券类资产	持有到期	以摊余成本计算的价值	政府债券：100% 金融债券：100%（资本充足率 >8%）；90%（资本充足率 <8%） 次级债：100%（资本充足率 >8%或者偿付能力 >100%）；否则为90% 企业债券：100%（AA及以上）；90%（AA以下） 资产证券化：100%（AAA及以上）；90%（AA以下）
	交易性金融资产	市值	
	可供出售		
权益类资产	交易性金融资产	市值	非ST上市公司股票：95% 证券投资基金：95%
	可供出售		

资料来源：高利．保险公司资产负债匹配管理系列报告三：来自偿付能力的约束［R］．华创证券研究报告，2011，12（27）：8.

认可负债是保险公司依据中国保监会的有关规定以偿付能力监管为目的所确认和计量的负债。偿付能力监管体系中的认可负债，也不同于财务会计报告体系中的负债，需要根据偿付能力监管的目的，进一步考虑确认和计量的差异，对负债金额进行适当调整。例如，保险公司的资本性负债，在偿付能力监管体系中，其确认和计量的原则可能会不同于财务会计报告体系中的负债。

① 具体的编制规则可参阅本章后附的偿付能力编制规则一览表。

4. 实际资本与最低资本。

（1）实际资本[①]。实际资本是指保险公司在持续经营或破产清算状况下可以吸收损失的经济资源。实际资本等于保险公司认可资产减去认可负债后的余额。从资本的来源看，实际资本可以分为两部分：外部获得的实际资本和内部积累的实际资本。外部获得的实际资本包括保险公司所有者投入的资本金、保险公司接受的捐赠资产、募集的资本性负债；内部积累的实际资本是保险公司通过非资本交易和事项形成的实际资本，即综合收益。从资本的质量看，实际资本分为核心资本和附属资本，核心资本包括投入资本和剩余综合收益，附属资本包括资本性负债。因此，可将实际资本分为投入资本、剩余综合收益和计入实际资本的资本性负债三部分。

投入资本来源于两个方面：一是保险公司所有者投入的货币资金；二是保险公司接受的现金和非现金资产捐赠。所有者投入的资本和捐赠者捐赠的资本有一个根本区别，即前者是为了获取享有公司经济利益的权利而投入的资本，后者则无此目的。因此，保险公司所有者捐赠的资产不计入所有者投入的资本，而是计入捐赠者捐赠的资本。保险公司所有者通过非资本交易和事项投入的资本不属于投入资本。

剩余综合收益，指保险公司的综合收益减去分配的现金股利（或利润）后的余额。即：

$$\text{期末剩余综合收益} = \text{期初剩余综合收益} + (\text{本期综合收益} - \text{本期分配的现金股利或利润})$$

其中，综合收益是指保险公司按照《保险公司偿付能力报告编报规则第 9 号：综合收益》确定的综合收益；分配的现金股利（或利润）是指保险公司根据《公司法》等法规向所有者分配的现金股利（或利润）。

计入实际资本的资本性负债，指保险公司按照《保险公司偿付能力报告编报规则第 6 号：认可负债》的规定不确认为认可负债而计入实际资本的负债。资本性负债通常具有债务和权益双重属性，可以履行对保单持有人的赔付义务，随着剩余期限的缩短，资本性负债的负债性质逐渐增强，资本性质逐渐减弱。因此，资本性负债不应当全部确认为认可负债，而应当将部分资本性负债计入实际资本。计入实际资本的资本性负债金额，等于资本性负债的账面余额与其确认为认可负债的认可价值之间的差额。目前我国保险公司的资本性负债主要是募集的次级债。

（2）最低资本。最低资本，是指保险公司为了应对市场风险、信用风险、保险风险等各类风险对偿付能力的不利影响，依据监管机构的规定而应当具有的资本数额。确定最低资本时，必须处理好风险防范与价值增长的关系，建立恰当的最低资本标准，既能有效防范风险，又能避免资本冗余（见本章后附的最低资本表）。

① 参见《保险公司偿付能力报告编报规则第 8 号：实际资本》实务指南。

（三）偿付能力充足率不达标的限制措施

对于偿付能力充足率不足的公司，中国保监会可采取下列监管措施：责令增加资本金或者限制向股东分红；限制董事、高级管理人员的薪酬水平和在职消费水平；限制商业性广告；限制增设分支机构、限制业务范围、责令停止开展新业务、责令转让保险业务或者责令办理分出业务；责令拍卖资产或者限制固定资产购置；限制资金运用渠道；调整负责人及有关管理人员；接管或认为必要的其他监管措施。

二、资产配置的资产负债管理原则

资产负债管理理论最初是西方商业银行为应付利率风险而发展起来的，经历了资产管理→负债管理→资产负债管理三个发展阶段。北美精算师协会（the Society of Actuaries）对资产负债管理（asset-liability management，ALM）的定义是："资产负债管理是管理企业的一种实践，用来协调企业对资产和负债做出的决策。它可以被定义为在给定的风险承受能力和约束下为实现财务目标而针对与资产和负债有关的决策进行的制定、实施、监督和修正的过程……资产负债管理是适用于任何利用投资平衡负债的机构的财务管理的一种重要手段。"可见，资产负债管理是一种重点针对利率风险，通过审慎协调资产与负债，以保证金融机构的稳健性与盈利性的经营管理过程，包括资产和负债管理策略的制定、实施及各种管理技术的运用等。保险业在 20 世纪 90 年代开始引入资产负债管理的方法。

（一）资产负债管理理论的发展

1. 资产管理理论。资产管理思想最早可以追溯到 18 世纪英国商业银行确定银行资金分配方向的商业性贷款理论，该理论认为，商业银行的主要资金来源是周转性很高的活期存款，因此，在资产配置上也应以流动性强的自偿性短期工商业周转性贷款为主，以保证商业银行的流动性，不宜发放流动性差的不动产抵押贷款和消费贷款。第一次世界大战后，美国的莫尔顿于 1918 年提出了"资产可转换理论"，认为商业银行在保持流动性的前提下可持有可转换性较强的资产，在该理论的指导下，商业银行持有的票据、短期债等的比重迅速增加。1949 年美国金融学家又提出了"预期收入理论"，该理论认为，商业银行的流动性源于贷款未来的按期还本付息，而这与借款人的未来预期收入紧密相关，银行可根据贷款的不同期限合理进行组合，从而使未来的现金流入与流出相匹配，这之后商业银行的中长期贷款增速较快。

资产管理理论在 20 世纪 60 年代以前一直占主导地位，这与当时的投资环境是相适应的。由于金融市场不够发达，商业银行持有资产的流动性往往较差，资产的规模与结构受负债规模与期限的制约，银行必须通过对现金、证券、贷款等资产项目进行调整和组合，来满足银行安全性、流动性和盈利性的要求。

2. 负债管理理论。20 世纪 60 年代和 70 年代，在银行业竞争加剧、持续的通货膨胀、严格的利率管制、金融工具不断创新及货币与资本市场上利率自由波动等因素的共同作用下，出现了资金“脱媒”的现象，社会资金不经过商业银行而直接进入金融市场，致使商业银行面临资金来源的巨大压力，资产配置策略受到很大冲击。1961 年美国花旗银行首创了 CD 存单（大额可转让存单），使商业银行意识到可以通过主动负债（在市场上购买资金）的方式来解决资金不足的问题，负债管理思想应运而生。负债管理思想认为，银行能够通过积极参与货币市场“购买”资金来满足流动性需求和适应目标资产规模不断扩张的需要，从而降低银行流动性资产储备水平，扩大收益性资产，提高资产的盈利能力。但是，进行主动性的负债管理是有前提条件的，即金融市场上的资金要足够充裕，能够保证银行随时进行资金购买行为，当市场上资金紧张时，银行有可能无法通过这种方式获得足够的资金来保证资本的充足率。

3. 资产负债管理理论。20 世纪 80 年代后，西方各国先后取消和放松利率管制，在金融自由化浪潮的影响下，出现了大量浮动利率资产和浮动利率负债的新型产品，商业银行的资产与负债在利率不断波动的情况下面临着方向不同的价值变动，资产与负债的不匹配带来了新的经营风险，于是商业银行开始逐步转向了资产负债综合管理。

资产负债管理策略也称为相机抉择的资金管理（Discretionary Fund Management），是一种十分重视资产负债平衡的管理方法，它改变了过去只偏重资产或负债管理的方式，转而同时关注资产负债表两边的管理，通过协调利率敏感性的资产与负债的缺口和期限状态，使银行保持净利息正差额和正的自有资本净值，利率风险管理被放在十分突出的位置。

4. 保险业资产负债管理理论的发展。较早提出保险资产负债管理理论的是英国保诚寿险公司总精算师 Frank Mitchell Redington，他在 1952 年年初发表的寿险估值原理评论中提出了固定收益免疫理论，在此基础上提出了保险资产负债管理理论[①]，后来随着保险资产与负债的精算估值及债券凸性理论等的应用，丰富和完善了保险资产负债管理的理论与工具。在实践中，保险资产负债管理则是在大量保险公司因资产与负债不匹配导致倒闭的案件发生后，从 20 世纪 90 年代开始不断受到重视，2006 年国际监管官协会（IAIS）出台了 IAIS13 号准则——资产负债管理标准，基本建立起了一套 ALM 完整的管理标准。

20 世纪 70 年代末到 90 年代中期，全世界共有 600 多家保险公司出现偿付能力问题。以美国为例，20 世纪 80 年代初美国由于高通货膨胀，利率出现了大幅度上升，当时美国的短期利率达 20%，长期利率也达 15%，在高利率及宽松的监管环境下，许多保险公司开始出售高收益及有选择权的寿险产品，以替代原来

---

① 缪建民．保险资产负债管理解题［J］．中国金融，2013（2）：79－80.

的传统保险产品，这些产品或者有较高的最低保证回报，或允许提前退保，或允许合同贷款等，结果使负债结构中投资型产品大幅上升，传统产品占比下降，但保险公司整体负债现金流并无明显增加。在资产方面，保单抵押借款大幅飙升。由于当时货币市场的利率达15%，保单持有人以5%～6%的利率进行保单抵押借款并购买利率为15%的货币产品进行套利，致使保险公司现金流被挤压，后来由于利率下降以及垃圾债危机、房地产价格下跌，80年代后期及90年代初大批美国保险公司倒闭，如1983年著名的鲍德温联合（Baldwin United）保险公司因积极地销售趸缴延期年金产品（SPDAs）而破产，1987年有19家保险公司倒闭，1989年为42家，1990年为41家，1991年高达58家，1992年为32家，而这之前每年经营失败的平均数字只有10余家①。在这些破产的公司中，大部分是资产出现了问题，如Executive Life将65%的资产投到了垃圾债中，而另一家倒闭的Mutual Benefit寿险公司则将52%的资产投到了房地产。1997～2001年日本也由于经济泡沫的破裂先后有8家保险公司因提供较高的保证回报产品及资产价格下跌导致的利差损而申请破产。这一系列的保险公司倒闭案，对全球保险业的经营带来了巨大影响，寿险公司为了避免利率风险，纷纷开发利率保证产品，从而使利率风险管理成为其内部管理的重要内容，资产负债管理理论被保险公司逐步引入日常的经营管理中。

我国早在2004年发布的《保险资金运用风险控制指引（试行）》第6条第二款中就提出："确保推行科学有效的资产负债管理，在保证安全性和流动性的前提下，追求长期稳定的投资收益"；在2010年发布、2014年修订的《保险资金运用管理暂行办法》第4条中提出："保险资金运用必须稳健，遵循安全性原则，符合偿付能力监管要求，根据保险资金性质实行资产负债管理和全面风险管理，实现集约化、专业化、规范化和市场化"，在其他专业投资的相应管理办法，如股权、不动产、基础设施等中，均强调保险公司的资产负债匹配管理问题。2013年4月我国正式设立保险资产负债匹配监管委员会，启动保险资产负债匹配监管工作。

（二）保险资产负债匹配管理的意义

1. 有利于防范保险公司资产负债错配风险。尽管存在着宏观经济衰退、资本市场下滑和利率震荡等冲击，高利差损也并不意味着保险公司必然倒闭，真正造成保险公司失败的最根本原因是资产方和负债方在安全性、利率敏感度、流动性等方面的错配。从美国保险公司的倒闭到日本寿险业的利差损，从英国公平人寿的倒闭到AIG的巨额亏损，保险业经营历史中的失败案例都说明了资产负债错配可能导致严重的后果。表3－3列出了20世纪末至21世纪初日本寿险公司的集中倒闭事件，大多是资不抵债造成的。

---

① 房海滨．保险公司资产负债管理问题研究［D］．天津大学博士论文，2006.

表 3-3 日本倒闭寿险公司一览表 单位：亿日元

公司名称	组织形式	成立时间	倒闭时间	倒闭时总资产	倒闭前资产排名	倒闭后确定的资不抵债额
尼桑互助人寿保险公司	互助		1997 年 4 月 25 日	170 亿美元		25 亿美元
日产生命	股份	1909 年	1997 年 4 月 25 日	21 647	16	3 000
东邦生命	股份	1898 年	1999 年 6 月 4 日	28 046	16	6 500
第百生命	股份	1914 年	2000 年 5 月 31 日	17 217	15	
大正生命	股份	1913 年	2000 年 8 月 28 日	2 044	28	
千代田生命	相互	1904 年	2000 年 10 月 9 日	35 019	12	5 111
协荣生命	股份	1947 年	2000 年 10 月 20 日	46 099	11	1 858
东京生命	相互		2001 年 3 月 23 日	10 150	14	341

资料来源：赵家敏，苏莉．从资产负债管理看日本寿险业的利差损问题及对我国的启示［J］．现代日本经济，2004（2）：29.

图 3-2 则列出了因保险公司资产负债错配引发的倒闭潮的发展过程。

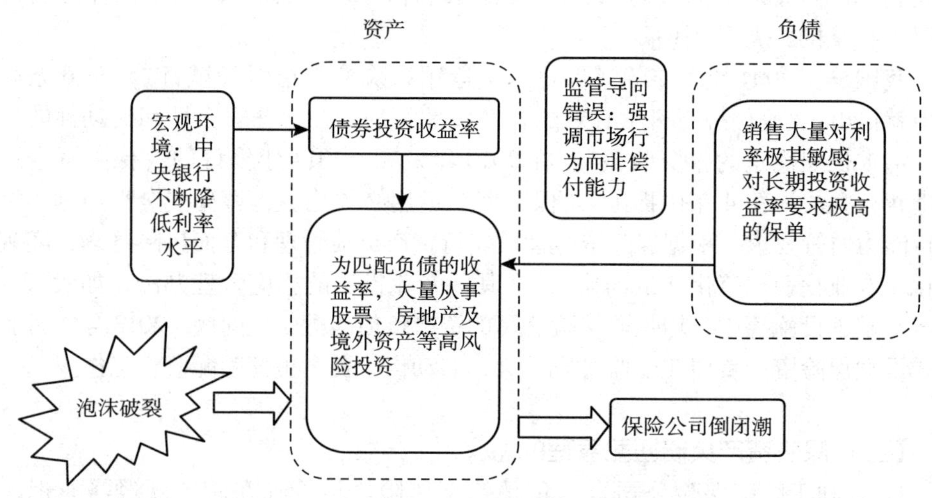

图 3-2 保险资产负债错配引发倒闭潮

资料来源：高利．保险公司资产负债匹配管理系列报告三：来自偿付能力的约束［R］．华创证券研究报告，2011，12（27）：8.

资产负债管理是连接承保和投资的关键环节，涵盖了保险产品设计、流动性管理、准备金提取、再保险安排、投资策略等多个业务流程，基本贯穿了保险经营的全过程，它既是保险业经营的起点，也是终点。通过对不同来源的负债进行合理的资产配置，确保投资回报满足到期合同约定的现金给付，对保证保险公司的稳健经营具有重要意义。

2. 有利于促进保险公司的合规经营。保险公司在进行资产负债管理的过程中，有利于促进保险公司的合规化经营。首先，在董事会下设立资产负债管理委员会，负责制定管理的目标，严格执行有关投资的法律法规，加强资产配置管理能力建设。其次，在总经理下设立相应的资产负债管理岗位或相应的风险管理岗位，建立内部信用风险评估机制，提高对资产与负债的评级能力，分析资产负债与配置期限及收益缺口，选择恰当的管理技术，防范错配风险；公司内部还应当建立保险产品设计、销售和投资协调机制，资产管理部门向产品开发与设计部门提供金融产品利率和投资品种收益等信息，并充分揭示可能的市场风险和流动性风险，合理确定产品价格，防止产生新的利差损。保险公司的风险控制能力、投资能力和资本管理能力等都能在资产负债匹配管理中得到体现①。图3－3列出了保险公司资产负债管理的主要因素。

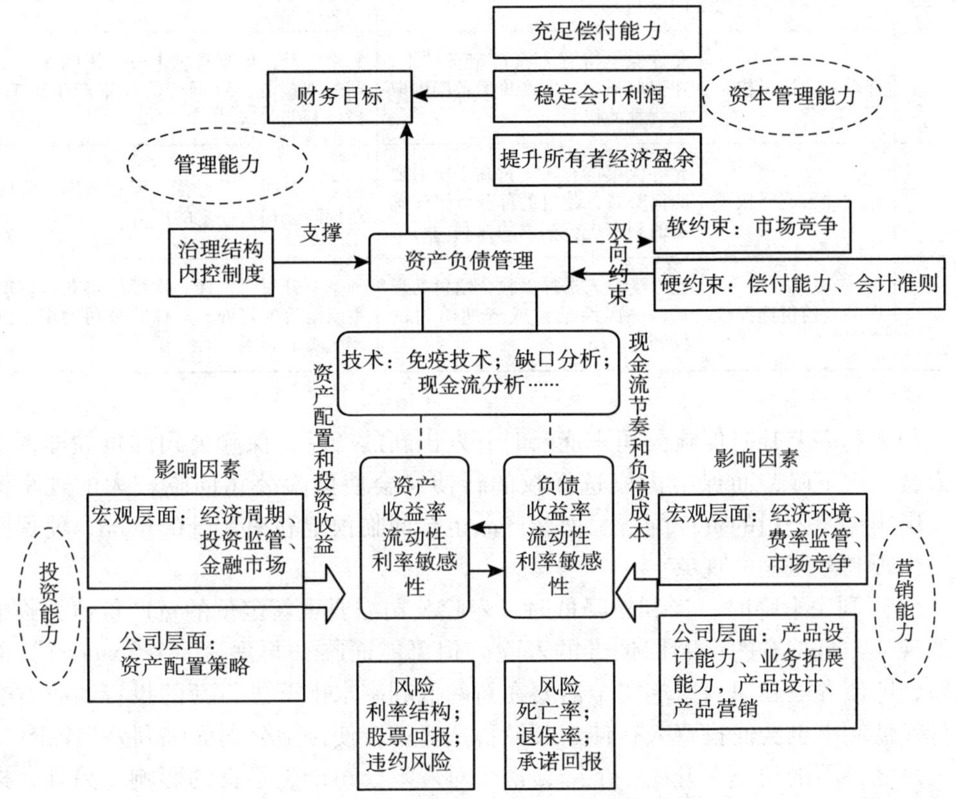

图3－3 保险公司资产负债匹配管理

资料来源：高利．保险公司资产负债匹配管理系列报告三：来自偿付能力的约束［R］．华创证券研究报告．

① 高利．保险公司资产负债匹配管理系列报告一：框架及影响因素［R］．华创证券研究报告，2011，12（27）．

3. 有利于防范利率风险。保险公司资产负债管理的中心是利率风险，研究利率变动主要是针对寿险公司。

（1）利率上升时。如果保单预定利率低于其他投资工具时，保单持有人会使用内嵌的选择权，进而影响保险公司的现金流，具体影响见表3－4。

表3－4　　利率上升对保险公司选择权及资产负债的影响

序号	选择权名称	选择权的内容	对保险公司资产负债的影响
1	退保选择权	允许保单持有人在保险合同到期前终止合同并停止支付保险费，领取退保金的权利	利率上升时退保会增加，负债（保费收入）缩减，为应付退保，保险公司可能会出售已有资产
2	续保选择权	允许保单持有人在保险期限到期时或者继续投保，或者终止合同的权利	利率上升，续保率会降低，保费收入降低。量大时会影响资产组合
3	保单贷款选择权	允许保单持有人在特定条件下，在保单累积的资产价值范围内取得贷款的权利	利率上升，保险贷款上升，影响保险公司的现金流，对资产的配置产生影响，挤压利差收入
4	超额储蓄选择权	允许保单持有人支付高于所需要的保险费，超过的部分以事先确定的利率进行积累的权利	利率上升时不会选择，但在利率下降时对保险公司有一定的压力
5	保险金给付选择权	允许受益人选择保险金给付的形式，一次性给付或分期给付的权利	利率上升时会选择一次性给付获得资产重新定价的好处，对保险公司的现金流产生负的影响

如果利率上升时保险公司未能及时开发出新的产品，保险公司的负债即保费收入会出现下降，而保险内嵌选择权的行使又会使保险公司面临较大的现金流出，影响保险公司的资产配置。而新产品也会面临预定利率上升的情况，使保险公司出现利差压缩的现象。

（2）利率下降时。当利率降低时，寿险公司需要重新定价的资产价值面临缩水的现象，且持有的可赎回债券的寿险公司可能面临“再融资（refinance）”的风险，即债券被赎回，这笔资金需要在新的低利率水平下进行新的投资，收益会降低；低利率也会使投资人行使超额储蓄选择权，使保险公司面临利差损风险。

总之，不论利率上升还是下降，都会对寿险公司产生不良的影响。另外，据我国浙江保监局的一个实证检验结果显示，通常投连险保费收入与利率存在着显著的正相关关系，分红险保费收入与利率波动呈现负相关关系，普通寿险和万能险保费收入与利率的相关性不大，寿险保费收入与利率呈负相关关系①。我国近

① 中国保监会网站，http：//www. circ. gov. cn/web/site0/tab5267/info261527. htm.

年来分红险保费收入约占总保费收入的80%，所以利率的变化对寿险公司的负债影响很大。因此，保险公司在资产负债管理过程中应当重视保单中内嵌选择权的价值及利率变动对保险公司的影响，防范好利率风险。

（三）资产负债管理技术

1. 现金流测试（cash flow testing，CFT）。现金流量测试主要用于检验公司现有业务现金流入和现金流出之间的关系。美国纽约州保险署在1986年要求纽约州内所有销售年金和保证收入合同（guaranteed income contract，GIC）的保险公司每年进行“现金流测试”的资产负债分析，并提交精算报告，未进行现金流测试的保险公司则需提存高额的准备金；1993年，美国保险监督官协会（National Association of Insurance Commissioners，NAIC）也采纳了《标准估值法案》（standard valuation Law），要求所有寿险公司必须进行现金流量测试以确保其持有充足的准备金①。

测试一般假设在不同的利率、死亡率、发病率、保单失效率、费用率、通货膨胀率、保单所含选择权执行的可能性、红利水平、抵押债券的提前支付率、再投资策略、再保险风险等情况下，分析在这个时间段中公司财务状况、偿付能力状况、准备金水平、产品设计和保费厘定的可行性等，进而提出应对某些不利事件发生的策略，对寿险公司而言，利率是一个影响资产和负债现金流变化的至关重要的基本假设②。该测试一般由精算师评估在七种利率模拟情况下（见表3-5）采用损益表来预测利率发生变化后总收入和总支出的变化，并据此计算出净现金流的变化。

表3-5 现金流量测试的七种利率模拟情况

情景模拟1	水平	同现行利率没有偏差
情景模拟2	上升	10年内每年上升0.5%，然后保持不变
情景模拟3	帽形	5年内每年上升1%，然后5年内每年下降1%，最后保持不变
情景模拟4	突然上升	利率突然上升3%，然后保持不变
情景模拟5	下降	10年内每年下降0.5%，然后保持不变
情景模拟6	杯形	5年内每年下降1%，然后5年内每年上升1%，最后保持不变
情景模拟7	突然下降	利率突然下降3%，然后保持不变

现金流量测试作为寿险公司资产负债管理的一种动态分析工具，充分考虑了影响公司经营的因素在不同假设前提下未来可能的变化以及可能引起的联动作用

① 伍燕芳．保险公司动态财务分析在资产负债管理中的应用［D］．暨南大学硕士论文，2006.
② 行瑞．寿险公司的资产负债管理及免疫模型的运用研究［D］．东北财经大学硕士论文，2007.

对财务和经营状况的影响，从而使产品设计、核保、投资等部门决策者及时了解公司现状，提出或修正公司的决策方案，在潜在问题变得严重前发出警示信号；但由于现金流测试需要寿险公司拥有强大的信息网络系统，致使购置与维护成本较高而且精算过于复杂，且没有考虑经营状况良好的公司新业务的销售额以及其他类型的风险（如经营风险、汇率波动和股价波动等），使其运用具有一定的局限性。

2. 现金流匹配。从保险公司财务报表中很容易发现保险公司的现金流入主要是持续增长的保费收入和正常的投资收入，而现金流出主要是各项支出，包括赔付或给付支出、经营费用支出以及股东分红等项目，图 3－4 中的日内瓦保险模型，较明确地说明了保险公司现金流量情况及相关的风险因素，如竞争风险、经营风险、资产配置风险和财务风险等，其中利率风险作为一个重要风险因素，对保险公司经营、资金运用、准备金厘定等多方面的影响十分广泛，有效地防范和规避利率风险是保险公司主要解决的现实问题。

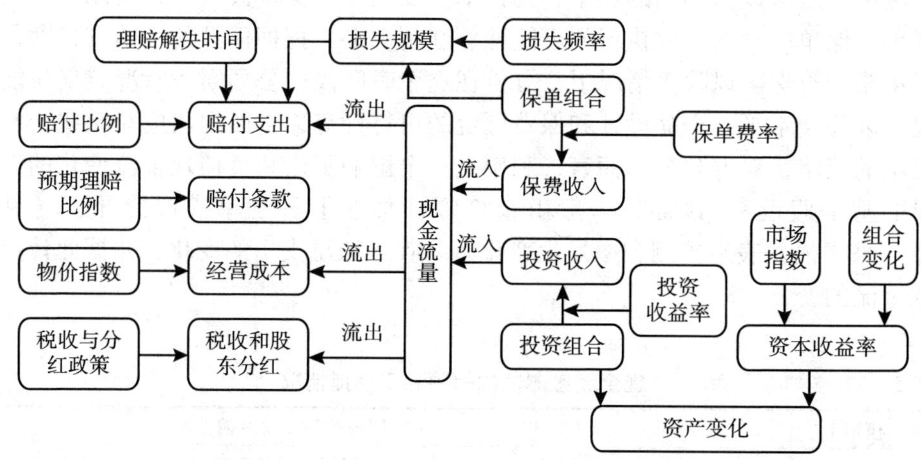

图 3－4 日内瓦保险模型

寿险公司现金流匹配技术最早是由 Jialling C. Koopmans 提出的。所谓现金流匹配（cash flow matching，CFM）是指保险公司运用线性规划法使其资产和负债的现金流量在时点和金额上尽可能达成一致，且投资组合的成本在满足上述条件的情况下达到最小，从而消除利率风险影响的过程。但由于负债期限的不确定会导致现金流的不确定性，另外，寿险公司超长期负债也难以在市场上找到完全与之匹配的资产，即使在现金流量匹配可行的情况下，它也会给公司带来太多的限制，容易造成利润损失，此外，现金流匹配需建立在对市场利率强烈的预测基础上，因此，尽管现金流量匹配理论上可以完全消除利率风险，但在实务中却难以操作，甚至会使保险公司放弃现金流匹配方法的使用。

3. 免疫技术（immunization）。所谓免疫，就是要保证一个投资组合在持有期内，无论利率如何变动，都不低于期初设立的目标，如一个固定的金额、对应的一笔负债等。免疫也被视为一种消极债券组合管理策略，它试图构建一个利率风险几乎为零的组合。免疫技术在保险资产负债管理中的运用是对现金流匹配的一种扩展，弥补了现金流匹配技术的一些缺陷。免疫一词最早是由英国精算师 F. M. Reddington 于 1952 年提出的，后经 Lawrence Fisher 和 Roman Weil 补充完善后确立了经典免疫技术的理论基础。

（1）持续期（duration）。持续期也称为麦考利持续期或麦考利久期，这一概念最早由弗雷得里克·麦考利（F. R. Macaulay）为研究债券的期限结构于 1938 年提出的，它实际上是债券在未来产生现金流的时间的加权平均，其权重是各期现金流现值在债券价格中所占的比重。其计算公式为：

$$D_{Macaulay} = \frac{\sum_k \frac{C_k}{(1+r)^{t_k}} t_k}{\sum_k \frac{C_k}{(1+r)^{t_k}}} \tag{3.2}$$

其中，$D_{Macaulay}$表示持续期；r 表示到期收益率；C_k、t_k 分别表示第 k 笔现金流的金额和产生时间。分子表示现金流的现值与持有时间的乘积，分母表示每笔现金流的现值，在实务计算中常用债券的价格表示。

持续期取决于债券的三大因素：到期期限；本金和利息支出的现金流；到期收益率。持续期虽然也是以年来计算，但与债券的到期期限是不同的概念。一个债券组合的持续期是各债券持续期的加权平均数，权重为各债券的现值。在实务计算中还有修正持续期的概念，计算公式为：

$$D_{Modified} = \frac{D_{Macaulay}}{1+r} \tag{3.3}$$

其中，$D_{Modified}$表示修正持续期；r 表示收益率。

例如，关于持续期与修正持续期的计算见表 3－6。

表 3－6　　持续期与修正持续期的计算

（1）收到现金流入所需要的时间	（2）现金流动额	（3）现值系数（折现率 10%）	（4）=（2）×（3）现金流的现值	（5）=（4）×（1）现金流的现值与所需时间的乘积
1 年	$527 594.93	0.90909091	$479 631.75	479 631.75
2 年	$527 594.93	0.82644628	$436 028.87	872 057.73
3 年	$527 594.93	0.7513148	$396 389.88	1 189 169.64
4 年	$527 594.93	0.683013455	$360 354.44	1 441 417.74
5 年	$527 594.93	0.620921323	$327 594.94	1 637 974.71
合计	$2 637 974.65	……	$2 000 000.00	5 620 251.57

续表

(1) 收到现金流入所需要的时间	(2) 现金流动额	(3) 现值系数(折现率10%)	(4) = (2) × (3) 现金流的现值	(5) = (4) × (1) 现金流的现值与所需时间的乘积
持续期	$D=\frac{\sum_{t=1}^{n}PV(CF_t)\times t}{\sum_{t=1}^{n}PV(CF_t)}=\frac{5\ 620\ 251.57}{2\ 000\ 000}=2.81$			
修正持续期	$D_{Modified}=\frac{2.81}{1+10\%}=2.55$			

进而可推导出修正持续期与价格变化率之间的关系，计算公式为：

$$\frac{dp}{p}=-D_{Modified}\times dr\Rightarrow\frac{\Delta p}{p}=-D_{Modified}\times\Delta r$$

$$\Rightarrow\Delta p=-D_{Modified}\times\Delta r\times p \tag{3.4}$$

债券持续期具有如下特点：①零息债券的持续期等于到期期限，而附息债券的持续期小于到期期限；②在债券的其他特征相同的情况下，票面利率越低，持续期越长；③在债券的其他特征相同的情况下，债券期限越长，持续期越长；④在债券的其他特征相同的情况下，市场收益率越高，持续期越短；⑤在债券的其他特征相同的情况下，每年付息次数越多，持续期就越短；⑥永续债券的持续期 $=1+\frac{1}{r}$。具体见图3-5。

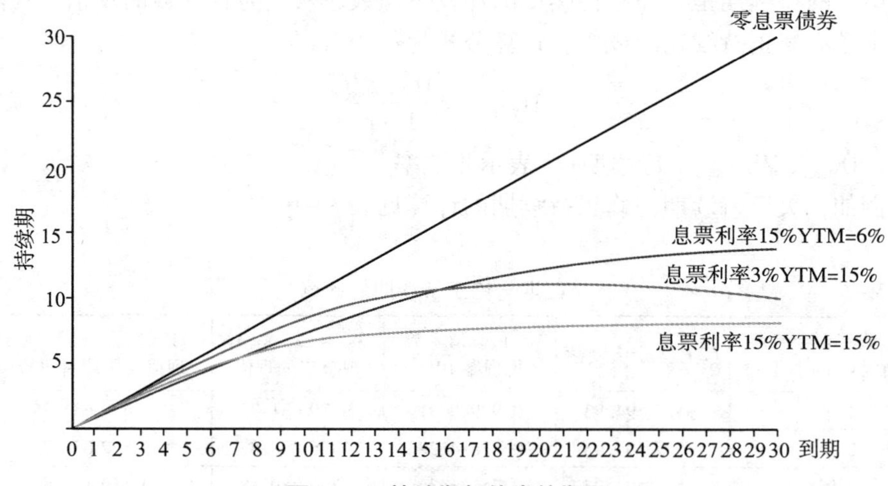

图3-5 持续期与债券的期限

债券的持续期越长，利率的变化对该债券价格的影响也越大，该债券面临的利率风险也越大。在降息时，持续期大的债券价格上升幅度较大；在升息时，价格下跌的幅度也较大。因此，投资者在预期未来降息时，可选择持续期长的债券；在预期未来升息时，可选择持续期短的债券。当收益率变动幅度比较小时，持续期的准确性较高，收益率变化较大会产生较大的误差，这时就有必要引进凸性的概念，另外，持续期也不适用于内嵌期权及市场上无相应的投资产品时的市场。

（2）凸性（concexity）。凸性是用来衡量债券价格收益率曲线的曲度。直观地讲，就是收益率每变化1%所引起的持续期的变化程度。它是间接表明债券价格对收益率变动的敏感程度的指标。资产价格的凸性是求资产价格对市场利率的二阶导数，债券持续期是资产价格对于市场利率的一阶导数。凸性的经济含义是指现金流的波动性对利率变化的敏感度。其计算公式为：

$$C = \frac{\sum_k \frac{C_k}{(1+r)^{t_k+2}} t_k(t_k+1)}{\sum_k \frac{C_k}{(1+r)^{t_k}}} \tag{3.5}$$

其中，C 表示凸性；r 表示到期收益率；C_k、t_k 分别表示第 k 笔现金流的金额和产生时间。

凸性具有以下特性：①若其他条件相同，通常到期期限越长，持续期越长，凸性越大；②给定收益率和到期期限，息票率越低债券的凸性越大，相同期限和收益率的零息票债券的凸性大于附息票的凸性；③给定到期收益率和修正持续期，息票率越大，凸度越大；④持续期增加时，债券的凸度以增速度增长；⑤与持续期一样，凸性也具有可加性，即一个资产组合的凸性等于组合中单个资产的凸性的加权平均和。

持续期和凸性都是衡量利率风险的指标，反映债券价格对利率变动的敏感程度；但持续期具有双面性，就是在利率上升周期，要选择持续期短的债券，而在利率下降周期，要选择持续期长的债券；而凸性是具有单面性，就是凸性越大，意味着债券的利率风险越小，因此，持续期一样的投资组合需要选择凸性较大的。

（3）持续期缺口（duration gap）。持续期缺口被定义为净资产的持续期①，其计算公式为：

$$D_{Gap} = D_A A - \rho D_L L \tag{3.6}$$

其中，D_A 和 D_L 分别表示资产和负债的平均持续期；A 和 L 分别表示资产和负债的价值；ρ 表示资产负债率；$D_A A$ 表示总资产的持续期；$D_L L$ 表示总负债的持续期。

① 持续期缺口与利率敏感性缺口是不一样的，持续期缺口主要反映资产负债表中资产净值的利率风险，敏感性缺口主要反映的是利率风险与净利息收入之间的关系。

总资产的持续期是各项资产持续期的加权平均值，其计算公式为：

$$D_A A = \sum_{i=1}^{m} W_i^A D_{Ai}$$

其中： $$W_i^A = \frac{A_i}{A} \quad i=1,\ 2,\ 3,\ \cdots,\ m \tag{3.7}$$

总负债的持续期是各项负债持续期的加权平均值，其计算公式为：

$$D_L L = \sum_{i=1}^{m} W_i^L D_{Li}$$

其中： $$W_i^L = \frac{L_i}{L} \quad i=1,\ 2,\ 3,\ \cdots,\ m \tag{3.8}$$

净资产的持续期计算公式为：

$$D_A A = \rho D_L L + (1-\rho) D_{NW}$$

其中， $\rho = \frac{D_L L}{D_A A}$为权重，所以有：

$$(1-\rho) DNW = D_A A - \rho D_L L \tag{3.9}$$

由此可见，持续期缺口 $D_{GAP} = (1-\rho) D_{NW}$，实际上描述的就是权益资产的持续期。

当市场利率变化时，固定利率的资产和负债的市场价值会发生变化，导致权益资产净值的变化，进而影响到股东利益和经营；若资产负债未匹配，则会存在持续期缺口。具体见表 3－7。

表 3－7　　持续期缺口、利率变动与净值市场价值之间的关系

持续期缺口	利率变动	净值市场价值
>0	上升	减少
>0	下降	增加
<0	上升	增加
<0	下降	减少
=0	上升或下降	不变

（4）保险公司免疫资产组合的构建。保险公司资产负债免疫就是要求资产组合的持续期与负债的持续期相等。免疫组合的构建需要经过四个步骤：一是计算负债的持续期；二是计算每一项资产的持续期；三是计算每种资产在组合中的比重；四是资产收入满足债务的要求。

【例 3－1】 设某保险公司 7 年后需要支付的现金流为 19 487 美元，市场利率为 10%，所有债务的现值为 10 000 美元，公司资产组合经理想通过持有 3 年期零息公债和年付息一次的永续债券（统一公债），如何对其负债的支付进行利率免疫管理?

本例中的现金流出即负债为一次性的，相当于零息债券，因此，其持续期为 7 年。而持有的资产为两项，一个是 3 年期零息债券，其持续期为 3 年；另一个是永续债券的持续期 $=1+\frac{1}{r}=1+\frac{1}{10\%}=11$（年）。设保险公司持有零息债券的比重为 w，则持有永续债券的比重为 1 - w，则资产即投资组合的持续期 $=3w+11\times(1-w)=7\Rightarrow w=0.5$，即保险公司应将两种债券各持有一半，目前资金为 10 000 元，则应该各投资 50%。

【例 3-2】 一家保险公司向客户发售了面值 10 000 元的担保投资合约（guaranteed investment contract，GIC），期限为 5 年，保证的利率为 7.9%。假定保险公司决定将每份 GIC 所收入的 10 000 元投资于息票利率为 7.9%、按面值出售的债券，为了实现目标日期免疫，应当如何选择债券期限?

GIC 由于是到期一次性的现金流出，可以看作是保险公司发行的零息债券，也即负债，此例中保险公司到期在每份合约上必须支付的金额为：

$$10\,000\times(1+7.9\%)^5=14\,625.38\text{（元）}\tag{3.10}$$

据前可知该负债（零息债券）的持续期为 5 年。目前保险公司发行每份 GIC 筹集到的资金为 10 000 元，需要配置的相应资产是息票利率为 7.9%、按面值出售的债券，为了实现资产负债免疫，保险公司必须保持持有资产的持续期也为 5 年，现需要计算债券的期限。通过表 3-8 中的计算，可得出应持有债券的期限为 6 年期、利率为 7.9%。

表 3-8　　持续期的计算方法

债券息票率：0.079
面值：10 000
到期收益率 0.079

债券价格 P(1)	未来支付时间年 $t_k(2)$	每期现金流 C(3)	现金流现值 PV(4)	权重 (5)=(4)/10 000	现金流现值 *tk(6)=(2)*(5)
	1	790	732.16	0.073215941	0.073215941
	2	790	678.55	0.067855367	0.135710733
	3	790	628.87	0.062887272	0.188661817
	4	790	582.83	0.058282921	0.233131686
	5	790	540.16	0.054015683	0.270078413
	6	10 790	6 837.43	0.683742816	4.102456899
总和			10 000.00	1	5.003255488
					持续期

（5）债券免疫组合的再平衡。上例中，1 年后，保险公司的负债（即 GIC）持续期缩短为 4 年，而在利率保持 7.9% 不变的情况下，可以计算出此时的资产（即息票债券）持续期已变为 4.32 年，具体计算见表 3－9，因此，1 年后该保险公司的资产与负债的持续期不再匹配，需要进行再平衡。

表 3－9　　息票债券的持续期的变化

债券息票率：0.079
面值：10 000
到期收益率 0.079

债券价格 P(1)	未来支付时间年 t_k(2)	每期现金流 C(3)	现金流现值 PV(4)	权重 (5)＝(4)/10 000	现金流现值 ＊tk(6)＝(2)＊(5)
	1	790	732.16	0.073215941	0.073215941
	2	790	678.55	0.067855367	0.135710733
	3	790	628.87	0.062887272	0.188661817
	4	790	582.83	0.058282921	0.233131686
	5	10 790	7 377.58	0.737758499	3.688792495
总和			10 000.00	1	4.319512671
					持续期

假设我们在组合中加入一个 3 年期零息债券（久期为 3 年），则两种债券的持有比重如何计算呢？

设其在新的组合中零息债券占比为 w，则原来的息票债券占比为 1－w，由于新组合的持续期应与负债的持续期相等，则有：

$$3w + 4.32(1 - w) = 4 \tag{3.11}$$

可得：

$$w = 0.2424 \tag{3.12}$$

由表 3－9 可知此时的资产价值为 10 790 元，因此，保险公司必须将 10 790 × 0.2424＝2 615.50（元）的息票债券换成 3 年期零息债券，从而使资产与负债的持续期重新匹配。如果加入的不是零息债券，则仍用上述方法计算新入组合的债券持续期，其他计算方法相同①。

4. 动态财务分析（dynamic financial analysis，DFA）。

（1）发展起源。动态财务分析的思想渊源最早可追溯到 17 世纪；第二次世界大战后兰德公司所采用的“军事后勤策略”或“情景规划”可看作动态财务分析思想的一种具体运用；但动态财务分析方法在实践中发挥关键作用则是在 1980 年，壳牌石油公司将其用于查找公司经营过程中所面临的潜在风险②。保险

① 关于债券投资组合管理的具体的内容在本教材第五章债券投资中有更详细的说明。
② 杜同超．中国财险业盈利能力研究——基于 DFA 方法的实证分析［D］．西南财经大学，2012.

业关注动态财务分析方法则始于20世纪70年代，由于利率连续上升，使保险公司也面临着“脱媒”的风险，尤其是寿险公司，负债期限长，未来给付的责任重，通常持有较多的长期资产，资产与负债面临的利率风险很大，因而也较早地开始研究如何将“承保责任”和“投资组合”进行协调管理，使其未来的现金流出入保持平衡，保证保险企业可持续的偿付能力。对动态财务分析方法的讨论与应用主要是美国的寿险业、加拿大和英国等国的产险及意外险公司等，从1995年开始，美国意外保险精算协会（the Casualty Actuarial Society，CAS）每年召开一次关于动态财务分析的研讨会，取得了丰硕的成果。美国 Miller，Herbers，Lehmann & Associates 精算师合伙公司还以微软公司的 Excel 办公软件为基本运行环境，针对北美保险公司设计了动态财务分析软件，目前版本为 Dynamo3.0，由23张 Excel 工作表构成，如“一般输入”（general input）工作表、“投资输入”（investment input）工作表、“再保险输入”（reinsurance input）工作表、“公司业务输入”（company line of business input）、“公司业务输出”（company line of business output）、“公司业务情况小结”（line-summary）、“巨灾生成器”（cat generator）、“债券情况描述”（含多张工作表）、“股票情况描述”（stocks）、“所得税计算器”（tax calculator）、“投资分布”（investment distribution）、“报告系统”（含3张工作表）、“随机模拟数据”（simulation data）、“随机数”（rnd number）等①，客户可以根据需要调整这些子工作表，通过试算后自动生成模拟的财务报告及经营报表，由于软件的报表输出格式是以美国的法定会计原则（SAP）和一般公认会计原则（GAAP）为基础，因此，目前尚无法直接将其用于我国的保险公司。

（2）定义。动态财务分析是在一个整体框架内，对保险公司面临的多种风险进行动态模拟分析，最终为保险公司战略规划提供有效的、动态的预测的工具和技术。对动态财务分析的定义，不同的机构给出了大同小异的定义，如：

美国意外保险精算协会（the Casualty Actuarial Society，CAS）认为：“动态财务分析是精算师分析一个保险公司财务状况的一种方法和过程。它同时也是构建模型的一种系统方法，所构建的模型应该反映在一系列可能的情景下所可能出现的财务结果；基于所构建的动态财务分析模型，可以反映内外部条件的改变如何对财务结果产生影响。”

瑞士再保险公司在其出版物 Sigma 中将其定义为：“动态财务分析是对保险公司随着时间的推移所形成的整体财务状况进行检查的过程，该方法既考虑了不同业务线之间的相关关系，同时也考虑了影响公司经营结果的各种因素的随机特性。”

北美精算师协会（SOA）和精算师学院（AOA）则认为对“动态财务分析”最恰当的描述应当是“在各种假设下度量财务状况或者说衡量生存盈余能否充分支持未来的经营活动的分析报告”。

---

① 伍燕芳．保险公司动态财务分析在资产负债管理中的应用［D］．暨南大学硕士论文，2006.

美国精算协会则将其定义为“一种整体性的财务建模方法，通过对公司未来生存环境和营运结果进行模拟，显示公司营运结果如何受外部环境变动和内部战略决策变动的影响”。

（3）用途。动态财务分析（DFA）可以更好地从整体上预测公司未来的经营状况，为保险公司的经营者做出有效决策提供依据，也可使保险公司和保险监管机构及早发现公司存在的问题，避免企业发生经营危机，当保险公司出现的问题已经爆发时，还能帮助监管机构识别该问题是暂时性问题，还是长期性问题，采取不同的监管策略，因此，DFA 模型在保险公司有着广泛的用途。如评估保险公司的投资策略；确定资本充足性及资本分配决策；比较保险公司的再保险策略；评估保险公司的资金运用模型；分析并优化保险公司组合业务策略；评估保险公司的期望盈余、理赔、清算、税务计划等策略；评估保险公司的偿付能力；确定保险公司价值，或者为可能的卖者和买者确定保单价值等。

由于动态财务分析方法能够灵活地运用“久期模型”“资产负债缺口模型”以及“在险价值模型（value-at-risk，VAR）”等度量方法来测算利率变动对保险公司资产负债的影响，还可通过恰当的“情景条件生成器”动态、随机地模拟不确定性环境下公司的资产负债的变化及未来的经营成果，为高层管理者控制经营风险、制定未来发展战略提供决策依据，因此业界有些人也将其视为未来保险公司资产负债管理技术发展的趋向。

（4）基本框架。作为资产负债管理的新工具，大多数 DFA 模型的基本框架包括三个部分，包括：①随机情景生成器；②历史数据的输入；③报告系统即模型结果的输出，管理者可以通过分析结果不断改进战略，不断重复这一过程，直到找到一个合适的战略选择。如图 3－6 所示。

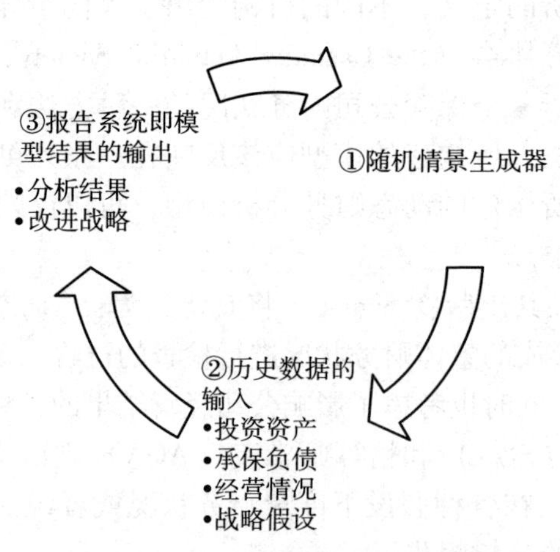

图 3－6　DFA 模型的基本框架

5. 资产负债管理方法的对比。目前现金流测试、现金流匹配、免疫技术与动态财务分析方法（DFA）已经被较广泛地用于金融机构资产负债的管理中，前三种技术均是静态的，只有 DFA 是动态模型，且考虑的风险也更全面，在保险业中多是寿险公司首先开发的，但是每种模型在实践中的应用都不可能达到非常完美，需要综合考虑模型应用的范围、成本、复杂性等，表 3－10 列出了几种资产负债管理方法的区别。

表 3－10　几种 ALM 管理技术比较

管理技术＼分类标准	类型	开发者领域	针对的风险	应用范围	模型复杂程度	错误可能性
现金流测试	静态	寿险	利率	单个产品	中	中
现金流匹配	静态	寿险	利率	单个产品	中	中
免疫技术	静态	寿险	利率	单个产品	低	低
动态财务分析	动态	非寿险	多种	公司整体	高	高

资料来源：陈婧．动态财务分析在我国财产保险公司资产负债管理中的应用研究——以中国人民财产保险公司为例［D］．西南财经大学，2013：18.

三、资产配置的全面风险管理原则

所谓资产配置的全面风险管理原则，是指保险公司在资产配置过程中在管理机制上要设立专门的、相对独立的风险管理机构，在业务经营过程中要受保险监管机构对偿付能力与公司综合风险的评估分类的制约，对不同风险类别的公司资产配置的限制也不同，即对保险公司的风险从机构到业务进行全面的管理。

（一）管理机制上

保险公司应当在董事会下设风险管理委员会，风险管理委员会在董事会的授权下履行偿付能力风险管理职责；风险管理委员会主任应当由具有风险管理经验的非执行董事担任；保险公司应当指定一名高级管理人员作为首席风险官负责风险管理工作，首席风险官不得同时负责销售、投资管理、产品精算等与风险管理有利益冲突的工作；首席风险官应当参加或列席风险管理委员会，了解公司的重大决策、重大风险、重大事件、重要系统及重要业务流程，参与各项决策的风险评估及审批；保险公司原则上应当至少在省级分支机构设立风险管理部门或专职风险管理岗，分支机构风险管理部门负责人的任命、考核、薪酬由总公司统一管理；风险管理部门是保险公司偿付能力风险管理的牵头部门，销售、承保、财会、精算、投资等业务部门应当配合，共同管控偿付能力风险。①

① 保险公司偿付能力监管规则第×号：偿付能力风险管理要求与评估（征求意见稿第二稿）第 5～16 条。

（二）偿付能力风险管理要求

在我国《偿付能力风险管理要求与评估（征求意见稿第二稿）》中，根据保险公司的发展阶段、业务规模、风险特征等，将保险公司分为Ⅰ类保险公司和Ⅱ类保险公司（这里的分类不再像之前的规定，强调偿付能力充足率为多少，但可能参照以往对偿付能力的分类来理解），分别提出偿付能力风险管理要求，并为分类监管（风险综合评级）提供依据。

满足下列任意两个条件的保险公司为Ⅰ类保险公司：

（1）公司成立超过5年；

（2）财产保险公司、再保险公司规模保费超过50亿元或总资产超过200亿元，人身保险公司规模保费超过200亿元或总资产超过300亿元。规模保费是指保险公司按照保险合同约定，向投保人收取的保费；

（3）省级分支机构数量超过15家。

外资再保险公司分公司为Ⅱ类公司。

Ⅰ类保险公司应当设立独立的风险管理部门，配备至少10名具有风险管理、财会、精算、投资或相关知识背景的风险管理人员。

Ⅱ类保险公司应当根据公司实际需要设立风险管理部门。未设立风险管理部门的，需设置专职风险管理岗，由具有财务、会计、精算、投资或相关知识背景的专业人员担任。

（三）风险综合评级分类①

1. 保险公司的风险。我国将保险公司的风险分为两大类：能够量化的风险和难以量化的风险。

能够量化的风险包括市场风险、信用风险和保险风险；其中，市场风险是指由于利率、汇率、权益价格和商品价格等的不利变动而遭受非预期损失的风险；信用风险是指由于交易对手不能履行或不能按时履行其合同义务，或者信用状况的不利变动而导致的风险；保险风险，是指由于死亡率、疾病率、赔付率、退保率等假设的实际经验与预期发生不利偏离而造成损失的风险。

难以量化的风险包括操作风险、战略风险、声誉风险和流动性风险等。其中操作风险是指由于不完善的内部操作流程、人员、系统或外部事件而导致直接或间接损失的风险，包括法律及监管合规风险（但不包括战略风险和声誉风险）；战略风险是指由于战略制定和实施的流程无效或经营环境的变化，而导致战略与市场环境和公司能力不匹配的风险；声誉风险是指保险公司的经营管理或外部事

---

① 保险公司偿付能力监管规则第×号：分类监管（风险综合评级）（征求意见稿第二稿）19、27、30～37条。

件等原因导致利益相关方对保险公司负面评价从而造成损失的风险；流动性风险，是指保险公司无法及时获得充足资金或无法以合理成本及时获得充足资金以支付到期债务的风险；表外业务因不在保险公司的资产负债表内反映，因此其风险容易被忽视，表外业务风险主要包括承诺、担保、衍生工具等，这类业务面临的风险主要是市场风险（如汇率风险、利率风险等）、信用风险、流动性风险等。

2. 保险公司风险综合评级分类。结合偿付能力的监管标准及以上保险公司的风险情况，我国保监会按综合风险的高低将保险公司分为四类：一是A类公司，指偿付能力充足率达标，且操作风险、战略风险、声誉风险和流动性风险小的公司；二是B类公司，指偿付能力充足率达标，且操作风险、战略风险、声誉风险和流动性风险较小的公司；三是C类公司，指偿付能力充足率不达标，或者偿付能力充足率虽然达标，但操作风险、战略风险、声誉风险和流动性风险较大的公司；四是D类公司，指偿付能力充足率不达标，或者偿付能力充足率虽然达标，但操作风险、战略风险、声誉风险和流动性风险严重的公司。

3. 保险公司风险综合评级监管。

对A类公司，不采取特别的监管措施。

对B类公司，可采取以下一项或多项监管措施：监管谈话；风险提示；要求公司限期整改所存在的问题；针对所存在的问题进行现场检查；要求提交和实施预防偿付能力充足率不达标的计划。

对偿付能力充足率不达标的C类公司，除可采取对B类公司的监管措施外，还可根据公司偿付能力充足率不达标的原因采取以下一项或多项监管措施：责令增加资本金、限制向股东分红；限制董事和高级管理人员的薪酬水平；限制商业性广告；限制增设分支机构；限制业务范围、责令停止接受新业务、责令转让保险业务或者责令办理分出业务；责令拍卖资产或者限制固定资产购置；限制投资形式或比例；调整负责人及有关管理人员；向董事会、监事会或主要股东通报公司经营状况。

对操作风险较大的C类公司，除可采取对B类公司的监管措施外，还可以针对公司存在的具体问题采取以下一项或多项监管措施：要求提交改善公司治理、内控流程、人员管理、信息系统的计划；责令停止接受新业务；限制投资形式或比例；调整负责人及有关管理人员。

对流动性风险较大的C类公司，除可采取对B类公司的监管措施外，还可以针对公司存在的具体问题，根据《保险公司偿付能力监管规则第8号：流动性风险》有关规定采取相应监管措施。

对战略风险较大的C类公司，除可采取对B类公司的监管措施外，还可以针对公司存在的具体问题采取以下一项或多项监管措施：要求提交改善战略管理的计划；要求公司根据实际情况调整公司战略；限制业务范围、责令停止接受新业务；限制增设分支机构。

对声誉风险较大的C类公司，除可采取对B类公司的监管措施外，还可以针对公司存在的具体问题，采取保险公司偿付能力监管规则第×号：分类监管（风险综合评级）（征求意见稿第二稿）第32~35条规定的一项或多项监管措施。

对D类公司，除可采取对B、C类公司的监管措施外，还可以采取整顿、接管以及中国保监会认为必要的其他监管措施。

2013年末，保监会对128家保险公司进行了分类评价，按照公司风险状况由低到高依次评定为A、B、C、D四类。其中，A类公司有36家，B类公司有87家，A、B类公司数量合计占比为96%，C类公司有1家，D类公司有4家，均为中小型寿险公司。保监会对C、D类公司采取了针对性的监管措施。

四、保险资产配置的分账户管理原则①

所谓保险资产配置分账户管理原则是指保险公司根据保险业务和资金特点，分别设立“普通账户”和“独立账户”，实行资产配置分账户管理的原则。保险公司各类账户配置的资产，主要分为流动性资产、固定收益类资产、权益类资产、另类资产②及其他投资资产。保险公司应当严格区分普通账户资产和独立账户资产，普通账户资产与独立账户资产之间、独立账户之间不得相互出售、交换或者移转。

（一）普通账户

1. 定义。普通账户是指由保险公司部分或全部承担投资风险的资金账户，保险公司资本金参照普通账户管理；保险公司应当根据保险业务负债特征，细分普通账户，综合分析各普通账户之间的关系、普通账户资产负债关系，确定各类账户预期收益目标和风险指标，制定和实施资产配置政策；保险公司应当根据资产负债管理要求，采用现金流、期限、成本率、有效久期、凸性等指标，量化评估各类普通账户负债特征、存量资产和资产负债缺口状况，并据拟订资产配置政策。普通账户的资产配置政策主要包括资产战略配置规划和年度资产配置计划。

2. 资产战略配置规划。资产战略配置规划是指中长期资产配置的战略安排。期限至少为3年，每年至少滚动评估一次。主要内容包括：

（1）宏观经济趋势、保险业务和负债特征、各类资产风险收益特征、公司长期发展规划和整体风险承受能力等决策依据；

（2）长期收益目标和长期业绩比较基准；

（3）各币种、地区和市场资产配置比例；

---

① 中国保监会关于印发《保险资产配置管理暂行办法》的通知．保监发〔2012〕61号，第12、19~28条。

② 如私募股权、债权计划、信托、理财产品等。

（4）允许、限制及禁止配置资产标准；

（5）流动性、期限结构和再投资计划；

（6）会计分类原则和绩效考核机制等。

3. 年度资产配置计划。年度资产配置计划是指根据资产战略配置规划，结合保险市场和资本市场状况分析，制定的一年期资产配置策略。主要内容包括：

（1）年度经济形势分析、各市场分析、负债特征变化及各类资产风险收益预期等决策依据；

（2）资产负债情况；

（3）目标资产配置比例及浮动区间；

（4）年度收益目标和业绩比较基准；

（5）资产风险状况和压力测试结果分析等。

保险公司制定资产战略配置规划和年度资产配置计划，应当根据资产负债管理原则，采用绝对收益率或者相对收益率指标，设定业绩比较基准，明确业绩归因，评估资产配置结果，并建立相应考核机制，实现资产配置绩效目标。

（二）独立账户

1. 定义。独立账户，是指独立于普通账户，由投保人或者受益人直接享有全部投资收益的资金账户。保险公司开发寿险投资连结保险产品、变额年金产品、养老保障委托管理产品和非寿险非预定收益投资型保险产品等，应当根据中国保监会有关规定，设立独立账户。保险公司应当按照合同约定的资产配置范围和比例，明确独立账户风格，及时优化风险调整收益，独立进行投资决策和管理。独立账户由于由投资人承担风险，因此运作模式类似于基金组合的管理。

2. 投资账户说明书内容。保险公司申请设立独立账户需要编制投资账户说明书，涉及投资管理的内容包括：

（1）投资目标、投资方式和投资策略。说明决策依据和决策程序、采取自主投资或者委托第三方投资、投资组合管理方法和业绩比较基准、资产配置范围和比例等；

（2）投资账户估值和收益率计算方法；

（3）托管情况说明；

（4）投资账户资产隔离、公平交易情况和防范利益输送说明；

（5）投资经理基本情况及管理其他账户情况；

3. 投资账户的信息披露。设立独立账户的保险公司，应当定期披露投资账户信息，确保信息披露真实、准确和完整。其中涉及投资管理的信息披露包括：

（1）报告期末投资账户单位价格；

（2）报告期末投资账户的投资组合；

（3）报告期的投资账户收益率。

保险公司变更托管银行或者独立账户投资经理，应当及时向投保人或者受益人披露。

第二节 保险公司资产配置模型[①]

经济盈余最大化资产配置模型是在充分考虑了保险公司的资产、负债与承保结果的情况下，采用整合性的视角来探讨在满足监管机构对资本充足率约束的前提下，保险公司战略性资产配置策略。这个模型主要是针对财产与责任保险公司设计的。

一、经济盈余最大化资产配置模型

（一）模型的设计思路

1. 经济盈余定义。本模型中考虑的经济盈余与法定盈余是不同的，保险公司的法定盈余通常是法定资产与法定负债之差，而经济盈余则是资产的市场价值与负债现值之间的差额，区别在于在计算经济盈余时，需要对未来支付的现金流即法定负债以与计算负债久期相一致的市场利率进行贴现。公式如3－13所示。

$$S = A - L$$

其中：

$$S = 经济盈余$$
$$A = 资产市场价值$$
$$L = 负债现值 \tag{3.13}$$

2. 模型设计整合因素。在模型设计中需要考虑资产、负债、承保预期回报和预期协方差、利率及资本结构等，还要满足监管机构对偿付能力要求的资本充足率约束及计账准则等，具体见图3－7资产配置模型设计整合因素。

3. 模型的构建。为了让保险公司经济盈余最大化，需要最大化盈余回报率，盈余回报率ROS包括三个主要成分：资产回报率ROA（reture on asset）、负债回报率ROL（reture on liabilities）和承保回报率ROU（reture on underwriting），于是可以构建按年计算的盈余回报率ROS公式3.14：

$$ROS = \frac{A}{S}ROA - \frac{L}{S}ROL + \frac{P}{S}ROU \tag{3.14}$$

---

① David F. Babbel，Frank J. Fabozzi. 保险公司投资管理［M］. 北京：经济科学出版社，2009：81－92.

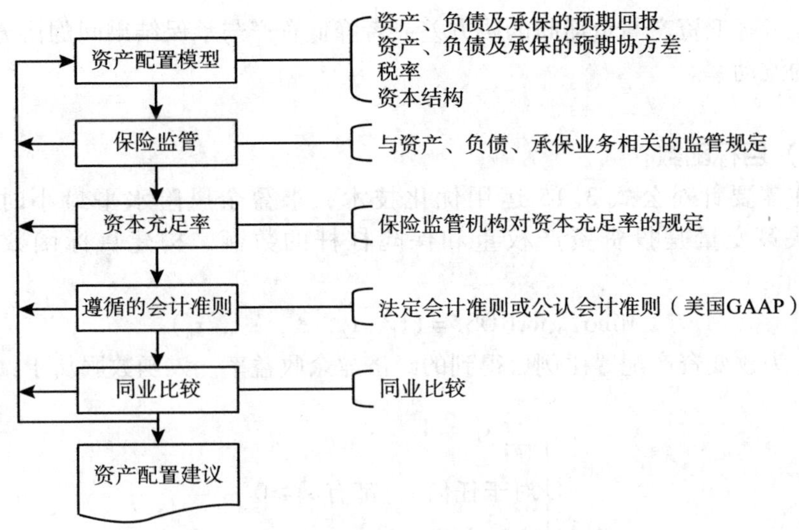

图3－7 资产配置模型设计整合因素

其中：ROS 为盈余回报率；
ROA 为资产回报率；
ROL 为负债回报率；
ROU 为承保回报率；
A 为资产市场价值；
L 为负债现值；
S 为经济盈余；
P 为已赚保费；
$\frac{A}{S}$为投资杠杆比率；
$\frac{L}{S}$为财务杠杆比率；
$\frac{P}{S}$为保险杠杆。

为了使盈余回报率最大化，实际上就是找出使盈余风险最小的资产配置组合，计算公式3.14的盈余风险即求方差，可得公式3.15：

$$\sigma_{ROS}^2 = \left(\frac{A}{S}\right)^2 \sigma_{ROA}^2 + \left(\frac{L}{S}\right)^2 \sigma_{ROL}^2 + \left(\frac{P}{S}\right)^2 \sigma_{ROU}^2 - 2\left(\frac{AL}{S^2}\right)\text{cov}(ROA, ROL) + 2\left(\frac{AP}{S^2}\right)\text{cov}(ROA, ROU) - 2\left(\frac{LP}{S^2}\right)\text{cov}(ROL, ROU) \quad (3.15)$$

由此可见，盈余风险是ROA、ROL和ROU的方差加权总和，权重是它们的杠杆比率即受公式右侧六个因素的影响。资产波动率过高的公司可以通过降低投资杠杆或者降低资产与负债间的协方差或者降低资产与承保结果间的协方差来降低资产的波动率。

（二）目标函数

现在需要针对公式 3.15 运用优化技术，求盈余风险水平最小时的投资组合，决策变量是投资资产权重和保险杠杆的数额，构建目标函数如公式 3.16 所示：

$$Min\sigma^2_{ROS} for ROS_n = (r_1, r_2, r_3, \cdots, r_n) \quad (3.16)$$

其中，r_n 为改变资产配置比例后得到的经济盈余收益率。该函数服从于：

$$\begin{cases} \sum_{i=1}^{n} x_i = 1 \\ 对于任何\ i，都有\ x_i \geq 0 \\ \frac{A}{S} - \frac{L}{S} = 1 \end{cases}$$

其中，x_i 为权重，i 为与计算久期相似的利率。将公式中所有资产、负债的预期收益率、方差等估计值代入上述公式中求解目标函数，不断重复这一过程，可以得到一系列的方差与盈余期望收益率的组合，将其绘制在坐标轴中，即可得到类似于 Markowitz 模型的经济盈余有效前沿线（surplus efficient frontier），之后寻找资本市场线与有效前沿线的切点找出最优的资产配置组合。如图 3－8 所示的 T 点即为最优的资产配置组合。

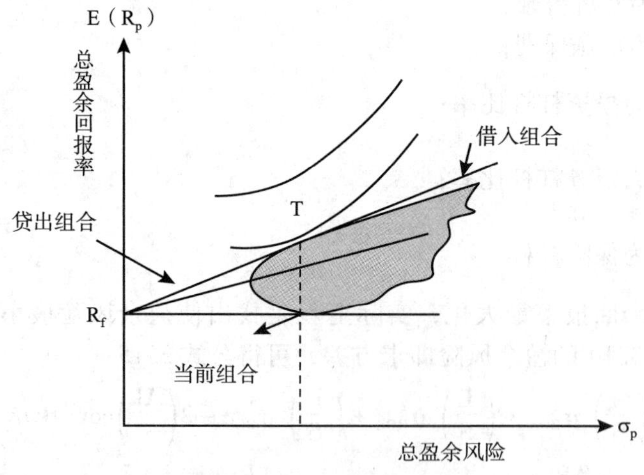

图 3－8　盈余的有效边界

二、资产配置模型的应用

设某财产保险公司当前资产配置组合如表 3 – 11 所示①。

表 3 – 11　　某财产保险公司当前资产配置情况

保险公司	市场价值	总资产中的占比（%）
现金	380	7. 3
国债	1 380	26. 6
公司债	9	0. 2
市政债	3 130	60. 5
权益	185	3. 6
房地产	94	1. 8
合计	5 178	100

由表 3 – 11 中数据可以看出，当前该保险公司大部分资产配置在各种固定收益的债券中，其中免税的市政债券占 60. 5%，根据该保险公司公开的年度信息披露报告，还能够获得负债与承保业务的相关数据，之后可使用资本市场上资产预期回报率的时间序列数据来表示 ROA；负债的预期收益也是基于市场价值而非法定价值获得，可通过选取与负债久期相一致的贴现利率计算负债的现值并估算负债的回报率 ROL；对承保业务的分析需要关注三个比率：损失比率、费用比率和综合比率，综合比率一般是指日历年度损失除以已赚保费净额（损失比率）加上费用比率，对综合比率进行适当调整后可以代替承保回报率 ROU；资产、负债与承保结果的协议差矩阵可在历史时间序列的基础上进行估计②。结合保险监管机构对投资资产的限制比例③，计算符合相关资本约束条件下的不同的资产配置情况，见表 3 – 12。

① 我国保险公司的资产配置组合可从保险行业协会网站或该保险公司的网站上公布的年度信息披露报告中获得。

② 也可利用 Excel 表来进行建模。参见吴建刚译．精通 Excel 金融建模——公司金融应用指南［M］. 北京：人民邮电出版社，2012，第二版。

③ 投资不动产的账面余额，不高于本公司上季度末总资产的 10%，投资不动产相关金融产品的账面余额，不高于本公司上季度末总资产的 3%；投资不动产及不动产相关金融产品的账面余额，合计不高于本公司上季度末总资产的 10%。投资未上市企业股权的账面余额，不高于本公司上季末总资产的 5%；投资股权投资基金等未上市企业股权相关金融产品的账面余额，不高于本公司上季末总资产的 4%，两项合计不高于本公司上季末总资产的 5%；投资无担保非金融企业（公司）债券的余额，不超过该保险公司上季末总资产的 50% 等相关规定。

表 3－12 盈余有效组合

资产配置组合	盈余回报率 ROS（%）	盈余风险 σ^2_{ROS}（%）
当前组合	4.92	4.41
组合 1	5.05	0.37
组合 2	5.76	1.56
组合 3	6.47	2.98
组合 4	7.18	4.42
组合 5	7.88	5.86
组合 6	8.59	7.30
组合 7	9.29	8.74
组合 8	10.00	10.18
组合 9	10.70	11.63
组合 10	11.41	13.13

由表 3－12 可以看出，组合 4 面临的盈余风险与当前组合差不多，但是其回报率却高达7.18%，因此通过对现有资产配置进行调整后，能够找到最优的资产配置组合。见表 3－13 资产投资组合的优化。

表 3－13 资产投资组合的优化

资产配置	组合 4	改变比例
短期债券	43.8	+36.5
中期国债	21.5	－5.1
中期公司债	0.0	－0.2
市政债券	23.4	－37.1
权益	9.5	+5.9
房地产	1.8	0.0
总计	100.0	

在资产配置模型的基础上，还可以通过利率敏感性分析来度量资产配置决策对风险资本金的影响，即度量每种资产配置方案对风险资本金的边际影响，以确保资产配置不会超出可接受的风险资本金限制范围。

第三节　保险资产配置策略

不同的资产在经济周期的不同阶段风险收益特征有所不同。图 3－9 显示的是不同经济周期中四类资产的回报的区别，该图是美林证券利用美国 1973～2004 年的历史数据，对萧条、复苏、过热和滞胀经济周期中的四个阶段中股票、债券、商品和现金四类资产的表现进行了对比，由图可见：不同类型资产在不同经济周期阶段的收益差距是非常显著的，在经济复苏阶段，股票资产的表现最为良好，此时经济开始复苏，利率尚未上升；在通胀上升经济出现向下调整的滞胀阶段，股票收益则表现最差，此时最优的选择是转而持有商品资产和现金资产；在经济向下同时通胀向下的衰退时期，应当持有债券资产；而在通胀水平和经济同时上升的阶段，依然是商品表现最好①。

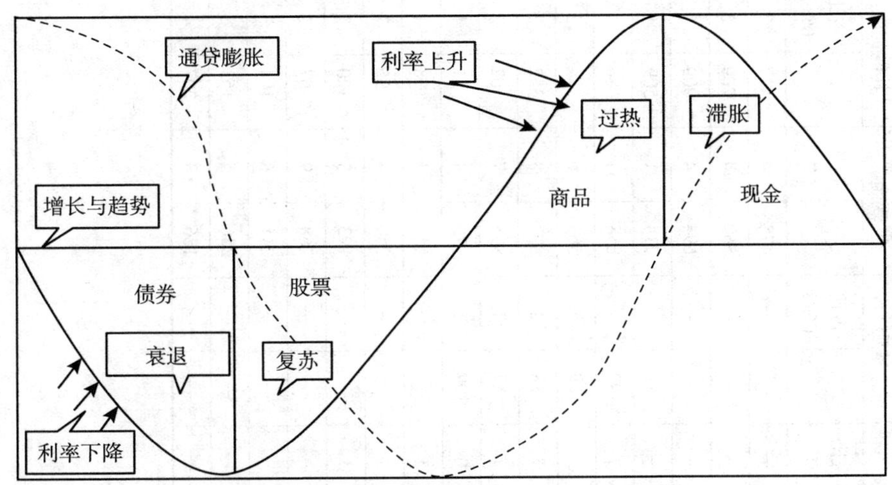

图 3－9　不同经济周期中四类资产的回报

资料来源：Merrill lynch，中信建投期货。

表 3－14 则列出了不同经济周期中四类资产的回报率。可见在不同的时期，配置何种资产对收益影响是非常大的。

表 3－14　美国各类型资产在不同经济周期阶段的实际总回报率　单位：%

经济周期阶段	债券	股票	商品	现金
衰退	9.8	6.4	－11.9	3.3
复苏	7.0	19.9	－7.9	2.1
过热	0.2	6.0	19.7	1.2
滞胀	－1.9	－11.7	28.6	－0.3
平均	3.5	6.1	5.8	1.5

资料来源：Merrill lynch，中信建投期货

表 3－15 列出了我国四家大陆上市的保险公司 2010～2013 年投资资产的配置情况。由表中可以看出目前我国保险上市公司的资产主要配置在定期存款和债券上，基本上两项占比达到 80% 左右，总体的收益率水平均在 5% 以下，收益率还是相当低的。

① 刘超．从战略资产配置到战术资产配置［N］．期货日报，2008.11.14.

表 3－15 2010～2013 年我国保险上市公司投资资产配置情况一览表

单位：亿元

上市公司	年度	定期存款		债券		基金		股票		股权		基建		现金		其他资产		资产总计	总投资收益率（%）
		金额	占比（%）	金额	占比（%）	金额	占比（%）	金额	占比（%）	金额	占比（%）	金额	占比（%）	金额	占比（%）	金额	占比（%）		
中国人寿	2010	4 416	33	6 081	46	963	7	995	7	—	—	—	—	478	4	427	3	13 362	5. 11
	2011	5 208	35	6 667	45	851	6	955	6	—	—	—	—	560	4	709	5	14 949	3. 51
	2012	6 411	36	8 281	46	592	3	1 021	6	—	—	—	—	694	4	909	5	17 908	2. 79
	2013	6 642	36	8 736	33	590	3	797	4	—	—	—	—	214	1	1 509	8	18 487	4. 86
中国平安	2010	1 331	17	4 519	59	226	3	—	—	517	7	92	1	858	11	86	1	7 630	4. 9
	2011	1 699	20	5 049	58	254	3	—	—	745	9	89	1	563	6	274	3	8 673	4
	2012	2 416	22	5 975	56	251	2	—	—	764	7	88	1	897	8	352	3	10 742	2. 9
	2013	2 249	18	6 392	52	332	3	—	—	873	7	87	1	895	7	402	3	12 304	5. 1
中国太保	2010	1 068	25	2 325	54	249	6	250	6	17	0	199	5	176	4	51	1	4 334	5. 3
	2011	1 374	26	2 767	53	205	4	269	5	62	1	—	—	150	3	78	1	5 225	3. 7
	2012	1 643	26	3 310	53	285	5	271	4	71	1	—	—	250	4	96	2	6 273	3. 2
	2013	1 443	22	3 733	56	335	5	312	5	86	1	—	—	193	3	120	2	6 668	5
新华保险	2010	558	19	1 647	56	164	6	225	8	—	—	—	—	268	9	67	2	2 929	4. 3
	2011	1 229	33	1 905	51	121	3	170	5	—	—	—	—	211	6	104	3	3 740	3. 8
	2012	1 719	36	2 341	49	159	3	162	3	—	—	—	—	256	5	153	3	4 785	3. 2
	2013	1 631	30	3 056	56	131	2	191	3	—	—	—	—	186	3	207	4	5 496	4. 8

资料来源：据 wind 资讯相关数据整理。

所谓保险资产配置是指保险人根据自身的业务特点与风险偏好，确定不同风险收益特征的各类资产的投资比例，最终实现降低投资风险、增加投资回报的目标。通常可将资产配置分为战略性资产配置（strategic asset allocation，SAA）、战术性资产配置（tactical asset allocation，TAA）与动态再平衡策略三类。我国保监会规定“保险公司资产管理部门应当以资产负债分析为基础，结合宏观分析、市场分析和情景假设，充分采纳各职能部门意见，拟订资产配置政策。资产配置政策主要包括资产战略配置规划和年度资产配置计划。”①

一、战略性资产配置

战略性资产配置也可称为战略组合，是投资者根据长期投资目标和政策，决定持有的资产结构，如现金、股票、债券、股权、商品等的投资比例，以建立最佳长期资产组合结构。战略性资产配置结构一旦确定，一般在较长时期内（如一年以上）不再调节各类资产的配置比例。在做战略性资产配置的过程中，决策层应当充分考虑拟配置的各种资产的行业投资基本状况、法定投资限制（如上限、下限以及禁投资产）、资本金充足性的要求、公司的资产负债匹配要求、不同工具的税负和交易成本及会计准则的要求（通用会计准则和法定会计准则）等因素。

我国《保险资产配置管理办法》中第22条规定：“资产战略配置规划是指中长期资产配置的战略安排。期限至少为三年，每年至少滚动评估一次。主要内容包括：（1）宏观经济趋势、保险业务和负债特征、各类资产风险收益特征、公司长期发展规划和整体风险承受能力等决策依据；（2）长期收益目标和长期业绩比较基准；（3）各币种、地区和市场资产配置比例；（4）允许、限制及禁止配置资产标准；（5）流动性、期限结构和再投资计划；（6）会计分类原则和绩效考核机制等。”

二、战术性资产配置

战术性资产配置更多地关注市场的短期波动，强调根据市场的变化，运用金融工具，通过择时（market timing）和证券选择（security selection），调节各大类资产之间的分配比例以及各大类资产内部的具体构成，来管理短期的投资收益和风险，是基于对短期市场的变化、资产的风险收益情况等短期数据对战略性资产配置的比率进行微调。因此战术性资产配置是价值导向型的策略，影响战术性资产配置效果的主要因素在于对进入市场的时机与证券的选择能力的高低。

我国《保险资产配置管理办法》中第23条规定：“年度资产配置计划是指根据资产战略配置规划，结合保险市场和资本市场状况分析，制定的一年期资产

---

① 引自我国《保险资产配置管理办法》中第21条。

配置策略。主要内容包括：（1）年度经济形势分析、各市场分析、负债特征变化及各类资产风险收益预期等决策依据；（2）资产负债情况；（3）目标资产配置比例及浮动区间；（4）年度收益目标和业绩比较基准；（5）资产风险状况和压力测试结果分析等。”

三、资产配置的动态再平衡策略

所谓资产配置的动态再平衡策略，是指随着市场的变化，对资产的配置进行相应的调整所遵循的原则。

（一）买入持有策略

买入持有策略（buy and hold strategy）是指按期初确定的资产配置比例构造了某个投资组合后，在较长的持有期间内（如3～5年），不论资产组合的市值随市场如何变化，均不改变资产配置状态，即不进行积极的再平衡。对于长期再平衡而言这是一种消极型的策略。

买入持有战略特点在于投资组合价值与股票市场价值保持同方向、同比例的变动，整个组合的盈亏主要取决于风险资产的比例，投资组合完全暴露于市场风险之下，因此投资组合价值线的斜率由资产配置的比例决定，该策略具有交易成本和管理费用较小的优势；缺点在于同时放弃了从市场环境变动中获利的可能性，也放弃了当投资者的效用函数或风险承受能力发生变化后，通过改变资产配置来提高投资者效用的可能性。

假设期初总资金为100万元，投资组合中持有的无风险资产为30万元，即与股票资产（风险资产）以3:7的比例设立的投资组合，图3－10显示了长期持有战略的收益图，图中直线的斜率为3/7；图3－11展示了不同资产市值水平下的风险资产与总资产市场的变化关系，图中的直线斜率为1。当市场环境出现极端情况，风险资产市值为0时，投资者的总资产可以维持在30万元现金的水平上。

（二）恒定混合策略

恒定混合策略（constant mix strategy）又称恒定组合策略，是指保持投资组合中各类资产的比例固定不变，当市场发生变化时，根据各类资产的市场表现对原有的资产配置进行相应的调整，以保持各类资产的投资比例不变。

设在期初构建的投资组合为现金40万元，股票60万元，今后两者的比例始终保持4:6，若设再平衡的调整步长为股指波动20个点，当股指上升20点时，股票市值变为72万元，现金为40万元，总市值变为112万元，对总资产市值按照现金与股票4:6的比例进行再平衡后，应持有的现金与股票资产分别为44.8

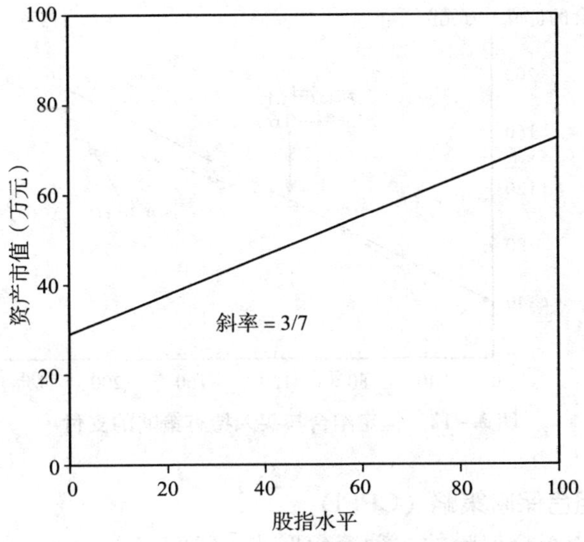

图 3－10 买入持有策略收益图

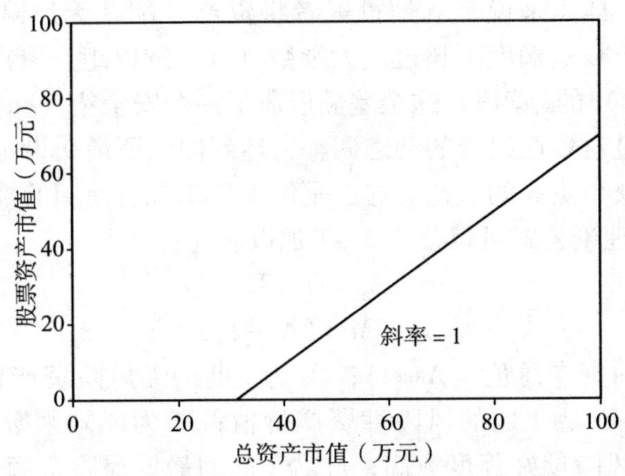

图 3－11 现金与股票 3∶7 的投资组合买入持有策略风险图

万元和 67.2 万元，因此应当卖出 4.8 万元的股票，让组合中现金与股票的比例仍保持在 4∶6 的水平上，反之，当股票价格下跌时，则需要买入股票以维持两者的比例不变。可见恒定混合策略在风险资产价值上升时要进行减持的操作，在风险资产价值下跌时则进行增持的操作，因此这种策略也被称作高抛低吸的策略。这种策略在震荡市中使用回报率会高于买入持有策略，但在单边牛市与熊市中则效果都不如买入持有策略，见图 3－12。

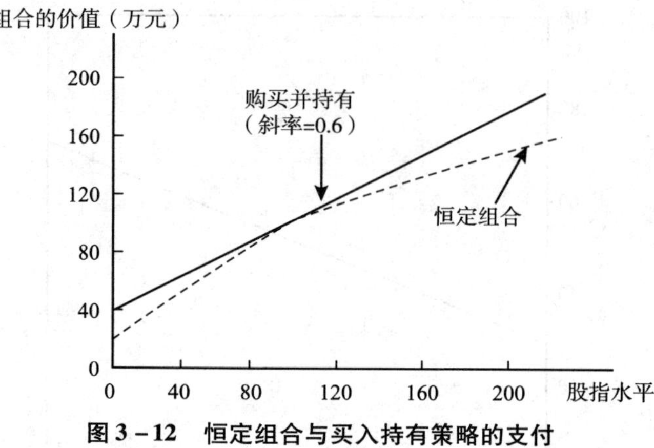

图 3-12 恒定组合与买入持有策略的支付

（三）投资组合保险策略（CPPI）

作为动态投资组合保险的一种简化形式，CPPI（constant proportation portfolio insurance）也被称为固定比例投资组合保险策略，是 Black、Jones 和 Perold 于 1987 年提出的①。具体来说，就是投资者将资产分配在无风险资产和风险资产上，其中风险资产投资额度不超过放大乘数（M）乘以组合资产总值（A）与价值底线（F，Floor）的差额②，这个差额形成了一个安全垫（cushion），进而随着市场的变化，通过对资产组合的动态调整，达到即保证最初设定的价值底线的资产安全，又可以获得更高的收益。这也是保本型基金所使用的投资策略。

CPPI 策略的理论公式可以公式 3.17 加以表述：

$$A_t = D_t + E_t$$
$$E_t = M \times (A_t - F_t) \tag{3.17}$$

其中，A_t 为 t 期的资产总值（Asset）；D_t 为 t 期的无风险资产价值（deposite 可以现金来代替）；E_t 为 t 期的风险性资产价值；M 为风险乘数（mutiplier），且 $M>1$，乘数愈大风险偏好程度愈高；F_t 为 t 期的最低保险金额（floor），也即价值底线或资产底线；而 $(A_t - F_t) = C_t$ 则为缓冲头寸，也即前面谈到的安全垫。

投资组合保险策略的形式还可以进一步简化为：

$$股票金额 = M \times (资产总值 - 资产底线)$$

当 $M>1$ 时，该公式反映的是 CPPI 策略。

当 $0<M<1$ 时，该公式反映的是恒定比例战略。

当 $M=1$ 时，该公式反映的是买入持有战略。

下面看一个具体的案例：

---

① Black F and Jones R. Simpliyfing portfolio insurnace. Journal of Portfolio Management，1987（14）：48－51.

② 风险性资产主要是指相对具有较高期望报酬与风险的投资标的，如股票、股票型基金等风险性资产；无风险资产则是指期望报酬与风险较低的投资标的，如债券等固定收益资产。

设期初资产总值为 100 万元，资产底线为 80 万元，M＝2，则期初资产配置为：

$E=M\times(A_t-F_t)\Rightarrow$股票资产＝2×(100－80)＝40（万元）

则现金即 $D_t=100-40=60$（万元）

现假设股票指数由 100 点跌至 60 点，下跌 40%，则期初组合中的股票资产为：

E_t＝股票资产×(1－40%)＝40×60%＝24（万元）

则目前资产组合的市值变为 84 万元，需要对配置的股票资产进行再平衡：

$E_t=2\times(84-80)=8$（万元）

对股票资产需要进行减持，减持金额为 16 万元。

反之，当股价上涨时，安全垫会增长，则可进行股票的增持。可见，CPPI 策略的操作具有：股价上涨时增持，股价下跌时减持的特征，在股市的操作中也被称为追涨杀跌。虽然都是在上涨时买入，下跌时卖出，但 CPPI 策略和恒定混合策略是不同的，CPPI 主要针对风险资产进行调整，能够确保价值底线的安全，恒定混合策略在资产调整过程中是按比例进行调整，无风险资产也会随之波动，因此，在保本型基金的管理中会常用到 CPPI 策略。其与买入持有策略的对比如图 3－13 所示。

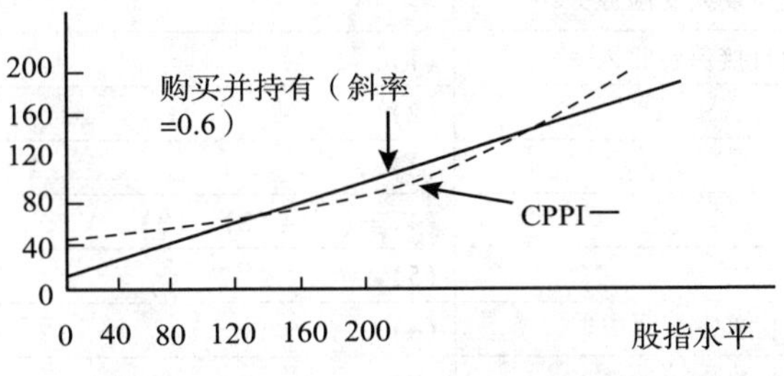

图 3－13 买入持有与 CPPI 策略的支付

（四）三种策略的对比

资产配置策略并非只有这三种，但这三种是较常用的。买入持有策略是一种消极的资产配置策略，在市场变化时不采取行动，其支付模式为直线；恒定混合策略是积极性资产配置策略，在下降时买入股票并在上升时卖出股票，因此其支付曲线为凹型曲线；投资组合保险策略是积极性资产配置策略，在下降时卖出股票并在上升时买入股票，因此其支付曲线为凸型曲线。我们很难说哪一种策略更好，在运用中一定要分清适用的市场环境，通常：

当股市单向持续运动时：投资组合保险策略＞买入持有策略＞恒定混合策略

当市场异变、无明显趋势时：恒定混合策略＞买入持有策略＞投资组合保险策略当市场具有较强的保持原有运动方向趋势时：投资组合保险策略 > 买入并持有策略 > 恒定混合策略。

表 3 - 16 列出了三种资产配置策略的特征。

表 3 - 16　　　　三种资产配置再平衡策略的特征

资产配置策略	市场变动时的行动方向	支付模式	有利的市场环境	要求的市场流动性
买入持有策略	不行动	直线	牛市	小
恒定混合策略	下降时买入，上升时卖出	凹型	易变，波动性大	适度
投资组合保险策略	下降时卖出，上升时买入	凸型	强趋势	高

【知识拓展 1】

偿付能力编制规则一览表

附表　　　　最低资本表

公司名称：　　　　年（　　季）　　　　单位：万元

序号	项目	行次	期末数	期初数
一	非寿险保障型业务、非寿险投资型业务风险保费部分或短期人身险业务			
	最近会计年度的直接保费收入	(1)		
	分入保费	(2)		
	分出保费	(3)		
	自留保费	(4) = (1) + (2) - (3)		
	营业税及附加	(5)		
	净值：1 亿元以下部分	(6)		
	净值：1 亿元以上部分	(7)		
	最低资本 A	(8) = (6) × 18% + (7) × 16%		
	最近年度综合赔款金额	(9)		
	最近年度前 1 年的综合赔款额	(10)		
	最近年度前 2 年的综合赔款额	(11)		
	3 年均值：7 000 万元以下部分	(12)		
	3 年均值：7 000 万元以上部分	(13)		
	最低资本 B	(14) = (12) × 26% + (13) × 23%		
	城乡居民大病保险的最低资本	(15)		
	非寿险保障型业务、非寿险投资型业务风险保费部分或短期人身险业务的最低资本	(16) = max[(8), (14)] + (15)		

续表

序号	项目	行次	期末数	期初数
二	非寿险投资型业务投资金部分			
	预定收益型非寿险投资型产品投资金部分的负债	(17)		
	预定收益型非寿险投资型产品投资金部分的最低资本	(18)=(17)×4%		
	非预定收益型非寿险投资型产品投资金部分的负债	(19)		
	非预定收益型非寿险投资型产品投资金部分的最低资本	(20)=(19)×1%		
	非寿险投资型业务投资金部分的最低资本	(21)=(18)+(20)		
三	长期人身险业务			
	混合保险合同分拆后的保险风险部分的期末责任准备金	(22)		
	高现金价值产品保险合同的期末责任准备金	(23)		
	其他保险合同的期末责任准备金	(24)		
	保险合同的最低资本	如果高现金价值产品规模未超过基准额，(25)=(22)×4%+(23)×4%+(24)×4%； 如果高现金价值产品规模超过基准额，(25)=(22)×4%+(23)×6%+(24)×4%		
	投资连结及变额年金保单分拆后其他风险部分的负债	(26)		
	高现金价值产品混合保险合同分拆后其他风险部分的负债	(27)		
	其他混合保险合同分拆后其他风险部分的负债	(28)		
	未通过重大保险风险测试的保单负债	(29)		
	非保险合同的保单的最低资本	如果高现金价值产品规模未超过基准额，(30)=(26)×1%+(27)×4%+(28)×4%+(29)×4%； 如果高现金价值产品规模超过基准额，(30)=(26)×1%+(27)×6%+(28)×4%+(29)×4%		
	死亡保险责任的风险保额	(31)		

续表

序号	项目	行次	期末数	期初数
	死亡保险责任的最低资本	(32) = (31) ×0.15%		
	健康保险责任的风险保额	(33)		
	健康保险责任的最低资本	(34) = (33) ×0.24%		
	意外伤害保险责任的风险保额	(35)		
	意外伤害保险责任的最低资本	(36) = (35) ×0.06%		
	其他险种的风险保额	(37)		
	其他险种的最低资本	(38) = (37) ×0.3%		
	长期险最低资本	(39) = (25) + (30) + (32) + (34) + (36) + (38)		
四	最低资本合计	(40) = (16) + (21) + (39)		

【知识拓展2】

量化风险评价标准

中国风险导向的偿付能力体系（以下简称“偿二代”），英文名称为 China Risk Oriented Solvency System（简称 C－ROSS）中给出了量化风险评价的标准：

量化风险评价标准应当考虑偿付能力充足率指标值和稳定性，具体标准如下：

1. 若核心偿付能力充足率和综合偿付能力充足率均不达标，则量化风险评价得0分。

2. 若核心偿付能力充足率和综合偿付能力充足率只有一项达标，则量化风险评价得40分。

3. 若核心偿付能力充足率和综合偿付能力充足率均达标，则按以下标准赋分：

（1）若核心偿付能力充足率和综合偿付能力充足率当季度达标，则量化风险评价得80分；

（2）若核心偿付能力充足率和综合偿付能力充足率连续4个季度均达标，则量化风险评价得90分；

（3）若核心偿付能力充足率和综合偿付能力充足率连续8个季度均达标，则量化风险评价得100分。

【知识拓展3】

难以量化风险的评价标准[①]

难以量化风险的评价标准由风险权重和评价标准两部分组成，具体内容如下：

一、风险权重

（一）难以量化的风险中，各类风险的权重和总分如下：

1. 操作风险权重为50%，总分为100分。

2. 战略风险权重为10%，总分为100分。

3. 声誉风险权重为15%，总分为100分。

4. 流动性风险权重为25%，总分为100分。

（二）操作风险中，各类风险的权重和总分如下：

1. 销售、承保、再保险业务线的操作风险权重为1/6，总分为100分；

2. 理赔业务线的操作风险权重为1/6，总分为100分；

3. 资金运用业务线的操作风险权重为1/6，总分为100分；

4. 公司治理方面的操作风险权重为1/6，总分为100分；

5. 财务管理方面的操作风险权重为1/6，总分为100分；

6. 准备金管理方面的操作风险权重为1/6，总分为100分。

（三）操作风险的额外调整项目评价标准如下：

1. 若保险公司存在较大的信息系统风险，将对公司操作风险评价结果产生影响，最多可额外扣除15分；

2. 若保险公司在评估当季度受到行政处罚，将对公司操作风险评价结果产生影响，最多可额外扣除15分；

3. 若保险公司存在较大的洗钱风险、欺诈风险、非法集资风险和案件风险，将对公司操作风险评价结果产生影响，最多可额外扣除15分。

（四）战略风险中，各类风险权重如下：

1. 战略制定方面的风险权重为40%，总分为100分；

2. 战略执行方面的风险权重为40%，总分为100分；

3. 外部因素方面的风险权重为20%，总分为100分。

（五）流动性风险中，各类风险权重如下：

1. 定量的监管指标结果权重为50%，总分为100分；

2. 定性评估结果的权重为50%，总分为100分。

二、评价标准

各类风险的具体评价标准和评分规则由中国保监会另行制定。

---

① 保险公司偿付能力监管规则第×号：分类监管（风险综合评级）（征求意见稿第二稿）。

关键术语

保险公司资产配置　偿付能力充足率　核心偿付能力充足率　综合偿付能力充足率　认可资产　认可负债　最低资本　实际资本　现金流测试　现金流匹配　免疫技术　持续期　凸性　持续期缺口　动态财务分析　市场风险　信用风险　保险风险　操作风险　战略风险　声誉风险　流动性风险　普通账户　独立账户　经济盈余　战略性资产配置　战术性资产配置　动态再平衡策略　买入持有策略　恒定混合策略　投资组合保险策略

思考题

1. 谈谈欧盟偿付能力Ⅱ监管体系“三支柱”的内涵。
2. 谈谈我国“偿二代”三支柱监管的内容及关系。
3. 谈谈按偿付能力充足率的不同如何对保险公司进行分类?
4. 谈谈利率变化对偿付能力充足率的影响。
5. 试着给同学讲讲资产负债管理理论的发展及保险资产管理理论的发展。
6. 谈谈利率上升对保险公司选择权及资产负债的影响。
7. 谈谈利率变动对保险公司资产负债的影响。
8. 谈谈债券持续期的特点。
9. 试比较四种资产负债管理技术的异同。
10. 按综合风险的高低如何对保险公司进行分类?
11. 对C类保险公司如何进行监管?
12. 了解不同经济周期对资产配置的影响。
13. 试比较三类动态再平衡策略的特征。
14. 有1张3年期的零息债券，一年记一次利息，到期收益率为6%，面额100万元。现今市场由于银根宽松，所以到期收益率下降10个基本点，则此债券的价格波动性比例为何?波动的金额又是多少?
15. 假设现在为1997年6月30日有3种债券，均为半年付息一次，小程按1:1:1的比例持有这三种债券，求此投资组合的久期。

债券类别	票面利率（%）	到期日	面额	价格
A	7	1998.12.31	100 000	99.561
B	7.5	1999.12.31	100 000	100.562
C	6	1998.6.30	100 000	98.815

本章探究专题

结合书中的表3－15，并通过自己查阅相关资料，试分析我国保险公司的资产配置存在的问题，并谈谈你对我国保险公司资产配置优化问题的想法。

第四章　现代投资组合理论

【本章内容提要】

本章主要介绍风险与多样化及其度量、资本资产定价理论及资本资产定价模型的扩展。要求学生重点掌握风险与收益的度量、资本资产定价模型及应用；了解有效边界和最优风险投资组合、CAPM 的修正模型；熟悉套利定价理论。

1. 风险与多样化
- 风险厌恶
- 单个证券风险与收益的度量
- 投资组合的风险与收益
- 多样化

2. 资本资产定价理论
- 资本资产定价模型的假设条件
- 有效边界和最优风险投资组合
- CAPM的推导
- CAPM的应用

3. 资本资产定价模型的扩展
- CAPM的修正模型
- 对CAPM的批评和实证
- 套利定价理论

第一节　风险与多样化

学术界目前对风险的内涵还没有统一的认识，由于对风险的理解和认识程度不同，或对风险的研究角度不同，不同的学者对风险概念有着不同的解释，但综合起来，风险可以理解为“未来结果的不确定性或损失”，或“个人和群体在未来获得收益和遇到损失的可能性以及对这种可能性的判断与认知”。

一、风险厌恶

不同投资者对于同一种风险，会有不同的看法。这是因为，对于不同投资者，其风险承受能力有所不同。风险厌恶是一个人在承受风险情况下其偏好的特征，它可用来测量人们为降低所面临的风险而进行支付的意愿；在成本与收益的风险权衡过程中，厌恶风险的人在相同的成本下更倾向于作出低风险的选择。例如，如果通常情况下你情愿在一项投资上接受一个较低的预期回报率，因为这一回报率具有更高的可测性，那么你就是风险厌恶者。当对具有相同的预期回报率的投资项目进行选择时，理性投资者总是偏好风险较小的交易，从理论上定义，理性投资者一般是以厌恶风险为特征的。风险厌恶型投资者为补偿所冒风险，会按某一百分比降低资产组合的预期收益率，投资者觉得风险愈大，降低的幅度就越大。

我们把风险妨碍系统公式化，为此，我们假定每一投资者可以根据资产组合预期收益与风险的情况，给出竞争性投资的资产组合的福利与效用（utility）数值。效用数值可以看成是对资产组合排序的一种方法。风险——收益曲线越吸引人，资产组合的效用值也就越高。预期收益越高，资产组合得到的效用数值越大，而波动性强的资产组合，其效用数值也低。下面是金融理论者广泛使用的一个函数，其效用值为：

$$U = E(r) - 0.005A\sigma^2 \tag{4.1}$$

其中，U 为效用值；资产组合的预期收益为 E(r)；其收益方差为 σ^2，表示各个收益值与其均值之差的平方和的平均数，即二者之间的偏离程度；A 为投资者的风险厌恶指数（系数 0.005 是一个按比例计算的方法，这样我们在式（4.1）中是按百分比而不是按小数来表示预期收益与标准差的）。

由式（4.1）得出以下结论：高预期收益会提高效用、而高风险会降低效用；而方差减少效用的程度取决于 A，即投资者对风险的厌恶程度；投资者对风险的厌恶程度越高，A 值越大，对高风险的投资也就越回避；在多种资产组合中进行选择的投资者将挑选效用值最大的资产组合；风险厌恶显然会对投资者在风险与收益间的平衡产生重大影响。

在式（4.1）中，我们看到，如果没有风险妨碍，无风险资产组合的效用只不过是资产组合的收益率，这为我们评估资产组合提供了一个简便的标准。在一个预期收益率为 22%，标准差为 34% 的资产组合与无风险报酬率为 5% 的国库券之间进行选择时，尽管风险资产组合的风险溢价为 17%，但该项投资的风险太大，一个不太厌恶风险的投资者也会选择全部购买国库券的投资策略。即便对于一个温和的投资者，其风险厌恶 A = 3 时，由式（4.1）得出的资产组合效用值为：$22 - (0.005 \times 3 \times 34^2) = 4.66\%$，比无风险报酬率稍低，在这种情况下，投资者会放弃资产组合而选择国库券。

作为风险惩罚而下调的预期收益率为 $0.005 \times 3 \times 34^2 = 17.34\%$，如果投资者不太厌恶风险（风险容忍度较高），例如 A = 2 时，他会将预期回报率下调至 11.56%，如此一来，资产组合的效用水平为 10.44%，高于无风险报酬率，使他接受该投资预期。

在进行风险投资的资产组合与安全的投资之间进行选择时，我们可以将效用值与无风险投资的报酬率相比较，因此，我们可以把风险投资的效用值看成是投资者的“确定等价”的收益率。也就是说，资产组合的确定等价利率就是为使无风险投资与风险投资具有相同的吸引力而确定的无风险投资的报酬率。

现在我们说，只有当一个资产组合的确定等价收益大于无风险投资收益时，这个投资才值得。一个极度厌恶风险的投资者可能会把任何风险资产组合，甚至风险溢价为正的资产组合的确定等价报酬率看得比无风险投资报酬率都低，这就使这样的投资者拒绝资产组合；一个风险厌恶程度较低的投资者会把相同的资产组合的确定等价报酬率定得比无风险投资的报酬率要高，使他们更倾向于选择资产组合而不是无风险投资；如果风险溢价为零或负数，任何对效用的下调都会使资产组合看起来更糟，对于所有风险厌恶的投资者而言，其确定等价报酬率都低于无风险投资报酬率，因此倾向于选择无风险资产。风险中性（risk - neutral）的投资者是按预期收益率来判断风险投资，风险的高低与风险中性投资者无关，这意味着不存在风险妨碍，对这样的投资者来说，资产组合的确定等价报酬率就是预期收益率，因此倾向于选择回报率高的资产。风险爱好者（risk lover）把风险的“乐趣”考虑在内，会使得预期收益率上调，因此常会倾向于选择风险较高的组合（乐在其中）。①

总之，风险厌恶者对预期收益率的要求比无风险资产的预期收益率还低，他们认为任何资产组合的预期收益率都不如无风险的预期收益率；而风险中性者认为任何资产组合的预期收益率与无风险资产的预期收益率相当，二者之间不存在任何区别；对于风险偏好者来说，资产组合的预期收益率会比无风险资产的预期收益率要好得多，他们会为了追求这样的风险溢价而进行投资。

二、单个证券风险与收益的度量

（一）证券的投资收益率

通常证券的投资收益率可用下式计算：

$$R = \frac{W_1 - W_0}{W_0} \tag{4.2}$$

其中，R 为证券的收益率；W_0 为期初证券市价；W_1 为期末证券市价及投资期内所有收益的总和，包括股息和红利。

① 极度风险厌恶者，不愿意冒一点风险，在相同回报率的情况下，更愿意获得确定的无风险回报率。当投资者面临的风险相同的时候，风险厌恶者要求的投资回报率要更高，而风险爱好者则能够忍受投资回报率较低的情况发生。

（二）证券的预期收益率

由于期末证券价格一般不确定，按证券组合理论，各种证券的预期收益率和风险水平可分别用该证券各种可能收益率的期望值和均方差来衡量，则预期收益率：

$$\bar{R} = E(R) = \sum_{i=1}^{n} P_i R_i \quad (4.3)$$

其中，$\bar{R}$ 表示证券的期望收益率；R_i 为第 i 种可能的收益率；P_i 为 R_i 发生的概率。

（三）证券的风险水平

风险水平则是用收益率对期望收益率的偏离程度即标准差来衡量，公式如下：

$$\sigma = \sqrt{\sum_{i=1}^{n} (R_i - \bar{R})^2 P_i} \quad (4.4)$$

其中，σ 表示各收益率的标准差，即风险，也就是证券收益率对其预期收益率的可能偏离。

【例 4－1】 某证券的期末收益率及每一种收益率对应的概率如表 4－1 所示，试计算该证券的期望收益率和风险水平。

表 4－1　　某证券的期末收益率及发生概率

期末收益率	3.0%	2.5%	3.2%	－2.0%	3.5%
发生概率	0.1	0.2	0.4	0.2	0.1

解：

$$\bar{R}_P = \sum_{i=1}^{n} X_i \bar{R}_i$$
$$= 3.0\% \times 0.1 + 2.5\% \times 0.2 + 3.2\% \times 0.4 + (-2.0\%) \times 0.2 + 3.5\% \times 0.1$$
$$= 2.03\%$$

（四）证券的变异系数

收益率和风险的量化使投资者可以在不同证券中进行选择。如收益率相同时选择风险较小的证券，或者风险相同时选择收益率较大的证券，但是当两种证券的期望收益率和标准差都不同时，单纯用收益率和风险难以进行比较，这时可以用变异系数比较其风险大小。

变异系数 CV 指证券期望收益率的标准差与期望收益率之比，其公式为：

$$CV = \frac{\sigma}{E(R)} \tag{4.5}$$

假设证券 A、B 的期望收益率分别为 20%、16%；标准差分别为 10% 和 4%，则其变异系数分别为 0.5 和 0.25，这说明证券 A 的相对风险较大，因为获得同样的收益率所承担的风险比证券 B 高，CV 为投资者选择证券提供了一个参考指标。在使用变异系数时，应选择在能够获得相同收益率情况下所承担风险较小者。

三、投资组合的风险与收益

投资组合理论把风险分为系统性风险和非系统性风险，由于非系统性风险可以通过分散投资的组合来消除，因此投资者关心的不是组成证券组合的单个证券的预期收益率和风险，而是整个证券组合的总体期望收益率和风险水平。

（一）证券组合的预期收益率

证券组合的预期收益率是该组合的所有单个证券预期收益率的加权平均值，权重为各个证券的市场价值占证券组合总价值的比例，公式如下：

$$\bar{R}_p = \sum_{i=1}^{n} X_i \bar{R}_i \tag{4.6}$$

其中，$\bar{R}_p$ 为证券组合 p 的预期收益率；$\bar{R}_i$ 为组合中第 i 种证券的预期收益率；X_i 是证券组合中第 i 种证券市场价值占证券组合总价值的比例，$\sum_{i=1}^{n} X_i = 1$；n 是证券组合中不同证券的种数。

（二）证券组合的风险

1. 证券组合的方差与标准差。证券组合的风险可用组合的期望收益率的方差 σ_p^2 来衡量，即：

$$\sigma_p^2 = E[R_p - E(R_p)]^2 \tag{4.7}$$

若组合中有 n 种证券，各自价值的权数分别为 X_1，X_2，…，X_n，则式（4.7）可改写为：

$$\sigma_p^2 = \sum_{i=1}^{n} \sum_{j=1}^{n} X_i X_j COV(R_i, R_j)$$

经简单数学变形可以得到：

$$\sigma_p^2 = \sum_{i=1}^{n} X_i^2 \sigma_i^2 + 2\sum_{i=1}^{n} \sum_{j=1}^{n} X_i X_j COV(R_i, R_j) \quad (i \neq j) \tag{4.8}$$

将上式写成标准差的形式：

$$\sigma_p = \sqrt{\sum_{i=1}^{n} X_i^2 \sigma_i^2 + 2\sum_{i=1}^{n} \sum_{j=1}^{n} X_i X_j COV(R_i, R_j)}$$

$$= \sqrt{\sum_{i=1}^{n} X_i^2\sigma_i^2 + 2\sum_{i=1}^{n}\sum_{j=1}^{n} X_iX_j\sigma_{ij}} \quad (i \neq j) \tag{4.9}$$

其中，X_i，X_j 分别是证券 i 和证券 j 占证券组合总价值的比例，$COV(R_i, R_j)$ 为证券 i 和证券 j 可能收益率之间的协方差，为方便起见常把协方差记为 σ_{ij}。

2. 证券投资组合的协方差。两个随机变量之间的关系还可以用协方差来衡量，若协方差为正值，表明证券 A 和证券 B 的收益率变动方向相同；若为负值，则表明证券 A 和证券 B 的收益率变动方向相反，即两个证券之间的收益存在相互抵消的趋向；若接近于零时，则表明这两种证券的收益率之间影响不明显。以两个证券的组合为例：

$$COV(R_A, R_B) = \sum_{i=1}^{n}[R_{A_i} - E(R_A)][R_{B_i} - E(R_B)]P_i \tag{4.10}$$

其中，R_A 为证券 A 的收益率；$E(R_A)$ 为证券 A 收益率的期望值；R_B 为证券 B 的收益率；$E(R_B)$ 为证券 B 收益率的期望值；n 为 A、B 两种证券收益率变量实现值的个数；$P_i = P(R_A = R_{A_i}, R_B = R_{B_i})$ 即为两种证券收益率的联合分布；$COV(R_A, R_B)$ 为 A、B 两种证券收益率的协方差。

实际上我们并不知道证券之间收益率的真实联合概率分布，因此只能通过抽样进行估计，则协方差估计公式：

$$\hat{\sigma}_{AB} = \frac{1}{n-1}\sum_{i=1}^{n}[R_{A_i} - E(R_A)][R_{B_i} - E(R_B)] \tag{4.11}$$

3. 相关系数。协方差虽然能反映两种证券之间收益率的相互关系，但由于受到证券收益率方差大小的影响，理论上可以在负无穷大到正无穷大的区间内取值，从而无法准确衡量两种证券收益率之间的真实相关关系，为此，除以证券收益率的标准差使其标准化：

$$r_{AB} = \frac{COV(R_A, R_B)}{\sigma_A\sigma_B}$$

这样协方差可表示为：

$$COV(R_A, R_B) = r_{AB}\sigma_A\sigma_B \tag{4.12}$$

r_{AB}为相关系数，是两种证券协方差除以各自的标准差，取值在 $-1 \sim +1$ 之间，可以反映两种证券收益率之间的相互关系。

下面以两个证券的组合为例，考察当相关系数分别为 +1、0、-1 时对组合风险大小的影响。

假设两种证券的比例相同，$X_A = X_B = 50\%$，$\sigma_A = 10\%$，$\sigma_B = 20\%$，两种证券组合的方差 σ_p^2 如下：

$$\begin{aligned}\sigma_p^2 &= E[(X_AR_A + X_BR_B) - E(X_AR_A + X_BR_B)]^2 \\ &= E\{X_A[R_A - E(R_A)] + X_B[R_B - E(R_B)]\}^2 \\ &= X_A^2E[R_A - E(R_A)]^2 + X_B^2E[R_B - E(R_B)]^2\end{aligned}$$

$$+2X_AX_BE[R_A-E(R_A)]E[R_B-E(R_B)]$$
$$=X_A^2\sigma_A^2+X_B^2\sigma_B^2+2X_AX_BCOV(R_A,R_B)$$

进而得到两种证券组合的标准差为：

$$\sigma_p=\sqrt{X_A^2\sigma_A^2+X_B^2\sigma_B^2+2X_AX_BCOV(R_A,R_B)}$$
$$=\sqrt{X_A^2\sigma_A^2+X_B^2\sigma_B^2+2X_AX_Br_{AB}\sigma_A\sigma_B} \quad (4.13)$$

(1) 完全正相关。将相关系数 $r_{AB}=+1$，$X_A=X_B=50\%$，$\sigma_A=10\%$，$\sigma_B=20\%$，代入式（4.13），得：

$$\sigma_p=\sqrt{X_A^2\sigma_A^2+X_B^2\sigma_B^2+2X_AX_Br_{AB}\sigma_A\sigma_B}$$
$$=X_A\sigma_A+X_B\sigma_B$$
$$=0.5\times20\%+0.5\times10\%$$
$$=15\%$$

可见此时组合的风险值等于各证券风险值的加权平均，大小介于两个证券风险值之间，没有产生组合的风险降低效应。

(2) 完全负相关。将 $r_{AB}=-1$，$X_A=X_B=50\%$，$\sigma_A=10\%$，$\sigma_B=20\%$ 代入式（4.13），得：

$$\sigma_p=\sqrt{X_A^2\sigma_A^2+X_B^2\sigma_B^2-2X_AX_B\sigma_A\sigma_B}$$
$$=|X_A\sigma_A-X_B\sigma_B|$$
$$=0.5\times20\%-0.5\times10\%$$
$$=5\%$$

由此可见，当两个证券的收益率完全负相关时，由于证券 A 和证券 B 的收益率完全反方向变动，可以抵消部分风险，此时证券组合的风险小于任何单个证券的风险。

(3) 完全不相关。将 $r_{AB}=0$，$X_A=X_B=50\%$，$\sigma_A=10\%$，$\sigma_B=20\%$ 代入式（4.13），得：

$$\sigma_p=\sqrt{X_A^2\sigma_A^2+X_B^2\sigma_B^2}$$
$$=\sqrt{0.5^2\times20\%^2+0.5^2\times10\%^2}$$
$$=11.18\%$$

可见此时组合的风险值有所降低，大小介于两个证券的风险值之间。

4. 相关系数对两种证券组合效应的图示分析。通过将相关系数的不同值代入式（4.13），可以得出组合风险 σ_p 的表达式，我们将这些表达式通过一个图形表达出来，能够更直观地了解相关系数的不同取值对两种证券组合风险的影响。

(1) 两种证券组合的效应分析。如图 4-1 所示，A 点表示证券 A 的比例为 100%，B 点表示证券 B 的比例为 100%，线段 AB 表示相关系数 $r_{AB}=+1$、线段 CA 和 CB 表示相关系数 $r_{AB}=-1$、双曲线 AB 表示相关系数 $r_{AB}=0$ 时，两种证券的不同比例对组合风险大小的影响。下面分别进行分析。

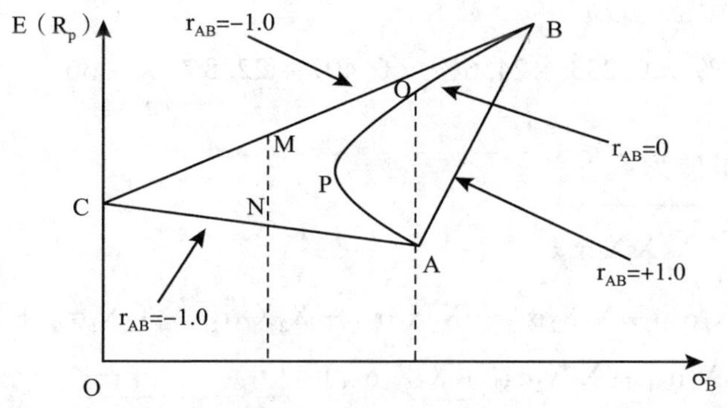

图 4－1　相关系数对两种证券组合风险的影响

线段 AB 显示，相关系数 $r_{AB}=+1$ 时，风险较小的证券 A 所占的比例越大，证券组合的风险就越小；反之，若风险较大的证券 B 所占的比例越大，证券组合的风险就越大，此时证券组合的风险未出现抵消效应。

线段 CA 和 CB 显示相关系数 $r_{AB}=-1$ 时，由式（4.13）可知组合风险由两条线段构成，线段 CB 上的组合优于线段 CA 上的组合，这点从 M 点与 N 点具有相同的风险值，但 M 点的收益率高于 N 点即可看出。此外，C 点表示可以通过调整两种证券的比例使组合的风险值为零，此时证券 A 的比例为$\frac{\sigma_B}{(\sigma_A+\sigma_B)}$，组合存在风险抵消效应。

双曲线 AB 显示，当证券 A 的比例沿 A－P－O－B 变动逐渐减少时，A－P 段上的组合效应不如 P－O 段，比较 O 点和 A 点就可以看出，两点具有相同的风险值，但 O 点的收益率却比 A 点的收益率高。而 P 点则表明组合风险存在唯一最小值。组合的风险值有所降低，大小介于两个证券的风险值之间。

（2）多种证券组合的效应分析。以上分析的只是针对两种证券构成的组合，而实际上证券组合常常由多种证券构建而成。相关系数对于多种证券组合的风险效应的影响原理与两种证券构成的组合效应是相通的，因此以上分析可以扩展到多种证券组合中，不再具体分析。

【例 4－2】已知股票 A、B、C 的收益率为 16.2%、24.6%、22.8%，在组合中占的市值比例为 $X_1=23.25\%$、$X_2=40.70\%$、$X_3=36.05\%$。方差和协方差矩阵如下，计算组合的收益率和风险。

$$\begin{bmatrix}\sigma_1^2 & \sigma_{12} & \sigma_{13}\\ \sigma_{21} & \sigma_2^2 & \sigma_{23}\\ \sigma_{31} & \sigma_{32} & \sigma_3^2\end{bmatrix}=\begin{bmatrix}146 & 187 & 145\\ 187 & 854 & 104\\ 145 & 104 & 289\end{bmatrix}$$

解：组合的收益率为：

$$\bar{R}_p = \sum_{i=1}^{n} X_i \bar{R}_p$$
$$= 16.2\% \times 0.233 + 24.6\% \times 0.407 + 22.8\% \times 0.36$$
$$= 22\%$$

组合的标准差为：

$$\sigma_p = \sqrt{\sum_{i=1}^{n}\sum_{j=1}^{n} X_i X_j \sigma_{ij}}$$
$$= (X_1X_1\sigma_{11}^2 + X_1X_2\sigma_{12} + X_1X_3\sigma_{13} + X_2X_1\sigma_{21} + X_2X_2\sigma_{22}^2 + X_2X_3\sigma_{23} + X_3X_1\sigma_{31} + X_3X_2\sigma_{32} + X_3X_3\sigma_{33}^2)^{\frac{1}{2}}$$
$$= 16.65\%$$

将矩阵中相关数值代入上式，由此得到的标准差即组合风险为16.65%。

四、多样化

在开始理解多样化（diversification）机制和功能之前，需要更仔细地研究一下协方差的作用［请参照式（4.10）和式（4.12）］。

$$COV(R_A, R_B) = \sum_{i=1}^{n}[R_{A_i} - E(R_A)][R_{B_i} - E(R_B)]P_i \tag{4.10}$$

$$COV(R_A, R_B) = r_{AB}\sigma_A\sigma_B \tag{4.12}$$

在这里，我们需要引入相关系数后再次定义协方差公式：

$$COV(R_i, R_j) = r_{ij}\sigma_i\sigma_j \tag{4.14}$$

式（4.14）表明协方差等于两只证券间的相关系数乘以每只证券的标准差，这与前述定义从本质上讲并无差别。这就是说，假定标准差保持不变，若两只证券间的相关系数越大，则这两只证券的协方差即投资组合的风险也就越大。相反，若相关系数越小，则两者间的协方差就越小，因而投资组合的总体风险也就越小。

表4-2列出了两个假想证券的期望回报率、标准差、方差和权重，两只证券的期望回报率都是10%，标准差σ均为0.4，方差均为0.16，每只证券的权重都是50%，整个投资组合的权重是100%，即投资组合是全部投资的，无闲置的资本。根据这些数据，可计算出投资组合的期望回报率$\bar{R}_p$为10%，表中最后一行表明投资组合的方差的大小取决于相关系数的数值。

表4-2　　协方差和投资组合的方差

证券	期望回报率	σ	方差	权重 X_i
股票1	0.1	0.4	0.16	0.5
股票2	0.1	0.4	0.16	0.5

续表

证券	期望回报率	σ	方差	权重 X_i
$\bar{R}_p = X_1R_1 + X_2R_2 = 0.5 \times 0.1 + 0.5 \times 0.1 = 0.1$				
$\sigma_p^2 = X_1^2\sigma_1^2 + X_2^2\sigma_2^2 + 2X_1X_2r_{12}\sigma_1\sigma_2$ $Var(R_p) = X_1^2Var(R_1) + X_2^2Var(R_2) + 2X_1X_1r_{12}\sigma_1\sigma_2$ $= 0.25 \times 0.16 + 0.25 \times 0.16 + 2 \times 0.5 \times 0.5 \times r_{12} \times 0.4 \times 0.4$ $= 0.08 + 0.08r_{12}$				

在相关系数为1时，组合的风险将上升；在相关系数为0或-1时，组合的风险有下降的可能性，并且在相关系数为-1时，组合的风险能够得到最好的规避作用。表4-2说明了多样化的作用。

这里的方差也被称为Var，即“风险价值”或“在险价值”，是指在一定的置信水平下，某一金融资产（或证券组合）在未来特定的一段时间内的最大可能损失。

第二节　资本资产定价理论

一、资本资产定价模型的假设条件

资本资产定价模型（capital asset pricing model，CAPM）是在投资组合理论和资本市场理论基础上形成发展起来的，主要以研究证券市场中资产的预期收益率与风险资产之间的关系以及均衡价格的形成问题为主的理论。该模型是在1952年哈里·马科维茨提出的现代资产组合管理理论基础上，经过美国学者威廉·夏普（William Sharpe）、约翰·林特纳（John Lintner）、杰克·特里诺（Jack Treynor）和简·莫辛（Jan Mossin）等人的不断补充完善，于1964年形成，目前该模型已经成为现代金融市场价格理论的支柱，被广泛应用于投资决策和公司理财领域，成为现代金融学的奠基石。

CAMP模型对于资产风险及其预期收益率之间的关系给出了精确的预测。首先，它提供了一种对潜在投资项目估计其收益率的方法；其次，模型对未在市场中交易的资产同样能做出合理的估价。举例而言，它能够帮助投资人在分析证券时，在给定风险的前提下比较期望收益同“正常应有收益”之间的差距；让投资者了解证券一级市场的发行应如何定价、投资者通过什么途径将一个新的投资项目反映在股票价格的要求收益率上等。因此，资本资产定价模型在实践中得到了广泛的应用，并为后续一系列定价模型提供了框架和思路。

简单形式的CAPM模型有诸多假设前提，若干基本假设的核心，是尽量使个人同质化，即引入理性投资者的概念，而现实世界中这些个人本来是有着不同的初始财富和风险厌恶程度的，同质化投资者个人的行为会使我们的分析大为简化。这些假设前提包括：

1. 存在着大量投资者，每个投资者的财富相对于所有投资者的财富总和来说是微不足道的。投资者是价格的接受者，单个投资者的交易行为对证券价格不发生影响。同时，信息充分、免费并且立即可得。

2. 所有投资者只考虑单一投资期内的效用最大化。这种行为是短视的，因为它忽略了在持有期结束的时点上发生任何事件的影响，短视行为通常是非最优行为。

3. 投资者投资范围仅限于公开金融市场上交易的资产，譬如股票、债券、借入或贷出无风险的资产安排等。这一假定排除了投资于非交易性资产如教育（人力资本）、私有企业、政府基金资产如市政大楼、国际机场等。此外还假定投资者可以在固定的无风险利率基础上借入或贷出任何额度的资产。

4. 不存在证券交易费用（佣金和服务费用等）及税赋。自然，在实际生活中，我们知道投资人处于不同的税收级别，这直接影响到投资人对投资资产的选择。举例来说，利息收入、股息收入、资本利得所承担的税负不尽相同。此外，实际中的交易也发生费用支出，交易费用依据交易额度的大小和投资人的信誉度而不同。

5. 所有投资人均是理性的，追求投资资产组合的方差最小化。这意味着他们都采用马科维茨的均值—方差模型来构建最优资产组合。

6. 所有投资者对证券的评价和经济局势的看法都一致。这样，投资者关于有价证券收益率的概率分布预期是一致的。也就是说，无论证券价格如何，所有投资者的投资顺序均相同，这符合马科维茨模型。依据马科维茨模型，给定一系列证券的价格和无风险利率，所有投资者的证券收益的期望收益率与协方差矩阵相等，从而产生了一个同一的有效率边界和一个独一无二的最优风险资产组合。这一假定也被称为同质期望（homogeneous expectations）或信念。

7. 所有的资产都是无限可分的，即资产的任何一部分都是可以单独买卖的。

8. 投资者永不满足。当面临其他条件相同的两种组合时，他们将选择具有较高预期收益率的组合。

通过这些假设，资本资产定价模型描述了这样一个极端的情形：市场是完全市场，没有任何交易摩擦，如交易成本、税、交易量的不可分割等；投资者都是价格接受者，价格必将处于均衡状态，不会有资产的价格被高估或者低估，因为如果有资产的价格偏离了均衡价格，投资者就会买入价格被低估的证券，卖出价格被高估的证券，证券的价格就会回到均衡状态。在这样一个完全市场上，所有投资者都使用马科维茨的均值—方差模型来选择证券，而他们对于所有的证券都有完全相同的预期，这意味着他们在进行投资决策时将输入同样的均值和方差以及协方差矩阵，无疑，所有的投资者将得到同样的风险资产的最优资产组合，因而投资者会选择同样的风险资产。同时，因为存在着无风险资产，投资者将会利用无风险资产来分散资产组合的风险，这样，投资者的资产组合就是由有风险资产和无风险资产两个部分构成。

二、有效边界和最优风险投资组合

随着投资者在每种证券上投资比例的变动，理论上可以得到无限多的证券组合形式。那么是否对这些组合都需要进行评估呢？马科维茨的有效集为投资者提供了解决这一问题的思路和方法。

（一）可行集

为了说明有效集，我们首先引进可行集的概念。可行集指的是由 n 种证券所构成的所有组合的集合，包括现实中所有可能的组合，也就是说，所有可能的集合都将位于可行集的内部或边界上。在以标准差为横轴，期望收益率为纵轴组成的平面坐标上，通过对组合的期望收益率和标准差公式的展开，所得到的可行集呈伞状，所有可能的证券组合均位于可行集的内部或边界上，如图 4－2 所示。

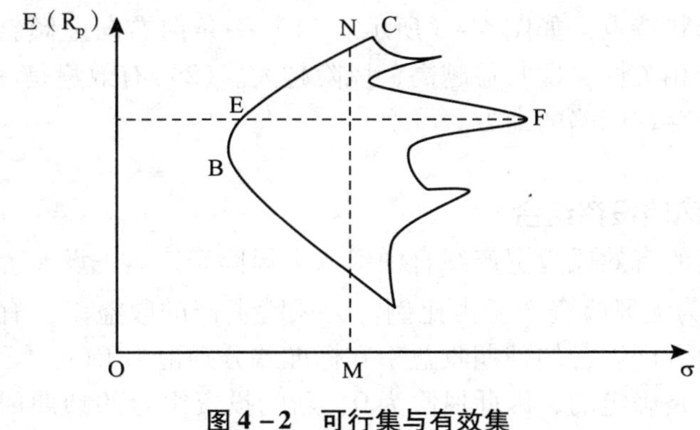

图 4－2　可行集与有效集

（二）有效边界的确定

可行集中包括无数种证券组合，投资者并不需要对所有组合进行分析评价。马科维茨的投资组合理论是建立在一系列假设之上的，其中之一就是对于投资者的理性假设：投资者对于同样的风险水平，将会选择期望收益率最大的组合；对于同样的期望收益率，他们将会选择风险最小的组合，同时满足这两个条件的集合就是有效集合，它是可行集的一个子集。那么，怎样确定有效集呢？

我们首先确定满足第一个条件的组合，如图 4－3 所示，横轴垂线 MN 上所有组合具有相同的风险值，但只有 N 点收益率最高。再看满足第二个条件的组合，纵轴上的垂线 EF 上所有集合具有相同的收益率，但是只有 E 点的风险最小；B 点的风险值最小，没有哪一个集合位于它的左侧。由于有效集必须同时满足上述两个条件，可以看出有效集是位于可行集的西北边界，即曲线 BC 段上所有的集合。投资者只需在有效组合中选择即可，其他集合均为无效组合，可以不予考虑。而由所有有效组合组成的曲线 BC 段称为有效边界，又称为边界。

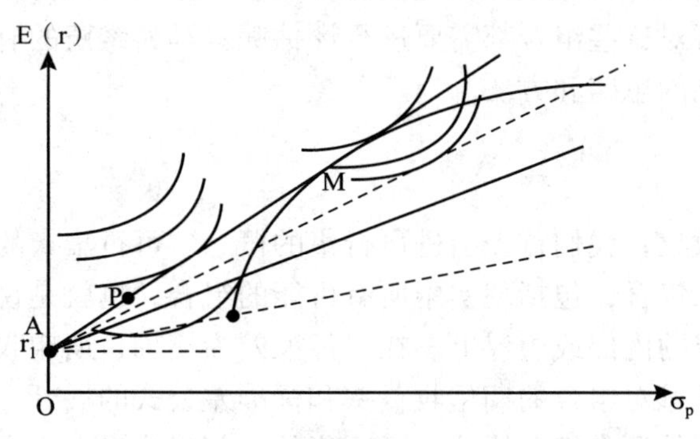

图 4－3　加入无风险组合后投资者的选择

有效集的形状特点，如图 4－3 所示。（1）一条向右向上倾斜的曲线，反映了收益与风险的相关性，即收益越高，风险越大。（2）有效集是一条向上凸的曲线，上面不可能存在凹陷的地方。

（三）最优风险投资组合

我们在上边的有效风险资产组合中引入无风险资产 r_f，设 a 为风险资产所占比例，（1－a）为无风险资产所占比例。无风险资产的收益率、有效风险资产组合边界上的风险资产组合的预期收益率和标准差分别记为 $E(r_s)$ 和 $\sigma(r_s)$，无风险资产的收益率是确定的，因此风险为 0，新的投资组合的预期回报率和标准差分别记为 $E(r_p)$ 和 $\sigma(r_p)$，则有：

$$E(r_p) = (1-a)r_f + aE(r_s)$$

$$\sigma(r_p) = a\sigma(r_s) \Rightarrow a = \frac{\sigma(r_p)}{\sigma(r_s)} \tag{4.15}$$

则：

$$E(r_p) = \left[1 - \frac{\sigma(r_p)}{\sigma(r_s)}\right]r_f + \frac{\sigma(r_p)}{\sigma(r_s)}E(r_s) \tag{4.16}$$

整理后得到：

$$E(r_p) = r_f + \frac{E(r_s) - r_f}{\sigma(r_s)}\sigma(r_p) \tag{4.17}$$

由式（4.17）可以看出，加入无风险资产后新的资产组合的预期回报率和风险之间存在着线性关系，因此，加入无风险证券后，代表新的投资组合的点一定落在连接 r_f 和包含所有可能的有风险资产组合的双曲线所围区域及其边界的某一点的射线上，如果可以按照无风险利率借入和贷出任意金额的资金，则可以将射线延长为一条直线，见图4－3。

这样的直线有无数条，但我们很容易从图4－3中发现，当直线 r_f 向上逆时针旋转时，不管投资者的收益—风险偏好如何（即不管效用函数的曲线形状如何），越在上面直线上的点，其效用值越大。因此，效用值最大的直线一定是与有效组合边界相切的那一条直线AM。

因此，在存在无风险资产的情况下，投资者的最优资产组合是经过无风险资产并和风险资产有效边界相切于M点的一条切线。这条切线上的任何一个投资组合都优于有效组合边界上M点以下的投资机会。如果一个投资者想获得比M点更高的预期回报率，可以通过无风险借入资金，投入更多的资金在风险资产M上，从而获得更高的预期回报率。注意，在这条线上的所有投资组合都是正相关的，因为这条线上的所有投资组合都是无风险资产和风险资产M的组合，所有的风险都来源于M，只不过不同的投资者具有不同的风险厌恶程度，投资于无风险资产和M上的比例不同而已。如果投资者相对来说比较厌恶风险，则他会选择投入较多的无风险资产，他会选择在M点左端的位置进行投资；反之，如果投资者比较喜好风险，则他会通过无风险资产借入资金，获得比M点更高的预期回报率，选择在M点右上端进行投资。所有风险厌恶的投资者都选择在风险资产有效组合边界上的M作为他们的风险资产的决策点。

三、CAPM的推导

传统CAPM是通过资本市场线（capital market line，CML），借助市场组合这一概念推导出来的。

（一）资本市场线（CML）

资本市场线是在以预期收益率和标准差分别为纵轴与横轴的坐标系中，表示市场风险资产（如涵盖了大量股票、房产等）的有效组合与一种无风险资产（通常为国库券或货币市场账户）经过再组合后的有效组合线。

我们以 σ_M 表示市场风险资产组合的风险（标准差），以 $E(r_M)$ 表示市场风险资产组合的预期收益，无风险证券的风险和预期收益率的期望分别以 σ_f 和 r_f 表示，w_M 为市场风险资产组合的持有比重，则无风险资产的持有比重为 $1-w_M$。则无风险资产和市场风险资产组合经过再组合后的新资产组合P的预期收益率和风险［$E(r_p)$、σ_p］的计算公式分别为：

$$E(r_p) = w_M E(r_M) + (1 - w_M) r_f$$

$$\sigma_p^2 = w_M^2 \sigma_M^2 + (1 - w_M)^2 \sigma_f^2 + 2w_M(1 - w_M) \rho_{Mf} \sigma_M \sigma_f$$

ρ_{Mf}表示 COV（M，f）。

由于：

$$\sigma_f = 0$$

故：

$$\sigma_p = w_M \sigma_M$$

可知：

$$W_M = \frac{\sigma_p}{\sigma_M}$$

把上式代入新资产组合预期收益的公式中，整理后可得到资产组合线的方程：

$$E(r_p) = r_f + \frac{E(r_M) - r_f}{\sigma_M} \sigma_p$$

可见，与前面提到的无风险资产与风险资产的组合一样，无风险资产与市场风险资产组合经过再组合得到的资产组合线也是直线，用 $E(r_p)$ 和 σ_p 表示 M 点的预期回报率和风险，该直线的截距为 r_f，斜率为$\frac{E(r_p) - r_f}{\sigma_p}$。由于 r_f 是常量，所以组合线的截距是固定的，而其斜率则取决于市场风险资产组合的选择。由于有效率边界上的所有资产组合都可供选择，因此斜率就有一组值。也就是说，无风险资产与有效率资产组合集合经过再组合后的组合是一组截距相同，斜率不同的组合线集合，见图 4－4。

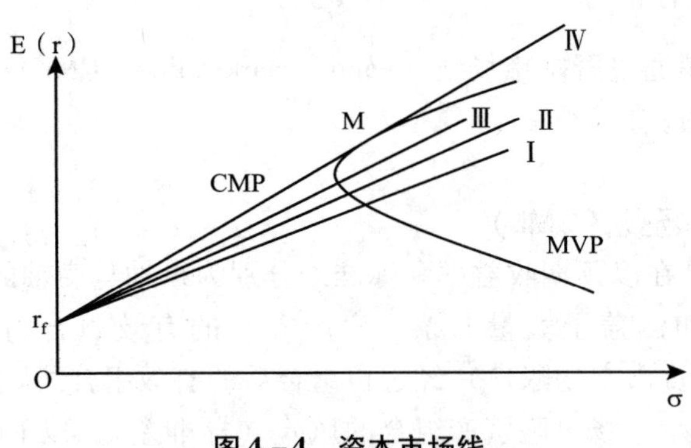

图 4－4　资本市场线

该集合内部各组合线之间的风险和收益当然是有差别的，由于理性投资者在风险相同的情况下会选择收益率较高的资产组合，因而第Ⅱ线优于第Ⅰ线，第Ⅳ线是组合线所能达到的最高点，恰与有效边界相切。因此，如果没有限制，第Ⅳ

线显然是无风险资产与市场风险资产的有效组合经过再组合后的有效边界。理性投资者都会选择该线上的资产组合，因而第Ⅳ线便是资本市场线 CML 这条线的表达式，即式（4.18）：

$$E(r_p)=r_f+\frac{E(r_M)-r_f}{\sigma_M}\sigma_p \tag{4.18}$$

CML 上的 r_f 点是投资者将资金全部投资于无风险资产的情况，即 $W_M=0$，新资产组合 P 的收益和风险特征就是无风险资产的收益和风险特征。

M 点是投资者将全部资金投资于有效率风险资产组合 M 的情况，即 $W_M=1$，新资产组合 P 的收益和风险特征就是市场风险资产组合 M 的收益和风险特征。

r_f 与 M 之间的点集是投资者同时投资于市场风险资产和无风险资产的情况，即 $0<W_M<1$，在这种情况下，新资产组合的收益率和风险都低于风险资产组合的收益和风险，也都高于无风险资产的收益和风险。

M 点右上方的点集是投资者卖空无风险资产后，将借入资金连同本金全部投资于风险资产组合 M 的情况，即 $W_M>1$。这种投资策略既增加了新资产组合的收益，也增加了新资产组合的风险。

CML 是有效率资产组合的集合，理性投资者可选择上面任意一种组合进行投资，具体如何选择取决于投资者的风险偏好。风险厌恶程度强的投资者将选择靠近 r_f 的资产组合，风险厌恶程度弱的投资者会选择点 M 右上方的资产组合。

CML 在传统 CAPM 推导过程中的重要意义在于，在引入一项可以无限制卖空的无风险资产的条件下，所有投资者必将选择同一个市场风险资产组合 M，因为只有在 M 点上可以使无风险资产和市场风险资产的再组合有效率。这时，人们对最优风险资产组合的选择与人们对风险的态度无关，因为市场风险资产组合已经在多样化资产的持有中将非系统风险性风险充分进行了分散①，进而可以说，投资者持有哪几种风险资产组合与确定拥有几种无风险资产的决策也是无关的。

（二）证券市场线（SML）

夏普（1964）等人证明了单个风险资产的预期回报率和风险之间也存在着线性关系，这条线被称为证券市场线（SML），因此，证券市场线探讨的是单项风险资产在资本市场上的定价问题。某项风险资产的预期收益与其所承担的风险之间的关系，可以利用 CML 和市场组合 M 推导出来，结果形成证券市场线 SML。假设我们要建立一个风险资产 i 和市场组合 M 的新组合 P，则 P 的预期收益和标准差的计算公式分别为：

---

①　系统性风险即市场风险无法通过组合的多样化进行分散。

$$E(r_p)=x_iE(r_i)+(1-x_i)E(r_m)$$

$$\sigma_p=[x_i^2\sigma_i^2+(1-x_i)^2\sigma_m^2+2x_i(1-x_i)\mathrm{cov}(r_i,r_m)]^{\frac{1}{2}} \tag{4.19}$$

式（4.19）中，X_i 表示风险资产 i 的持有比重，其他字母的含义参照前面的相关定义。

很显然，在允许卖空的条件下，资产 i 与 M 的有效资产组合的集合应在 iMi 线上，见图 4－5。与 iMi 相切的资本市场线与我们前面推导的资本市场线是重叠的，两者的斜率相同，即：

$$\frac{\partial E(r_p)}{\partial \sigma_p}=\frac{\dfrac{\partial E(r_p)}{\partial x_i}}{\dfrac{\partial \sigma_p}{\partial x_i}}=\frac{E(r_m)-r_f}{\sigma_m} \tag{4.20}$$

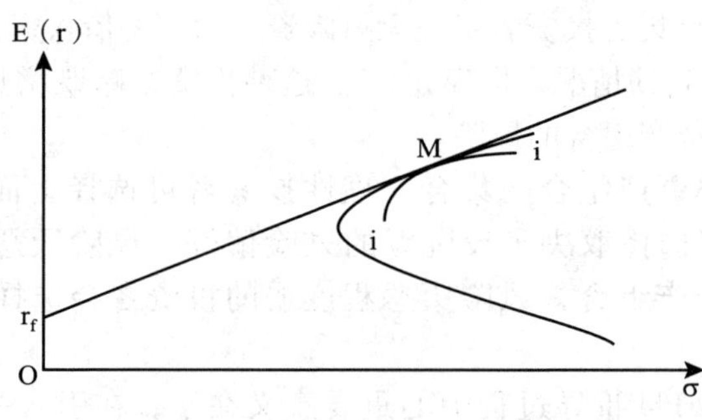

图 4－5　资产 i 与 M 的组合

将风险资产 i 和市场组合 M 经过再组合后形成的新资产组合 P 的预期收益和标准差的计算公式为：

$$\frac{\dfrac{\partial E(r_p)}{\partial x_i}}{\dfrac{\partial \sigma_p}{\partial x_i}}=\frac{E(r_i)-E(r_m)}{x_i\sigma_i^2-\sigma_m^2+x_i\sigma_m^2+(1-2x_i)\mathrm{cov}(r_i,r_m)}\times\sigma_p=\frac{E(r_m)-r_f}{\sigma_m}$$

由于在切点 M 处，$x_i=0$，$\sigma_p=\sigma_m$，所以上式变为：

$$\frac{E(r_i)-E(r_m)}{(1-2x_i)\mathrm{cov}(r_i,r_m)-\sigma_m^2}\sigma_m=\frac{E(r_m)-r_f}{\sigma_m}$$

变形可得：

$$\begin{aligned}E(r_i)&=r_f+[E(r_m)-r_f]\times\frac{\mathrm{cov}(r_i,r_m)}{\sigma_m}\\&=r_f+[E(r_m)-r_f]\beta_i\end{aligned} \tag{4.21}$$

β_i 为第 i 项资产的贝塔系数，它测度了该资产对风险资产市场组合方差的贡献程度。贝塔系数具有可加性，在市场组合中，各项资产的比重是 x_i，则市场组合的贝塔系数为：

$$\beta_m = \sum_{i=1}^{n} x_i \beta_i = 1$$

式（4.21）意味着当资本市场处于均衡状态时，任何一种资产（包括风险资产和无风险资产）的预期收益和其所承担的与市场风险相关的β值之间呈线性关系。我们把这一线性关系表示在以预期收益和β值为坐标轴的坐标平面上，就是一条以 r_f 为起点的射线（见图4－6），这条射线被称为证券市场线（securities market line，SML）。由于β值是资产的市场风险程度的一个测度指标，所以SML反映的是资产的市场风险与其预期收益之间的关系，其斜率为［$E(r_m) - r_f$］（即市场组合风险溢价），横轴是以β来衡量风险而不是用标准差。这一线性关系适用于所有风险资产的收益—风险关系的说明。

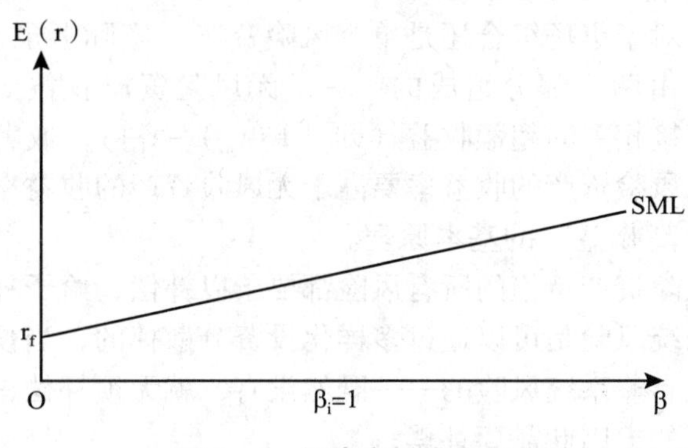

图4－6　证券市场线SML

就其内涵而言，SML体现了资本市场中“高风险，高收益”的基本原则。系统性风险系数 β_i 测度了该资产对风险资产市场组合方差的贡献程度，是决定该项证券期望收益的关键因素。

$\beta_i > 1$，$E(r_i) > E(r_m)$，说明该证券的风险补偿大于市场组合的风险补偿，意味着该证券在市场上的波动会大于市场的平均价格波动，该证券属于进取型；

$\beta_i = 1$，$E(r_i) = E(r_m)$，说明该证券的风险补偿等于市场组合的风险补偿，意味着该证券在市场上的波动等于市场的平均价格波动，该证券属于平衡型；

$\beta_i < 1$，$E(r_i) < E(r_m)$，说明该证券的风险补偿小于市场组合的风险补偿，意味着该证券在市场上的波动会小于市场的平均价格波动，该证券属于防御型；

$\beta_i = 0$，$E(r_i) = r_f$，则该资产为无风险资产，收益率等于无风险利率。

市场组合、与市场收益完全正相关的资产或资产组合的β值等于1。

四、CAPM 的应用

（一）传统的 CAPM

CAPM 要回答的是在市场均衡状态下，传统 CAPM 的最普通形式就是“期望收益—贝塔关系”。对传统 CAPM 来说，SML 和 CML 之间存在一些较为明显的差异：CML 只适于描述无风险资产与有效率的风险资产组合（由市场资产组合与无风险资产构成的资产组合）经过再组合后的有效率风险资产组合的收益和风险关系，即市场组合的风险溢价是资产组合标准差的函数；而 SML 描述的是任何一种资产和资产组合的收益和风险之间的关系，其中测度单个资产风险的工具不再是资产的方差或标准差，而是资产对于资产组合方差的贡献度（β 值）。

从传统 CAPM 的结论可以清晰地看到：

首先，无论是对于市场组合还是单个风险资产（实际上也包括无风险资产）而言，其收益都是由两个部分组成的：一是无风险资产收益 r_f，或者说时间补偿；二是与风险直接相关的超额收益（即 $[E(r_m)-r_f]$），或者说风险补偿或风险溢价。这意味着风险资产的收益率要高于无风险资产的收益率，即体现了金融市场中“高风险，高收益”的基本原理。

其次，并非风险资产承担的所有风险都要予以补偿，给予补偿的只是系统风险。这是因为非系统风险是可以通过多样化投资分散掉的，当投资者持有市场组合时，可以说是没有非系统风险的——既然没有，就无须补偿，而系统风险是无法靠多元化来降低的，因此需要补偿。

（二）CAPM 的应用

资本资产定价模型揭示了在市场处于均衡时，单个证券或者证券组合的预期收益率和风险之间的线性关系，在实践中有着非常广泛的应用，可归结为三个方面：其一，确定一项资产的理论价值，这一理论价值既可以用于为新股或者未在市场上公开交易的资产定价，也可以用于发现市场上被高估或低估的资产；其二，通过计算某项投资的必要报酬率，为投资项目的可行性研究提供参考；其三，评价一项已经投资的项目的收益表现。

1. 判断偏离均衡价值的资产。依据 CAPM，所有的资产都应该得到与系统风险相对应的预期回报率，即所有单项资产或资产组合的预期回报率都应该在证券市场线上。如果某项资产买入之后可以得到比预期回报率更高的回报率，则该资产目前被市场低估了，因为它的价格低于均衡价格，才会出现未来的回报率高于证券市场线的情况，理性的投资者会买入这些资产；反之，如果未来的回报率低于预期回报率，则说明这些资产被高估了，因为它的价格高于理论价值，所以未来的回报率低于预期回报率，理性的投资者会卖出这些证券。通过这种买卖可以使得每项资产的价格回到证券市场线的均衡价格上来。从图形上来看，未来回报率位于证券市场线上方的是被低估的资产，位于证券市场线下方的是目前被市场高估的资产。

【例 4-3】某一投资者在中国 A 股市场上投资，他希望买入被市场低估的股票，卖出被市场高估的股票，他掌握的信息有：目前短期国库券的利率为 5%，利用上证综指开发的指数基金产品回报率大约为 12%，有 5 家公司股票的贝塔系数和某权威证券分析师根据基本面分析和技术分析预测的未来回报率数据见表 4-3。请问：这位投资者应该如何操作？

表 4-3 可选股票的贝塔系数和期望回报率

股票	贝塔系数	分析师预测的未来回报率（%）
甲	0.5	8.3
乙	1	14
丙	1.4	18
丁	1.5	8
戊	0.1	8

分析：我们可以近似地将国债利率看成无风险利率，上证综指基金的指数回报率近似作为市场组合的预期回报率，则在市场达到均衡时，所有的资产的理论预期回报率应该在证券市场线上，因而有：

$$E(r_{甲}) = r_f + \beta_{甲}[E(r_m) - r_f] = 5\% + 0.5 \times (12\% - 5\%) = 8.5\%$$

$$E(r_{乙}) = r_f + \beta_{乙}[E(r_m) - r_f] = 5\% + 1 \times (12\% - 5\%) = 12\%$$

$$E(r_{丙}) = r_f + \beta_{丙}[E(r_m) - r_f] = 5\% + 1.4 \times (12\% - 5\%) = 14.8\%$$

$$E(r_{丁}) = r_f + \beta_{丁}[E(r_m) - r_f] = 5\% + 1.5 \times (12\% - 5\%) = 15.5\%$$

$$E(r_{戊}) = r_f + \beta_{戊}[E(r_m) - r_f] = 5\% + 0.1 \times (12\% - 5\%) = 5.7\%$$

将上述 5 只证券的理论回报率和分析师预测的未来回报率之间进行比较，如果理论回报率高于未来预测的回报率，则说明该证券被高估，应该卖出；否则，应该买入以获得超额回报率。

因此，从表 4-4 可以看出，甲证券目前的估值基本合理，乙、丙和戊三只证券被低估，因此该投资者会买入；丁证券被严重高估，该投资者如果持有该股票的话应该将其立即卖出，在图形上表示为乙、丙和戊三只证券处于证券市场线的上方，丁证券处于证券市场线的下方，见图 4-7。

表 4-4 可选股票的估计结果对比

股票	贝塔系数	分析师预测的未来回报率（%）	理论回报率（%）	目前证券的估值
甲	0.5	8.3	8.5	基本合理
乙	1	14	12	低估
丙	1.4	18	14.8	低估
丁	1.5	8	15.5	严重高估
戊	0.1	8	5.7	低估

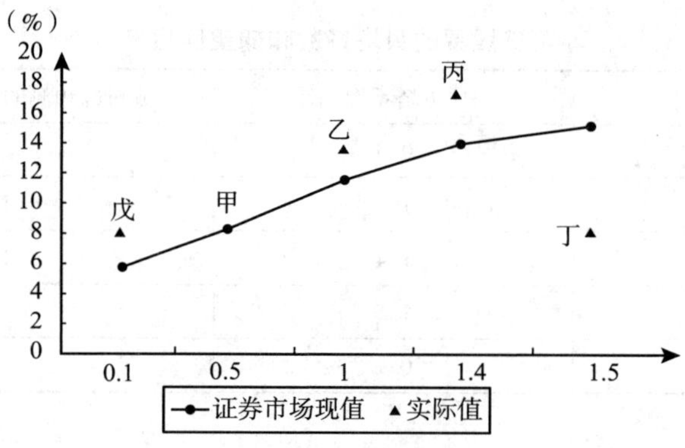

图 4-7 几种证券的估值情况

2. 对投资项目进行可行性研究，确定必要报酬率。CAPM 也被广泛地用在资本预算决策上。按照净现值的原则，一个项目的未来收益贴现回来之后要大于初始的投入才有投资价值。这个贴现率就是投资者要求的必要回报率。

【例 4-4】 某投资者可以选择将一笔资金投资在 A 公司或 B 公司的股票上，A 公司的股票波动率比较小，它的系统风险也就是贝塔系数为 0.5，B 公司的股票波动率高出市场平均水平很多，它的系统风险也就是贝塔系数为 2.5，假定无风险利率为 4%，市场组合的预期回报率为 14%，那么投资 A 和 B 公司的必要报酬率分别是多少呢?

根据前面的理论，A 和 B 公司的必要报酬率分别为：

$E(r_A)=4\%+0.5\times(14\%-4\%)=9\%$

$E(r_B)=4\%+2.5\times(14\%-4\%)=29\%$

对于 B 公司来说，至少要获得 29% 的回报才值得投资，而 A 公司只需要其回报率高于 9% 即可。从这里我们看到，不能说一项资产的回报率比另外一项资产的回报率高就一定具有投资价值，还需要分析这些资产所承担的风险。假定这里 A 和 B 公司的未来回报率分别为 15% 和 25%，表面来看，似乎 B 公司的回报率高出了 A 公司 10 个百分点，更值得投资，其实不然，理性的投资者会选择 A

公司的股票进行投资。

3. 为评估投资业绩提供基准。如前所述，我们不能简单地说一个25%回报率的资产就一定比15%的回报率的资产更好，因为两个资产所承担的风险不一样。那么，如何评价一项投资的投资业绩呢？我们用一项投资的超额回报来体现，CAPM为我们评估投资业绩提供了一个有益的基准。在现实世界中，资产的定价可能偏离资本资产定价模型，也就是说，资产的价格不一定必然在证券市场线上，有可能处在它的上方或者下方，在证券市场线的上方说明资产获得超额回报，在证券市场线的下方说明资产被高估，它甚至不能得到系统风险应有的风险补偿。因此，如果一项投资获得了超越系统风险补偿以外的回报率，我们就可以说这项投资有超额回报，超额回报率越高，表明投资业绩越好。在两个资产之间进行比较时，如果一项资产的超额回报率高于另一项资产，则前者的投资业绩比后者要好。在投资学里，我们用α表示资产获得比证券市场线的均衡收益率高的超额收益率：

$$\alpha_i = E(r_i) - \{r_f + \beta_i[E(r_m) - r_f]\} \tag{4.22}$$

式（4.22）给评估投资业绩提供了一个精准的比较方案，如果一项资产的α大于另一项资产，则该项资产的投资业绩比较好，这也为证券分析师比较不同风险的投资项目之间的投资业绩提供了一个有用的工具。在某种程度上来说，证券分析的精髓就是一个不断寻找α的过程，证券分析师通过各种技术寻找α大于零的资产，把它加入到资产组合中来，同时把α小于零的资产从资产组合中剔除出去，资产组合就可以实现比总体市场更好的超额回报率。购买价格被低估的证券可以获得正的α，也就是获得超额回报，此时，理性的投资者都会去购买该证券，需求的力量使得该证券价格上涨，直到达到证券市场线上的均衡价格为止；反之也成立。也正是由于投资者的这种投资意图才使得资产价格回到均衡价格，也就是证券市场线上来。例如，某一股票的必要回报率是20%，如果它现在的价格是10元每股，分析师预测一年以后它的价格将涨到至少12元每股，到年底时每股还会派发1元的红利，这意味着该股票的收益率将不低于30% $\left[\frac{(12+1-10)}{10}=30\%\right]$。如果该分析师是正确的，则他投资于该股票将会得到10%的超额回报，如果市场是有效的，则理性的投资者都会购买该股票，股票的价格就会上升，回报率下降，当价格上升到使得α为零时为止，也就是该股票的价格上升到10.83为止。

虽然从理论上来说，信息的充分流动和投资者的自由买卖可以保证所有的证券都位于证券市场线上，但是这是一个完全理想的状态。在现实世界中，资产的价格达到均衡状态不是一蹴而就的，在这个过程中总是存在着被高估和低估的证券，市场总是处于一个动态的调整过程中，这为证券分析师通过各种分析手段寻找正的α的资产并购买它。剔除资产组合中负的α的资产以获得整个资产组合的超额回报提供了可能。

【例4-5】 市场上存在两个股票投资组合，组合A的期望收益率为12%，β值为1，另一投资组合B的期望收益率为13%，β值为1.5，市场投资组合的期望收益率为11%，市面上短期国债的利率为5%，问：

（1）根据CAPM模型，投资于哪个投资组合更好？

（2）两个投资组合的α值分别是多少？画出证券市场线说明。

分析：投资组合的α值指的是投资组合获得的超额回报率，用公式表示为：

$$\alpha_i = E(r_i) - \{r_f + \beta_i[E(r_m) - r_f]\}$$

故：

$$\alpha_A = E(r_A) - \{r_f + \beta_A[E(r_m) - r_f]\} = 12\% - [5\% + 1 \times (11\% - 5\%)] = 1\%$$

$$\alpha_B = E(r_B) - \{r_f + \beta_B[E(r_m) - r_f]\} = 13\% - [5\% + 1.5 \times (11\% - 5\%)] = -1\%$$

由图4-8可以看出，A所代表的投资组合位于证券市场线的上方，可以获得超额回报，B投资组合甚至不能得到应有的系统风险补偿，处于证券市场线的下方，因此，我们应该选择投资于A资产组合。

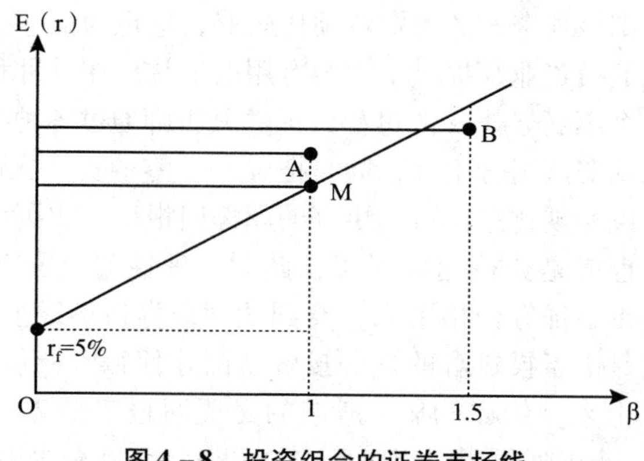

图4-8 投资组合的证券市场线

第三节 资本资产定价模型的扩展

一、CAPM的修正模型

（一）引入“零β”资产组合后的模型修正

因为现实情况是不符合无风险假设的，布莱克意识到了CAPM模型假设的不足，通过观测经验数据，并在K. L. 赫斯特（K. L. Hastie）的零贝塔正方差证券组合的概念基础上修正了资本资产定价模型的假设以适应现实。他认为可以用“零β”资产代替无风险资产或投资组合的假设。“零β”资产组合是指β系数为

0 的证券组合，或者说“零 β”资产组合是与被选择的风险投资组合 M 的协方差为 0，其期望收益为 $E(r_z)$，是由组合中的证券收益进行加权平均后计算得出的，每个风险投资组合都有一个不同的“零 β”资产组合与之相对应。新的投资组合，其回报率与市场没有相关性。修正后的资本资产定价模型与原来的结构是一样的，但公式中是零 β，回报率为 r_z，而不是无风险回报率 r_f：

$$E(r_i)=E(r_z)+\beta_i[E(r_m)-E(r_z)]$$

图 4-9 说明了修正的资本资产定价模型（即修正的证券市场直线）。注意直线在纵轴上的截距为 r_z，比 r_f 的位置要高。在修正模型中，截距较高的事实也表明，该直线的斜率比无风险资产模型中要小。我们还认为，当零 β 的风险资产回报率波动时，直线的斜率还将变化。这一切当然更符合前面讨论的经验结果，同时还表明，布莱克的零 β 模型提供了比传统资本资产定价模型更好地对风险—回报率关系的解释。

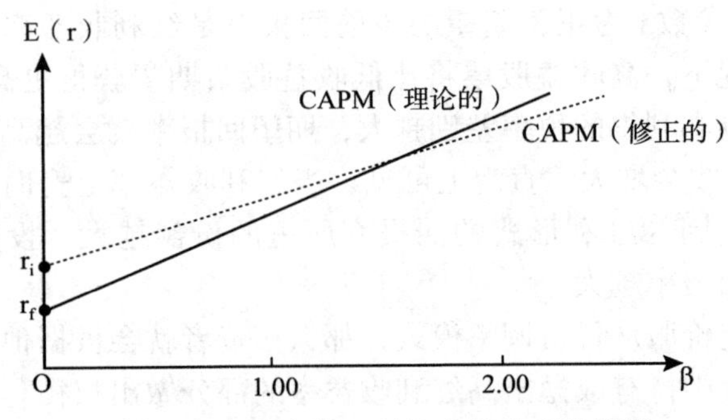

图 4-9　理论与修正的资本资产定价模型

（二）税负调整

资本资产定价模型的简单形式是在不考虑税负的条件下推导出来的。这个假设暗含这样一些意思：是以资本利得形式还是以红利的形式得到收益，投资者对此是不关心的，并且所有投资者持有风险资产相同的投资组合。然而，税负是现实生活中的事实，它对于证券的定价是更为重要的。一般地，对资本利得的征税要比对红利的征税低。我们还可以预料，税负状况不同的投资者将持有风险资产不同的投资组合，哪怕这些投资组合的税前回报率期望值相同。相应地，我们可以预料，这些资产的均衡价格与不考虑税负的情形是有差别的。

迈克尔·布伦南（Michael Brennan）第一个研究了考虑资本利得与红利税负不同时的资本资产的定价问题。在建立税负调整模型时，布伦南不仅使用了推导 CAPM 简化模型时的一些常用假设，还假设红利收入是确定性的，考虑到税负不同的条件，资产或投资组合的回报率由税负调整后的资本资产定价模型给出，见式（4.23）：

$$E(r_i) = r_f(1-t) + \beta_i[E(r_m) - r_f - t(d_m - r_f)] + td_i \tag{4.23}$$

在这里：

$$t = \frac{t_d - t_g}{1 - t_g}$$

其中，t_d 表示经济系统中红利的平均税率；t_g 表示经济系统中资本利得的平均税率；d_m 表示市场组合的红利收益率；d_i 表示股票的红利收益率。

在布伦南模型中如果红利的税率等于资本利得的税率，税负调整系数 t 等于零，这个模型就退化为简单形式的资本资产定价模型。如果税率是有差别的，则期望回报率就像简单形式的资本资产定价模型一样，线性地依赖于 β。但由于对市场组合的红利收益征税的影响，市场回报率必须予以调整。另外，证券或投资组合的期望税前回报率构成了一个第二变量的函数：证券或投资组合的红利收益率是以税收效应因子即参数 t 来调整的。

当对红利征税的平均税率高于对资本利得征税的税率水平时（如在美国的经济中），税负调整参数 t 为正，期望的税前回报率是红利收益率的增函数。在同等系统风险的情况下，高收益股票将比低收益股票期望获得更高的税前回报率。相应地，红利与资本利得的税率差别越大，期望回报率就会越高：因为当税率的差别增大时，参数 t 会增大。直观上可见，当红利收益率上升时，期望的税前回报率将增加，这是因为红利形式的回报率所占的份额越大，投资者要交的税越多，要求的税前回报率越大。

如果证券的定价服从税负调整模式，那么投资者就会根据他们所处的所得税等级，对投资组合中持有或抛出高红利收益率的部分做出权衡。这就是说，投资者仍将持有像市场组合那样的充分多样化的投资组合，只是要向有比较优势的股票倾斜。例如，处于较高个人所得税等级的投资者应在投资组合中持有比市场组合比例更小的高红利股票；反之，他们应持有更多的低红利高资本利得的股票，以实现他们的税后回报率最大化。相应地，处于所得税等级较低的投资者将考虑在投资组合中倾向于高红利股票，这是因为这些股票的税负不利因素对他们来说比一般的持股者要小。

这样一种收益倾斜策略在提高税后回报率方面有一定潜力，但是这种策略会带来额外的非系统风险的成本。就是说，较各种红利收益率水平充分多样化的投资组合而言，倾斜的投资组合很可能具有更大的非系统（残值）风险。例如，许多高收益股票都是受管制的公用事业的股票，在整个股票市场层次上，它们的价格变动趋向一致。同样地，低收益的“成长性”股票的变动也趋向一致。投资者需要确定，遵从收益倾斜策略所带来的潜在的额外回报率是否值得去承受附加的非系统风险。

然而，证券定价中的税负效应的重要程度，甚至是否存在这种效应，都存在着争论。某些机构投资者的特定税收地位及投资者可用的平衡税负策略都有助于抵消税负对投资者回报率的影响，这样就减小了证券定价中的税负效应。

这些平衡力是否强有力到足以消除税负效应，实质上是一个实证性问题。一些研究者指出，这种效应存在；然而另一些研究者指出，在资本资产的定价中，税负没有明显的影响。进一步说，即使是对税负效应持支持观点的研究工作也表明，这种效应的重要性非常有限，大约每年 30 个基点。执行收益倾斜策略好像主要依赖于投资者个人确信税负因素存在的强度。

二、对 CAPM 的批评和实证

（一）对 CAPM 模型的批评

在 CAPM 模型中，市场组合是包含了所有证券且权重为其市场价值与总体证券的市场价值之比的投资组合，这个组合一定是一个有效投资组合，能在期望的风险水平下提供最高的期望回报率。但里查德·罗尔（Richard Roll）却对检验的相关性提出了批评意见。他认为，选择不正确的投资组合和指数作为市场的代表物会导致对个别证券和投资组合的系统风险估计错误，因此会导致对资本资产定价模型的不恰当的估计；这不是常见的统计错误，而是一种基础性的偏差，即使使用了更强有力的统计工具也不能纠正，只有恰当地识别什么是事前的有效市场组合才能避免这种错误。不过罗尔指出，识别这种投资组合是一件高难度的事情，因为这需要一些机制或能力来捕获投资者的期望。

我们在前面说过，评估期望很困难，更不用说把期望置于一种适当的分析框架之中了。因此罗尔主张，过去实施的经验检验实际上不是在检验资本资产定价模型。进一步说，由于识别事前的有效市场组合在事实上是不可能的，因此罗尔认为，由于识别市场组合的困难，我们得不到明确的检验结果，资本市场理论和资本资产定价模型是不可能用实验数据来检验的。这一结论在技术层面上确实是正确的，然而它还不足以推翻 CAPM 模型在实践上的重大意义，因为不同时期的大量经验研究确实证实了风险—回报率的这种相关关系；此外，即使运用了显著不同的方法进行研究，也证实了这种关系。

（二）对 CAPM 的实证

实证检验结果让我们发现模型的假设存在一定的缺陷。

人们通过对式（4.21）进行实证检验后发现，模型所描述的风险与回报率的关系（资本资产定价模型）是期望的，或是事前的关系。模型中的回报率是期望回报率，β 值是根据期望值的方差和协方差推导出来的。这种风险—回报率关系是预测性的，而非回顾性的，体现的是投资者的期望。那么，要检验这种关系，理想的做法是拥有单个证券或投资组合的回报率的期望 β 值。然而各种期望值都是难以观测的，特别是关于证券或投资组合的风险属性的预期。

$$
\begin{aligned}
E(r_i) &= r_f + [E(r_m) - r_f] \times \frac{cov(r_i, r_m)}{\sigma_m} \\
&= r_f + [E(r_m) - r_f]\beta_i
\end{aligned}
\tag{4.21}
$$

因此，在检验这种关系时，研究者依靠的是现实的或历史的数据。这里的假设是，如果在检验中有足够多的观测，投资者的期望将与现实相一致，这意味着现实作了预期的代表物。例如，研究者会取出最近10年的回报率数据，并将这些现实的取值进行算术平均，作为同一期间期望值的代表物。

获得了回报率的资料后，研究者通过对单个证券或证券群的回报率与一些市场指数回报率的回归分析，计算β值。这个程序是依靠单指数模型方法进行的，计算出β值后，就可以将其与单个证券或证券群的回报率之间的关系画在图上。为了实现这个目标，证券或证券群在该期间已实现的平均回报率，被取作回报率β关系中的期望回报率。

图4－10是一个风险—回报率的坐标图，表示了一组假设的证券。注意图4－10上各点显示了每一种证券的回报率与β值，并且指出了根据这些点拟合出的一条直线。图4－10中这条拟合直线的公式如下：

$$回报率 = \gamma_0 + \gamma_1\beta + u$$

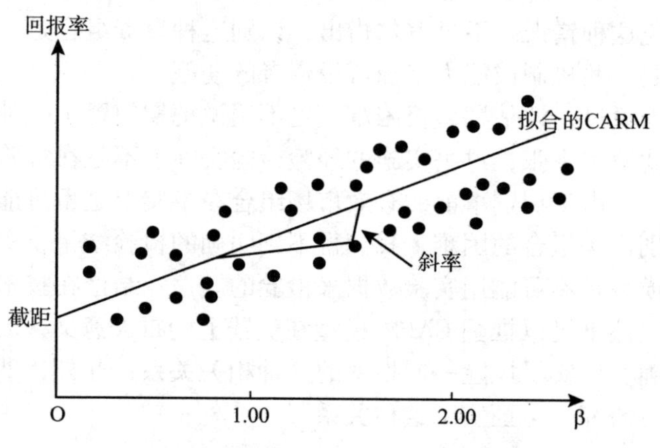

图4－10　经验拟合资本资产定价模型

在对风险—回报率关系的检验中，研究者们关心的是，评价这条拟合直线对资本资产定价模型理论遵守得如何。如果这条直线严格地遵从资本资产定价模型，那么它会表现出如下特点：第一，这条直线应该是向上倾斜的。这就证实了系统风险高的证券或投资组合比风险低者获得的回报率要高，至少在一个较长的时期是如此。第二，按平均数看，β与回报率之间应该是一种线性关系，以证实其他非系统因素对回报率的决定是不重要的。最后，常数项或纵轴上的截距，即公式中的γ_0，其期望值应等于无风险利率r_f。相应地，这条直线的斜率的期望值应等于研究期内的市场风险增溢 $r_m - r_f$。

人们沿着上述思路对 CAPM（SML）关系作了数量极大的检验。研究一个较长时期可以发现，实际的风险—回报率关系正如预期的那样，一般是向右上方倾斜的；在较短的时期则其关系不一定是向右上方倾斜的。有的时期，二者的关系并不明确；而有的时期，这种关系是向下倾斜的。在熊市期，这种关系是很普遍的，这时市场上实现的风险增溢是负的，虽然在更长的时期里可望发生正向关系。同时，线性关系检验还表明，除了风险之外的因素对于解释实现了的回报率是不重要的；资本资产定价模型确实是线性的。

检验表明，这条直线在纵轴上的截距并不是无风险利率，这就指出了资本资产定价模型的主要假设之一有潜在的缺陷。特别是模型假设存在无风险利率，并且投资者可以无限制地以该利率借入和贷出，这些假设在现实的市场运作中可能是无效的。这是因为：首先，投资者一般不能以同样的利率借入和贷出，金融中介机构在贷出资金时的利率会比借入时高，这样投资者的利差中包括了自身的边际利润和对信用风险的补偿增溢，因此借入资金需要支付比贷出或投资资金更高的利率；另外，在通货膨胀的环境中，也不存在这样一种无风险投资。即使是国库券这种最接近于无风险资产的工具，随着通货膨胀越来越高，购买力风险也是越来越大的。

但不管怎样，研究者试图运用不同的市场指数来评估这种关系的灵敏度。这些研究运用了各种指数作为市场的代表物，运用了多种多样的资产类别，如股票、债券、房地产及耐用消费品，组成比例也是变化多样的。我们可以注意到，现在已有的任何种类的广泛运用的指数，相互之间都是高度关联的。不管把什么市场指数用作市场代表物所做的检验，其结果是相同的，也符合先前的经验研究证实的风险—回报率关系。这些检验表明，对市场代表物的错误估计在实践上的重要性很有限。投资者们通过运用一种具有广泛代表性的市场指数，例如标准普尔指数，或更具有综合性的如 Wilshire5000，能够获得市场风险参数 β 的估计值以供使用，并能够测量风险—回报率之间的关系。

三、套利定价理论

套利定价理论（arbitrage pricing theory，APT）是由美国经济学家斯提芬·罗斯（Stephen Ross）于 1976 年提出的。如果说在给定投资者风险，预期报酬抵换关系的偏好水准下，CAPM 阐述了当市场均衡时资产价格将会在何种价位上成交，但它对于哪些因素可能会并在何种程度上（即敏感性）影响投资人对投资报酬的预期却没有进一步阐述。而作为 CAPM 的一种延伸，APT 在很大程度上填补了这个缺口——它提供了一种方法来衡量通货膨胀、利率、风险预期的变化以及经济增长等经济因素的变动是如何影响资产价格的变化。应该说，相对于传统 CAPM 而言，APT 是更现实、更一般化，进而也是更具有解释力的资产定价理论模型。在一定条件下，我们甚至可以把传统的 CAPM 视为 APT 模型的特殊形式。

套利定价理论的出发点是假设资产的收益率与未知数量的未知因素相联系，其核心思想是对于一个充分多元化的大组合而言，只需几个共同因素就可以解释风险补偿的来源以及影响程度。此外，每个投资者都想使用套利组合在不增加风险的情况下增加组合的收益率，但在一个有效益的均衡市场中，不存在无风险的套利机会。

（一）APT 的研究思路

套利定价理论要研究的是如果每个投资者对各种证券的预期收益和市场敏感性都有相同估计的话，各种证券的均衡价格是如何形成的？研究者拓展问题的思路是：首先，分析市场是否处于均衡状态；其次，如果市场是非均衡的，分析投资者会如何行动；再次，分析投资的行动会如何影响市场并最终使市场达到均衡；最后，分析在市场均衡状态下，证券的预期收益有什么决定。

套利定价理论认为，套利行为是现代有效率市场形成（亦即市场均衡价格形成）的一个决定因素。所谓套利行为是指利用同一实物资产或证券的不同价格来赚取无风险利润的行为。当投资者可以构造一个能产生安全利润的零风险投资组合时，套利机会就会出现了。显然，任何投资者在套利资产组合中都愿意尽可能大地拥有这一头寸。最典型的例子就是当“一价法则”被违反时，投资者利用同一种货币在不同市场上的价差，在价格水平较低的市场上买入这种货币，再在价格水平较高的市场上卖出，以获取价差收益的行为。这种套利行为直接改变了这两个市场上改种货币的供求，最终导致两者的供求实现均衡。

在一个高度竞争的、流动性很强的市场体系中，由于电子通信设备和实时执行操作技术的日益发达，套利机会已经变得非常少，而且往往这种套利机会一被发现，就会立即引起市场的反应，机会稍纵即逝，因而正是这种套利行为推动着有效市场的形成。在证券市场体系中也是如此。

套利定价理论认为，如果市场未达到均衡状态的话，市场上就会存在无风险的套利机会。由于理性投资者具有厌恶风险和追求收益最大化的行为特征，因此，投资者一旦发现有套利机会就会设法利用它们。随着套利者的买进和卖出，有价证券的供求情况将随之改变，套利空间逐渐减少直至消失，有价证券的均衡价格得以实现。

此外，套利机会不仅存在于单一证券上，还存在于相似的证券或组合中。也就是说，投资者还可以对一些相似的证券或组合通过部分买入、部分卖出来进行套利。对于套利行为可以有多种定义方式，其中之一是用广泛影响证券价格的因素来解释的。

因素模型表明，具有相同因素敏感性的证券或组合，除了非因素风险外，将以相同的方式行动。因而，具有相同因素敏感性的证券或组合必然要求有相同的预期收益率，如若不然，“准套利”机会便会存在，投资者必将利用这一机会，而他们的行动最终将会使套利机会消失，均衡价格得以形成。这就是套利定价理论逻辑推演的核心。

（二）因素模型

因素模型是一种统计模型，其核心是把实践中的一些主要经济因素（包括经济周期、力量、技术革新以及劳动力成本和原材料等）视为一系列宏观经济指示器并假定这些因素的变化影响着整个证券市场，进而是影响证券之间相关性的经济来源。如果这些变量发生了非预期的变化，那么整个证券市场的收益率也会发生非预期的变化。在实践中，投资者往往都在有意或无意的使用着因素模型的方法，其中又有单因素模型和多因素模型之分。

1. 单因素模型。单因素模型较为简单，即把证券收益率的非预期变化看作是某一宏观经济事件变化的结果（如市场组合指数收益率，或者 GDP 增长率等），单因素模型可写成：

$$r_i = \alpha_i + \beta_i r_m + e_i \tag{4.24}$$

其中，α_i 值代表证券 i 的期望收益；r_m 指的是上一节所述的市场组合的收益率；β_i 为证券 i 对宏观经济事件的敏感度；e_i 为非预期的公司特有事件的影响，其预期为0。单指数模型是单因素模型的一个特例，在单指数模型下，证券的预期回报率为：

$$E(r_i) = \alpha_i + \beta_i E(r_m) \tag{4.25}$$

由式（4.25）可以看出，股票的预期回报率由两部分组成：（1）由证券的 α_i 值代表证券 i 的期望收益；（2）由 $\beta_i E(r_m)$ 代表的与市场因素关联的回报率。相应地，证券的风险有两个来源：系统风险，源于市场因素的变化以及公司对市场因素的敏感程度；公司特有风险，源于公司特有的不确定性，这些因素只影响单一企业的命运而未能以一个可测度的方式影响整个经济，例如公司研发的成功或失败、公司高层换届等。因此，公司总风险为：

$$\sigma_i^2 = \beta_i^2 \sigma_m^2 + \sigma^2(e_i) \tag{4.26}$$

由式（4.26）可以看出，一个证券或者一个资产组合的收益率的方差可以分解为由市场因素造成的方差和由公司特有因素造成的方差，所以对于两只不同的证券来说，收益率之间的协方差只来源于作用于所有证券的市场因素，因此：

$$COV(r_i, r_j) = COV(\beta_i r_m, \beta_j r_m) = \beta_i \beta_j \sigma_m^2 \tag{4.27}$$

从而，估计一个由 n 个证券组成的资产组合的方差，只需估计一个市场组合的方差和 n 个证券的特有风险，之后投资者即可根据个人的无差异曲线确定最优风险组合，这便极大地简化了计算量。

2. 双因素模型。多因素模型相对较为复杂，它把证券收益率的决定看作是多种经济因素（如行业生产的变动率、预期通货膨胀的变动率、长期公司债券对长期政府债券的超额收益率、长期政府债券对短期政府债券的超额收益率等）集合作用的结果，在此，我们介绍双因素模型。假设两个最重要的宏观经济风险来源是经济增长的不确定性和利率，分别用国内生产总值（GDP）来测度经济增长，用 IR 表示利率，任何股票的收益都与这两个宏观风险因素以及发行股票公司的特有风险有关，则双因素模型的公式表示如下：

$$r_i = \alpha_i + \beta_{GDP}GDP + \beta_{IR}IR + e_i \tag{4.28}$$

这里的两个宏观因素包含了经济中的系统风险，对应的有两个风险因素 β：第一个 β 反映了股票回报率对经济增长的敏感程度，第二个 β 反映股票回报率对利率变动的敏感程度。不同性质的公司对宏观经济变量信息的反应是不同的，所以相对于单指数模型，双因素模型可以较好地把握公司对不同宏观经济变量不确定性信息的不同反应。

3. 法马和弗伦奇（1993）的三因素资产定价模型。近年来的实证研究表明，CAPM 在解释横截面股票收益时并没有涵盖各类分析因素，因而其有效性值得怀疑。法马和弗伦奇在 1993 年的研究中发现：（1）如果挑出那些 β 值与公司规模无关的股票，就会发现 β 值与公司在 1941 ~ 1990 年获得的平均收益没有任何关系；（2）β 值不足以解释个股的平均收益，而公司规模很好地解释了个股之间的收益差别；（3）股票账面价值与市值之比 $\frac{B}{E}$（Book to Market Equity）也能很好地解释个股之间收益率的差异。据此，他们对 CAPM 进行了改进，提出了三因素模型（three factors model）。

该模型认为，股票相对于无风险利率的超额收益 $E(R_i) - r_f$，可以由三个市场风险因子来解释：（1）股票市场相对于无风险利率的超额收益，$E(R_m) - r_f$；（2）小公司与大公司之间的收益差额，SMB；（3）高 $\frac{B}{E}$ 股票与低 $\frac{B}{E}$ 股票之间的收益差额，HML。套利定价理论利用因素模型来描述资产价格的决定因素和均衡价格的形成机理。

该模型的数学形式如下：

$$E(R_i) - r_f = \alpha_i + \beta_1[E(R_m) - r] + \beta_2 E(SMB) + \beta_3 E(HML) \tag{4.29}$$

其中，β_1、β_2、β_3 为三个风险因素的系数，或称为因子载荷。

法马和弗伦奇认为，SMB 可以解释为公司的“规模效应”，小公司的期望收益率往往大于大公司的期望收益率。个股在 HML 上的因子载荷 β_3 代表了该上市公司的“相对痛苦指标”的大小。营业收入长期低迷的弱小企业一般有高的 $\frac{B}{E}$ 以及正的因子载荷，而营业收入长期丰厚的强势企业一般有较低的 $\frac{B}{E}$ 以及负的因子载荷。

4. 卡哈特（1997）四因素模型。卡哈特（1997）在三因素模型的基础上引入了一年期的股票收益冲量（PR1YR）作为新的变量，提出了四因素模型：

$$E(R_i)-r_f=\alpha_i+\beta_1[E(R_m)-r]+\beta_2E(SMB)+\beta_3E(HML)+\beta_4E(PR1YR) \quad (4.30)$$

卡哈特对一年期的股票收益冲量的构建如下：将所有的股票在每年前 11 个月的收益减去其滞后一个月的后 11 个月的收益，然后将每只股票自身的计算结果进行等权重的加权平均，而后再进行总体排序，前 30% 的数据与后 30% 的数据之间的差额即为该指标。

（三）套利组合

1. 套利组合的特征。根据套利定价理论，投资者会竭力发掘构造一个套利组合的可能性，以便在不增加风险的情况下，增加组合的预期收益率。那么，如何才能构造一个套利组合？一般而言，套利组合必须同时具备以下三个特征。

（1）它是一个不需要投资者任何额外资金的组合。如果 χ_1 表示投资者对证券 i 持有量的变化（即套利组合中证券 i 的权数），那么套利组合的这一特征就可表示为：

$$x_1+x_2+\cdots+x_n=0$$

（2）套利组合对任何因素都没有敏感性。这是因为套利组合没有因素风险。这一特征用公式可以表示为：

$$\beta_{pj}=0$$

在存在多个影响因素的情况下，这一特征可表示为一个方程组：

$$\begin{cases}x_1\beta_{11}+x_2\beta_{21}+\cdots+x_n\beta_{n1}=0\\x_1\beta_{12}+x_2\beta_{22}+\cdots+x_n\beta_{n2}=0\\\cdots\\x_1\beta_{1k}+x_2\beta_{2k}+\cdots+x_n\beta_{nk}=0\end{cases}$$

为了能找到满足上面两特征的解，就要求证券的个数多于因素的个数，即 $n>k$。

严格地讲，除了因素风险等于零之外，一个套利组合的非因素风险也应该等于零。但是，套利组合的非因素风险实际上常常大于零，只是其数量非常小，套利定价理论认为可以忽略不计。

（3）套利组合的预期收益率必须是正值。即：

$$x_1E(r_1)+x_2E(r_2)+\cdots+x_nE(r_n)>0$$

当一个组合的投资权重可以同时满足上述三点要求时，该组合就是一个套利组合。这样一个套利组合对任何一个渴望高收益且不关心非因素风险的投资者都具有吸引力——因为它不需要任何额外资金，没有任何因素风险，却可以带来正的预期收益率。

为了说明套利组合的存在性和构建问题，下面举两个简单例子加以说明。

【例 4 -6】 假设每种证券的收益率都可以用以下双因素模型来分析：

$$R_i = E(R_i) + R_i \times F_1 + R_i \times F_2$$

其中，R_i 表示第 i 种证券的收益率；F_1 和 F_2 表示系统性风险，其期望值等于 0，协方差等于 0。

假设资本市场上有四种证券，其收益率分别如下：

$$R_f = 0.05$$

$$R_1 = 0.06 + 0.02F_2$$

$$R_2 = 0.08 + 0.02F_1 + 0.01F_2$$

$$R_3 = 0.12 + 0.04F_1 + 0.04F_2$$

请判断是否存在套利机会？如果存在套利机会，应该怎样进行套利？

解：显然，要想判断市场是否存在套利机会，其核心是看是否存在零投资证券组合。假设存在这样一个组合，其中四种证券投资额分别为 X_f，X_1，X_2，X_3，那么根据套利组合的要求，它们应该同时满足以下几个要求：

$$X_f + X_1 + X_2 + X_3 = 0$$

$$X_f\beta_{1F} + X_1\beta_{11} + X_2\beta_{12} + X_3\beta_{13} = 0$$

$$X_f\beta_{2F} + X_1\beta_{21} + X_2\beta_{22} + X_3\beta_{23} = 0$$

$$X_fE(R_f) + X_1E(R_1) + X_2E(R_2) + X_3E(R_3) > 0$$

而这意味着以下四式要同时满足：

$$X_f + X_1 + X_2 + X_3 = 0$$

$$0.02X_2 + 0.04X_3 = 0$$

$$0.02X_1 + 0.01X_2 + 0.04X_3 = 0$$

$$0.05X_f + 0.06X_1 + 0.08X_2 + 0.12X_3 > 0$$

但问题是，当前三个式子成立时，第四个式子恰好等于 0，从而无法满足。这就可以证明市场中不存在套利机会。

【例 4 -7】 某投资者拥有一个组合，假设组合中每种证券的收益率可以用以下双因素模型来分析：

$$R_i = E(R_i) + R_i \times F_1 + R_i \times F_2$$

其中，R_i 表示第 i 种证券的收益率；F_1 和 F_2 表示系统性风险，其期望值等于 0，协方差等于 0。

该投资者决定通过增加证券 B，0.05 的持有比例来建立一个套利组合。试计算：（1）投资组合中其他三种证券的权数各增减多少？（2）套利组合的期望收益率是多少？

四种证券的情况见表 4 -5。

表 4－5　　四种证券的情况一览表

证券	因素 1 敏感度	因素 2 敏感度	权重	期望收益率（%）
A	2.5	1.4	0.3	13
B	1.6	0.9	0.3	18
C	0.8	1.0	0.2	10
D	2.0	1.3	0.2	12

解：为得到一个套利组合，假设该组合中四种证券的投资额分别为 X_A，X_B，X_C，X_D。那么根据套利组合的要求，它们应该同时满足以下几个要求：

$$X_A + X_B + X_C + X_D = 0 \tag{1}$$

$$X_A\beta_{1A} + X_B\beta_{1B} + X_C\beta_{1C} + X_D\beta_{1D} = 0 \tag{2}$$

$$X_A\beta_{2A} + X_B\beta_{2B} + X_C\beta_{2C} + X_D\beta_{2D} = 0 \tag{3}$$

$$X_AE(R_A) + X_BE(R_B) + X_CE(R_C) + X_DE(R_D) > 0 \tag{4}$$

由于 $X_B = 0.05$，则有：

$$X_A + 0.05 + X_C + X_D = 0$$

$$2.5X_A + 1.6 \times 0.05 + 0.8X_C + 2X_D = 0$$

$$1.4X_A + 0.9 \times 0.05 + X_C + 1.3X_D = 0$$

解得：

$$X_A = -0.043$$

$$X_C = -0.019$$

$$X_D = 0.012$$

代入第（4）式，可得套利组合的收益为 0.3%。

2. 套利定价模型。

（1）套利定价模型的假设。套利定价模型的假设条件和价格形成过程与 CAPM 相比存在较大的差异。在这些差异中，最重要的一点在于，APT 既不像 CAPM 那样依赖于市场组合，也没有假设只有市场风险影响资产的预期收益，而是认为资产的收益可能会受几种风险的影响，而到底是哪几种风险会产生影响，以及这些风险具体是什么则无关紧要。因此，APT 的限制条件不像 CAPM 那样严格。此外，APT 也没有下列 CAPM 所需要的假设：只是一个时期的投资水平；不考虑税收因素；以无风险利率借贷；投资者根据预期收益和方差选择资产组合。

APT 与 CAPM 相同的假设包括：投资者都有相同的投资预期；投资者追求效用最大化；市场是完美的。

APT 的最基本假设就是投资者都相信证券 i 的收益随意受 k 个共同因素的影响，证券 i 的收益与这些因素的关系可以用下面这个 k 因素模型表示出来：

$$r_i = E(r_i) + \beta_{i1}F_1 + \beta_{i2}F_2 + \cdots + \beta_{in}F_n + \varepsilon_i \tag{4.31}$$

其中，r_i 是任意一种证券 i 的收益；$E(r_i)$ 是证券 i 的预期收益，包含了到目前为止所有可知的信息；$\beta_{ik}(k=1, 2, \cdots, n)$ 是证券 i 相对于 k 因素的敏感性；ε_i 是误差项，也可认为是只对个别证券收益起作用的非系统风险；$F_k(k=1, 2, \cdots, n)$ 是对所有资产都起作用的共同因素，也称系统风险。

由于已知的信息都已包含在 $E(r_i)$ 中了，所以这里的 F 因素都是不可测的，他们在将来的发生纯属意外。有意外发生，就会改变 r_i 和 $E(r_i)$ 之间的关系；没有意外发生，从 $\beta_{i1}F_1$ 到 $\beta_{in}F_n$ 将都是零。由于 F_n 是随机变量，所以 $E(F_n)=0$。不过，APT 并不在意总共会有多少因素以及这些因素是什么之类的问题。

（2）套利定价模型。因素模型并没有对均衡状态进行描述，若把上述因素模型转换成一个均衡模型，所需讨论的就是证券的预期收益。根据上述对市场套利行为及其影响的分析，罗斯基于以下两个基本点来推导 APT 模型：

①在一个有效率的市场中，当市场处于均衡状态时，不存在无风险的套利机会。

②对于一个高度多元化的资产组合来说，只有几个共同因素需要补偿。证券 i 与这些共同因素的关系为：

$$E(r)=\lambda_0+\beta_{i1}\lambda_1+\beta_{i2}\lambda_2+\cdots+\beta_{ik}\lambda_k \tag{4.32}$$

这便是套利定价模型。其中，λ_k 投资者承担一个单位 k 因素风险的补偿额，风险的大小由 β_{ik} 表示，当资产对所有 k 因素都不敏感时，这个资产或资产组合就是零 β 资产或资产组合。

3. 单因素资产组合。假定资产组合 P_1 只与因素 1 有 1 个单位的敏感度，即 $\beta_{i1}=\beta_{i2}=\cdots=\beta_{ik}=0$，则：

$$E(r_{p1})=\lambda_0+\lambda_1$$

$$\lambda_1=E(r_{p1})-\lambda_0$$

这就是说，风险补偿可以被理解为预期收益超过零资产 β 资产组合收益率的部分，P_1 被称为单因素资产组合。以此类推其他 λ 值后，我们可以把上面的 APT 模型改写为：

$$E(r_i)=\lambda_0+\beta_{i1}[E(r_{p1})-\lambda_0]+\beta_{i2}[E(r_{p2})-\lambda_0]+\cdots+\beta_{ik}[E(r_{pk})-\lambda_0]$$

显然，资产 i 预期收益的计算取决于以下两点。

（1）确定系统因素，准确估计各 β 值。

（2）确定各单因素资产组合的预期收益。

在一个多元化的资产组合中，由于各资产对某种因素有着不同的敏感度，因此从理论上说，我们可以通过对资产进行适当的组合而使资产组合对这一因素的敏感度（即 β 值）为 1 或 0。

【例 4-8】 已知 A、B、C、D 四个资产的 β 值如表 4-6 所示。

表4-6 **A、B、C、D四个资产的β值**

	A	B	C	D
β_{i1}	0.5	-1.9	-3.3	3
β_{i2}	0.7	-2.9	2.3	-0.4

我们可以通过使A、B、C、D四个资产的权数分别为10%、10%、20%、60%的组合，使该资产组合对第一个因素的β值等于1。即：

$\beta_{p1}=0.5\times0.1+(-1.9)\times0.1+(-3.3)\times0.2+3\times0.6=1$

这说明该资产组合对第一个因素有高度的敏感性，会因为第一个因素的变动而发生较大的波动。

这样的组合还可以是资产组合对第二个因素的敏感度为零，即：

$\beta_{p2}=0.7\times0.1+(-2.9)\times0.1+2.3\times0.2+(-0.4)\times0.6=0$

这说明资产组合对第二个因素不存在敏感性，即对第二个因素的变动不会产生相应的反应。

关键术语

风险厌恶　均值—方差模型　相关系数　多样化　可行集及有效集　有效组合边界　资本市场线　证券市场线　资本资产定价模型　多因素模型　套利组合　套利定价模型

思考题

1. 如何计算证券投资组合的期望收益率和风险？

2. 什么是证券组合的可行集和有效集？怎样确定有效边界和最优风险投资组合？

3. 资本资产定价模型有哪些基本的假设？

4. 说明资本市场线和证券市场线的含义，并简要说明两者的区别？

5. 说明为什么无风险借贷在实际中不可能是一个有效的假设，并说明潜在的缺陷是如何改变证券市场直线所描述的风险—回报率之间关系的？

6. 简要说明资本资产定价模型有哪些扩展？

7. 套利定价理论和资本资产定价模型在哪些重要方面有所不同？

8. 考虑一资产组合，其预期收益率为12%，标准差为18%。国库券的无风险收益率为7%。要使投资者与国库券相比更偏好风险资产组合，则最大的风险厌恶水平为多少？

9. 有一期望收益率为20%、标准差为20%的资产组合，国库券可以提供

7%的确定的收益率，投资者的风险厌恶程度 A＝4，他会作出什么样的投资选择？如果 A＝8 呢？

10. 假定无风险利率为10%，市场组合的预期回报率为14%，某证券分析师预测以下三只股票未来一年的表现如下：

股票	β系数	当前价格	预期价格	预期股息
A	0.8	22	24	0.75
B	1.5	50	55	2.3
C	1	34	40	1

请问：投资者应该做出怎样的投资决策呢？

11. 比较两个证券分析师的业绩，一个的平均收益率是19%，而另一个是16%，但是前者的β为1.5，后者的β为1。

（1）你能判断哪个证券分析师更善于预测个股吗？

（2）如果短期国债的利率为6%，这一期间市场收益率为14%，则哪个分析师在选股方面更出色？

12. 目前短期国债的利率为5%，依据上证综指开发的指数基金的回报率为10%，上证综指的标准差为15%，已知股票甲和股票乙的预期回报率等相关信息如下：

股票	预期回报率	与市场的相关系数	标准差
甲	15%	0.7	25%
乙	7%	0.3	12%

（1）画出证券市场线。

（2）计算两只股票的β值。

（3）计算两只股票的α值，并说明如果你有一笔资金需要投资，你是投资于甲股票还是乙股票，为什么？

（提示：将短期国债的利率看作无风险利率，依据上证综指开发的指数基金的收益率近似地作为风险资产市场投资组合的收益率）

13. 设对红利收益的税率为40%，而对资本利得的税率为28%，计算税负调整的资本资产定价模型中的税负因子T？

14. 设差别化税率的影响存在，运用与上题相同的对红利收益和资本利得征税的税率，确定某证券的回报率。该证券的β值为1.20，红利收益率为6%。设期望的市场回报率为15%，红利回报率为4%，无风险利率为8%。

15. 下表列出了某证券分析师构建的三只股票的投资方案：

股票	价格（美元）	不同情况下的收益率（%）		
		经济衰退	经济平稳增长	经济繁荣
A	10	-15	20	30
B	15	25	10	-10
C	50	12	15	12

（1）利用以上三只股票可以进行套利吗？如果可以，如何构建套利组合？

（2）当这些股票回到均衡定价时，它们的价格会如何变化？举例说明。

（3）假定C股票的资金回报率不变，则C股票的价格要变到多少才能达到均衡价格？

16. 考虑多因素套利定价模型，若某一只股票受到如下四个系统风险的影响，各因素β值及对应的风险溢价如下表所示。

因素	因素β	风险溢价
经济增长	1.2	8%
通货膨胀	0.3	4%
利率	-0.2	5%
能源价格	-0.4	4%

目前短期国债的利率为5%，如果市场认为该股票是公平定价的，则它的预期收益率是多少？

第二编　保险投资实务

第五章　债券投资

【本章内容提要】

本章主要介绍债券投资市场、债券投资风险与估值、债券投资组合管理策略及我国保险资金参与债券市场的情况。要求学生重点掌握债券的估值方法、风险特点及投资特性、我国保险资金参与债券市场的情况及债券投资组合管理策略；了解债券市场的发展。本章难点在于债券投资的经典免疫战略。

1. 债券市场概述
- 国际债券市场发展
- 我国债券市场发展

2. 债券投资风险与估值
- 债券投资风险
- 债券估值方法

3. 债券投资组合管理策略
- 债券投资组合的积极管理
- 债券投资组合的消极管理

4. 我国保险资金参与债券市场的情况
- 保险资金参与我国债券市场的情况
- 保险机构的债券投资风险
- 保险资金债券投资的风险管理策略

第一节　债券市场概述

一、国际债券市场发展

国际债券市场是指由国际债券的发行者和投资者所形成的金融市场。具体可分为发行市场（一级市场）和流通市场（二级市场）。发行市场是组织国际债券发行和认购的市场。流通市场则安排国际债券的上市和买卖。这两个市场相互联系，相辅相成构成统一的国际债券市场。但实际上，国际债券的交易是由分散在世界各地主要金融中心的债券市场上的交易所构成的，一笔国际债券的交易可能会涉及几个国家的债券市场，因而通常所说的国际债券市场就是处于世界主要金融中心的债券市场的统称。全球著名的证券交易所有纽约证券交易所、东京证券交易所、中国香港证券交易所、伦敦证券交易所、巴黎证券交易所、澳洲证券交易所、巴西圣保罗交易所、中国上证交易所、瑞士证券交易所，多伦多证券交易所等。

国际债券市场的存在已经有几百年历史。在世界经济的发展过程中，国际债券的发行与交易发挥过十分重要的作用。17 世纪的荷兰、18 世纪的英国、第一次世界大战之前的德国和法国均曾以发行债券的方式来为战争筹措资金或向其他国家进行投资。在 19 世纪之前，美国的州政府、联邦政府，以至于后来的大公司，都曾用发行债券的方式向荷兰、英国以及其他欧洲国家筹资，用来支付战争费用、修建铁路等。例如，美国在 1803 年从法国手中购买路易斯安那的巨款，就是联邦政府通过向荷兰借款而偿付的。到了第一次世界大战之后，美国逐步向海外输出资本，美国的债券市场逐渐成为世界各国进行筹资的最重要场所。20 世纪 80 年代以来，美国债券市场发展极其迅速。1981 ~ 1999 年，国际债券市场规模增大了 7 倍多，余额从不到 4 万亿美元增长到 1999 年末的 29. 9 万亿美元；2002 ~ 2012 年全球市场年均增速 9. 79%，截至 2012 年，国际债券存量规模已增为 92. 05 万亿美元。

二、我国债券市场发展

（一）我国债券市场的发展

中国首次发行的债券是 1894 年清政府为支付甲午战争军费的需要，由户部向富商巨贾发行的，发行总额为白银 1100 多万两。自清政府开始发行公债以后，旧中国历届政府为维持财政平衡，都发行了大量公债。

中华人民共和国成立后，1949 年 12 月 2 日中国中央人民政府委员会第四次会议上通过了《关于发行人民胜利折实公债的决定》并于次年 11 月发行了为期 5 年的“人民胜利折实公债”，实际发行额折合人民币为 2. 6 亿元，计算单位采用实物标准。该债券于 1956 年 11 月 30 日全部还清本息。1953 年 12 月 9 日中央人民政府第 29 次会议通过了《1954 年国家经济建设公债条例》，1954 ~ 1958 年期间共发行了 5 次、实际发行总额累计达 35. 45 亿元的“国家经济建设公债”，这些公债到 1968 年全部偿清。1958 年和 1959 年起中国政府先后停止了国外公债和国内公债的举借活动，并且此后 20 余年内，未再发行任何债券。

改革开放后，为平衡财政预算，1981 年 1 月 16 日国务院通过并颁发了《中华人民共和国国库券条例》，随后又于 1 月 26 日公布了《关于平衡财政收支、严格财政管理的决定》，财政部向社会发行了 48.66 亿元的国库券，发行对象是企业、政府机关、团体、部队、事业单位和个人。1987 年，为促进国家的基础设施建设，为大型项目筹集中长期建设资金，中国发行了 3 年期的国家重点建设债券，发行对象是地方政府、地方企业、机关团体、事业单位和城乡居民，发行总额为 55 亿元。1988 年，为支持国家重点建设，政府发行 2 年期国家建设债券，发行对象为城乡居民、基金会组织、金融机构和企事业单位，发行额为 80 亿元。同年，为弥补财政赤字，筹集建设资金，又发行了财政债券，至 1992 年共发行了 5 次，发行总额为 337 亿元。发行对象主要是当时的专业银行、综合型银行及其他金融机构。1989 年，中国政府发行了仅针对企事业单位、不对个人的特种债券。该债券从 1989 年到 1992 年共发行了 4 次，期限均为 5 年。1989 年，银行实行保值贴补率政策后，财政部开始发行带有保值贴补的保值公债，计划发行额为 125 亿元，期限 3 年，发行对象时城乡居民、个体工商户、各种基金会、保险公司以及有条件的公司，其年利率随银行 3 年期定期储蓄存款利率浮动，加保值贴补率，再外加 1 个百分点，1989 年保值公债实际发行了 87.43 亿元。1988 年，中国国家专业投资公司和石油部、铁道部也发行了总额为 80 亿元的基本建设债券，发行对象是四大国家专业银行，期限为 5 年；1989 年，又发行了 14.59 亿元的基本建设债券，发行对象为全国城乡居民个人，期限为 3 年。1992 年开办了国债期货交易，但由于当时国债期货市场上投机现象严重，发生了“3·27”国债期货风波，1995 年 5 月 17 日，经国务院同意，国债期货市场暂停交易。

在国债市场发展壮大的同时，金融债券和企业债券市场也应运而生。1984 年，开始出现企业债券。当时主要是一些企业自发地向社会和企业内部职工筹资，1987 年，一些大企业开始发行重点企业债券，1988 年，重点企业债券改由各国家专业银行代理国家专业投资公司发行。此后，又陆续出现了企业短期融资债券、内部债券、住宅建设债券和地方投资公司债券。1985 年，中国工商银行、中国农业银行开始在国内发行人民币金融债券。随后，各银行及信托投资公司相继发行了人民币金融债券，1991 年，中国人民建设银行和中国工商银行共同发行了 100 亿元的国家投资债券。1982 年，中国开始在国际资本市场发行债券，当年中国国际信托投资公司在东京发行了 100 亿日元的武士债券。此后，财政部、银行与信托投资公司、有关企业等相继进入国际债券市场，在日本、美国、新加坡、英国、德国、瑞士等国发行外国债券和欧洲债券。

2014 年，我国债券市场共发行人民币债券 11.0 万亿元，银行间债券市场累计发行人民币债券 10.7 万亿元，同比增加 24.0%。截至 2014 年年末，债券市场债券托管余额达 35.0 万亿元，同比增加 18.0%。其中，银行间市场债券托管余额为 32.4 万亿元，同比增加 16.9%。

（二）我国债券市场的结构

我国债券市场的结构，可以从市场类型、托管机构、交易场所、市场参与者及价格形成机制几个方面加以介绍。图 5－1 列出我国债券市场的整体结构，见图 5－1 的左侧。

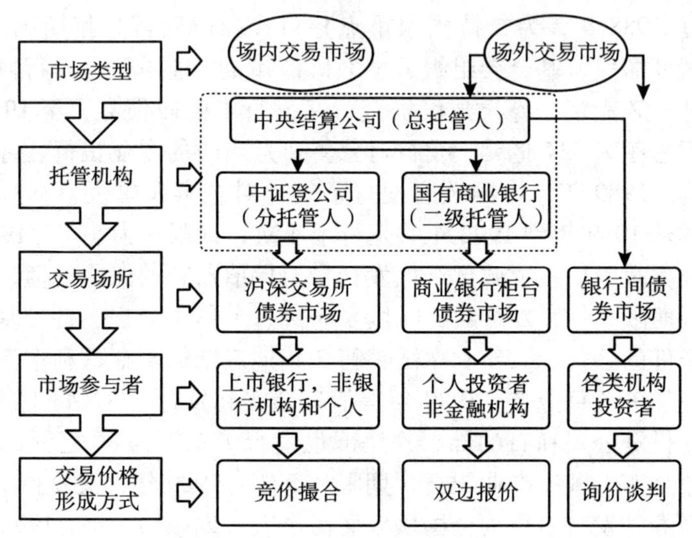

图 5－1 我国债券市场的结构

1. 市场类型。按照不同的分类标准，可以将债券市场分成不同的类型。

按照市场的功能不同，可以将债券市场分为发行市场和交易市场。债券发行市场又称一级市场，是发行单位初次出售新债券的市场；债券交易市场又称流通市场或二级市场，指已发行债券买卖转让的市场。

按照债券发行地点的不同，债券市场可以划分为国内债券市场和国际债券市场。国内债券市场的发行者和发行地点同属一个国家，而国际债券市场的发行者和发行地点不属于同一个国家。

按照市场组织形式的不同，可以将债券市场分为场内交易市场和场外交易市场。场内交易市场就是在证券交易所内买卖债券所形成的市场，如我国的上海证券交易所和深圳证券交易所，交易所作为债券交易的组织者，本身不参加债券的买卖和价格的决定，只是为债券买卖双方创造条件，提供服务，并进行监管。场外交易市场就是在证券交易所之外进行债券交易的市场，通常包括银行间债券市场和柜台债券交易市场，我国的银行间债券市场主要是指依托于中国外汇交易中心即全国银行间同业拆借中心和中央国债登记结算公司建立的债券交易市场，主要参与者是银行、保险公司、证券公司等金融机构，相关债券的交易信息主要在中央国债登记结算公司设立的中国债券信息网上予以公布。目前我国主要以银行间债券市场为主。

图 5－2 列出了我国 2004～2014 年银行间债券市场成交量变化的情况。如图 5－2 所示，2014 年，我国银行间市场拆借、现券和债券回购累计成交 302.4 万亿元。其中，银行间市场同业拆借成交 37.7 万亿元，债券回购成交 224.4 万亿元，现券成交 40.4 万亿元。

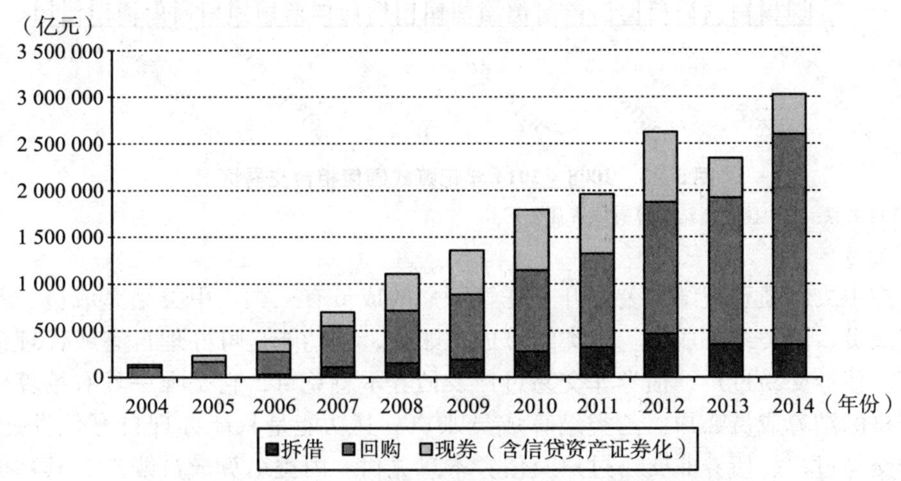

图 5－2　2004～2014 年银行间债券成交量变化情况

资料来源：全国银行间同业拆借中心。

图 5－3 列出了我国 2008～2014 年记账式国债柜台交易情况。2014 年，商业银行柜台新增记账式国债 21 只，国开行金融债 3 只和进出口银行债 4 只。期限品种进一步丰富，包含 1 年、3 年、5 年、7 年、10 年和 15 年六个品种。2014 年，记账式国债累计成交 71.7 亿元，商业银行通过柜台分销国开行金融债 67 亿元，进出口银行债 30 亿元。截至 2014 年年末，商业银行柜台开户数量达到 1 674 万户。

2. 托管机构。债券托管机构主要是为债券的发行登记、托管、结算提供服务的机构。目前我国的托管机构主要有三类：一是中央国债登记结算有限责任公司，主要为银行间市场办理托管结算业务，同时承担全国国债的统一登记、托管和结算业务；二是中国证券登记结算有限责任公司，分别在上海证券交易所和深圳证券交易所设立了两家分公司，负责对交易所债券市场交易的托管与结算业务；三是国有商业银行，主要负责商业银行柜台交易市场的托管与结算业务。

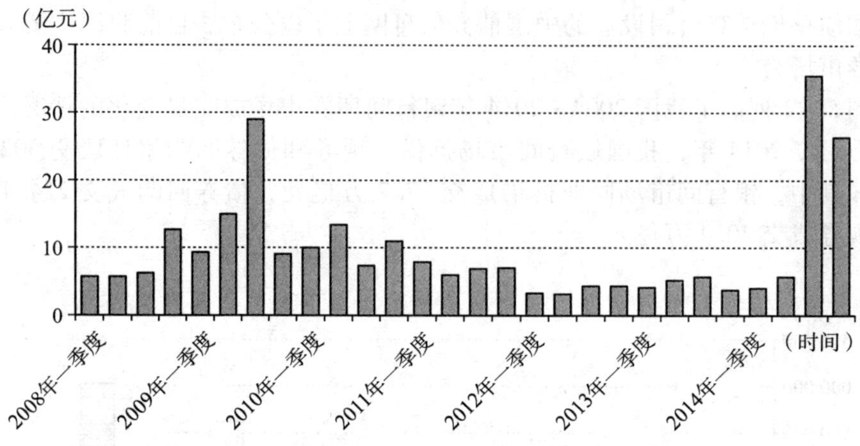

图 5-3　2008～2014 年记账式国债柜台交易情况

资料来源：中央国债登记结算有限责任公司。

在中央国债登记结算公司开立托管账户的成员有三类：甲类结算成员、乙类结算成员、丙类结算成员。甲类结算成员账户，其功能是可办理自有或代理债券托管、债券交易过户、债券非交易过户及债券本息兑付，它是唯一具有结算代理人资格的结算成员账户。乙类结算成员账户，其功能是只能办理自有债券托管、债券交易过户、债券非交易过户及债券本息兑付。丙类结算成员账户，其功能是只能通过甲类结算账户办理自有债券托管、债券交易过户、债券非交易过户及债券本息兑付。

3. 交易场所与市场参与者。债券的交易场所也即债券的买卖场所，属于债券的二级市场。我国的债券交易市场主要包括三个：银行间债券市场、商业银行柜台交易市场和沪深交易所债券交易市场。目前我国的债券市场是银行间债券市场为主的，参与者主要是各类金融机构，以机构投资者为主；商业银行柜台交易市场主要是居民购买的记账式国债的交易市场，债券的发行人通常是财政部，购买者通常是个人；目前沪深交易所债券交易市场中债券的发行量较少，参与者主要是各类投资者及相关债券的发行人。

4. 价格的形成机制。在不同的交易市场上，债券的价格形成方式是不一样的，在银行间市场，债券的价格通常是通过询价机制形成的，即债权发行人在发行时，向相关的承销商进行询价，之后根据融资量确定价格；在银行柜台交易市场，则主要是通过商业银行同时报买入价与卖出价，供投资者参考；而在交易所市场，则主要是通过竞价的方式形成，即由买方与卖方分别报买入价与卖出价，当买入与卖出价相等时成交。

5. 我国债券市场的主要交易品种。随着我国金融市场的不断完善与创新，我国债券市场的交易品种不断增多，2014 年，财政部通过银行间债券市场发行国债1.7万亿元，财政部代发地方政府债券2 908亿元，地方政府自行发债1 092亿元，国家开发银行和中国进出口银行、中国农业发展银行在银行间债券市场发行债券2.3万亿元，政府支持机构发行债券1 850亿元，商业银行等金融机构发行金融债券5 460亿元，证券公司发行短期融资券4 247亿元，信贷资产支持证券发行2 794亿元。公司信用类债券发行5.2万亿元，同比增加38.9%，增速较上年扩大34.9个百分点。其中，非金融企业债务融资工具发行4.1万亿元，同比增加45.4%，企业债券发行6 952亿元，同比增加46.3%，公司债券发行3 484亿元，同比减少14.6%。图5－4列出了2004～2014年我国银行间债券市场主要债券品种发行量的变化情况。如图5－4所示我国近年来公司债发行量增幅比较大。

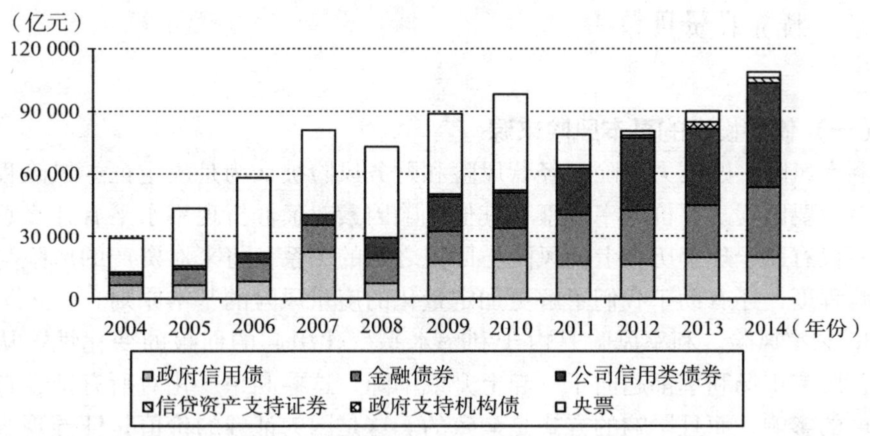

图5－4 2004～2014年我国银行间债券市场主要债券品种发行量变化情况

资料来源：中央国债登记结算有限责任公司、上海清算所。

（三）我国债券市场的监管

目前我国对债券市场的监管可分为三个层次，政府监管、自律监管及其他社会中介机构的监管。政府监管机构，包括财政部、中国人民银行、银监会、证监会和发改委，财政部主要负责国债的监管，人民银行负责整体的数据的统计与监管，银监会负责金融机构的债券的监管，证监会主要负责对公司债及交易所市场的债券监管，发改委则主要负责企业债的监管。自律组织通常负责行业的规范的制定，主要是对本行业进行监管。社会中介机构的监管则主要起到辅助监管的作用，具体监管机构见表5－1。

表 5－1　　我国债券市场的监管

政府监管者	自律组织	社会中介机构
财政部 中国人民银行 银监会 证监会 发改委	证券交易所 证券登记结算有限公司 中国证券业协会 地方性的证券业协会	会计师事务所 审计事务所 信用评级机构

第二节　债券投资风险与估值

一、债券投资风险

（一）债券投资的基本风险来源

利率风险、购买力风险、经营风险和财务风险被认为是决定证券风险程度的四个最主要因素。评价利率因素和其他风险因素对债券折现率水平有什么总的影响，不仅有助于理解历史上的风险与回报之间的关系，将来对资产的风险与回报的影响程度，还有助于我们了解更加定量化的度量风险的基本原则。

1. 利率风险。利率风险是由于利率水平变化引起的回报的变化性。从长期来看，所有市场利率都趋向于一起上升或下降，这些利率变化对所有证券都有一定程度的影响，而且影响的方式是一致的。这是因为证券的价值是证券现金流的现值。由于市场利率是用以计算证券现值的贴现率的一个组成部分，所以证券价格趋于与利率水平变化反向运动［可参见后面的公式（5.2）］。随着利率的变化，长期证券价格的变化大于短期证券价格的变化。

我们可以参考证券的基本特性以帮助评价不同类别的证券对利率风险相对的敏感性。特别是，我们期望现金等价物对利率风险的敏感性小于长期债券。而且我们还期望长期债券（期限可能为20年）对利率风险的敏感性小于优先股（无终止日期）。在下一节中，我们描述了久期的度量，它对证券承受利率风险进行了更精确的描绘。

2. 购买力风险。购买力风险是指债券的回报收益将主要通过现金形式来分配，而现金可能因为通货膨胀、货币贬值的影响而导致购买力下降，从而使债券的实际收益下降，给投资者带来实际收益水平下降的风险。名义回报包括实际回报部分和用以弥补预料到的发生在一个投资持有期内的通货膨胀的通胀增溢。通胀率不时地变化，但投资者并不能总是正确地预料通胀率的变化。这就产生了一个名为“未预料到的通胀”的额外因素。它使得证券实际的回报与预期通胀率下的回报有所不同。我们可以通过重述计算证券期望回报的公式来最直接地说明购买力风险对证券的这个影响：

$$期望回报率(ER)=\frac{现金流\ C_n+(P_1-P_0)}{P_0} \tag{5.1}$$

其中，现金流指期内收到的利息；P_1 为期末的预期价格；P_0 为证券的现值，表明期望的回报率与现金流和期望的期末价格有直接的关系。当现金流和期末价格的期望值高时，则回报率的期望值也高；而当现金流和期末价格的期望值低时，则回报率的期望值也低。同时，该式还说明期望的回报率与证券现行价格是反向变化的。当证券的现行价格低时，期望的回报率就高，而当证券的现行价格高时，期望的回报率就低。当期望的现金流和期末价格保持不变时，改变证券的现行价格将为证券提供一种把回报率调整到投资者要求的回报率水平的方法。

假如投资者预计到未来会发生通货膨胀，就会要求一个高的期望回报率，以弥补通胀可能造成的损失，这就需要对回报率进行调整。对于债券，它的现金流（票息支付）是固定的，调整回报以弥补通胀增长的唯一途径便是降低价格，也就是需降低债券的现行价格，降价使上式减小分母，增大分子，从而提高证券的期望回报率；反之则相反。由此可见债券和其他固定收入的证券，如优先股，很容易受到加速通胀的影响，即购买力风险的影响。不过固定收入的证券在通货紧缩期或通胀减速期则是一项极具价值的投资。

3. 经营风险。经营风险是由公司经营的本质所引起的收入现金流的不确定性。它可通过公司期间运营收入的分布来度量。也就是说，运营收入变化越大，经营风险就越大；运营收入变化越小，经营风险越小。经营风险被分为两类：内部的和外部的。内部经营风险与那些公司内部能控制的运营条件联系在一起，它可通过公司的运营效率得以体现。外部风险与那些超出公司控制的环境（如公司所处的政治环境和经济环境）强加给公司的运营条件联系在一起。

经营风险是评价证券的因素之一。通过它可使我们认识到，投资者期望源源不断的收入可能不会实现，即一种可能性——投资者期望得到的未来源源不断的利润的价值受到不利的影响。对于固定收入的证券，经营风险的存在可能影响公司支付利息或分期偿还债务的能力。这种风险是由偏离期望收入的程度来度量的。运营收入变化越大，债券违约的可能越大。在极端情况下，意味着公司破产，债券持有者将失去一切。

一般来说，政府债券不会遭受经营风险，高质量的公司债券也仅仅会在一个有限程度上遭受经营风险。

实际上，政府债券根本不遭受经营风险。高质量的公司债券也仅仅在一个有限程度上遭受经营风险。低质量债券（高收益或垃圾债券）更多地遭受这种风险。通常，高等级债券对于这些潜在风险所期望的回报中没有多少增溢，而低等级债券却有着较高的增溢。在极端情况下，垃圾债券要求的增溢回报接近权益要求的回报，而且其形式为当前收益，因此，被命名为“高收益”债券。

4. 财务风险。财务风险指的是企业无法按期支付负债融资所应负的利息或本金而有倒闭的可能性，又称为违约风险。通常用负债与权益的百分比来度量财务风险。由于负债的存在意味着有义务支付固定的财务费用（利息），于是存在着这样一种风险，即收入可能不足于支付这些债务。这将对债券持有者产生不利的影响，他们可能要放弃期望的利息收入，甚至完全失去他们的投资，承受债券发行主体因财务风险导致的违约结果。

负债在公司资本结构中比重越大，公司面临的财务风险就越大，则债券的质量就越低，投资者要求的回报也就越高。那些承担负债数额较少的公司，只在有限的程度上遭受这一风险，而政府债券根本不遭受这一风险，因此，投资于此类债券所能要求的额外回报也是有限的。

5. 不同类别债券承受风险的比较。在这里，用表 5 - 2 中的数据来评价四种主要类型的债券所承受的四种风险来源的程度，表中列出了四种债券：(1) 国库券，表示一个短期最高质量证券。(2) 20 年政府债券，表示一个长期最高质量的债券。(3) 30 年 AAA 级公司债券，表示长期高质量债券。(4) 高收益债券或垃圾债券。

表 5 - 2　　不同类别债券承担风险的比较

风险类别 / 债券类别	利率风险	购买力风险	经营风险	财务风险	总风险
国库券	1	2	1	1	5
20 年期政府债券	3	5	1	1	10
30 年期 AAA 公司债券	3	5	2	2	12
垃圾债券	2	4	4	5	15

表 5 - 2 中，债券承担的风险被分为 5 级：1 代表不承担风险，2 表示低于中等风险，3 表示承担中等风险，4 表示高于中等风险，5 代表承担最大风险。表 5 - 2 中第五列表示总风险，是债券所承担的风险之和，用来对总风险进行评价。这个总和仅仅是试图为证券所承担的风险进行比较的分级，并不是一个精确的序列。

由表 5 - 2 中数据可知，国库券仅仅存在购买力风险，而且很低，这也是国库券通常被认为是无风险证券的原因；长期政府债券承担总风险较大的原因，主要是由于承担了中等的利率风险及最大的购买力风险；AAA 级长期公司债券同长期政府债券一样承担利率风险和购买力风险，但同时还会存在适度的经营风险和财务风险；垃圾债券承担的财务风险最大，且其承担的购买力风险和经营风险也很高，但由于垃圾债券当前的票息和收益通常很高，因此只承担很小的利率风险。

这项由承受各个风险类别的值相加而得到的总和，为我们评价各个债券的风险提供了一个综合的方法。注意，国库券的综合分数最低为5，垃圾债券的最高为15。不同类型的债券最后的级别通常将符合投资者对此债券风险程度的理解：国库券风险最低，垃圾债券风险最高。此外，从长期来讲，这些不同类别的债券相对的回报一般与其风险程度相一致。

当长期的风险和回报在长期大体上被排列出来时，个别债券的业绩在短期内由于经济环境影响可能会发生相当大的变化。

例如，从20世纪70年代至80年代初这段通胀加速、利率上升的时期内，国库券的业绩相对来讲比较好，这是由于其承受的购买力风险和利率风险程度较低。1981年以后，相当长时间内通胀消退、利率下调的幅度很大时，长期限、高收益债券则表现较好。相比之下，在同一时期，垃圾债券表现不佳。这是由于期限较短，其提供的资本利得较少。相应地，垃圾债券在80年代末90年代初，破产风险变得十分突出时，绩效极差。信贷条件改善后，表现十分好。

（二）风险增溢

从前面不同债券承担风险的不同可知，投资者在选择债券时，会对风险较高的债券要求较高的回报率，如公司债券相对于政府债券而言，由于不仅受利率风险和购买力风险的影响，同时还受经营风险和财务风险的影响，因此公司债券为弥补其较高的风险而产生的高于政府债券的收益，就叫作风险增溢。风险增溢受下列要素影响：（1）利率风险；（2）购买力风险；（3）经营风险；（4）财务风险。投资者要求的风险增溢将随各种证券所承担风险的高低而不同。

债券分级实质上是根据债券违约概率的大小而设计的。违约也就是指不能支付利息或偿还本金。AAA债券被认为几乎没有违约风险，因此，是质量最高的债券；AA债券也是高质量的，但并不像AAA债券那样完全没有违约风险；A和BBB（Baa）债券则是中等质量，其中BBB违约风险大于A；从BBB到AAA的四个等级被认为是具有投资价值的债券。不属于这四个等级的债券被认为含有相当多的投机因素，投资组合经理通常不会投资于这类含有投机因素的债券，除非投资组合的目标就是投机。通常投资评级机构通过自身的评级系统会对不同种类债券的相对安全性进行评级，为投资者衡量风险增溢是否合理提供了参考，国际上通用的两种评级系统是Moody和“标准普尔”的投资服务机构所用的系统，每种系统给债券标注的等级与含义如表5-3所示。

表 5-3　　穆迪与标普对公司债券评级的含义

Moody's	Standard & Poor's	质量指定
Aaa	AAA	最高质量
Aa	AA	高质量
A	A	中上等
Baa	BBB	中等
Ba	BB	有投机因素
B	B	投机的
Caa	CCC - CC	可能违约
Ca	C	违约，有一些恢复的可能
C	DDD - D	几乎没有恢复的可能

（三）再投资风险

对于那些追求在到期日前就卖掉所持债券的债券经理们，在持有期间主要关心投资组合中债券的价格变化，即价差收益，也被称为资本得利。对于那些追求买入并持有战略的经理们，票息支付是其首要关心的，因为这是组合回报的首要来源，这种投资人也常被称为价值投资者，他们面临的主要风险来自于利息的再投资风险，即如何在现行的利率结构下把每年两次的票息以相同或更高的到期收益率进行投资。

表 5-4 说明了投资者面临的再投资率风险。表 5-4 中表示的是一只 5 年期 9% 的债券在 5 年内将产生 450 美元票息收入和 1 000 美元到期面值，为了获得 5 年间资产价值以复利 9% 增长，1 000 美元最终可达到累积 1 553 美元，在增值回报的 553 美元中，有 103 美元的差额需要通过将利息再以 9% 的利率进行再投资而获得的，即利生利，这项利息产生的利息数额，只有当票息再投资率达到债券本金的到期收益率为 9% 时，才能完成。但在 5 年中，利率的变化是难以预测的，因此利息再投资能否顺利达到预定的目标就很难说了。

表 5-4　　债券利息的投资回报分解

再投资利率（%）	票息收入（美元）	利生利（美元）	总回报（美元）	实现的复合收益率（%）
0	450	50	450	7.57
7	450	78	528	8.66
8	450	90	540	8.83
9	450	103	553	9.00
10	450	116	566	9.17
11	450	129	579	9.35

表 5-5 说明了再投资率风险的大小随着投资组合中债券期限的增长而增加；

特别是列出了利生利占总回报的百分比。注意，1 年期债券上述百分比为 2. 2%，5 年期为 18. 6%，20 年的债券为 62. 6%，30 年债券为 79. 3% 是总回报的主要成分。利生利对短期债券来说是一个可忽略及适度的风险因素，而对长期债券来讲则是主要的风险因素，这也是很多人谈到的复利计息的秘密。

表 5－5　达到复合收益率 9% 的评价债券多种期限下利生利的大小

到期年数	总回报（美元）	再投资利率为 9% 时利生利（美元）	利生利占总回报的百分比（%）
1	92	2	2. 2
2	193	13	6. 5
3	302	32	10. 7
4	422	62	14. 7
5	553	103	18. 6
7	852	222	26. 1
10	1 412	512	36. 2
20	4 816	3 016	62. 6
30	13 027	10 327	79. 3

二、债券估值方法

（一）债券估值理论

所有投资，包括固定收入类和普通股，都是从它们期望产生的现金流中获得价值，债券的未来现金流主要包括利息和本金的回收。如式（5. 2）所示：

$$P_0 = \sum_{i=1}^{T} \frac{CF_t}{(1+k)^t} \tag{5.2}$$

这个模型说明证券的现值或者叫作当前价格的估值 P_0 是时间 T 内得到的现金流（红利或利息）以利率 k 折现的累积。一般情况下，任何证券的内在价值都是由其未来现金流的估计值进行贴现后所确定的，会计学中也称其为现值，将这个现值与该证券的当前市场价格进行对比后，能够帮助投资者做出买入还是卖出的决定。如当证券的内在价值 P_0 与市场价格 P 进行比较时，如果内在价值大于当前的市场价格，则说明该证券目前被市场低估了，此时投资者应当买入，待其价格上升至内在价值以上时抛出即可获利；反之则卖出；如果两者恰好相等，则选择持有观望。

证券价值很明显与现金流是正相关的，期望的现金流越高当前的价格越高；期望的现金流越低当前价格越低。另外，证券价值与折现率负相关。折现率越高当前价格越低；折现率越低当前价格越高。此外，要认识到折现率是风险的一个直接的度量。

折现率也可被当作投资者要求的回报率 R，其构成要素如下：（1）无风险回报率 R_f；（2）风险增溢率 β_i。无风险回报率通常被认为包含一个实际回报成分和一个通货膨胀增溢。实际回报率 R_r 是对投资者放弃当前消费的基本补偿，即对储蓄的补偿。此外，投资者还要求一个补偿通胀的增溢。这一增溢 I 将随预期的通胀率的变化而同向变化。由于实际回报和通胀增溢是所有投资者要求的基本回报，所以无风险回报是所有证券要求的最低回报。

（二）债券估值方法

1. 永续年金的估值。首先通过讨论一个有关永续年金定价的案例来说明式（5.2）如何被用来给不同类型的证券定价是很有意义的，永续年金在无限长的期限里每年支付的数额是固定的。将式（5.2）可以简化变换为如下形式：

$$P = \frac{CF}{k} \tag{5.3}$$

此公式表明，永续年金的价格 P 或现值仅仅是将固定数额的现金流 CF（利息或红利）通过折现率 k（证券要求的回报率）加以资本化。这个公式尤其与政府公债这样的特殊债券和各种类型的优先股的估值有关。

【例 5－1】 一只优先股每年支付红利 6 元，要求的回报率或折现率 k 为 0.12，计算其内在价值。

$$P = \frac{6.00}{0.12} = 50\text{（元）}$$

尽管像优先股这种类型的永续年金在证券中的数量是有限的，但对于这种类型证券的估价仍然对其他更广泛类型的债券和普通股的估价具有指导作用。债券与永续年金的共同之处在于两者每期支付固定数额的现金流。但与永续年金不同的是债券通常有到期日。另外，普通股与永续年金一样没有到期日，但是普通股的现金流不是固定的。普通股的定价公式在形式上与式（5.3）相似，但考虑到人们期望普通股的现金流是逐期增长的，因此要做一些修正。

2. 债券估值。我们首先讨论永续年金的估值是因为通过它可使我们对普通股和债券的定价有所认识。现在我们讨论债券定价是考虑到债券估值比股票估值更容易一些，这里主要因为债券持有者期望的期间收益是明确规定的。

（1）实际收益率。

$$R = \frac{P_t - P_0}{P_0} \times \frac{360}{N} \times 100\% \tag{5.4}$$

其中，R 为实际持有年收益率；P_0 为期初或买入价格；P_t 为期末或出售价格；N 为持有期限；$\frac{360}{N}$为实际天数调整。

【例5-2】某投资者以1 046.28元的价格购入一年前发行的面值1 000元、票面利率5.50%、期限8年、到期一次还本付息的债券，持有10个月后又以1 087.64元的价格卖出，问其投资收益率是多少？

$$R=\frac{P_t-P_0}{P_0}\times\frac{360}{N}\times 100\%=\frac{1\ 087.64-1\ 046.28}{1\ 046.28}\times\frac{360}{300}\times 100\%=4.66\%$$

上式是收益率的一般表达式，已考虑了价格变化产生的资本损益，适用于一次还本付息的债券，属于事后收益率。若期间发生利息收入，就应用修正的公式（见〖例5-3〗），即通过期间利息贴现后的现值来计算出包含利息时间价值的收益率。

（2）到期收益率。债券产生的现金流是由每年支付的利息C（通常是固定的）和面值F构成。付息期限和偿还本金的到期日t通常由契约确定。用下面的估值模型可以求得价格P或折现率r，通常叫作到期收益率：

$$P=\frac{C}{(1+r)}+\frac{C}{(1+r)^2}+\cdots+\frac{C}{(1+r)^t}+\frac{F}{(1+r)^t} \tag{5.5}$$

【例5-3】某国债品种面额1 000元，5年期、票面利率为8.5%、每年付息一次，还有2年到期，现市场价格为965.5元，若买入持有，到期收益率是多少？

$$965.5=\frac{85}{1+r}+\frac{85}{(1+r)^2}+\frac{1\ 000}{(1+r)^2}$$

解此方程，得到期收益率r=10.5%。

（3）等价收益率。对以折价方式发行的贴现债券，应将不可比的贴现率转化为实际可比的收益率。以短期国债为例，贴现率d为：

$$d=\frac{F-P}{F}\times\frac{360}{N}\times 100\%$$

其中，F为债券面额，P为发行价格，N为期限。由于投资者交易时的价格和期限不一定与式中的P和N相同，上式中的贴现率并不等于实际收益率，此时的等价收益率：

$$r=\frac{F-P}{P}\times\frac{360}{N}\times 100\% \tag{5.6}$$

其中，P为实际投资价格，N为剩余期限，可看出等价收益率与实际收益率相同。

【例5-4】某短期贴现国债的贴现率为5%，距到期日尚余120天，面额500元，按贴现率报价为：

$$p=500\times(1-d)$$

其实际贴现率为：

$$d=5\%\times\frac{120}{360}=1.67\%$$

可得该国债价格 P = 491.65 元，如按此价格买入，等价收益率为：

$$r = \frac{500 - 491.65}{491.65} \times \frac{360}{120} \times 100\% = 5.10\%$$

即该投资者的年收益率为 5.10%。

（4）债券的均衡收益率。国库券可看作无风险资产，而对于公司债券和金融债券，由于存在经营风险和违约风险，对债券进行定价时会遇到未来现金流的不确定性，从而无法运用式（5.5）对债券价格进行准确定价。此时的收益率并不等于市场上同期限的无风险利率，必须将其看作风险证券，应用资本资产定价模型来估计它的均衡价格和均衡收益率。

以一个单一期限的债券为例，若期初债券 i 的市场价格为 P_0，在均衡条件下，反映市场真实预期的期末价格为 $E(P_t)$，预期现金流入为 $E(C)$，其中 C 和 P_t 为随机变量，则预期的均衡收益率 $E(R)$ 为：

$$E(R) = \frac{E(P_t) - P_0 + E(C)}{P_0} \tag{5.7}$$

整理得，债券的市场均衡价格为：

$$P_0 = \frac{E(P_t) + E(C)}{1 + E(R)} \tag{5.8}$$

将资本资产定价模型：

$$E(r_i) = r_f + [E(r_m) - r_f]\beta_i$$

代入式（5.8）可得债券的均衡价格：

$$P_0 = \frac{E(P_t) + E(C)}{1 + r_f + \beta_i[E(r_m - r_f)]} \tag{5.9}$$

【例 5-5】某公司所发行的五年期面值 1 000 元，票面利率 8% 的到期一次还本付息的债券，还有一年到期。若公司因经营不善而违约，到期只能无息还本 600 元。假定违约概率是 30%，该债券的 β 值为 0.8，无风险利率为 6%，风险证券的市场组合收益率为 10%。问债券的均衡价格和均衡收益率。

预期债券期末价格 $E(P_t) = 0.7 \times 1\,000 + 0.3 \times 600 = 880$（元）

预期期末利息 $E(C) = 0.7 \times 80 + 0.3 \times 0 = 56$（元）

由式（5.8）得：

$$\text{均衡价格 } P_0 = \frac{56 + 880}{1 + [0.06 + 0.8 \times (0.1 - 0.06)]} = 857.14 \text{（元）}$$

按此价格购入后并持有到期的均衡收益率为：

$$\begin{aligned} E(r_i) &= r_f + [E(r_m) - r_f]\beta_i \\ &= 0.06 + 0.8 \times (0.1 - 0.06) \\ &= 0.092 \end{aligned}$$

即该债券的均衡收益率为 9.2%。

比较债券价值的不同估计方式，可以看出把债券当作无风险证券还是当作风险债券，其估价方法有着本质的不同。债券的单个价值、市场价值和均衡价值常常是不一致的，投资者应该根据所投资债券的种类和性质，选择相应的方法进行研判。

第三节　债券投资组合管理策略

债券投资组合的管理策略主要有三种：积极的、消极的和免疫管理，而免疫管理也通常被视为是消极管理策略的一种。通常积极投资策略更倾向于寻求更大的利润，而不考虑相伴而来的风险；消极投资策略通常把证券的市场价格当作公平的价格，同试图利用优越的信息或洞察力来跑赢大市的策略相比较，消极的管理者更倾向于在既定的市场机遇条件下保持一个适度的风险收益平衡；而免疫技术则试图构建一个利率风险为零的投资组合。

我们先借助久期与凸性来分析债券价格对利率波动的敏感性；接着转向对消极策略的考察；并说明久期匹配技术是如何免除固定收入资产组合持有期间所面临的利率风险的；最后，我们将探讨各种积极策略，其内容包括内部市场分析、利率预测和利率掉期。

一、债券投资组合的积极管理

（一）潜在利润的来源

在积极的债券管理中有两个潜在价值的来源。一是利率预测，它试图预测整个固定收入市场范围的利率运动。如果预测利率会下降，管理者就会增加资产组合的久期（反之则相反）。二是固定收入市场内相关的价格失衡情况的确定，例如，一位分析人员可能相信一种特定债券的违约溢价过大，因此，债券的价格被低估了。

对投资组合进行积极管理的投资者认为自己掌握的信息或见解优于市场中的其他人，这些技术会带来非常规收益。有价值的信息即是不寻常的信息。值得注意的是，利率预测通常有着声名狼藉的糟糕记录，因为市场是很难预测的。

霍默与利伯维茨创造了一种流行的债券组合策略的分类方式，即把证券组合的各种再平衡活动归类为四种债券掉期方式。在替代掉期和市场间价差掉期两种掉期方式中，投资者总是相信债券或部门的收益关系有一暂时的错乱，当错乱消除时，价格偏低的债券就会有利可图，这段重新调整的时期叫做市场疲软期。同时在四种掉期之外我们再加上一种掉期方式——税收掉期。

1. 替代掉期。替代掉期是一种债券与另一种相近替代债券的交换，相互替代的债券应有基本相等的息票利率、期限、质量、赎回特征及相同的证券偿债基金条款等等。如果人们相信市场中这两种债券价格暂时失衡，被低估的债券未来会有获利的机会，那么，这种掉期方式就会出现。

例如，出售一种20年期、息票利率为9%、5年后可以1 050元赎回的A公司债券，这个债券的到期收益率为9.15%；与之相配的是购买一种息票利率为9.15%的B公司债券，它有着与A公司债券相同的赎回条款、到期时间和9.15%的到期收益率。如果两种债券有相同信用等级，B公司就没有明显的理由提供更高的收益率。因此，只有让B公司债券提供更高的收益率，它在市场中才会显得更具吸引力，但如果B公司债券实际上风险更大，那它的高收益率就不能代表它在市场中更受欢迎。

2. 市场间价差掉期。市场间价差掉期是当投资者相信债券在不同的子市场间的收益率差暂时出轨时为获取短期盈利出现的行为。如果公司债券与政府债券的现有价差被认为过大，并认为将来会缩小，投资者就会从投资政府债券转向投资公司债券。如果收益率差确实缩小了，公司债券将优于政府债券。例如，如果20年期国债与20年期Baa等级的公司债券的收益率差现为3%，而历史上的差价仅为2%，此时投资者将预期两者的价差会向历史价差回归，因此会考虑卖掉手中所持国债，换成公司债券。如果实际变动的结果显示收益率差确实缩小了，Baa等级的公司债券将优于国债。

当然，投资者必然仔细考虑收益率差出轨的原因是否存在。例如，由于市场预期会有严重的衰退，公司债券的违约溢价可能会增长。在这种情况下，公司债券与国债间更大的价差也不能算是有吸引力的价格，而只是简单地被看作是对风险增长的一个调整。

3. 利率预测掉期。利率预测掉期是盯住利率的预测。在这种情况下，如果投资者相信利率会下降，他们会把久期较短的债券掉换为久期更长的债券，相反，如果预测利率会上升，则把久期较长的债券掉换为久期较短的债券。例如，投资者会卖出5年期国债，买进25年期国债。新债券与原债券的信用风险相同，但是久期更长。

4. 净收益增长掉期。净收益增长掉期的产生不是由于可见的价格错乱，而是作为持有更高收益债券以增加收益的一种方式。这应该被看作一种以更高收益债券赚取预期的时期溢价的尝试。投资者愿承受这种策略带来的利率风险。

5. 税收掉期。税收掉期是一种可以利用税收优势的掉期。例如，一个投资者愿意掉换一种价格降低了的债券，只要持有这种债券可以通过资本损失变现而获得纳税方面的好处就行。

（二）水平分析

水平分析是一种利率预测的形式。是指一种债券在任何既定持有期中的收益率在一定程度上取决于债券的期初和期末价格以及息票利率。由于期初价格和息票利率都是可知的，水平分析主要集中在对期末债券价格的估计上，并由此来确定现行市场价格是偏高还是偏低。这是因为，相对于一个既定的期末价格估计值而言，如果一种债券的现行价格相对较低，其预期收益率则相对较高；反之，如果一种债券的现行价格相对偏高，则其预期收益率相对较低。给定一种债券持有到期的到期时间，它的收益可以从预期的收益曲线读出，并可以从它的到期价格中算出。分析人员再加入债券利息收入和预期的资本利得，就可以得到债券持有期的总收益。

水平分析的一种特殊形式为收益曲线追踪。这是短期货币市场证券管理中流行的一种策略。如收益率曲线斜率大于0，如果预计在投资期间收益曲线不会移动，那么债券到期期间随时间的流失而减少，它们的收益率也会下降，它们所"依靠"的收益曲线会低于短期债券收益曲线。收益的这种下跌会导致债券获得资本利得。

假定现在的收益曲线如图5－5所示，把所有利率表示为每季的实际比率，一个货币管理者会以每季收益率为1.5%的现价买进9个月期的国库券，即以$\frac{100}{(1.015)^3}=95.63$的价格买入。如果国库券收益在本季度保持不变，3个月后，国库券会以$\frac{100}{(1.015)^2}=97.07$的价格出售，它提供了一个恰好等于到期收益率为1.5%的持有期收益。

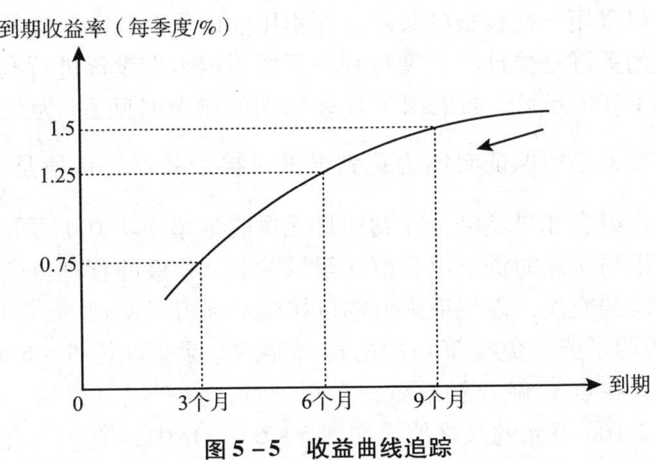

图5－5 收益曲线追踪

注：随时间的流失，债券的期限变短，在假定收益曲线不变的情况下，债券到期收益率将下降。

然而，3个月后，国库券的期限就只有6个月了。如果收益曲线在季末与现在一样，那么国库券的收益将从每季1.5%降至1.25%。随时间流逝，国库券到期日临近，它的收益率随曲线下降，国库券会提供一个比最初的 1.5% 更高的持有期收益。譬如，3 个月后国库券的售价为$\frac{100}{(1.0125)^2}=97.55$，这样，它所提供的收益率就是 2.0% $\left[\frac{(97.55-95.63)}{95.63}\right]$，如图 5－5 所示。

另外，长期资产会比短期资产带来更高的收益率。例如，在图 5－5 中，3 个月期的国库券会在持有期期末到期，它提供的无风险收益率为 0.75%。由此，当收益曲线有正的斜率，水平分析预计收益曲线不变时，长期资产能比短期资产提供更高的预期收益，而且固定收入证券持有期的预期收益率会超过它的到期收益率。实际上，在收益曲线由于流动性溢价而向上倾斜时，长期资产拥有的更高预期收益并不一定比由此带来的风险补偿高，资产组合管理者必须面对这样一种权衡。

（三）或有免疫

或有免疫是利伯维茨和温伯格提出的一种积极—消极混合的投资策略。例如，设定现行利率为 10%，管理者的资产组合现价为 1 000 万元。管理者可通过常规的利率免疫技术锁住现有利率，两年后资产组合的未来价值为 1 210 万元。若管理者资产组合管理的目标是未来两年的最终价值不低于 1 100 万元，则在现行利率下只要有 909 万元$\left(\frac{1\ 100\text{万元}}{(1.10)^2}\right)$就可以在两年后达到最小可接受的最终价值，而资产组合的现值为 1 000 万元，管理者在开始时可以承受一些风险损失，因此开始时可以采用一些积极的策略，而不用立即采取利率免疫的策略。

或有免疫的关键是要计算在现行利率下要锁定多少投资进行利率免疫，才能保证未来获得 1 100 万元。如果用 T 代表到期的剩余时间，r 为任一特定时间的市场利率，那么，必须保证有能力达到最低可接受的最终价值是$\frac{1\ 100}{(1+r)^T}$，因为这一规模的资产组合如果免疫会在到期日无风险地增至 1 100 万元。这个值变成了触发点：如果当实际的资产组合值跌至触发点，积极的管理就会停止，会导致最初的免疫策略的变换，以保证最低的可接受业绩得以实现。

图 5－6 表明了或有免疫策略的两种可能的结果。在图 5－6（a）中，资产组合价值下降并在点 t^* 触及触发点，在那一点，资产组合得到了利率免疫，其值平滑地升至 1 100 万元的最终值。在图 5－6（b）中，资产组合表现很好，从没有触及触发点，其值在到期日比 1 100 万元要多。

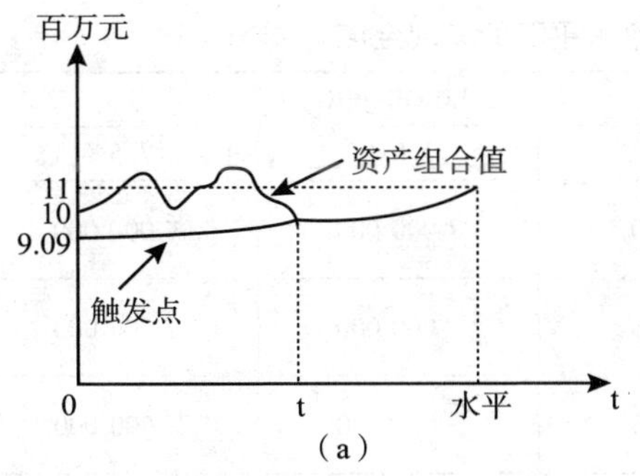

（a）

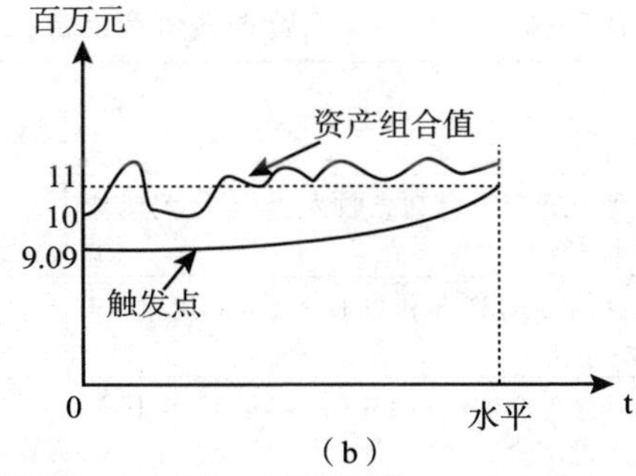

（b）

图5－6　或有免疫

（四）利率掉期

所谓利率掉期，是借利息支付方式的改变，而改变债权或债务的结构，双方签订契约后，按照契约规定，互相交换付息的方式，如以浮动利率交换固定利率，或是将某种浮动利率交换为另一种浮动利率。订约双方不交换本金，本金只是作为计算基数。掉期最初是作为控制利率风险的工具出现的，利率掉期与较早出现的霍默/利伯维茨债券掉期无关。1982 年，德意志银行进行了第一笔正式的利率掉期交易。我国第一笔公布的利率掉期，发生在招商银行与花旗银行之间。

为说明掉期是如何起作用的，考虑一管理者拥有包括票面价值达 1 亿元的大额长期债券，其平均息票率为 7% 的大金额资产组合。他相信利率将上升，因此他愿意出售债券以换回或者是短期债券或者是浮动利率证券。但是，如果每进行一次新的利率预测就更换一次债券，那交易费用就太高了。一种更便宜、更灵活的调整资产组合的办法是让管理者把资产组合现在一年产生的 700 万元的利息收入“调换”成与短期利率紧密相关的一笔资产。用这种办法，如果利率上涨，资产组合的利息收入也会提高。

做掉期交易的交易商愿意将基于 6 个月期、LIBOR 利率的现金流与目前的资产组合管理者的 7% 的固定利率的现金流①进行交换或“调换”，于是双方签订掉期协议：资产组合管理者向对方按理论本金 1 亿美元的 7% 支付利息，从对方那里获得基于同样数量理论本金的 LIBOR 利率的利息。也就是说，资产组合的管理者将 0.07 ×1 亿美元的支付额换成了 LIBOR ×1 亿美元的支付额，管理者的由掉期合约引起的净现金流为（LIBOR －0.07）×1 亿美元。

注意，掉期合约的达成并不意味着借贷的完成，参与者只是同意用一个固定现金流交换一个可变的现金流。表 5－6 列出了三种利率水平下的净现金流的情况。

---

① LIBOR 或 London Interbank Offer Rate，是欧洲美元市场中银行互相拆借的利率，是掉期市场中上最广泛运用的短期利率。

表 5-6　管理者资产组合在不同利率水平下的净现金流

项目	LIBOR 利率		
	6.5%	7.0%	7.5%
管理者资产组合利息收入（=1 亿美元债券的 7%）	700 000	7 000 000	7 000 000
交易商浮动利率利息收入（=LIBOR×1 亿美元）	6 500 000	7 000 000	7 500 000
掉期净现金流（=（LIBOR-7%）×1 亿美元理论本金）	（500 000）	0	500 000

在 LIBOR 为 6.5% 时，由管理者向交易商支付 50 万美元，在 LIBOR 为 7.5% 时，由交易商向管理者支付 50 万美元。即掉期交易只支付的是现金流的差额——净现金流。掉期对公司的资金管理是非常有用的。例如，预期利率下跌时，可将固定利率形态的债务，换成浮动利率，当利率下降时，债务成本降低。若预期利率上涨时，则反向操作，从而规避利率风险。

此外，利率掉期交易并不仅局限于负债方面利息支出的交换，同样地，在资产方面也可有所运用。一般资产持有者可以在预期利率下跌时，转换资产为固定利率形态，或在预期利率上涨时，转换其资产为浮动利率形态。当管理者欲改变资产或负债类型组合，以配合投资组合管理或对利率未来动向进行锁定时，可以利用利率掉期交易调整，而无须卖出资产或偿还债务，例如，可将浮动利率资产可以与浮动利率负债相配合，固定利率资产可以与固定利率负债相配合。

例如，某外贸公司 4 月 1 日有一笔 5 年期，浮动利率计息的美元负债，本金为 1 000 万美元，利率为计息日当天国际市场公布 LIBOR+1%，每半年付息一次，4 月 1 日借款利率为 3.33%，公司预测目前美元利率已经见底，未来利率有上扬的风险，为规避此风险即与民生银行进行利率掉期交易，银行支付给公司以 LIBOR+1% 的浮动利率利息，与客户的原借款利率条件完全一致，以让公司支付应付负债的利息，而公司支付银行固定利率 6.6%，如此一来，公司便可规避利率上升的风险。

二、债券投资组合的消极管理

消极的管理者通常认为市场是完美的，自己无法战胜市场，因而将市场价格当成是公平的价格，仅试图去消除持有的固定收入资产组合的风险。消极管理的策略主要有两种：一是指数策略，主要是通过参照已有指数的业绩来构建自己的资产组合，这种策略主要是债券指数型基金常用的策略；二是免疫策略①，主要

① 具体可参见第三章第一节中第二部分中“债券投资组合的消极管理”中的“免疫技术”部分的内容。

是通过建立几乎是零风险的资产组合来消除利率波动带来的风险，这种管理策略通常是保险公司或养老基金广泛运用的技术。这些策略是被设计用来保护整个金融体系的，以免其遭受利率波动的风险。本节重点介绍指数策略。

我们以债券指数型基金为例来进行探讨。债券市场指数和股票市场指数是相似的，都反映了指数的资产组合，并对测度市场的整体趋势具有积极意义。例如，在美国的股票市场，标准普尔500指数是被各股票指数基金广为运用的一个指数，这些基金完全按标准普尔500指数的成分股名单来选择购买股票，并按这些股票的当前市值在指数中的比重确定每种股票购买的数量，债券指数基金也使用一种类似的策略。表5－7反映了几种主要的债券指数的资产组合情况。

表5－7　　三种债券指数的构成情况

项目	莱曼兄弟指数	美林指数	所罗门指数
债券种数	6 500种以上	5 000种以上	5 000种以上
上述债券的期限	≥1年	≥1年	≥1年
不包括的债券	垃圾债券、可转换债券、鲜花债券、浮息债券	垃圾债券、可转换债券、鲜花债券	垃圾债券、可转换债券、浮息债券
权重	市值	市值	市值
月内现金流再投资	无	有（特殊债券）	有（以一月国库券利率）
每日计算	是	是	是

在债券市场中有三个重要的指数：莱曼兄弟总指数、美林国内标准指数和所罗门兄弟大市投资分级指数。这三个指数都是每日计算的总收益的市值加权平均指数，三种指数均包括政府债券、公司债券、抵押支撑债券和扬基债券[①]，这三种指数均只包括一年期以上的债券，随着时间的推移，每一种债券到期年限低于一年时，它便会从指数中消失，新发行的债券则不断补充进来。而债券组合的管理者所做的，就是需要不断地对持有的资产进行再平衡，以便使它们持有的资产组合的证券结构与指数中包括的债券结构尽可能匹配。由于每种指数都包括了5 000种以上的证券，指数中的债券品种又在不断地更新，市值在不断的变化，而投资债券带来的大量利息收入必须进行再投资，这一切都使指数基金的管理工作非常复杂。

在实践中，债券指数基金完全精确地重复债券指数是不切实际的。作为代替，经常采取的是分层抽样法或分格方式，如表5－8所示。首先，债券市场被划分为若干个类别，表5－8显示了一种简单地按到期年限与发行者划分的方法，也可以按照别的划分标准如债券息票率或发行者信用风险等进行划分，落在同一

① 扬基债券是外国发行者经证券与交易委员会注册，在美国发行的以美元标价的债券。

单元内的债券被认为是同质的；其次，计算并报告每一单元债券的市值占全部债券（指包括在有关指数内的全部债券）市值的百分比，就像我们已在表5-8中所做的那样；最后，资产组合的管理者将建立一个债券资产组合，该资产组合中每一单元债券所占的比重与该单元在各单元的全部债券中所占的比重相匹配。通过这种方法，这个资产组合按照到期年限、息票率、信用风险、行业代表性等方面的特征与指数的相应特征相匹配，因而这一资产组合的业绩也同样会与有关指数的业绩相匹配。

表5-8　　债券单元划分

到期期限	类别						
	国债	联邦机构债券	抵押支撑债券	工业债券	金融债券	公用事业债券	扬基债券
<1年	12.1%						
1~3年	5.4%						
3~5年			4.1%				
5~7年							
7~10年		0.1%					
10~15年							
15~30年			9.2%			3.4%	
>30年							

测度这种分格方式跟踪反映债券市场大市的债券指数的效果，可通过计算资产组合与指数之间的轨迹差的绝对值进行，任何一月的轨迹差是资产组合的业绩与指数业绩之差。一项有关所罗门兄弟指数的研究发现，一只1亿元的债券指数基金与所罗门债券指数之间只有4个基点绝对值的月平均轨迹差。不足为奇的是，由于分类指数中的公司债券指数所包含的债券存在着最大的差异性，因而有着最大的月平均轨迹差，具体的数字为16个基点；而政府债券的跟踪效果较好，它与政府债券指数只有2个基点的月平均轨迹差。当然，轨迹差也是指数基金规模的一个函数，一个10亿元的基金应该比一只1亿元的基金与相应指数的轨迹差更小，因为一个更大规模的资产组合可以更细地划分出更小、单元元素更相近的单元。

第四节　我国保险资金参与债券市场的情况

保险资金的安全性、收益性、流动性要求积极规避和防范利率风险以及通货膨胀等因素对其价值的侵蚀，使其不断地保值增值，以满足公司偿付能力的需求并进而提高自身的投资收益率。债券的特征恰恰能比较好地满足寿险公司投资安全性、收益性和流动性的要求。

一、保险资金参与我国债券市场的情况

随着我国经济快速增长和金融体制改革逐步深入，债券市场已成为社会直接融资的重要场所。保险机构作为较大规模长期资金的持有人，逐步成长为债券市场上的重要机构投资者，2005 年，保监会发布《保险机构投资者债券投资管理暂行办法》，之后又相继下发了 9 个通知，随着债券市场的迅速发展，部分规则已不能适应市场需要，2012 年 7 月下发了《保险资金投资债券暂行办法》（保监发〔2012〕58 号，以下简称《债券办法》），废止了 2005 年的《暂行办法》。

《债券办法》中规定了能够投资债券的保险公司的资质条件，如规定相应的保险公司应（1）具有完善的公司治理、决策流程和内控机制，健全的债券投资管理制度、风险控制制度和信用评级体系；（2）建立了资产托管、集中交易和防火墙机制；（3）合理设置债券研究、投资、交易、清算、核算、信用评估和风险管理等岗位；（4）对具有债券投资经验的专业人员的人数进行了相应的规定，如具有 3 年以上债券投资经验的专业人员不少于 1 人，具有 2 年以上信用分析经验的专业人员不少于 1 人等；（5）保险公司建立了债券管理信息系统等。

《债券办法》还针对目前债券市场的发展，规定了保险公司投资的债券类别。如可投资：（1）政府债券，包括中央政府债券、省级政府债券、中央银行票据、财政部代理省级政府发行并代办兑付的债券等；（2）准政府债券，以及以国家预算管理的中央政府性基金作为还款来源或提供信用支持的债券，政策性银行发行的金融债券和次级债券、国务院批准特定机构发行的特别机构债券等；（3）金融企业（公司）债券，包括商业银行可转换债券、混合资本债券、次级债券以及金融债券，证券公司债券，保险公司可转换债券、混合资本债券、次级定期债券和公司债券，国际开发机构人民币债券以及中国保监会规定的投资品种；（4）非金融企业（公司）债券，包括非金融机构发行的企业债券、公司债券、中期票据、短期融资券、超短期融资券等非金融企业债务融资工具，可转换公司债券，以及中国保监会规定的其他投资品种。

至 2015 年年底，保险业资金运用余额达到 111 795. 49 亿元，其中，银行存款为 24 349. 67 亿元，占比 21. 78%；债券为 38 446. 42 亿元，占比 34. 39%；股票和证券投资基金为 16 968. 99 亿元，占比 15. 18%；其他投资为 32 030. 41 亿元，占比 28. 65%，可见债券投资在保险资金运用资产中占有较大比重。

2015 年 1 月中国人民银行与中国保监会联合发布 2015 年第 3 号公告，允许保险公司在全国银行间债券市场发行资本补充债券①。推进保险公司在银行间债

① 资本补充债券是指保险公司发行的用于补充资本，发行期限在 5 年以上（含 5 年），清偿顺序列于保单责任和其他普通负债之后，先于保险公司股权资本的债券。

券市场发行资本补充债券有利于拓宽保险公司资本补充渠道，提高保险公司偿付能力和抵御风险能力；同时，保险公司长期以来主要作为投资主体参与银行间债券市场，引入保险公司发行债券，也有利于扩大银行间债券市场发行主体，丰富市场投资品种。至 2016 年 2 月，中国平安财产保险股份有限公司、华夏人寿保险股份有限公司、泰康人寿保险股份有限公司、天安财产保险股份有限公司、前海人寿保险股份有限公司、阳光财产保险股份有限公司、阳光人寿保险股份有限公司以及幸福人寿保险股份有限公司先后发行了资本补充债券。

二、保险机构的债券投资风险

保险公司投资债券时面临利率风险、市场风险、通货膨胀风险、流动性风险、信用风险和操作风险，其中前五项风险是保险公司所不能控制的外生变量，我们将之称为外部风险，操作风险是保险公司投资管理决策或操作失误所引起，我们称之为内部风险，内部和外部风险是指保险资金债券投资的资产风险，然而保险资金的负债特殊性使其不同于普通的投资行为，再加上由于我国寿险市场起步较晚，金融市场不完善，保险资金的债券投资还存在着资产负债不匹配的风险。

（一）利率风险

利率风险是保险资金投资债券市场最主要的风险，包括债券的价格风险和利息的再投资风险，是保险公司不可控制的外部变量。保险投资资金来源的负债性使其易受利率风险影响。

寿险资金投资的主要来源是寿险责任准备金和长期健康险准备金，当市场利率下降时保险公司计提的责任准备金将上升，保险公司的负债相应加重，加大了投资收益的压力；如果保险公司又必须在低利率上进行再投资，那么其卖出的保单就有形成利差损即亏损的危险了。

当利率上升时，保险公司整体收益率会上升，但这种上升仍带有很大的不确定性，因为所要求的投资回报率必须提高，这样央行加息给保险公司的资金运用提出了更高要求。如果保险公司购买长期固定利率债券，那么资金的盈利能力将大受影响；如果遇到利率连续调高，还会面临退保的压力，产生资产流动性风险；如果寿险保单中有保单质押贷款条款，在利率大幅上升时，保单持有人可以按照合同约定进行保险质押贷款后在证券市场投资获取高收益，进而造成保险公司保费大量流失，保险投资的资金来源的稳定性和持续性难以保证，投资收益和保险公司经营都会受到严重影响；利率上升时保险产品特别是理财型、储蓄型产品在定价中预定利率相应必须提高，否则保险产品在金融产品中不具有竞争优势，作为保险公司利润来源之一的投资净利润取决于投资收益率和投资成本（预定利率）两者的相对水平，而不仅仅是投资收益率的绝对水平，倘若公司资产对利率上升的反应不够及时、投资不力，实际投资回报率达不到预定利率，将会产生新一轮的利差损。

（二）流动性风险

保险公司为满足最低限度的赔付及财务稳定需要，资产须保证一定的变现能力，否则将导致流动性负债超过流动性资产，造成流动性不足，当现金不够支付时就产生了流动性风险，这时就要以低价变卖一部分资产，如未到期债券，或到市场上临时筹集高成本资金，从而对稳定经营产生严重影响。对于目前我国保险资金债券投资的流动性风险而言，主要为产品流动性风险，即由于市场交易不活跃而使得保险机构无法按照公允的市场价值进行债券交易而产生损失的风险。

（三）通货膨胀风险

通货膨胀风险体现在当物价指数持续上涨出现货币贬值时，投资者会认为购买债券吃亏，从而抛售债券，导致债券价格下跌。通货膨胀的发生时，说明市场上注入了过多的流动性，物价指数上涨，货币贬值，债券价格会下降，债券持有者开始抛售债券，债券价格进一步下跌，造成保险资金的长期债券投资价值下降；同时，在通货膨胀预期下，保险产品购买者会对其分红收益有更高要求，这又给保险资金投资带来压力。

（四）信用风险

信用风险是指保险资金的债券投资中，由于保险公司购买的债券的发行者的经营状况、财务恶化或故意违约，使公司无法按期收回本金和利息的风险。市场风险可以利用利率掉期、远期交易等衍生品适当消除，信用风险只能最大限度地缓解，而无法根本消除，需要加强事前分析。保险资金投资债券时，信用风险在最严重的情况下，将会导致保险公司的未来偿付能力受到极大的影响，甚至会造成保险公司的破产。从当前我国保险资金投资债券来看，主要是国债和信用等级较高的金融债券，虽然监管机构对投资企业债的条件放宽了，但企业债券所占的投资比重仍然较低。随着对保险资金投资渠道的不断放宽，所面临的信用风险也将逐步增加。

（五）市场风险

市场风险是指由于市场供求不平衡引起市场价格变化而造成投资收益的不确定。货币政策扩张和紧缩，金融市场干预力量的强弱，投资者心理波动与预期以及投机行为等，都会引起债券市场的供求关系发生变化，带来市场风险。由于我国金融市场发展不完善，保险资金运用所面对的市场风险是显而易见的。

总体来看，保险资金的债券投资受利率风险、市场风险、通货膨胀风险影响较大。在信用风险方面，由于保险监管机构对投资渠道严格限制，目前可投资的国债、金融债、企业债风险都较小，但随着银行的商业化改革，新的债券品种推出，信用风险将成为我国保险资金债券投资的重要风险，而对信用风险的评估又是我国保险公司和债券市场的弱项。

（六）操作风险

操作风险是指由于保险公司内部控制不健全、操作失误等因素导致的风险，也是前面所讲的内部风险。保险公司投资债券市场的操作风险主要表现在决策失误，如投资业务过于集中，比例分配不当，造成风险单一化；重大投资决策失误，对市场环境预测出现偏差，导致投资结构错误调整等。

（七）资产负债不匹配风险

资产负债不匹配主要体现在三个方面：一是期限不匹配；二是数额不匹配；三是收益率不匹配。保险公司的资产不同的项目具有不同的到期时间、不同的现金流量分布以及不同的风险偏好，面临市场利率变化、价格波动、通货膨胀等因素影响。负债层面上，不同的险种，由于期限不同，产品的现金流也不同，两者共同影响着保险公司资产负债的匹配。资产价值增加小于负债价值增加，或资产价值减少大于负债价值减少，都会引起保险公司权益价值减少，也即资产负债不匹配的风险，目前我国寿险公司资产负债不匹配现象较为严重，债券投资的比例直接影响保险公司的资产负债比。

三、保险资金债券投资的风险管理策略

债券品种的多样化为保险资金实行债券投资组合管理，从而降低风险提高收益水平提供了基础，具体的风险管理策略包括购买持有策略、利率免疫与久期、利率预测与债券互换。前两者属于消极的管理策略，后两者属于积极的管理策略。

（一）购买持有策略

保险公司首先对债券市场所有发行的债券进行分析，根据自身的标准和偏好挑选出符合自身要求具有一定质量、利率水平、到期日和其他重要性质的债券，然后买进并持有至到期日。这种投资策略的优点在于保险公司一直持有债券到期，可以无视市场利率波动对债券价格的影响完全规避价格风险，收益率获得保证，避免债券买卖所带来的交易成本。它的缺点在于当通货膨胀超过预期时，债

券投资的名义收益虽然没有变化，但保险公司实际收益却因此降低。购买持有虽然能缩小债券投资的风险，但当市场上存在新的更有利的投资机会时，会丧失机会，保险公司要承担机会成本。

（二）利率免疫与久期

由于目前保险公司债券投资以政府债券、金融债券和高信用企业债券为主，一般来说不存在信用风险，那么投资所面临的重要风险就是利率风险。利率的变化带来两种影响，价格风险和再投资风险，两者的变动方向相反。购买持有策略虽然能规避利率的价格风险却对利率的再投资风险无能为力，而对保险公司来说，由于保费的制定以预定利率为基础，如果实际利率下降，再投资风险增大，利息收入只能以更低的利率再投资，有关的责任准备金就不能以预期的速度积累。面对未来利率波动，保险公司可以使用利率免疫技术来消除利率风险，通过调整债券组合中债券的期限，使之调整到当利率发生变动时债券的价格风险和利息的再投资风险正好相等但方向相反的点，在这一点上债券的价格下跌上涨正好被债券利息的再投资收入亏损所抵销，从而不再具有任何利率风险。当利率下降的时候，息票利息的再投资收益下降的损失由出售债券增加的收入弥补；同样当利率上升的时候息票利息再投资收益上升弥补了债券出售价格下降造成的损失，从而持有债券的最终价值稳定在目标价值附近，利率风险基本消除。保险公司可以运用债券久期来选择多种债券进行投资组合来实现消除利率风险的目的。

（三）利率预测

利率预测是指债券投资中投资者主要依靠分析利率的走向和变动幅度来决定债券的买进或卖出。保险公司投资时，预期利率下跌时买进，预期利率上涨时卖出。在该种投资策略中关键的就是对未来利率进行预测，但值得注意的是通过预测利率买进卖出方法的风险是很大的，原因在于利率的变动受各方因素影响通常很难预测，即使利率的变化方向和预期是一致的，如果变化幅度有偏差，投资者也可能遭受损失。

（四）债券互换

债券互换是保险公司通过卖出自己手里所持有的债券的同时，买进与自己卖出的债券性质几乎完全相同，但收益较高、收益的机会也较大的债券。债券互换不是建立在利率预测的基础上，而是建立在保险公司对不同债券之间收益率关系的了解基础上的，利用市场上短期供需变更引起的收益率关系扭曲，而进行债券交易并获利的。

【经典案例】

国债“327”风波回溯[①]

“327”作为一个国债期货合约的代号，对应的是1992年发行、1995年6月到期兑付的3年期国库券，发行总量240亿元。

1992年12月，上海证券交易所设计并推出12个品种的期货合约。次年，财政部决定参照央行公布的保值贴补率，给予一些国债品种保值补贴。国债收益率炒作空间扩大，国债市场开始火爆，聚集资金量远远超过股市。

当时国家提出三年内大幅降低通货膨胀率，到1994年年底、1995年年初，通胀率已经被控下调了2.5%左右。国内最大券商万国证券总经理、“证券教父”管金生预测，“327”国债的保值贴息率应维持在8%的水平，不可能上调。按照这一计算，“327”国债将以132元的价格兑付。当市价在147元至148元波动时，万国证券联合高岭、高原兄弟执掌的辽宁国发集团，开始大举做空。

他们的对手，是隶属于财政部的中国经济开发信托投资公司（中经开）和众多市场大户。

当所有空头以市场化的眼光断定保值贴补率不可能再增加时，财政部发布公告称，“327”国债将按148.50元兑付，保值贴补率竟然提高到12.98%！

1995年2月23日一开盘，双方展开生死厮杀，下午辽国发的高氏兄弟看到势头不对，突然调转枪口做多，万国证券被逼进死胡同，面临60亿元巨亏。

收市前8分钟，万国证券违规下单，透支卖出国债期货。最后一个卖单对应面值1 460亿元，而“327”国债总价值仅仅300多亿元。如果按照收盘价交割，以中经开为代表的多头将出现约40亿元的巨额亏损，全部爆仓。

当晚10点，上交所经过紧急会议后宣布：2月23日16时22分13秒之后的所有交易是异常的、无效的，当日“327”品种的收盘价为151.30元。市场被上交所翻转。直接导致万国证券亏损56亿元濒临破产，之后万国证券被申银证券接管，管金生被捕入狱，辽国发高岭兄弟人间蒸发，至今踪迹皆无。“327”国债期货深刻改变了中国证券市场的进程。

此后，中国证监会鉴于当时不具备开展国债期货交易的基本条件，做出了暂停国债期货交易试点的决定。至此，中国第一个金融期货品种宣告夭折。整整18年后，直至2013年方才恢复。2015年2月9日，上交所迎来历史性时刻，我国首个股票期权产品上证50ETF期权合约正式挂牌交易，境内资本市场进入全新的期权时代。

---

① 据新华网．“327国债四玩家血色谢幕　赢家刘汉曲终人散”［OL］．<http：//news.sohu.com/20150211/n408917368.shtml>．整理。

关键术语

利率风险　购买力风险　经营风险　财务风险　风险增溢　再投资率风险　久期　凸性　水平分析　免疫　或有免疫　净值免疫　利率掉期　现金流匹配　利率预测　债券互换

思考题

1. 什么是债券的久期？应用久期衡量债券价格波动性的缺陷是什么？

2. 免疫的原理是什么？

3. 交易成本的增加对贡献与免疫策略的吸引力有什么影响？

4. 债券 A、B 均为无息票债券，面额 1 000 元，期限 5 年。债券 A 的票面利率为 11%，B 为 10%，市场利率为 11%，问：

(1) 债券 A、B 的发行价格各是多少？

(2) 若发行一年后市场利率下降到 10%，此时债券 A、B 的市场价格是多少？利率变化对债券价格有什么影响？

(3) 投资者若按此价格出售债券 A、B，请计算实际收益率。

5. 已知一种息票率为 6% 的债券每年付息，如果它离债券到期还有三年且到期收益率为 6%，求该债券的久期。如果到期收益率为 10%，久期又为多少？

6. 一保险公司必须向其客户付款。第一笔是一年后支付 1 000 万美元，第二笔是五年后支付 400 万美元。收益率曲线的形状在 10% 时达到水平。

(1) 如果公司想通过单一的一种零息债券来充分融资以豁免对该客户的债务责任，则它购买的债券的期限应为多久？

(2) 零息债券的面值与市场价值各是多少？

7. 养老基金向受益人支付终身年金，如果一公司永远保留在一个行业内，养老基金债务就类似永久年金。假定你管理着一家养老基金，其债务为向受益人每年支付 200 万美元，永不终止。所有债券的到期收益率都是 16%。

(1) 如果五年期、息票率为 12%（每年付息）的债券的久期为 4 年，20 年期、息票率为 6%（每年付息）的债券的久期为 11 年。要使你的债务完全融资并免疫，则每种债券持有量为多少（以市价计算）？

(2) 你持有的 20 年期有息债券的面值是多少？

8. 一公司发行了 1 000 万美元面值的浮动利率债券，其利率是 LIBOR 利率加 1%，该债券以面值出售。企业担心利率会上升，因此想将其贷款锁定在某一固定利率上。公司知道在互换市场上交易商提供 LIBOR 和 7% 固定利率的互换，什么样的利率互换可以使该公司的利息债务转换成类似综合型固定利率贷款的债务？对该债务支付的利率是多少？

9. 某养老基金计划将在10年内每年支付给10 000美元。第一笔支付将在五年后，养老基金想将其头寸免疫。

(1) 它的债务的久期是多少？当期利率为每年10%。

(2) 如果养老金计划使用5年期和20年期的零息债券来构建免疫头寸，两种债券分别占多少？两种零息债券的面值是多少？

第六章　货币市场投资

【本章内容提要】

本章主要介绍货币市场的基本概念、主要的投资工具及我国保险资金参与货币市场的情况。要求学生重点掌握三种分析投资工具特性的方法，国内外主要的八种货币市场投资工具及不同之处，不同的金融机构对货币市场的参与程度，我国五类货币市场即票据市场、同业拆借市场、回购市场、同业存单市场和短期融资券市场的发展状况；熟悉我国保险资金参与货币市场的情况；了解货币市场的概念、功能与特点。

1. 货币市场概述
- 货币市场的功能
- 货币市场的特点
- 货币市场的参与者

2. 货币市场的投资工具
- 投资工具特性的分析方法
- 货币市场的投资工具
- 货币市场投资工具的对比
- 不同金融机构对货币市场的参与比较

3. 我国保险资金参与货币市场的概况
- 我国货币市场发展概况
- 我国保险资金参与货币市场的概况

第一节　货币市场概述

货币市场（money market），主要是由存续期在 1 年以下的金融工具组成的金融市场。由于在这个市场上交易的金融工具多为短期信用工具，具有期限短、流动性强和风险小的特点，在货币层次划分中与货币相似，因而这些短期信用工具也被称为“准货币”，因此交易短期金融工具的市场也被称为“货币市场”。货币市场主要包括票据市场、银行同业拆借市场、回购协议市场、国库券市场、可转让大额可转让定期存单市场（CD 市场）、银行承兑汇票市场、欧洲美元市场和货币基金市场等八个子市场，但不包括某些存续期在一年以下的商品期货以及金融衍生工具市场。

一、货币市场的功能

由于货币市场上交易的主要是一年以内的金融工具，因此货币市场的功能也主要有三个。

（一）提供短期资金的融通便利

货币市场主要承担着将资金盈余者的短期闲置资金转移给那些短期资金需求者手中的功能，为季节性、临时性资金的融通提供了便利，提高短期闲置资金的资金利用率，促使资金的市场化配置。在货币市场上短期资金盈余者通过把多余的现金投资在货币市场获利（减少机会成本），而短期资金的需求者则可以方便地在货币市场获得现金以满足必要的支出（弥补支出缺口），与持有现金相比，货币市场工具投资能带来较高的利息（收益）。

发达的同业拆借市场和证券回购市场可以有效地调节商业银行准备金的盈余和亏缺，增加商业银行短期资金运用的收益；完善的票据发行市场、票据承兑市场、票据贴现市场则为企业获取短期资金提供了方便。

（二）货币政策的传导功能

市场经济国家的中央银行在运用货币政策调控经济的过程中，主要是通过再贴现、法定存款准备金和公开市场业务等政策，通过影响货币市场的不同子市场的利率和货币供应量达到调节实体经济的目的，实现预期的宏观经济调控目标。在这个过程中货币市场发挥着重要的基础性作用，促进了宏观金融管理机制的效率，为中央银行货币政策的实施提供了操作手段，形成市场化货币调控机制。

（三）促进金融市场发展的功能

货币市场和资本市场是金融市场的核心组成部分，两者相互依存，互相促进。发达的货币市场为资本市场提供了稳定充裕的资金来源，为资本市场中资金的定价提供了重要的参考标准，货币市场的良性发展润滑了资金供求变化对社会造成的冲击，为金融市场上资金的市场化配置提供了基础，促进并繁荣了金融市场的发展。

二、货币市场的特点

货币市场一般具有以下五大特点。

（一）货币市场是筹集短期资金的场所

货币市场并不是货币交易（交易货币的是外汇市场）的市场，而是交易期限在1年或1年以内的金融工具（货币市场工具）的市场，是筹集短期资金的有效手段。主要交易的产品或工具是短期债券、回购协议、可转让定期存单、商业票据、大额可转让定期存单等。

（二）货币市场的交易工具面额较大

货币市场交易工具通常具有面额较大、无须缴纳准备金，转换费用低的特点，因此货币市场的参与者主要是有实力的机构投资者和政府。

（三）货币市场的交易工具期限短

在货币市场交易的金融工具通常期限较短。少则一日，如同业拆借中的隔夜拆借；最多可达1年，如短期融资券或国库券等。

（四）违约风险和流动性风险低

由于参与货币市场工具的发行与交易的多是像中央银行、财政部以及资信等级很高的机构投资者，因此该市场上投资者面临的违约风险很低；在货币市场中交易的工具期限短，有活跃的二级交易市场，因此流动性风险极小。

（五）货币市场主要是无形市场

货币市场通常没有固定的交易场所。交易主要通过电信、计算机网络连接而成。如我国同业拆借市场主要依靠的是中国外汇交易中心暨全国银行间同业拆借中心的系统或上海银行间同业拆借中心的系统完成的，票据市场的交易主要是在中国票据网上完成。

三、货币市场的参与者

货币市场的参与者通常是存款性机构（如商业银行等）、非存款性金融机构（如保险公司、证券公司、信托公司等）、政府和政府担保机构（如美国的联邦国民抵押机构、联邦农业信贷财务公司、学生贷款机构等）、中央银行、公司性质的非金融机构（如大型的工商企业等）以及货币交易商等。有时它们既是货币工具的发行人，同时也是交易者。

第二节　货币市场的投资工具

一、投资工具特性的分析方法

对不同投资工具的投资特性进行分析的方法，常用的有三类：一是三分法；二是标准分析法；三是 System T 分析方法。这三种分类方法可以推广至分析任何一类投资工具的投资特性。

（一）三分法

三分法就是从安全性、流动性与收益性的角度来对投资工具进行分析。安全性主要是指投资本金与投资利息在未来获得的确定性，通常安全性高的投资工具，往往收益性会差，即常说的低风险、低收益，如银行存款；流动性主要是指投资工具的变现能力，变现能力越强的，风险通常越低，而收益性也较差，如短期国债、银行活期存款等；而收益性则指的是投资工具的投资回报率，理论上收益性常与风险成正比，即只有承担高的风险，才有可能获取高的回报率，而风险高的工具则安全性会变差，流动性也常会差些。随着我国金融创新的不断深入，目前我国已经有很多“宝类”产品，主要是一些货币型基金①，突破了以上三者之间的严格的划分，兼有安全性高、变现能力强（有些能做到实时到账）和收益高（如百度百赚利滚利 7 日年化收益率甚至高达 6.4%）的特点。但这种分类方法为我们初步分析投资工具的特性很有帮助。

（二）标准分析法

标准分析法是指通过分析投资工具的未来投资收益的现金流来确定该投资工具是否符合投资者的风险偏好与预期收益的分析方法。标准分析法为我们分析投资工具的优劣提供了一种较好的分析思路。一项投资工具未来收益的现金流无非受以下三个因素的影响：

1. 孳息收入（income）。孳息收入是指投资工具未来的现金流入主要来自于投资工具本身的收入，而不是通过资产买卖获取的差价收入（也称为资本利得）。孳息收入通常是固定收益类证券及固定收益的资产收入，如债券利息、股利、租金收入等，孳息收入通常会受预期收入获取的时间与确定性的影响。

2. 资本利得（capital gain）。资本利得是指投资工具未来的现金流入来自于投资工具转卖得到的差价收入，即通过低买高卖而获得的现金流入。资本利得收

---

① 需要注意的是，货币型基金也是一种“准货币”，但目前我们未将其放在货币市场中进行考核，而是放在基金中进行讲解。

入的取得通常与整个市场环境的变化息息相关，因此需要综合考虑以下几个因素的影响：到期日、持有到期或中途转卖、本息安全性、变现能力及影响因素、收入到账时间等。

3. 费用支出（outgoing）。买入、持有或卖出一项资产或金融工具时，都会产生成本的支出，这就形成了现金流出，即费用支出。费用支出的多少会影响未来投资的收益率，因此需要考虑以下几个问题：买入、卖出的交易费用、持有该投资工具的成本（如房屋的维修成本等）及相应的税负等。

（三）System T 分析方法

System T 分析方法是将评估投资工具的重点归纳为七个方面，由于其英文的首字母缩写恰好为 System T，因此也被称为系统 T 分析法。这七个方面主要是：投资安全性（Security）、投资收益率（Yield）、投资分散度（Spread）、投资期限（Term）、外币汇率（Exchange rate or Expense 等）、交易活跃性（Marketability）以及税负（Tax）。System T 分析法为我们比较不同投资工具的投资特性提供了一个的分析框架，我们可以通过从这七个方面来对比不同投资工具的优劣。

二、货币市场的投资工具

前面已经谈到，货币工具交易的市场形成了货币市场，而货币市场中不同货币工具的交易场所又形成了货币市场的子市场。

（一）商业票据

商业票据（commercial paper，CP）是指由金融公司或某些信用较高的企业开出的无担保短期期票（promissory note），是企业筹措短期流动资金的工具之一。一般情况下，商业票据可以背书转让，通常是不记名的，但不能向银行进行贴现，其违约风险取决于发行企业的信用程度，因此相比同期银行存款利率而言，商业票据利率较高，其期限多在 3 个月内，很少会超过 270 天。商业票据可以由企业直接发售，也可以由经销商代为发售。

1. 发行商业票据的好处。大企业发行商业票据的主要好处就是能够降低借款成本，通常发行商业票据的利率往往比从银行借款低得多。表 6 - 1 给出了美国 2014 年 10 月 29 日票据评级均在 AA 级的非金融票据利率、金融票据利率和资产支持票据利率的六种期限的数据，分别是隔夜、7 日、15 日、1 个月、2 个月和 3 个月。

表 6 - 1　　美国 2014 年 10 月 29 日票据利率一览表　　单位：%

指标名称	隔夜	7 日	15 日	1 个月	2 个月	3 个月
非金融票据利率：AA 级	0.05	0.06	0.06	0.04	0.08	0.10
金融票据利率：AA 级	0.06	0.07	0.07		0.09	0.12
资产支持票据利率：AA 级	0.13	0.13	0.13	0.13	0.15	0.18

资料来源：据 wind 资讯数据整理所得。

表 6 - 2 列出了隔夜 AA 级非金融票据利率、隔夜 AA 级金融票据利率、联邦基金日利率和银行的最优惠利率。可以看出票据利率要远低于银行最优惠贷款利率。

表 6 - 2　　美国 1998 ~ 2013 年四种利率的对比一览表　　单位：%

时间 \ 指标名称	非金融票据利率：AA 级：隔夜	金融票据利率：AA 级：隔夜	美国：联邦基金利率（日）	银行最优惠贷款利率
1998 年 12 月 31 日	5.16	5.49	4.07	7.75
1999 年 12 月 31 日	4.58	4.32	3.99	8.50
2000 年 12 月 29 日	6.44	6.52	5.41	9.50
2001 年 12 月 31 日	1.75	1.77	1.52	4.75
2002 年 12 月 31 日	1.21	1.21	1.16	4.25
2003 年 12 月 31 日	0.91	0.94	0.94	4.00
2004 年 12 月 31 日	2.15	2.18	1.97	5.25
2005 年 12 月 30 日	4.16	4.17	4.09	7.25
2006 年 12 月 29 日	5.30	5.26	5.17	8.25
2007 年 12 月 31 日	3.91	3.76	3.06	7.25
2008 年 12 月 31 日	0.03	0.03	0.14	3.25
2009 年 12 月 31 日	0.04	0.01	0.05	3.25
2010 年 12 月 31 日	0.17	0.10	0.13	3.25
2011 年 12 月 31 日	0.08	0.02	0.04	3.25
2012 年 12 月 31 日	0.08	0.07	0.09	3.25
2013 年 12 月 31 日	0.06	0.05	0.07	3.25

资料来源：据 wind 资讯数据整理所得。

图 6 - 1 是以表 6 - 2 中的利率所做的趋势图，可以看出金融与非金融票据利率与联邦基金利率基本持平，四者的关系大概是：联邦基金利率 < 金融票据利率 < 非金融票据利率 < 银行最优惠贷款利率。

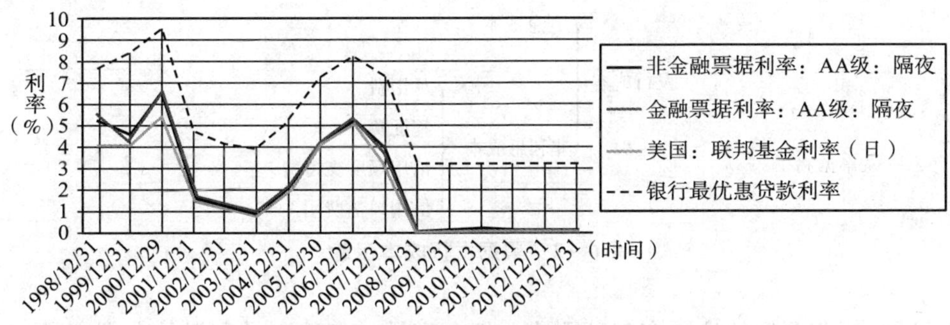

图 6－1　美国 1998～2013 年四种利率的对比

资料来源：据 wind 资讯相关数据整理所得。

2. 商业票据的定价。商业票据均为贴现发行，即以低于面额的价格发行，到期按面额兑付，其利率就是贴现率（相当于票面利率），票据的价格会随着时间推移而上升，在到期日与其面值完全相等。商业票据通常没有活跃的二级市场，在大多数情况下，商业票据会被投资者一直持有到期。其发行价格、面值、贴现率、实际收益率①等的关系如下所示：

$$发行价格 = 面额 - 贴现利息$$

$$贴现利息 = 面额 \times 贴现率 \times 期限/360$$

$$贴现率 =（贴现利息/面额）\times 360/期限 \times 100\%$$

$$商业票据的实际收益率 =（贴现利息/发行价格）\times 360/期限 \times 100\%$$

实际收益率还可用下式表示：

$$商业票据的实际收益率 = \frac{P_F - P_0}{P_0} \times \frac{360}{t} \times 100\% \qquad (6.1)$$

其中，P_F 为面值；P_0 为购买价格；t 为期限。

例如，投资者以 98 万元的价格买了一份期限 90 天，面值为 100 万美元的商业票据持有到期，则该商业票据的贴现率为：

$$商业票据的贴现率 = \frac{100-98}{100} \times \frac{360}{90} \times 100\% = 8\%$$

持有该商业票据的实际收益率为：

$$商业票据的实际收益率 = \frac{100-98}{98} \times \frac{360}{90} \times 100\% = 8.16\%$$

3. 商业票据的发行成本与流通。对发行人而言，商业票据的发行成本主要包括利息成本与非利息成本两类，非利息成本包括承销费、签证费、信用额度支持费及信用评估费等，如图 6－2 所示。

---

① 此处的实际收益率就是持有期收益率，因为都会持有到期。

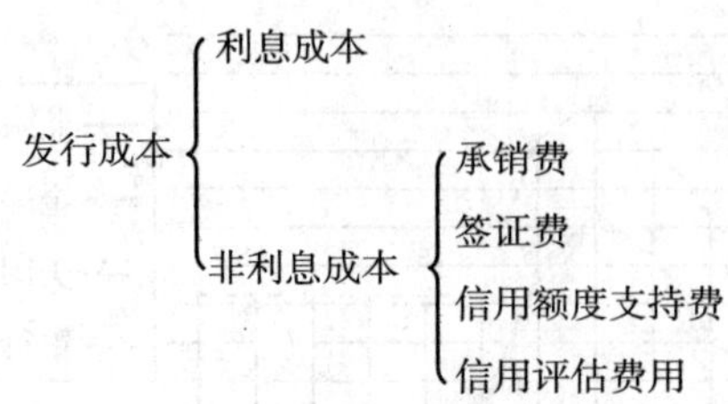

图 6-2　票据发行成本示意

通常商业票据的流通有三种方式：柜台交易、询价交易和场外大宗交易，进而形成了三个市场。所谓的柜台市场也称为店头市场或场外交易市场（over-the-counter，OTC），是在证券交易所外进行证券交易的市场，主要是通过票据交易商与客户间直接进行交易的市场；所谓询价交易市场是指通过相互有授信关系的交易主体（如银行与发行企业），直接就所要发行的商业票据就价格、期限、利率等问题进行询问、磋商后，达成一致确认成交的交易市场；所谓场外大宗交易主要是指交易规模巨大，通常由大型的机构投资者来进行磋商与交易的商场。这三类交易方式都是流动性较差的方式，这也说明商业票据市场的交易市场通常并不发达。

（二）银行承兑汇票

银行承兑汇票（bank's acceptance bill，BA）是商业汇票的一种，由银行承诺到期付款的汇票即为银行承兑汇票，而由资信良好的企业承诺到期付款的汇票即为商业承兑汇票。由于我国企业信用环境不好，因此在我国市场上的汇票多为银行承兑的汇票。银行承兑汇票还可以通过背书的方式转让。图 6-3 列出了承兑汇票流通的过程。

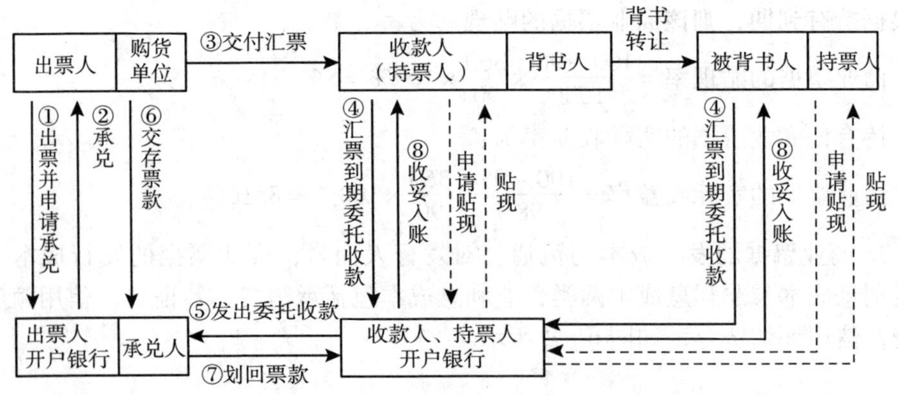

图 6-3　承兑汇票的出票与背书转让流程

资料来源：http：//www.lawtime.cn/info/piaoju/chengdui/201010282257.html.

银行在开立承兑汇票时通常是由在该行已开立存款账户的资信较好的存款人出票，并向开户银行申请承兑，由银行同意并保证在指定日期无条件支付确定的金额给收款人或持票人的行为。银行承兑的行为是对企业开立的商业汇票的一种增强信用的担保行为。

图 6 - 4 是一张真实的银行承兑汇票的样本，从该票据上可以看出，出票人是企业，收款人是其交易的对手方，承兑银行则是出票人的开户银行。在交易中收款人拿到由银行承兑的汇票就等于拿到了现金，可以将银行承兑汇票拿到自己所在的开户行进行贴现获得现金，而不必持有到期。

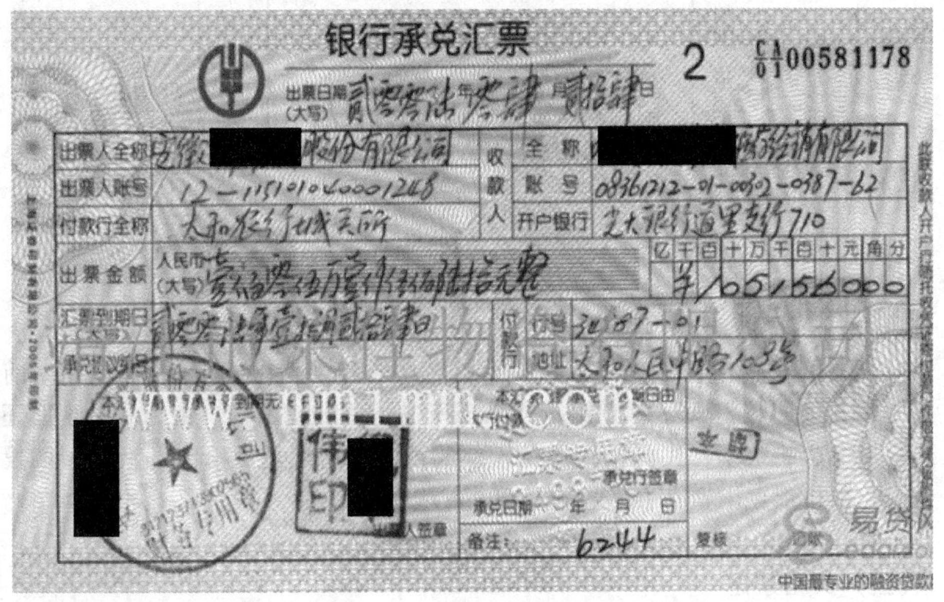

银行承兑汇票 2 CA 01 00581178

出票日期（大写）

出票人全称：……股份有限公司

出票人账号：12-115101040001248

付款行全称：太和农行城关所

收款人 全称：……经销有限公司

收款人 账号：0836121２-01-0032-0387-62

收款人 开户银行：

出票金额 人民币（大写）

亿 千 百 十 万 千 百 十 元 角 分

汇票到期日（大写）

承兑协议编号

付款行 行号：3187-01

付款行 地址：太和人民中路103号

本汇票请你行承兑，到期无条件付款

本汇票已经承兑，到期日由本行付款

承兑行签章

承兑日期 年 月 日

出票人签章

备注：6244

复核 记账

图 6 - 4 银行承兑汇票的样本

资料来源：http：//www. edai. com/news/article_1430. html.

银行承兑汇票也多用于国际贸易中，由于出口商可能不了解进口商的信用情况，因此在出口过程中会要求进口商以其开户银行作为担保人，对进口商未来的付款金额进行承兑，即由担保银行承诺保证在未来一定时间内付款。当出口商开户的银行收到进口商开户银行的承兑汇票后，就通知出口商收取承兑汇票，出口商既可以持有银行承兑汇票到付款日，也可以将承兑汇票按银行的贴现率进行贴现获取现金，总之出口商拿到对方银行承兑的汇票就相当于拿到了货款。经国外银行承兑的汇票信用等级通常会高于企业信用，但是也存在银行付款违约的可能性，这与对方银行的信用相关。

图 6 - 5 列出了在国际贸易当中银行承兑汇票的使用流程，在第 6 步，由出

口商作为远期汇票的出票人将汇票委托给出口商银行，第 7 步是由出口商银行代出口商要求对方（即进口商银行）银行进行承兑，当出口商银行收到由对方银行承兑的汇票后，就将全套的货运单据传给对方银行，由美国银行通知进口商领取单据后到港口提货。可见承兑汇票的使用在整个国际贸易中起到了降低信用风险、加快出口商资金周转的作用，扩大了国际贸易的范围。

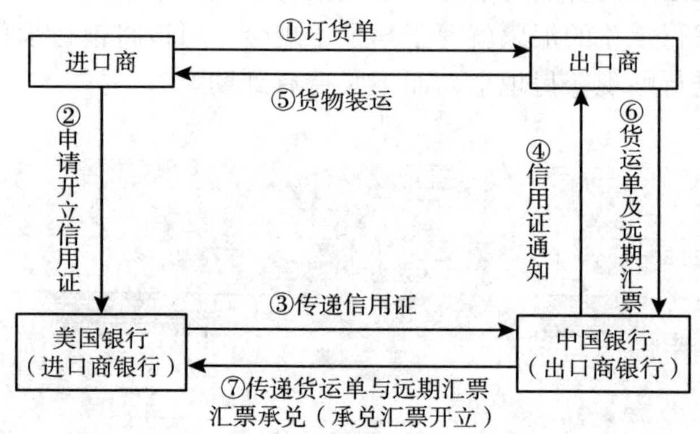

图 6－5　国际贸易中银行承兑汇票的使用流程

银行承兑汇票的期限一般是 30 天到 270 天，银行承兑汇票经常在到期前就被货物卖方（即收款人）拿到银行或贴现所进行贴现或出售，银行和贴现所还可以继续买卖这些票据，买入银行承兑汇票的投资者通常是货币市场上的短期投资者，因此银行承兑汇票存在着一个活跃的二级市场。

（三）央行票据

央行票据（central bank bill）也称为央票或中央银行票据，其实质是中央银行债券，是我国中央银行为调节商业银行超额存款准备金，在银行间市场通过中国人民银行债券发行系统，面向商业银行发行的短期债务凭证。我国自 2003 年开始发行央行票据，发行时通常采用价格招标的方式贴现发行，主要用于弥补公开市场业务中短期融资工具的短缺，对冲外币占款导致的倒逼货币的发行，增强央行在公开市场业务中的操作灵活性，形成货币市场的基准利率，为其他市场利率提供重要的参考标准。央票的发行期限通常在 3 月期、6 月期、1 年期，从 2004 年开始发行 3 年期票据，但整体上央行票据是以 1 年期以内的短期品种为主，这也是其被称为票据（bill）的原因所在，就是强调其短期性的特点。央行票据的发行对象是公开市场业务一级交易商，其成员均为商业银行。

央行票据在交易中可采用回购与逆回购的方式。回购是指资金短缺的一方用自己的证券做抵押来融入资金，并允许借款人在未来按事先约定的价格买回用于抵押的证券的借款行为，按是否转移证券的所有权又可分为质押式回购与买断式回购两种类型；央行在回购时就是卖出央行票据而回收流动性（货币）的行为。所谓逆回购则是资金盈余的一方贷出资金并承诺未来按事先约定的价格卖出用于抵押的证券给借款人的行为，即一笔短期融资业务如果采用的是回购协议交易的方式，对资金借入人来说是回购交易，对资金贷出人来说是逆回购交易；央行在进行央票的逆回购交易时是买入央票、向市场注入流动性（货币）的行为。回购与逆回购协议通常期限短、金额大。

（四）联邦基金

当商业银行吸收到新的存款时，需要按照存款准备金制度的要求，提取相应的存款准备金上交监管当局指定的账户进行保管，以备客户的提现需求，防止银行出现流动性危机，在美国这些上存于联邦储备银行的存款准备金也被称为联邦基金（federal fund）。在美国存款准备金是无息的①，因此商业银行持有的“超额准备金”越多，则机会成本越高，这必然影响商业银行的盈利能力。由于银行的存款规模总是在不断的波动中的，因此按监管当局的规定，提取的存款准备金也会出现时而不足、时而超额的情况，准备金短缺时有拆入资金以满足监管要求的需求，盈余时有拆出资金增加盈利的需求，因此联邦基金的拆借市场也被称为联邦基金市场。在这个为特定目的进行拆借的过程中形成的利率就是联邦基金利率。

所以说在美国，美联储与美国银行体系间有三个市场：联邦基金市场、银行同业拆借市场、银行信贷市场，分别是存款准备金、银行同业资金和信贷资金的交易场所，交易的目的、利率与期限都有所不同；进而在三个市场中形成了三个利率：联邦基金市场利率、银行同业拆借市场利率和银行信贷市场利率，利率依次由低到高。

（五）短期国债

1887 年英国政府因为开拓苏伊士运河的需要，接受经济学家及财政专家 W. 拜基赫特的建议，发行了国库券。短期国债（treasury bill/short-term government bond）自英国创立以后，在美国得到极大的发展，成为最重要的货币市场工具②。

短期国债是一国政府为弥补临时性的债务缺口而发行的期限在一年以内的短期融资工具，在英美又被称为国库券③，由于有政府信用做担保，具有风险低、

① 我国上存央行的存款准备金则是有利息的。对商业银行的影响与美国相比略有不同。
② 本定义参阅了维基百科中的定义。网址：http://wiki.mbalib.com/wiki/短期国债。
③ 我国发行的国库券多为 3～5 年期的中期债券，这个概念与国外的略有不同。

期限短、信誉高的特点，因此也被称为“金边债券”。短期国债常以公开拍卖的贴现方式发行，发行时的期限为3个月、6个月、9个月和12个月，面值为1 000美元的整倍数，在一级市场购买短期国债时，一般以500万美元的整批交易作为单位，参与短期国债发行市场业务活动的有财政部、中央银行、政府证券承销商和一些较大的私人投资机构。在二级市场上，短期国债的交易商可将购入的短期国债转售给投资者，从中收取买卖差价博取利润；央行在公开市场业务操作中，也常将短期国债作为主要的政策工具。

例如：某投资者以9 650美元购买了一份182天后到期的短期国债。该国债的面值为10 000美元，则该短期国债的贴现收益为6.92%。

计算方法如下：

$$短期国债贴现收益=\frac{10\ 000-9\ 650}{10\ 000}\times\frac{360}{182}\times100\%=6.92\%$$

（六）大额可转让定期存单

大额可转让定期存单（negotiable certificate of deposit，CD）是商业银行发行的一种具有转让性质的定期存款凭证，通常不记名。

早在20世纪初，商业银行就开始办理定期存单业务，但对投资者而言，如果提前支取需要承担较高额的罚息，使其流动性较差。20世纪中期，美国随着经济的发展，基金业、证券业能够给投资者提供回报率较高、流动性较强的金融工具，受到了投资者的追捧，而商业银行因受到Q条例中对存款上限的监管限制，使存款的吸引力不断降低，导致大量存款流失到其他金融机构，这一过程也被业界称为“货币脱媒”。为扭转这一趋势，1961年，美国纽约的第一国民城市银行（花旗银行前身）率先进行了金融创新，推出了大额可转让定期存单，为投资者提供较高回报率的同时，联合货币市场交易商为这类存单的投资者组织了一个二级市场，使这些存单随时可转让，大大提高了其流动性，由于银行存单的安全性相对较高，因此这些可转让存单一经推出便受到市场的广泛欢迎，帮助银行挽回了许多失去的存款。美国的大额可转让定期存单的面值通常在10万~100万美元，其中最常见的面值是100万美元；存单期限通常在2周至1年之间，大多存单的期限为1~4个月；存单的报价要么由银行提供，要么由银行和投资者双方议定，一旦成交，发行存单的银行就会通过联邦资金转移电子系统将这些定期存单进行确认后，在借记投资者账户的同时，贷记发行银行的账户。

我国的第一张大额可转让存单是1986年由交通银行和中央银行发行的，1989年其他专业银行也陆续开办了此项业务。中央银行当时规定，对个人发行的存单面额为500元及其整数倍，对单位发行的存单面额为50 000元及其整数倍，存单的期限主要分为1个月、3个月、6个月及1年，与美国不同的是，我国的大额可转让存单的主要投资者是个人，企业很少，后来由于没有开办二级交易市场，导致投资者买入后，只能持有到期，事实上蜕变为能够提供较高回报率的定期存单了，但是这种存单对缓解我国当时的高通胀起到了一定的作用。

（七）欧洲美元存款

欧洲美元存款（eurodollar deposit）是指存放在美国以外银行的、不受美国政府法令限制的美元存款或贷款。由于这种境外美元存款、借贷业务始于欧洲，因此将其称为欧洲美元，目前则将所有美国境外的此类存款均通称为欧洲美元，并不只局限于欧洲的范畴了，如至2013年年末，中国持有的外汇储备超过3.82万亿美元，也被称为“欧洲美元”。

由于欧洲美元存款不受美联储的存款准备金要求和存款保险之类的监管条例的限制，因此其美元存款利率吸收存款通常较美国国内高，而贷款利率则比美国国内低（见图6－6）。在伦敦银行间同业拆借市场（London Inter-bank Offered Market）上，各大银行之间相互拆借美元，形成了全球最有影响力的欧洲美元市场，为全球银行的隔夜拆借提供了资金来源，其利率被称为伦敦银行同业拆放利率（London Inter-bank Offered Rate，LIBOR），已成为国际间美元借贷的主要参考利率。

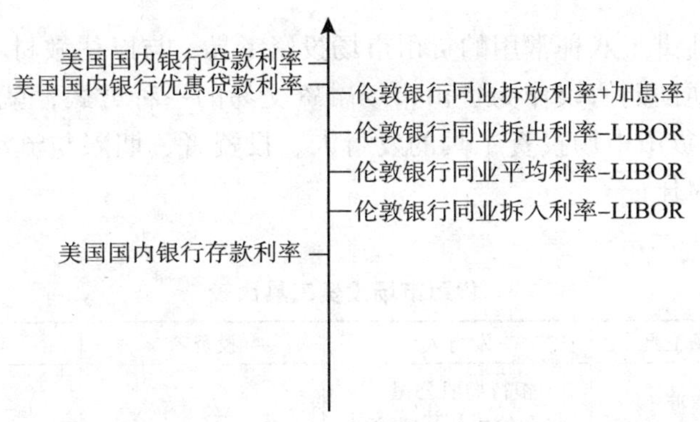

图6－6 欧洲美元市场与美国国内存、贷款利率的对比

（八）货币市场共同基金

货币市场共同基金（money market mutual funds，MMMFs）也称为货币基金，是由基金管理公司发起设立，将众多小额投资者的资金聚集起来，交由专门的基金经理负责将这些资金在货币市场上进行运作的金融工具。货币市场共同基金起源于美国，1970年美国取消了10万美元以上存款利率的最高限制，大额资金的投资者可以通过购买利率较高的大额银行定期存单、商业票据等高收益的货币市场金融工具，同时获得高回报和保持资金的流动性，但这类投资工具投资额通常在10万美元以上，对普通投资者而言是很难介入这个市场，这就对小存款客户形成了利率歧视。1972 年，美国第一只货币市场共同基金产生，它使资金规模很小的投资者也有机会参与货币市场工具的投资，提高回报率，同时保证资金的流动性，一经推出便受到了市场的热烈追捧。货币市场共同基金属于开放式基金，通过发行基金份额来聚集资金，通常每份 1 美元，投资者要进入货币市场共同基金通常只需要交 1 000 美元就可开立账户。货币市场共同基金通常会赚取远高于活期存款的收益，投资者持有货币基金，资金的流动性仍旧很强，在赎回基金时也没有手续费。

我国 1997 年出台了《证券投资基金管理暂行办法》，但当时并没有发行货币型基金，2003 年我国出台了《货币市场基金管理暂行规定》（征求意见稿），同年 12 月我国第一只货币基金——华安现金富利投资基金发行，首日发行规模突破了 1.2 亿元，当时的基金份额面值为 1 元，认购最低限额为 1 000 元人民币。目前互联网金融的发展大大促进了我国货币基金的发展，各种“宝类”产品如余额宝、理财宝、招财宝、现金宝等实际上都是互联网公司与基金管理公司合作销售的货币基金，最低投资门槛为 1 元，到账速度也非常快，基本与货币无异。

三、货币市场投资工具的对比

前面我们共讲了八种常用的货币市场投资工具，与以往教材不同的是，我们将回购协议与逆回购协议作为货币市场融资交易的一种方式，就像是贴现一样。表 6 – 3 分别从货币市场投资工具的发行人、投资者、期限与流动性上对上述八种工具进行了对比。

表 6 – 3　　货币市场投资工具比较

序号	货币市场工具	发行人	投资者	期限	流动性
1	商业票据	银行控股公司、金融公司和其他公司	公司	1 ~ 270 天	低
2	银行承兑票据	银行	公司	30 ~ 270 天	强
3	央行票据	中国中央银行	货币市场一级交易商商业银行为主	3 个月、6 个月 1 年、3 年（少）	强
4	联邦基金	美国存款性机构	存款性机构	1 ~ 7 天	强
5	短期国债（国库券）	政府	公司和家庭	13 周、26 周和 1 年	强
6	大额可转让定期存单	大银行和存款性机构	公司	2 周至 1 年	一般
7	欧洲美元存款	境外银行	公司和政府	1 天至 1 年	强
8	货币市场共同基金	境内基金管理公司	公司和家庭	无规定	强

在这八种工具中，较为特殊的有三个：一是央行票据，它是中国独有的一种，是由央行独创的主要用于公开市场操作的工具，且期限不只限于1年以内；二是联邦基金，是美国联邦体系下特有的银行间为调剂存款准备金的余缺形成的工具，具有期限短、流动性强的特点；三是商业票据，我国与美国的含义略有不同，在美国商业票据主要是一种大企业融通短期资金的一种手段，在我国商业票据主要是企业有真实贸易背景的融资工具，但由于企业的资信问题，在我国市场上主要流通的是银行承兑票据，商业票据很少。其他几种货币市场工具则在每个国家的含义大体相似，不再赘述。

四、不同金融机构对货币市场的参与比较

不同类型的金融机构都会程度不同地参与货币市场，如商业银行与存款性金融机构，通常是主要的发行人与服务人，为整个货币市场的交易与市场的形成搭建了平台；投资银行类的投资性金融机构，通常是货币市场上的融资人，也会持有一定比例的货币工具，对货币市场有一定的参与；货币市场基金则是主要的投资人，其募集的资金主要投资于货币市场工具；保险公司与养老基金主要是货币工具的持有人（见表6-4）。

表6-4　不同金融机构对货币市场的参与比较

金融机构的类型	对货币市场的参与
商业银行和存款性机构	是货币市场的主要参与者，在发行银行承兑票据、大额可转让定期存单、欧洲美元存款等居主要地位，为商业票据的发行与结算、国库券发行与交易、货币基金的发行与销售等方面提供便利，为回购交易提供了良好的市场环境
投资银行、证券公司金融公司等	是商业票据的主要发行者，是货币市场的积极参与者，通常也会持有货币工具作为公司资金配置的一种形式
货币市场共同基金	是货币市场的主要参与者，是其销售基金份额募集到资金的主要投资方向
保险公司	是货币工具的主要持有人，目前也是部分货币市场子市场的主要交易商
养老基金	是货币工具的主要持有人

2014年2月20日，我国颁布了《关于加强和改进保险资金运用比例监管的通知》，将保险资金各种运用形式整合为流动性资产、固定收益类资产、权益类资产、不动产类资产和其他金融资产五大类资产，对投资流动性资产、固定收益类资产不再设监管比例的限制，这意味着未来保险公司可将现金类资产主要以货币基金的形式持有。

第三节　我国保险资金参与货币市场的概况

一、我国货币市场发展概况

我国的货币市场主要由票据市场、同业拆借市场、回购市场、大额定期存单市场和短期融资券市场等组成。

（一）票据市场

我国自 1981 年开始试办商业票据的承兑贴现业务，是开办最早的货币市场业务。1985 年推广至全国。1986 年，中国人民银行对专业银行开办了再贴现业务。1992 年，在《中国人民银行对金融机构贷款管理暂行办法》中，按照贷款发放方式的不同，将中国人民银行对金融机构的贷款划分为信用贷款和再贴现两种。1995 年商业汇票在东南沿海及经济发达省市广泛使用，成为主要的结算工具，促进了商业汇票的承兑、贴现与再贴现业务的较快发展；同年，《中华人民共和国票据法》颁布，以法律形式规范了票据行为，保证了票据的正常使用和流通。1997 年，中国人民银行设立了总行再贴现窗口，批准中国人民银行江苏省分行在全省范围内进行转贴现业务试点，并颁布了《商业汇票承兑、贴现与再贴现管理暂行办法》，按月监控再贴现总量、期限和投向比例，完善了再贴现业务的考核与监控制度。1998 年，央行确定将再贴现率作为一种基准利率，贴现率由再贴现率加点生成，并与同期贷款利率脱钩。2000 年 11 月 9 日，全国第一个票据专营机构——工商银行总行票据营业部在上海成立。2001 年，各商业银行纷纷成立了自己的票据专营机构，我国的票据业务也逐步走上专业化、规模化、规范化运作的轨道。

从央行《货币政策执行报告》提供的数据显示，截至 2014 年 6 月末，全国企业累计签发商业汇票 11 万亿元，全国承兑余额 10.2 万亿元。目前在中国票据信息网[①]上，共公布了四类报价信息，即纸票回购报价、纸票买断报价、电票回购报价和电票买断报价，其中纸票指的是纸制的票据，电票指的是电子票据。图 6－7 列出了自 2008 年以来的票据市场利率趋势图，由图可知，2014 年票据市场的利率呈下行趋势。

截至 2014 年 12 月 5 日，中国票据网累计机构会员 2 562 家。截至当天 16：30，中国票据网共有 72 家金融机构发送票据转贴现报价；共达成初步交易意向 0 笔，涉及金额 0 亿元；0 家金融机构发布了 0 条票据丧失信息；1 家机构发布了 1 笔票据贴现意向信息。全天共有 738 家金融机构登录中国票据网。由图 6－8 可以看出，目前我国参与票据市场报价的以商业银行为主。

---

① 网址：http：//www.chinacp.com.cn/.

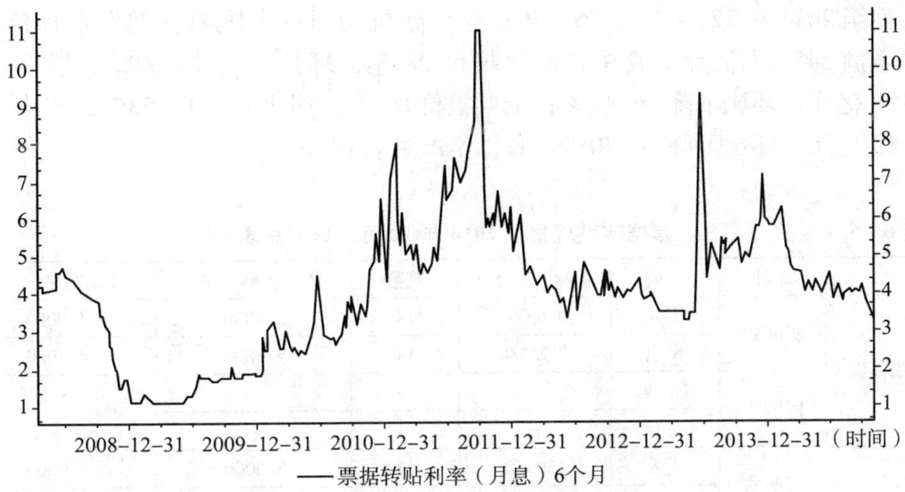

图 6－7　2008 年以来票据市场利率趋势

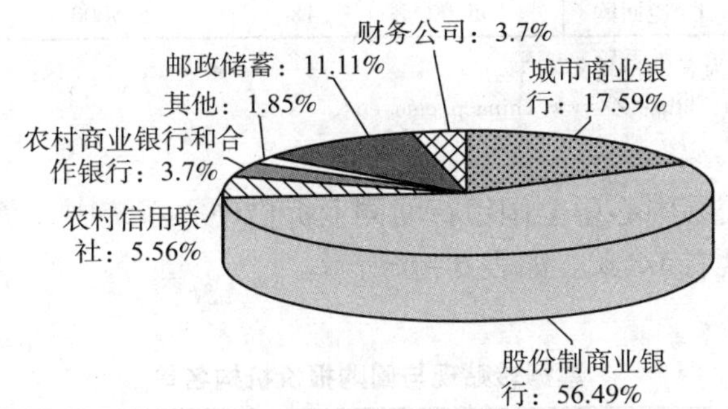

图 6－8　报价笔数分机构类型占比情况

资料来源：Chinacp，http：//www. chinacp. com. cn/.

图 6－9 则展示的是主要报价行所在的区域，由图 6－9 可知，票据市场较发达的地域主要集中在江苏、广东、四川等六个省市。

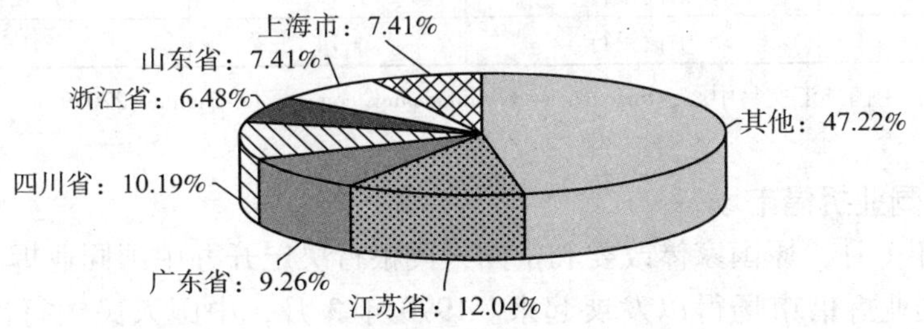

图 6－9　报价笔数分区域占比情况

资料来源：Chinacp，http：//www. chinacp. com. cn/.

截至2014年12月5日16：30，各金融机构通过中国票据网发送报价108笔，金额545.47亿元。其中，电票报价28笔，环比下降24.32%，报价金额106.58亿元，环比下降26.41%；纸票报价80笔，环比下降17.53%，报价金额438.89亿元，环比下降20.20%。具体情况见表6－5。

表6－5　票据转贴现报价2014年12月5日汇总表

	品种	方向	金额（亿元）	笔数	最高利率（%）	最低利率（%）
电子票据	买断式	买入	67.00	14	5.4000	4.9000
		卖出	39.58	14	4.9000	4.3000
	回购式	正回购	—	—	—	—
		逆回购	—	—	—	—
纸质票据	买断式	买入	130.50	26	6.0000	4.9000
		卖出	89.39	23	5.2000	4.1000
	回购式	正回购	114.00	13	5.2000	4.6500
		逆回购	105.00	18	5.5000	4.8500

注：表中平均利率为算术平均年利率。
资料来源：Chinacp，http：//www.chinacp.com.cn/.

在中国外汇交易中心暨全国银行间同业拆借中心系统中，负责票据转贴现与回购报价的机构共有14家。如表6－6所示。

表6－6　票据转贴现与回购报价机构名单

序号	报价行名称	序号	报价行名称
1	工商银行	8	光大银行
2	农业银行	9	兴业银行
3	中国银行	10	北京银行
4	建设银行	11	上海银行
5	交通银行	12	南京银行
6	招商银行	13	广发银行
7	中信银行	14	国开行

资料来源：中国外汇交易中心，http：//www.chinamoney.com.cn/fe/Channel/22030.

（二）同业拆借市场

1986年1月，原国家体改委和中国人民银行决定开办中国同业拆借市场，由此我国的同业拆借市场得以发展起来。1990年3月，中国人民银行出台了《同业拆借管理试行办法》，用来规范同业拆借市场的发展。到1991年，全国除西藏外，各省（区、市）均相继建立了同业拆借中心，我国基本上形成了以大中城市为依托、覆盖全国的跨地区、跨系统的融资网络。1993 年经济过热时期，全国大部分地区乱拆借现象严重。1995 年中国人民银行对同业拆借市场进行了清理。1996 年 4 月，全国统一的银行间同业拆借交易网络系统建成并运行，该网络共包括两个层次：第一层是由 12 家商业银行总行和 15 家融资中心组成；第二层是 15 家融资中心吸收当地机构为交易会员。2000 年，7 天以内（包括隔夜）的同业拆借比重已上升为63.7%，自此我国的同业拆借市场真正转变为金融机构之间调节短期头寸的市场。2007 年我国出台了《同业拆借管理办法》，明确规定了同业拆借的定义：指经中国人民银行批准进入全国银行间同业拆借市场（以下简称同业拆借市场）的金融机构之间，通过全国统一的同业拆借网络进行的无担保资金融通行为，同时明确了全国统一的同业拆借网络包括全国银行间同业拆借中心的电子交易系统、中国人民银行分支机构的拆借备案系统和中国人民银行认可的其他交易系统，同时明确了 15 类金融机构可以向央行申请加入同业拆借市场[①]。2013 年 9 月 24 日设立市场利率定价自律机制，是由金融机构组成的市场定价自律和协调机制，在符合国家有关利率管理规定的前提下，对金融机构自主确定的货币市场、信贷市场等金融市场利率进行自律管理，维护市场正当竞争秩序，促进市场规范健康发展。

目前我国发布银行间同业拆借利率的主要有两个：一是中国外汇交易中心暨全国银行间同业拆借中心（简称交易中心），主要发布的是全国银行间同业拆借利率即 CHIBOR；二是上海银行间同业拆借中心，主要发布的是上海银行间同业拆借利率即 SHIBOR。

1. 全国银行间同业拆借中心（China Inter-Bank Offered Rate，CHIBOR）。交易中心是中国人民银行直属事业单位，是国家外汇体制改革的产物，交易中心总部设在上海张江，在上海外滩和北京建有同城和异地灾备中心，目前在成都、重庆、大连、福州、广州、海口、济南、南京、宁波、青岛、汕头、沈阳、深圳、天津、武汉、厦门、西安、珠海等 18 个城市设有分中心。交易中心的主要职能是：提供银行间外汇交易、人民币同业拆借、债券交易系统并组织市场交易；办理外汇交易的资金清算、交割，提供人民币同业拆借及债券交易的清算提示服务；提供网上票据报价系统；提供外汇市场、债券市场和货币市场的信息服务；开展经人民银行批准的其他业务。交易中心在 1994 年 4 月推出外汇交易系统；1996 年 1 月 1 日启用人民币信用拆借系统，生成了中国银行间拆借市场利率——CHIBOR 利率作为金融市场重要的参考利率，1996 年 6 月 1 日，中国人民银行《关于取消同业拆借利率上限管理的通知》：明确银行间同业拆借市场利率由拆借双方根据市场资金供求自主确定，标志着利率市场化迈出了具有开创意义的一步，为此后的利率市场化改革奠定了基础；1997 年 6 月开办银行间债券交易业

---

① 见《同业拆借管理办法》中国人民银行令（2007）第 3 号（2007.7）第 3 条、第 6 条。

务；1999 年 9 月推出交易信息系统；2000 年 6 月开通“中国货币”网站；2001 年 7 月试办本币声讯中介业务，2001 年 10 月创办《中国货币市场》杂志；2002 年 6 月开办外币拆借中介业务；2003 年 6 月开通“中国票据”网，推出中国票据报价系统；2005 年 5 月上线银行间外币买卖业务，2005 年 6 月开通银行间债券远期交易，2005 年 8 月推出人民币/外币远期交易。交易中心 2007 年开始根据中国人民银行授权计算、发布中国货币市场基准利率——上海银行间同业拆放利率（Shanghai Interbank Offered Rate，Shibor）。从 2013 年 12 月 9 日起在本币交易系统提供同业存单发行、交易相关功能①。目前交易中心交易的主要产品包括同业拆借、质押式回购、买断式回购、现券买卖、债券借贷、债券远期、远期利率协议、利率互换、贷款转让、CRM 凭证②及票据市场等。

全国同业拆借中心发展的最初几年，每天公布的 CHIBOR 利率作为重要的金融市场参考利率，成为我国利率市场化的一个标志。但是由于 CHIBOR 在计算中是以当天交易为基础的简单加权平均，没有考虑交易主体的信用等级差别和交易价格的真实性问题，且在期限品种的设计上只有 1 天、7 天，14 天、21 天以及 1 个月到 4 个月等 7 个品种，过于单一，另外也存在统计数据不精确的问题，如将 2～7 天的交易均算作 7 天品种，8～14 天的均算作 14 天品种等，这些制度设计方面的不完善，使得 CHIBOR 在实践中缺乏参考意义。2007 年后 CHIBOR 利率品种已扩展为隔夜、1 周、2 周、3 周、1 月、2 月、3 月、4 月、6 月、9 月、12 月共 11 个品种，目前品种齐全，已经能够较好地反映我国经济的发展趋势了。

表 6－7 是截至 2014 年 11 月底按交易品种统计的全国银行间同业拆借的情况，包括同业拆借利率、成交比数和成效金额等，可以看出，目前我国的同业拆借市场的结构较为健康，1 天、7 天的品种占总成交量的 95%，已经真正成为银行间进行短期资金融通的市场。

表 6－7　按交易品种统计的全国银行间同业拆借情况一览表（2014.11.30）

品种	加权利率（%）	成交笔数（笔）	成交金额（亿元）
IB0001	2.5932	4 372	24 463.37
IB0007	3.3310	1 479	7 455.74
IB0014	3.6810	172	801.36
IB0021	4.6899	15	42.50
IB01M	4.0077	118	451.02
IB02M	4.1090	33	63.75
IB03M	4.7910	60	158.88

① 根据中国外汇交易中心暨全国银行间同业拆借中心网站资料整理，http://www.chinamoney.com.cn。

② 具体见《银行间市场信用风险缓释工具（CRM）试点业务指引》（2010）。

续表

品种	加权利率（%）	成交笔数（笔）	成交金额（亿元）
IB04M	4.5964	5	11.10
IB06M	4.5554	12	20.62
IB09M	4.9500	1	0.50
IB01Y	4.2357	5	29.00
合计	2.8218	6 272	33 497.84

资料来源：中国货币网，http：//www.chinamoney.com.cn/fe/Channel/21478。

图6－10反映了CHIBOR隔夜利率自2004年至2014年11月的走势，图6－11反映了CHIBOR中1周交易品种利率的走势，由图中1、2两个圆圈中的峰值，可以看出当时我国的1天及7天的利率在2013年达到了最高的峰值，基本都在12%以上，这也是2013年我国当时出现的“钱荒”的反映，自2014年以来，两种利率基本上较为平稳。因目前我国同业拆借交易中这两个品种约占95%以上，因此走势图我们也以这两个品种为主来进行介绍。

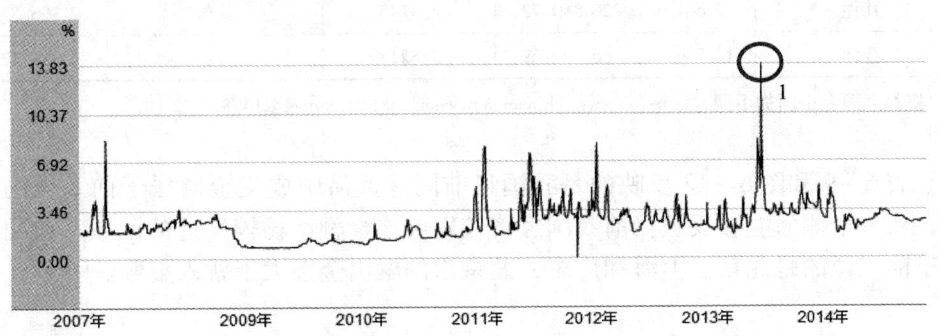

图6－10 CHIBOR隔夜利率趋势图（2007～2014年）

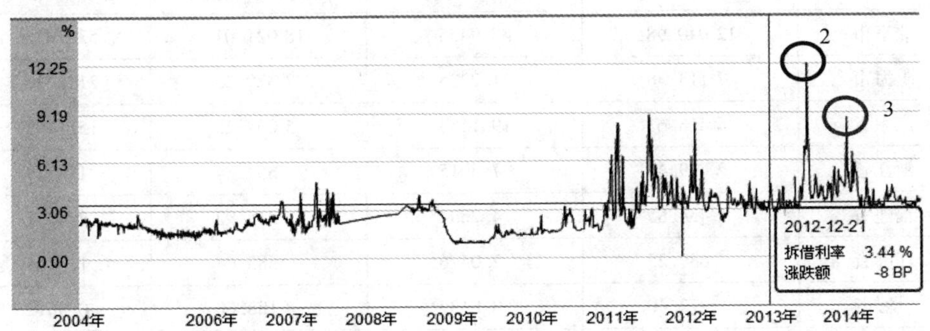

图6－11 CHIBOR一周利率走势图（2004～2014年）

资料来源：和讯网，http：//data.bank.hexun.com.

由表6－8可看出，目前我国参与同业拆借的商业银行以股份制商业银行、大型国有商业银行、城市商业银行及外资机构为主，其成交笔数、成交金额和余额基本上呈依次递减的形势，而股份制银行的加权利率则是仅次于外资机构，在国内银行中是最低的。

表6－8　全国银行间同业拆借情况统计表（按机构交易统计）（2014.11.30）

按机构类别交易统计				按机构类别余额统计	
机构类型	成交笔数（笔）	成交金额（亿元）	加权平均利率（%）	机构类型	余额（亿元）
大型商业银行	995	9 323.53	2.7809	大型商业银行	1 157.36
股份制商业银行	2 422	20 373.71	2.7667	股份制商业银行	1 604.54
城市商业银行	1 478	8 464.81	2.8224	城市商业银行	1 129.33
外资机构	3 221	6 765.85	2.6707	外资机构	755.25
农村商业银行和合作银行	787	1 187.06	3.1337	农村商业银行和合作银行	341.36
其他	3 641	20 880.72	2.9248	其他	2 366.33
合计	12 544	66 995.69	2.8218	合计	7 354.17

资料来源：中国货币网，http：//www.chinamoney.com.cn/fe/Channel/21478.

表6－9和图6－12反映的是我国目前同业拆借中成交金额居于前8位的省市，从一个侧面能够反映目前我国经济较发展或金融市场较发达的区域，成交量居于前三位的是北京、上海和广东，北京市的融出金额大于融入金额。

表6－9　全国同业拆借成交前8位的地区（2014.11.30）

地区	融入金额（亿元）	占市场（%）	融出金额（亿元）	占市场（%）
北京市	12 040.98	35.9455	18 021.01	53.7975
上海市	7 113.38	21.2353	7 310.23	21.8230
广东省	6 416.61	19.1553	5 062.25	15.1122
浙江省	2 499.44	7.4615	654.84	1.9549
福建省	1 434.85	4.2834	815.92	2.4357
江苏省	689.25	2.0576	585.04	1.7465
境外	272.40	0.8132	188.00	0.5612
重庆市	354.50	1.0583	63.90	0.1908

资料来源：中国货币网，http：//www.chinamoney.com.cn/fe/Channel/21478.

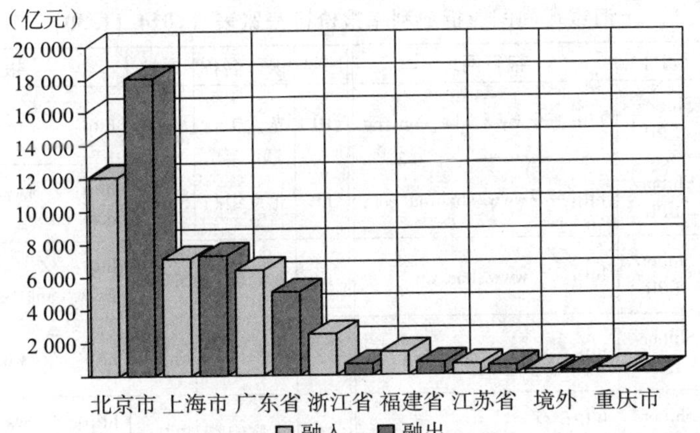

图6－12　全国同业拆借成交前8位的地区（2014.11.30）

资料来源：中国货币网，http：//www.chinamoney.com.cn.

2. 上海银行间拆借中心（Shanghai Inter－Bank Offered Rate，SHIBOR）。SHIBOR是上海银行间同业拆放利率（Shanghai Interbank Offered Rate）的简称，目前已成为我国货币市场的主要基准利率，以位于上海的全国银行间同业拆借中心为技术平台，计算、发布并命名，利率的形成是由信用等级较高的银行自主报出的人民币同业拆出利率计算确定的算术平均利率，是单利、无担保、批发性利率。该体系自2007年1月4日起正式运行。是我国利率市场化进程中着重培育的、与国际基准利率体系完全对接的中国货币市场基准利率体系的核心利率，为存贷款利率、金融产品的定价提供了重要的参考标准。中国人民银行成立SHIBOR工作小组，依据《上海银行间同业拆放利率（SHIBOR）实施准则》确定和调整报价银行团成员、监督和管理SHIBOR运行、规范报价行为与指定发布人行为。

Shibor的指定发布人是全国银行间同业拆借中心。指定发布人每个交易日根据各报价行的报价，剔除最高、最低各2家报价，对其余报价进行算术平均计算后，得出每一期限品种的Shibor，并于11：30通过Shibor的官方网站——上海银行间同业拆放利率网（www.shibor.org）对外发布，除此之外公众还可在中国货币网上的全国外汇交易中心暨全国银行间同业拆借中心的网站上获得相应的信息。

目前Shibor报价银行团由18家商业银行组成，报价行是公开市场一级交易商或外汇市场做市商，在货币市场上人民币交易相对活跃、定价能力强、信用等级高、信息披露比较充分的银行。见表6－10 SHIBOR报价行一览。

表 6-10 上海银行间同业拆放利率报价行一览表（2014.11.30）

序号	银行名称	属性	银行网址	序号	银行名称	属性	银行网址
1	工商银行	Shibor/LPR	http：//www.icbc.com.cn	10	光大银行	Shibor	http：//www.cebbank.com
2	农业银行	Shibor/LPR	http：//www.abchina.com	11	北京银行	Shibor	http：//www.bankofbeijing.com.cn
3	中国银行	Shibor/LPR	http：//www.boc.cn	12	上海银行	Shibor	http：//www.bankofshanghai.com
4	建设银行	Shibor/LPR	http：//www.ccb.com	13	汇丰中国	Shibor	http：//www.hsbc.com.cn
5	交通银行	Shibor/LPR	http：//www.bankcomm.com	14	渣打银行	Shibor	http：//www.standardchartered.com.cn
6	招商银行	Shibor/LPR	http：//www.cmbchina.com/	15	华夏银行	Shibor	http：//www.hxb.com.cn/chinese
7	中信银行	Shibor/LPR	http：//www.ecitic.com	16	广发银行	Shibor	http：//www.gdbchina.com
8	兴业银行	Shibor/LPR	http：//www.cib.com.cn	17	邮储银行	Shibor	http：//www.psbc.com
9	浦发银行	Shibor/LPR	http：//www.spdb.com.cn	18	国开行	Shibor	http：//www.cdb.com.cn/web/

注：其中 LPR 指的是贷款基础利率（Loan Prime Rate，LPR），共有 9 家报价行。
资料来源：上海银行间同业拆放利率 SHIBOR，http：//www.shibor.org/shibor/web/blltinInfo.jsp.

Shibor 目前共有 16 个期限品种，即隔夜、1 周、2 周、1 个月、3 个月、6 个月、9 个月及 1 年八个必报品种和 3 周、2 个月、4 个月、5 个月、7 个月、8 个月、10 个月、11 个月八个选报品种，利率品种代码按期限长短排列为 0/N、1W、2W、3W、1M、2M、3M、4M、5M、6M、7M、8M、9M、10M、11M、1Y（0/N 代表隔夜，W 代表周，M 代表月，Y 代表年）。① Shibor 目前只公开公布 8 个标准期限品种，即必报品种：0/N、1W、2W、1M、3M、6M、9M、1Y。

除 Shibor 外，上海银行间同业拆借市场还负责公布贷款基础利率报价（Loan Prime Rate，LPR），目前共有 9 家银行负责贷款基础利率的报价（见表 6-10 中序号为 1~9 的银行）。

3. 两种拆借利率的比较。

（1）两者的作用不同。Chibor 是 1996 年在中国人民银行总行的领导下，依托中国外汇交易中心的网络，由 12 家商业银行总行和 15 家融资中心开始进行人民币联网拆借交易，形成了全国性的同业拆借市场，以各银行同业拆借实际交易

① 见《上海银行间同业拆放利率（SHIBOR）实施准则》第 9 条。

利率的加权平均值来确定，当时没有专门的报价行规定，因此价格的形成一直被广为诟病，设立的初衷是推动我国利率市场化的进程，是我国央行放开利率管制后金融市场的第一个市场利率，是各金融机构融通短期资金的场所。Shibor 是 2007 年在中国人民银行主导下，依托全国银行间同业拆借中心，由信用等级较高的银行自主报出的人民币同业拆出利率计算确定的算术平均利率，是单利、无担保、批发性利率，2007 年首批 Shibor 报价银行团包括 4 家国有商业银行、6 家股份制商业银行、3 家城市商业银行和 3 家外资银行，目前报价行已有 18 家（见表 6-10）。设立 Shibor 的目的就是为金融市场的各类产品定价提供良好的参考标准，在设立之初就借鉴了国外主要基准利率的形成方式，如 Libor、Tibor、Hibor 和 Sibor 等以国际金融中心伦敦、东京、中国香港和新加坡命名的市场基准利率，这与我国将上海设立为国际金融中心的战略相关。

（2）交易品种不同。目前全国同业拆借中心共计算和公布 11 个交易品种的 Chibor 加权平均利率，分别是 1 天（IB0001）、7 天（IB0007）、14 天（IB0014）、21 天（IB0021）、1 个月（IB01M）、2 个月（IB02M）、3 个月（IB03M）、4 个月（IB04M）、6 个月（IB06M）、9 个月（IB09M）、1 年（IB01Y），供各拆借行参考。Shibor 有 16 个不同期限的交易品种，目前只公开公布 8 个标准期限品种，即必报品种：O/N、1W、2W、1M、3M、6M、9M、1Y。

（3）参与机构不同。目前在全国银行间同业拆借市场上，约有会员 1125 家，几乎涵盖了国内各种类型的金融机构，如商业银行、信托公司、租赁公司、保险公司、保险资产管理公司、财务公司等。上海银行间同业拆借市场主要是指那 18 家报价团银行通过自主报价形成参考基准利率，银行间融通短期资金还是要在全国银行间同业拆借市场上进行。

（三）回购市场

1. 我国回购市场的发展历程。我国的回购市场始于 1991 年的国债回购交易，当时共有二个市场类型：（1）交易所市场，也可称为场内交易市场，以上海证券交易所和深圳证券交易所内交易形成的国债回购市场；（2）场外交易市场，包括三种形式：一是以天津、武汉、大连等各地证券交易中心为依托形成的市场；二是银行间国债回购市场；三是以 STAQ 系统、NET 系统为依托形成的市场参与人直接联系的线上场外交易市场。

1991 年，全国证券交易自动报价系统（STAQ 系统）宣布试办国债回购交易，于 1991 年 9 月 14 日，完成了第一笔国债回购交易；1992 年，武汉证券交易中心也推出了国债回购业务；之后上海证券交易所、深圳证券交易所、天津证券交易中心等，都先后开办了国债回购业务。1994 年是我国债券市场迅猛发展的一年，回购市场的交易量急剧增大，甚至一度较为混乱；1995 年 8 月，我国开始对债券回购市场进行规范清理，将债券回购交易集中于上海证券交易所内进行，形成了全国统一的交易所集中交易的债券回购市场，其他场外交易基本被遏止，回购市场的混乱状况得以改善；1995～1998年，由于银行也只能参与交易所内债券回购市场的交易，为证券公司和机构投资者利用债券回购从商业银行获取资金进而投资股票市场提供了可乘之机，也导致了在此期间我国股票市场的大幅上涨，1998年我国再次对债券市场进行了一项重大的改革，组建了两个相互平行的债券回购市场，即专门供商业银行之间进行债券回购交易的银行间市场和交易所债券回购市场，自此我国的债券市场一直是割裂的两个市场；1999年STAQ与NET系统先后停止交易；自2000年起，符合人行相关规定的证券公司、基金管理公司、保险公司等，也可进入银行间回购市场进行债券的交易，融通短期资金。之后我国的回购市场一直是以银行间市场为主了，其成交量、参与机构主要是商业银行。

2. 银行间回购市场。我国银行间回购市场主要有两种：一是质押式回购；二是买断式回购。下面分别从交易品种、交易机构类别、交易机构余额来进行介绍。

（1）银行间回购市场交易品种。至2014年11月底，我国银行间回购市场交易活跃，质押式回购交易总量为20万亿元，买断式回购总量为1.3万亿元；截至2014年11月底，质押式回购的交易品种共10个，分别是1天、7天、14天、1月、2月、3月、4月、5月、6月和9月，具体见表6－11银行间质押式回购交易品种一览表。买断式回购的交易品种共7个，分别是1天、7天、14天、21天、1月、2月和3月，具体见表6－12。由表6－11和表6－12中的成交金额可以看出，银行间回购交易的品种，无论是质押式回购还是买断式回购的交易，均以1天和7天为主，质押式回购的交易总量中1天和7天两个品种的总交易量为19.2万亿元，约占总质押回购交易总量的93%；1天和7天两个品种的买断式回购的交易总量为1.21万亿元，约占总买断回购交易总量的90%，且交投更活跃的是质押式回购交易。

表6－11　　银行间质押式回购交易品种一览表（2014.11.30）

品种	加权平均利率（%）	成交笔数（笔）	成交金额（亿元）
R001	2.5733	4 3591	155 200.40
R007	3.2426	11 771	36 854.92
R014	3.7948	4 088	9 593.04
R021	4.8101	1 236	1 354.08
R1M	4.2898	726	1 372.08
R2M	4.4036	261	403.98
R3M	4.2150	134	599.67
R4M	4.4731	70	119.71

续表

品种	加权平均利率（%）	成交笔数（笔）	成交金额（亿元）
R6M	4.5018	47	104.52
R9M	4.6069	2	2.03
合计	2.7869	61 926	205 604.44

资料来源：中国货币网，网址 http：//www.chinamoney.com.cn/fe/Channel/21478.

表 6－12　银行间买断式回购交易品种一览表（2014.11.30）

品种	加权利率（%）	成交笔数（笔）	成交金额（亿元）
OR001	2.9608	9 962	9 760.69
OR007	3.6207	3 062	2 423.54
OR014	4.1480	1 170	742.97
OR021	5.1871	588	323.23
OR1M	4.7037	225	120.72
OR2M	4.6818	64	36.85
OR3M	4.9984	21	8.46
合计	3.2201	15 092	13 416.45

资料来源：中国货币网，http：//www.chinamoney.com.cn/fe/Channel/21478.

（2）银行间回购市场交易机构类别。表6－13 列出了质押式回购与买断式回购的交易机构，主要是以商业银行为主，其他类型的参与者还包括信用社、非银行金融机构（如信托公司）、证券公司、保险公司及非金融机构参与者，如个人投资者和其他境外机构等，投资者类型共16 类，其中一级托管商为6 520 家，甲类为115 家，乙类为5 595 家，丙类为810 家[①]；二级托管商主要是柜台交易者，共15 971 241 家。由表6－13 还可以发现，在质押式回购交易中，累计成交金额为41 万亿元，较活跃的参与者是城市商业银行、股份制商业银行、农村商业银行和合作银行，分别排在前三甲；在买断式回购交易中成交金额为2.68 万亿元，排在前三位的分别是城市商业银行、农村商业银行和合作银行及大型商业银行，但成交金额远低于质押式回购交易。这也从侧面反映了商业银行的逐利性与对资金的积极运用。

① 甲类账户：只有具备资格办理债券结算代理业务的结算代理人或办理债券柜台交易业务的商业银行法人机构方可开立；乙类账户：不具备债券结算代理业务或不具备债券柜台业务资格的金融机构以及金融机构的分支机构可开立，亦可开设丙类账户。丙类账户：与甲、乙类账户的区别在于不能通过中央债券综合业务系统联网交易，必须通过结算代理人来交易。

表 6－13　　银行间回购市场中交易机构的类型比较（2014.11.30）

一、质押式回购交易机构类型	成交笔数（笔）	成交金额（亿元）	加权平均利率（%）
大型商业银行	8 523	45 722.45	2.7666
股份制商业银行	6 962	56 942.68	2.6898
城市商业银行	26 547	94 957.14	2.6811
外资机构	7 172	13 288.24	2.8585
农村商业银行和合作银行	21 318	51 589.22	2.7818
其他	53 330	148 709.15	2.8933
合计	123 852	411 208.88	2.7869
二、买断式回购交易机构类型	成交笔数（笔）	成交金额（亿元）	加权平均利率（%）
大型商业银行	847	1 803.68	2.7323
股份制商业银行	167	273.11	2.7553
城市商业银行	5 423	4 972.01	3.0425
外资机构	496	426.45	3.3717
农村商业银行和合作银行	3 516	3 193.64	3.2933
其他	19 735	16 164.01	3.3189
合计	30 184	26 832.90	3.2201

资料来源：中国货币网，http：//www.chinamoney.com.cn.

（3）银行间回购市场中不同机构的交易余额。表 6－14 反映的是不同参与机构在质押式回购交易与买断式回购交易中的余额，计算时点仍以 2014 年 11 月 30 日为截止日期。可以看出，质押式回购交易的余额远高于买断式回购交易，在质押回购的交易余额中，居前三名的是城市商业银行、大型商业银行、农村商业银行和合作银行。

表 6－14　　银行间回购市场中不同机构的交易余额一览表（2014.11.30）

质押式回购机构类型	余额（亿元）	买断式回购机构类型	余额（亿元）
大型商业银行	7 924.93	大型商业银行	251.71
股份制商业银行	5 905.56	股份制商业银行	12.42
城市商业银行	8 182.04	城市商业银行	431.90
外资机构	2 501.22	外资机构	98.36
农村商业银行和合作银行	6 189.34	农村商业银行和合作银行	451.37
其他	24 312.66	其他	2 327.30
合计	55 015.75	合计	3 573.05

资料来源：中国货币网，http：//www.chinamoney.com.cn.

（4）银行间买断式回购交易的主要债券品种。目前我国银行间债券市场上主要交易的债券品种有 14 种债券，总成交量为 1.3 万亿元，在买断式回购交易中主要是企业债、政策性金融债、央行中期票据、短期融资券及国债，这五类债券的交易量各自均在千亿元以上，约占总成交量的93%（见表6－15）。

表6－15　　银行间买断式回购市场的主要债券交易品种（2014.11.30）

债券种类	成交量（亿元）
企业债	3 118.71
政策性金融债	3 117.72
中期票据	2 744.94
短期融资券	1 637.15
国债	1 570.88
超短期融资券	468.15
政府支持机构债券	329.20
证券公司短期融资券	33.50
同业存单	19.90
次级债	14.93
商业银行普通金融债	5.40
金融租赁公司金融债	4.72
二级资本工具	3.00
地方政府债	2.00
合计	13 070.20

资料来源：中国货币网，http：//www.chinamoney.com.cn.

3. 交易所回购市场。2000年后，我国的交易所回购市场就逐步萎缩了，下面将两个交易所的回购情况分别加以论述。

（1）上海证券交易所回购交易情况。上证交易所中债券的回购主要包括国债回购、公司债/企业债回购和国债买断式回购三种，其中国债券回购在2012年达到34.6万亿元，但2013年没有任何交易记录（见表6－16）。

表6－16　　上海证券交易所国债回购交易一览表（2014.11.30）

年份	年度总成交笔数（万笔）	年度总成交量（亿手）	年度总成交金额（亿元）	该年累计交易日
2013				238
2012	4 050.55	346.36	346 360.74	243
2011	1 821.56	199.58	199 581.5	244
2010	243.26	65.88	65 877.79	242
2009	98.52	35.48	35 475.87	244
2008	59.51	24.27	24 268.65	246

续表

年份	年度总成交笔数（万笔）	年度总成交量（亿手）	年度总成交金额（亿元）	该年累计交易日
2007	35. 31	17. 98	17 980. 39	243
2006	11. 92	6. 39	6 394. 56	165

资料来源：上海证券交易所网站，http：//www. sse. com. cn/market/dealingdata.

我国公司债/企业债的回购交易始于2002年，在2004年达到历史交易高峰，为2 515. 6亿元，之后就呈不断萎缩态势，至2012年降至2. 87亿元，2013年无交易数据（见表6－17）。

表6－17　　上海证券交易所公司债/企业债回购交易一览表（2014. 11. 30）

年份	年度总成交笔数（万笔）	年度总成交量（亿手）	年度总成交金额（亿元）	该年累计交易日
2013				238
2012	0. 01	0. 005	2. 87	243
2011	0	0. 96	5. 15	244
2010	0	0	0	242
2009	3. 84	0. 45	453. 39	244
2008	0. 08	0. 04	38. 12	246
2007	0. 52	0. 26	263. 85	243
2006	3. 36	0. 81	811. 92	241
2005	6. 59	1. 3	1 297. 88	242
2004	13. 35	2. 52	2 515. 6	243
2003	12. 67	2. 35	2 353. 14	241
2002	0	0. 003	3. 16	2

资料来源：上海证券交易所网站，http：//www. sse. com. cn/market/dealingdata.

由表6－18可以看出，我国上海证券交易所国债买断式回购的交易量仅在2004年、2005年两年有少量交易，之后就基本上未再开展相应的交易了。这类交易基本上在银行间市场上完成了。

表6－18　　上海证券交易所国债买断回购交易一览表（2014. 11. 30）

年份	年度总成交笔数（万笔）	年度总成交量（亿手）	年度总成交金额（亿元）	该年累计交易日
2013				238
2012	0	0	0	243

续表

年份	年度总成交笔数（万笔）	年度总成交量（亿手）	年度总成交金额（亿元）	该年累计交易日
2011	0	0	0	244
2010	0	0	0	242
2009	0	0	0	244
2008	0	0	0	246
2007	0	0	0	243
2006	0	0	0	241
2005	0	0	0. 01	242
2004	0	0. 0002	0. 2	20

资料来源：上海证券交易所网站，http：//www. sse. com. cn/market/dealingdata.

（2）深圳证券交易所回购交易情况。截至2014年12月10日，深圳证券交易所进行债券回购交易的债券数量共有9只，均为国债品种，总成交量约2. 98亿元，交易量很小，这也反映出我国的债券回购交易的交易所市场是以上海证券交易所为主的特点。

（四）大额可转让定期存单与同业存单市场

1. 大额可转让定期存单市场。我国大额可转让定期存单市场产生于1986年，最初由交通银行首次在全国开办“大额定期存单”业务。1989年前此项业务的开展仅限交通银行和中国银行，1989年后，各专业银行先后在各大中城市开始发行大额可转让定期存单。1989年5月，中国人民银行下发了《大额可转让定期存单管理办法》，对此类存单的发行对象、面额及期限进行了相应的规范。由于当时的主要发行对象是城乡个人、企事业单位，且只有发行市场，没有流通市场，有别于国外的大额可转让定期存单市场。1998年，该类存单停止发行。

2. 同业存单①。同业存单是指由银行业存款类金融机构法人（以下简称存款类金融机构）在全国银行间市场上发行的记账式定期存款凭证，是一种货币市场工具，其中存款类金融机构包括政策性银行、商业银行、农村合作金融机构以及中国人民银行认可的其他金融机构。

中国人民银行为规范同业存单业务，拓展银行业存款类金融机构的融资渠道，促进货币市场发展，制定了《同业存单管理暂行办法》（中国人民银行公告〔2013〕第20号，以下简称《办法》），并于2013年12月9日开始实施。

同业存单的单期发行金额不低于5 000万元人民币，固定利率存单期限原则

---

① 参见《同业存单管理暂行办法》中国人民银行公告〔2013〕第20号，2013年12月9日。

上不超过1年，为1个月、3个月、6个月、9个月和1年，参考同期限上海银行间同业拆借利率定价。浮动利率存单以上海银行间同业拆借利率为浮动利率基准计息，期限原则上在1年以上，包括1年、2年和3年。

同业存单发行采取电子化的方式，在全国银行间市场上公开发行或定向发行。在银行间市场清算所股份有限公司登记、托管、结算。同时建立同业存单市场做市商制度，做市商由市场利率定价自律机制核心成员担任。同业存单的主要投资和交易主体为全国银行间同业拆借市场成员、基金管理公司及基金类产品。可以说同业存单市场是我国真正意义上的大额可转让定期存单市场。

（五）短期融资券市场

短期融资券市场主要是我国为促进货币市场的发展，拓宽非金融企业的短期资金融通渠道，而批准其在全国银行间债券市场上发行、交易的，约定在一定期限内还本付息的有价证券的交易市场。

2005年中国人民银行为拓宽非金融企业直接融资渠道，规范企业短期融资券的发行和交易，保护企业短期融资券当事人的合法权益出台了《短期融资券管理办法》（中国人民银行令〔2005〕第2号，2005年5月23日实施，已废止）。

2008年，为进一步完善银行间债券市场管理，促进非金融企业直接债务融资发展，我国又出台了《银行间债券市场非金融企业债务融资工具管理办法》（中国人民银行令〔2008〕第1号，2008年4月15日起施行），将原来的短期融资券的称谓改为非金融企业债务融资工具（以下简称债务融资工具），主要指的是具有法人资格的非金融企业（以下简称企业）在银行间债券市场发行的，约定在一定期限内还本付息的有价证券，该《办法》中规定企业发行债务融资工具应在中国银行间市场交易商协会注册，在中央国债登记结算有限责任公司（以下简称中央结算公司）登记、托管、结算，由全国银行间同业拆借中心（以下简称同业拆借中心）为债务融资工具在银行间债券市场的交易提供服务，企业发行债务融资工具应由金融机构承销，但企业可自主选择主承销商。

2014年，我国又出台了《中国人民银行金融市场司关于非金融机构合格投资人进入银行间债券市场有关事项的通知》，非金融机构合格投资人可通过非金融机构合格投资人交易平台（以下简称“交易平台”）进行债券投资交易，同业拆借中心为报价商提供报价、成交等服务，北金所①为非金融机构合格投资人提供交易、信息等服务，债券登记托管结算机构为非金融机构合格投资人提供债券托管、结算等服务。2014年11月3日中国银行间市场交易商协会出台了《关于非金融机构合格投资人债券交易有关事项的公告》（银行间市场交易商协会〔2014〕14号），明确了为非金融机构投资人提供技术服务的部门主要是全国银

① 全称：北京金融资产交易所。

行间同业拆借中心、银行间市场清算所股份有限公司、中央国债登记结算有限责任公司和北京金融资产交易所有限公司应共同做好技术支持。

在表6－15中可以看到，截至2014年11月30日，银行间买断式回购交易中的短期融资券约1 637.15亿元，约占银行间买断式回购交易总债券成交量的12.5%；超短期券约468.15亿元，约占总成交量的3.6%；企业债约3 118.71亿元，约占总成交量的23.86%；短期融资券远期成交金额为1.01亿元。虽然我国企业的短期融资券业务并不发达，但它为我国企业进行短期直接融资提供了合法的渠道与支持，对完善我国货币市场的发展是很有帮助的。

二、我国保险资金参与货币市场的概况

1998年10月12日，我国保险公司获得中国人民银行的批准成为全国同业拆借中心成员，参与银行间债券市场的现券交易，当年交易主要是以自营方式卖出现券1 600万元；1999年获准办理债券回购业务，这也是我国银行间债券市场首次允许非银行金融机构参与交易；2003年10月1日起我国保险公司又获准通过银行间同业外汇拆借市场开办境内外汇同业拆借业务，部分保险公司入围央行公开市场业务一级交易商名单，成为现券买卖和质押式回购交易的积极参与者；2004年，根据《全国银行间债券市场债券买断式回购业务管理规定》（中国人民银行令〔2004〕第1号）和《中国人民银行关于印发〈全国银行间债券市场债券买断式回购主协议〉的通知》（银发〔2004〕107号）的要求，我国签署《全国银行间债券市场债券买断式回购主协议》的市场参与者中境内保险机构共有31家①；2007年我国出台的《同业拆借管理办法》中，允许保险资产管理公司申请进入同业拆借市场；截至2014年11月底，我国保险机构参与本币货币市场的机构中，保险公司共128家，保险公司的保险产品共113个，保险公司的资产管理公司共15家，境外保险公司11家。

截至2014年11月30日，我国同业拆借市场的成员中保险公司共9家②，保

---

① 主要包括华泰财产保险股份有限公司、泰康人寿保险股份有限公司、泰康人寿保险股份有限公司个险投连保险产品、泰康人寿保险股份有限公司五年保证收益投连保险产品、泰康人寿保险股份有限公司投连进取型保险产品、泰康人寿保险股份有限公司万能保险产品、泰康人寿保险股份有限公司分红保险产品、泰康人寿保险股份有限公司传统保险产品、民生人寿保险股份有限公司、中国人民财产保险股份有限公司、中国人保资产管理股份有限公司、中国平安保险（集团）股份有限公司、中国平安人寿保险股份有限公司、中国平安财产保险股份有限公司、平安健康保险股份有限公司、平安资产管理有限责任公司、金盛人寿保险有限公司、太平人寿保险有限公司、中国大地财产保险股份有限公司、永诚财产保险股份有限公司、阳光财产保险股份有限公司、阳光人寿保险股份有限公司债券型投连产品、阳光人寿保险股份有限公司货币型投连产品、阳光保险控股股份有限公司、中国财产再保险股份有限公司、华夏人寿保险股份有限公司、新光海航人寿保险有限责任公司分红保险产品、生命人寿保险股份有限公司、光大永明人寿保险有限公司、英大泰和财产保险股份有限公司、百年人寿保险股份有限公司。

② 主要包括中国人寿保险股份有限公司、泰康人寿保险股份有限公司、国泰人寿保险股份有限公司、阳光人寿保险股份有限公司、生命人寿保险股份有限公司、华安财产保险股份有限公司、天安财产保险股份有限公司、华夏人寿保险股份有限公司、乐爱金财产保险（中国）有限公司。

险公司的资产管理公司共 2 家[①]，占整个拆借市场的成员总数的 0.98%，见表 6－19。

表 6－19　同业拆借市场的成员统计表（2014.11.30）

机构性质	最新成员数	机构性质	最新成员数
大型商业银行	40	股份制商业银行	41
城市商业银行	129	政策性银行	3
外资银行	84	农村商业银行和合作银行	258
农村信用联社	248	信托投资公司	54
金融租赁公司	18	财务公司	127
保险公司	9	证券公司	90
资产管理公司	2	汽车金融公司	12
城市信用社	2	保险公司的资产管理公司	2
境外银行	4	其他	2
合计：1 125 家			

注：以上统计不包括：已经退市的市场成员；已经申请加入银行间市场，但还未完成联网手续的市场成员。

资料来源：中国货币网。

我国保险公司于 1998 年开始进入同业拆借市场的交易，主要是进行了少量的现券交易；1999 年开始参与债券的质押式回购交易，最初基本上都是自营交易，至 2003 年开始进行了少量委托交易，当年委托交易中的正回购约 1.28 亿元，逆回购约 1.8 亿元，占比基本可以忽略不计；从 2004 年开始参与债券的买断式回购交易，也主要是自营交易。由表 6－20 可以看出，我国保险机构主要参与的是银行间债券市场的质押式回购交易，且自 2005 年以后，交易量迅速上升。

表 6－20　保险机构在银行间债券市场的交易概况　单位：亿元

年份	现券买卖		质押式回购		买断式回购	
	买入	卖出	正回购	逆回购	正回购	逆回购
1998	0	0.16	0	0	0	0
1999	11.01	22.30	20.95	4.00	0	0
2000	16.10	43.95	146.96	1.00	0	0
2001	23.45	103.42	1 474.12	492.22	0	0
2002	227.50	299.08	3 983.84	128.70	0	0
2003	805.91	598.25	3 236.31	2 394.22	0	0

① 主要是平安资产管理有限责任公司和中国人保资产管理股份有限公司。

续表

年份	现券买卖		质押式回购		买断式回购	
	买入	卖出	正回购	逆回购	正回购	逆回购
2004	529.77	760.28	2 527.99	843.46	5.30	14.27
2005	1 164.89	1 617.42	9 469.88	59.93	1.20	3.75
2006	1 958.63	1 982.12	21 833.45	2 786.09	12.30	33.85
2007	2 838.60	2 435.04	45 136.20	10 993.35	21.60	226.80
2008	6 034.84	5 130.79	39 384.02	11 840.25	45.48	154.20
2009	4 182.59	5 580.49	41 874.49	1 157.30	31.20	58.45
2010	4 892.77	4 324.25	39 597.83	14 254.45	78.60	51.08
2011	2 918.25	4 703.14	49 224.00	25 030.82	23.68	7.40
2012	2 540.74	2 189.32	68 463.62	33 120.61	2.73	3.58
2013	1 772.23	1 090.06	67 624.94	34 088.21	0	2.00

资料来源：根据中国债券信息网相关数据整理，http://www.chinabond.com.cn.

我国保险公司主要参与的货币市场是同业拆借市场，另外保险机构还可以购买货币市场基金，至 2014 年 11 月 30 日，我国已有货币型基金 168 只，为保险公司提供了较为广泛的选择余地。

【知识拓展】

市场利率定价自律机制

建设市场利率定价自律机制　助推利率市场化①

裴传智②

利率市场化是确保市场在货币资金配置中起决定作用的重要前提。2013 年 7 月中国人民银行全面放开贷款利率管制，标志着人民币利率市场化将要转入到去存款利率管制的攻坚阶段。从国际经验看，这也是利率市场化改革的深水区。

2013 年 9 月 24 日成立的市场利率定价自律机制（以下简称“自律机制”），是为引导和规范金融机构市场定价行为、促进利率市场化改革有序推进而构建的由金融机构组成的市场定价自律和协调机制，其主要职责是：对金融机构自主确定的货币市场、信贷市场等金融市场利率进行自律管理，维护市场正当竞争秩序，促进市场规范健康发展。

自律机制的决策机构是由全体核心成员参加的自律机制工作会议。自律机制秘书处设在中国外汇交易中心暨全国银行间同业拆借中心（以下简称“交易中

① 上海银行间同业拆借利率，网址：http://www.shibor.org/shibor/web/html/index.html.

② 全国银行间同业拆借中心总裁、市场利率定价自律机制秘书长。

心"），负责处理自律机制日常事务。根据当前推进利率市场化相关工作的需要，自律机制成立了合格审慎评估、同业存单、Shibor和贷款基础利率4个工作小组，分别负责相关领域的工作。各专门工作小组的负责人由自律机制委派的核心成员代表担任。各工作小组的主要职责是，根据市场发展需要和自律机制成员要求，开展相关专题研究，形成议案后，提交自律机制工作会议审议。自律机制工作会议形成决议后，由各工作小组及自律机制秘书处负责执行。

从现阶段的职责、组织结构及议事流程来看，自律机制的组建和运行机制符合党的十八届三中全会《关于全面深改革若干重大问题的决定》中关于"加强顶层设计和摸着石头过河相结合""完善主要由市场决定价格的机制"的精神。在中国人民银行的指导下，自律机制能够成为金融机构之间以及金融机构与主管部门之间沟通的桥梁与纽带，为"加快推进利率市场化"创造更为有利的条件。

自律机制运行一年以来，各成员单位及秘书处充分认识到自律机制在推进利率市场化过程中的重要意义，认真履行相关职责，开展了大量工作。主要包括以下几方面：一是开展合格审慎评估，遴选自律机制成员，引导金融机构提高利率定价能力。在金融机构自愿报名参加评估的基础上，有93家金融机构通过评估成为自律机制基础成员。合格审慎评估为金融机构设立了经营管理的标杆，针对参评机构开展了利率定价机制与系统建设的宣传与教育，推动金融机构加强内部定价管理机制与系统建设，提高自主定价能力。二是开展同业存单制度设计，协调同业存单发行。同业存单工作小组对同业存单发行、交易及托管结算机制安排进行了深入研究，指导交易中心、上海清算所进行相关系统开发，协调成员单位发行同业存单。从2013年12月推出同业存单以来，存单发行日趋活跃，至2014年8月底，累计发行存单273只，总发行量3 214亿股，其中8月发行121只，发行量1 026亿股。三是着力提升Shibor基准性及对市场的引导力，将Shibor发布时间提前到9：30。2014年以来，同业存单发行与交易日趋活跃，为中长端Shibor报价提供了更为坚实的交易基础，Shibor报价的基准性显著提高。为进一步发挥Shibor对市场利率的引导作用，促进货币市场平稳运行，健全市场化利率形成和传导机制，在经过深入研究、论证后，自律机制决定自2014年8月1日开始将Shibor发布时间提前至9：30。从发布时间提前后的运行情况看，Shibor报价质量进一步改善，货币市场交易价格进一步向Shibor靠拢，Shibor对货币市场的引导作用加强。四是组织报价行开展贷款基础利率（LPR）报价，积极扩大LPR应用范围。自2013年10月发布以来，LPR已经发生了5次调整，基本反映了信贷市场的变化情况。各核心成员积极开展LPR应用的内部制度与系统准备工作，并在此基础上积极推广LPR应用，至2014年8月末，各报价行共发放以LPR定价的贷款共17 015亿元，共发生以LPR定价的同业借款927亿元。

下一阶段，自律机制将重点开展以下几方面工作，继续推进利率市场化改革：

一是继续开展合格审慎评估，吸收更多金融机构加入自律机制，从内部约束与外部激励两方面同时着力，维护公平有序的市场竞争秩序。争取用 1 ~2 年时间使我国广大存款类金融机构初步建立起比较完备的内部利率定价机制与系统，使金融机构能根据自身及市场情况合理进行利率定价。

二是进一步提高 Shibor、LPR 等基准利率基准性与公信力，扩大其应用范围。在未来中央银行不直接设定存、贷款基准利率的情况下，金融机构需要参考市场基准利率进行定价，因此完善的基准利率指标体系是利率市场化的必要条件。自律机制将进一步加强对 Shibor、LPR 等基准利率的监测分析，开展报价质量考核评估，引导报价行强化内部管理，着力提升报价质量，继续拓宽 Shibor、LPR 的应用范围，切实增强 Shibor、LPR 的基准性和公信力，不断完善金融市场基准利率体系，健全市场化利率形成和传导机制。

三是积极开展相关产品与机制研究。首先，自律机制将在总结同业存单相关经验的基础上，积极开展大额存单产品要素、发行交易机制、推进步骤等相关研究，为主管部门提供决策依据，同时协调成员单位提前做好各项准备工作。其次，开展各类基准利率相关性及利率传导机制研究，为建立与利率市场化相适应的货币政策传导机制提供理论与实践基础。最后，开展利率市场化条件下定价行为的自律管理模式研究，协助中央银行和有关监管部门更为有效地维护金融市场定价秩序。

关键术语

货币市场　安全性　流动性　收益性　孳息收入　资本利得　费用支出　商业票据　银行承兑汇票　央行票据　联邦基金　短期国债　CD　欧洲美元　货币市场共同基金　Chibor　Shibor　同业存单　短期融资券　短期融资券市场

思考题

1. 货币市场的主要功能。
2. 货币市场的特点
3. 何为三分法？
4. 何为标准分析法？
5. 何为 SYSTEM T 分析法？
6. 货币市场主要有哪些工具？
7. 商业票据的贴现率与实际收益率（持有期收益率）有何不同？
8. 商业票据的主要发行成本有哪些？
9. 谈谈商业票据的三种流通方式。
10. 请简单介绍一下我国票据市场的特点。
11. 谈谈银行承兑汇票在国际贸易中的应用。

12. 试从发行人、投资者、期限与流动性上比较本章中八种货币市场工具的异同。

13. 比较不同金融机构在参与货币市场时有何不同。

14. 了解我国两大同业拆借中心拆借利率的形成。

15. 试比较我国 Chibor 与 Shibor 利率的不同。

16. 简单介绍一下我国回购市场的形成与特点。

17. 试比较我国交易所回购与银行间回购市场的特点。

18. 回购协议与逆回购协议有哪些区别?

19. 我国的货币市场有哪些货币市场工具?

20. 我国的货币市场与美国的货币市场有什么区别?

21. 想想在什么情况下货币市场工具变得有吸引力?

22. 一张面值为 1 000 000 美元、期限为 60 天的商业票据，发行价格为 990 000 美元，则其收益率为多少?

23. 了解我国保险资金对货币市场的参与情况。

本章探究专题

1. 各找任意一种货币市场工具和资本市场工具，试用三分法、标准分析法和 SYSTEM T 分析法进行分析与比较。要求画出表格进行对比分析。

2. 请上中国票据网、中国外汇交易中心暨全国同业拆借中心、中国货币网、中国债券信息网、北京金融资产交易所等网站了解相关的信息，找出并给同学介绍一下货币市场最新的发展动态。

第七章　股票投资

【本章内容提要】

本章主要介绍有关股票投资的相关概念，对股票投资特性、股票估值的常用模型与思路、美国及中国的股票市场以及保险资金参与股票市场的现状进行分析。要求学生掌握股票估值、股票的风险与投资特性以及我国保险资金参与股票市场的现状，教学难点是股票的各种估值模型。

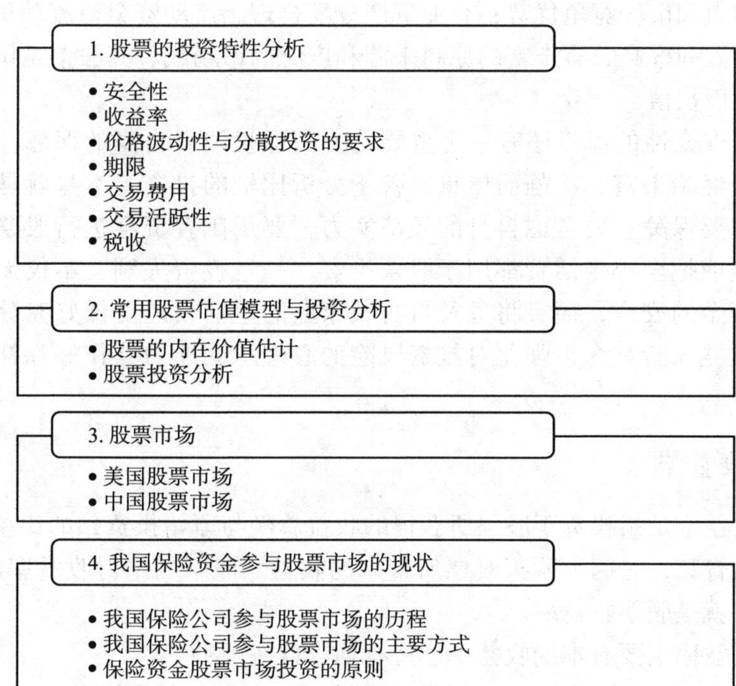

第一节　股票的投资特性分析

股票投资（Stock Investment）是指企业或个人用积累起来的货币购买股票，借以获得收益的行为。股票投资的收益是由“收入收益”和“资本利得”两部分构成的。收入收益是指股票投资者以股东身份，按照持股的份额，在公司盈利分配中得到的股息和红利的收益。资本利得是指投资者在股票价格的变化中所得到的收益，即将股票低价买进，高价卖出所得到的差价收益。

一、安全性

安全性是指投资者保证其所投入的资金不遭受价值损失的行为规则。这一原则是股票投资的第一原则。股票投资是一种风险较大的投资，其风险的存在使得投资者必须首先考虑投入资金的安全性。股票投资的风险来源于企业、股票市场和购买力三个方面。投入资金的安全与否首先取决于企业的经营状况。

为了确保投资安全，投资者首先要从不同的角度全面地分析并了解企业的情况。尽可能地选择这样一些企业进行投资：基础扎实、资金雄厚、有持久发展趋势；企业规模宏大、经营管理水平先进、产品专利性必强、商标知名度高、有较强的生产能力和市场竞争优势；企业资产分配合理、流动资金与流动负债保持合理的比率；盈利率高、有丰富的原料来源和广泛的市场或者其股票是国家重点发展和政府积极扶植。

对投资安全性的保障还有一个重要的方面即投资者自身的保障。一个投资知识和投资经验丰富、冷静而慎重、善于分析比较的投资者本身就是避免和减少损失的重要保障；要考虑自身的经济实力，要用闲置资金进行股票投资。使用他人资金或把全部生活费都用于股票投资，一旦投资失利，不仅无法保障和补偿投资资金的安全，而且将危及自身及家庭的生活；还要做好充分的投资思想准备。树立风险观念，强化对投资风险的心理承受能力并作好弥补资金损失的准备。

二、收益率

股票收益率是指投资于股票所获得的收益总额与原始投资额的比率。股票得到投资者的青睐，是因为购买股票所带来的收益。股票的绝对收益率就是股息，相对收益率就是股票收益率。

股票收益率主要有本期收益率、持有期收益率两种。

（一）本期收益率

本期收益率指股份公司上年派发的现金股利与本期股票价格的比率，反映了以现行价格购买股票的预期收益情况。

$$本期收益率 = (年现金股利/本期股票价格) \times 100\%$$

其中，年现金股利指上年发放的每股股利，本期股票价格是指该股票当日证券市场的收盘价。

（二）持有期收益率

1. 持有期收益率。指投资者买入股票持有一定时期后又将其卖出，在投资者持有该股票期间的收益率，反映了股东持有股票期间的实际收益情况。

如投资者持有股票的时间不超过1年，不考虑复利计息问题，其持有期收益率可按如下公式计算：

持有期收益率 =（股票出售价 − 买入价 + 持有期间分得的现金股利）/股票买入价

持有期年均收益率 = 持有期收益率/持有年限

其中，持有年限 = 股票实际持有天数/360

2. 影响持有期收益率的因素。由于股票收益主要来自红利、差价收益及资本扩张收益，因而这些与收益变化有关的因素均在考察范围内。综合起来这些因素包括以下几点。

（1）企业经营业绩。企业经营业绩既决定了红利分配额的多少，又对股票市场价格有重大影响。首先，企业经营业绩优良，盈利能力强，未分配利润较多，资本公积金较多，净资产值较高，因而派发红利、送股的基础扎实，使投资者能更多地获得现金红利或通过资本扩张获得资本增值收益。其次，业绩优良是股票市场价格上升的重要因素，由此投资者能获取差价收益。而业绩平平、业绩较差甚至亏损的企业情况则相反。

（2）企业分配政策。由于不同企业所处的发展阶段不同，经营效率不同，现金流量状况不同及规模扩张动力大小不同，因此会有不同的分配政策。这会直接影响红利分配的数量及红利分配的形式，也对资本增值收益产生间接影响。

（3）企业所处行业特征。企业的行业属性是影响其发展以及市场价值的重要因素，企业所处行业若是成长性、高科技行业，由于其成长性高，发展前景广阔而被市场看好，因此市场预期趋同从而使这类股票受到追捧，进而有较高的市场价或存在着较高的价格上升潜力；反之，那些处于传统产业甚至夕阳产业的企业，股票价格表现一般不会很好，进行投资难以获得差价收入。

（4）宏观经济状况。宏观经济状况是股价变化的重要外部因素，具体包括经济增长周期、经济政策及经济指标变化特征等。宏观经济状况好，企业业绩增长外部环境好，收入提高，利润增长，股价容易上涨，反之则更可能下跌。不过，在分析宏观因素时，必须考虑到股市作为国民经济“晴雨表”对于宏观经济波动的超前影响，注意提前量。

（5）政治因素。重大政治事件、政局变化、国家或地区之间的战争等都会对股价产生影响。

（6）市场供求关系变化。一定时期内进入市场资金的多少与股票发行的规模速度构成市场供求的两个方面，两者平衡及不平衡状况直接影响股价波动。若股票供大于求，股价下跌；若供小于求，股价上涨。

（7）投机因素。过度投机是股价暴涨暴跌的主要原因之一，而投机程度的大小与一国市场的成熟度、投资者素质及股票等投资工具是否具有投资价值等因素有关。通常，投机性强的市场获取差价收益的机会较大，但面临的风险也大。

除此之外，投资者的心理因素、突发性政策变动因素等都是影响股票价格进而再影响投资收益的因素。

总之，影响股价变化及收益变化的因素错综复杂，如何利用有利因素、规避不利因素是投资者争取更大收益、减少风险的关键。

三、价格波动性与分散投资的要求

（一）股票价格波动性

股价的波动性是指股票价格的变化形态，如上所述，由于受到宏观经济运行，产业发展，市场供求以及公司自身等多方面因素的综合影响，股票在市场上的交易价格时时处于一种波动状态。股价波动状态中主要有三种趋势：上涨趋势波动、下跌趋势波动和无趋势波动。

股价的波动给投资者带来收入预期与实际的偏差，这种偏差也就是投资风险，通过分散投资可以较好地分散投资风险。

（二）分散投资

分散投资就是要将资金分散地投入到不同的行业、企业、市场等，以减少风险，追求投资收益最大化。

1. 分散行业种类。分散行业种类就是证券投资者不要将资金都集中购买同一行业的股票。这是因为一旦遇到某种原因导致整个行业都不景气，则行业内不同企业的股价都会下跌，投资者就不可能收到预期的投资收益，甚至亏掉本金。

2. 分散企业单位。分散企业单位是指证券投资者不要将所有的资金都用来购买某一只股票，要投入到多家企业。这样可以避免由于企业经营不善而导致投资者损失的风险的情况。

证券市场上有多种可供投资者投资的品种，不一定局限于其中的某一种。例如，可以将股票与债券结合，这样不仅可以分散风险，还给了投资者发现新利润点的机会。近年来，由专业基金经理管理的投资组合在市场上越来越流行，它是一个包含各类投资项目的组合，包括不同地区及行业的股票、债券、定期存款等。基金经理专职控制投资组合内的成本与风险的关系，使投资组合内个别投资项目的风险分散并降至最低，而同时维持一个较为理想的回报。

3. 分散地域。地方性法规或地方性经营环境等的不同，使各地区行业、企业的经营效果不同，受经济等影响的冲击也不同，因此，投资者可以将资金投到不同的地区，以达到减少风险、增加收益的机会。

4. 分散时间。有的行业由于自身特点会出现生产周期，有淡旺季的区分，在企业停产和淡季的时候，股价肯定会受影响而下跌。另外，一般派息前的股价都会较高，所以投资者应当了解各种股票的派息时间。投资者将资金按不同时间投资，可以避免风险。

5. 分散板块。我国证券市场具有板块效应，证券投资者应当同时关注两种或两种以上不同特性的板块，以避免板块风险。

6. 分散市场。由于不同市场的涨跌不会在同一时间发生，因此投资者可将资金分散在不同的市场里分散投资。以股票为例，影响股价的因素包括国际和本国利率的走势、本国和国际的经济发展周期以及各地区政府的财政政策及货币政策等。这些市场之间的不同因素使彼此股价的相关系数减低，这也就解释了国际股票组合的波幅比单一国家较低的原因。

总的来说，在选择投资对象的同时，投资者应当按照分散投资的原则，适时地将所投入的资金按不同比例投资于若干种类及风险程度不同的股票，建立起一个合理的资产组合结构，以降低投资风险到最小限度，确保投入资金的安全。在进行分散投资时，应注意以下几个方面：一是将资金分散投入于不同的企业；二是将投资分散投入于不同种类的股票；三是适当地将投资时间分散开来。

四、期限

投资期限是指从开始投资到预先确定的投资回收日为止的期限。证券投资的期限可分为长期投资、中期投资和短期投资。

（一）短期投资与短期投资者

短期投资一般指持股时间在三个月以内的证券投资。短期投资由于十分频繁的交易，使得风险倍增，同时交易成本也较高。

短期投资者的持股时间一般在 3 ~ 5 天、10 天或半个月。我国由于存在“T + 1”交易制度限制，因此没有日内交易者，而在国外则存在日内交易者，就是每天在市场中进行交易。短期投资者一般都是性格急躁、喜欢刺激的投资者或是急功近利的经纪人，但由于短线投资高额的交易成本，使得短线投资者的收益普遍偏低。从积极角度看，由于短期投资者的存在，才使得市场的流动性大为增加。

（二）中期投资和中期投资者

中期投资指的是持股时间在 3 个月以上、1 年左右的投资。

中期投资者一般都只关心股价的中期波动，并设法寻找波谷买入，然后在波峰卖出。他们利用股价的波段循环进行操作，这些投资者虽然也关注每天的股价波动，但由于交易频率比短期投资者少，风险相对较小，并且交易成本也比短期投资者少，从而获利也比短期投资者较高。

（三）长期投资和长期投资者

长期投资指的是持股时间一般在 1 年以上的投资。

长期投资者一般都是性格稳重、注重风险的规避，看中企业长期成长的投资者。长期投资者善于慎重地进行基本分析，一般不会关心市场价格的短期波动，不以短线差价为目的，他们注重把握市场的长远发展趋势，选择调整充分的成长股低价买进，耐心等待大行情的到来。长期投资的时间较长，因此需要投资者注意选时和了解投资对象的长期发展价值，盲目的长期投资也不一定会有很高的收益。

五、交易费用

交易费用是指买卖股票时支付给为股票交易提供服务单位的报酬及向国家缴纳的与股票交易有关的税款的总称，包括佣金、过户费、印花税和委托手续费。前三项的含义和收取办法，与债券买卖相同。委托手续费是企业在办理委托买卖股票时向交易所和经纪商所支付的一项费用，在我国，委托手续费的收费标准是由交易所和经纪商共同制定并征得主管机关认可后执行的。因此，委托手续费标准也不统一。一般来说，在交易所所在地较低，异地则较高。股票的投资成本通常包括机会成本与直接成本两部分。

（一）机会成本

机会成本是指当投资者打算进行投资时面临着多种选择，如选择了股票投资，就必然放弃其他的投资，即放弃了从其他的投资中获取收益的机会；选择了这种股票，就放弃了其他股票的投资机会。这种因选择股票投资而放弃别的投资获利机会的成本，就是股票投资的机会成本。

（二）直接成本

直接成本是指股票投资者花费在股票投资方面的资金支出，它由股票的价款、交易费用、税金和为了进行有效的投资、取得市场信息所花费的开支四部分构成。

1. 股票价款。

$$股票价款=委托买入股票的成交价格\times成交股数$$

2. 交易费用。交易费用指投资者在股票交易中需交纳的费用，包括委托买卖佣金、委托手续费、记名证券过户费、实物交割手续费。

3. 税金。根据我国现行税务规定，在股票交易中对买卖当事人双方各按股票市值付印花税，对股份公司股东领取的股息红利超过一年期储蓄存款利息部分收取个人收入调节税。

4. 信息情报费。信息情报费开支包括为分析股票市场行情、股票上市公司经营及财务状况，广泛搜集有关信息、情况资料所发生的费用开支和为搜集、储存、分析股票行情信息所添置的通信设备、个人微机等所花费的资金。

六、交易活跃性

股票交易的活跃性反映了某只股票或某一行业、某一板块的股票交易活动在一段时间内成交量的大小，反映了市场资金流入流出的活跃程度，还可用于判断庄家控盘力度。提高股票的交易活跃性，不仅提高了股票的流动性，同时降低了基于信息交易的风险，增强了投资者的信心，因此保持交易的活跃性是提高市场效率、降低信息不对称程度的重要途径。

观察股票市场交易活跃度的方法有以下几种。

1. 用成交量来进行判断。成交量水平代表了股票价格运动背后多空双方竞争的激烈程度，它能帮助投资者很好地估量多空双方的实力，因此带有巨大成交量的交易时段往往有重要的意义。大幅放量能显示股票的活跃程度，而在同一区域连续放量，股票活跃的信号就更强烈，所以此类股票值得关注。

2. 用技术指标进行判断。例如，当 MACD 出现金叉时股价不上涨，出现死叉时不下跌，就说明该股股性不活跃，此类股票短线投资者应该尽量回避。

3. 利用均线进行判断。股价能沿 5 日均线、10 日均线上行的股票，说明其股性比较活跃，需要短线投资者重点关注。

4. 用换手率进行判断。换手率的高低往往意味着以下几种情况。

(1) 股票的换手率越高，意味着该只股票的交易越活跃，人们购买该只股票的意愿越高，这只股票就属于热门股；反之，股票的换手率越低，则表明该只股票很少有人关注，这只股票就属于冷门股。

(2) 换手率高一般意味着股票的流通性好，进出市场比较容易，不会出现想买买不到、想卖卖不出的现象，具有较强的变现能力。换手率较高的股票投机性较强，股价起伏较大，风险也相对较大，但往往也是短线资金追逐的对象。

从国际比较来看，沪深股市的流动性水平在新兴市场中是最好的，但低于成熟市场的流动性水平。从中国股票市场的发展历史来看，上海市场和深圳市场的流动性均表现出逐步改善的趋势。

七、税收

股票交易印花税是从普通印花税发展而来的，是专门针对股票交易发生额征收的一种税。我国税法规定，对证券市场上买卖、继承、赠与所确立的股权转让依据，按确立时实际市场价格计算的金额征收印花税。

股票交易印花税以股票的票面价值为计税依据。由于股票可以溢价发行，因而如果股票的实际发行价格高于其票面价值，则按实际发行价格计税。为方便计算，增加透明度，采取比例税率，一般税负都比较轻。

印花税增加了投资者的成本，这使它自然而然地成为政府调控市场的工具。1991 年 10 月，鉴于股市持续低迷，深圳市将印花税税率由原来的 6‰下调为 3‰，在随后几年的股市中，股票交易印花税成为最重要的市场调控工具之一，1997 年 5 月 9 日，为平抑过热的股市，股票交易印花税由 3‰上调至 5‰；1998 年 6 月 12 日，为活跃市场交易，又将印花税率由 5‰下调为 4‰；1999 年 6 月 1 日，为拯救低迷的 B 股市场，国家又将 B 股印花税税率由 4‰下降为 3‰。2001 年 11 月 16 日，财政部调整证券（股票）交易印花税税率，对买卖、继承、赠与所书立的 A 股、B 股股权转让书据，由立据双方当事人分别按 2‰的税率缴纳证券（股票）交易印花税。2008 年 4 月 24 日，为应对金融危机对股市的影响，印花税税率从 3‰调整为 1‰。

从世界主要股票市场的发展经验来看，取消股票印花税是大势所趋。1999 年 4 月 1 日日本取消包括印花税在内的所有交易的流通票据转让税和交易税。2000 年 6 月 30 日，新加坡取消股票印花税。

除印花税外，1997 年，《国家税务总局关于股份制企业转增股本和派发红股征免个人所得税的通知》规定：股份制企业用盈余公积金派发红股属于股息、红利性质的分配，对个人取得的红股数额，应作为个人所得征税，要求从 1998 年开始对股票股利征收 20% 的所得税。《国家税务总局关于原城市信用社在转制为城市合作银行过程中个人股增值所得应纳个人所得税的批复》对此补充道，只有股票溢价发行收入形成的资本公积金转增个人股本时不作为应税所得，不征收个人所得税，而与此不相符合的其他资本公积金转增个人股本，应当依法征收个人所得税，包括企业接受捐赠、拨款转入、外币资本折算差额、资产评估增值等形成资本公积金转增个人股本要征收个人所得税。

由于我国资本市场投机性较强，以短期投资为主，使得股息税的影响远低于印花税，但是，股息税的开征减少了投资者的收益，依然会起到拟制市场的作用。2001 年，随着股改问题的提出，我国股市结束了一轮牛市，出现了一轮长达五年的漫漫熊途，为了拯救日渐低迷的市场，2005 年个税税法作了一定的调整，规定自 2005 年 6 月 13 日起，对个人投资者从上市公司取得的股息红利所得暂减按 50% 计入个人应纳税所得额，依照现行税法规定计征个人所得税。

在经历了 2008 年的暴跌之后，虽然在四万亿元投资刺激下，上证指数从 1 664 点反弹至 2009 年 8 月初的 3 478 点，但此后便一路阴跌，对此，经国务院批准，自 2013 年 1 月 1 日起，对个人从公开发行和转让市场取得的上市公司股票，股息红利所得按持股时间长短实行差别化个人所得税政策。持股超过 1 年的，税负为 5%；持股 1 个月至 1 年的，税负为 10%；持股 1 个月以内的，税负为 20%。以鼓励投资者长期持股，减少抛压，稳定市场。

第二节 常用股票估值模型与投资分析

一、股票的内在价值估计

股票估值是一个相对复杂的过程，影响的因素很多，没有统一的方法。依据投资者预期回报、企业盈利能力或企业资产价值等不同角度出发，比较常用的有几种方法。

（一）股票的绝对估值方法

1. 资本资产定价模型（CAPM）①。资本资产定价模型（CAPM）阐述了在投资者采用马科维茨的理论进行投资管理的条件下市场均衡状态的形成，把资产的预期收益与预期风险之间的理论关系用一个简单的线性关系表达出来，即认为一个资产的预期收益率与衡量该资产风险的尺度 β 值之间存在正相关关系。应该说，作为一种阐述风险资产均衡价格决定的理论，单一指数模型或以之为基础的 CAPM 不仅大大简化了投资组合选择的运算过程，使马科维茨的投资组合选择理论向现实世界的应用迈进了一大步，而且也使得证券理论从以往的定性分析转入定量分析，从规范性转入实证性，进而对证券投资的理论研究和实际操作，甚至整个金融理论与实践的发展都产生了巨大影响，成为现代金融学的理论基础。

近几十年，作为资本市场均衡理论模型关注的焦点，CAPM 的形式已经远远超越了夏普、林特纳和莫辛提出的传统形式，有了很大的发展，如套利定价模型、跨时资本资产定价模型、消费资本资产定价模型等，目前已经形成了一个较为系统的资本市场均衡理论体系。

夏普发现单个股票或者股票组合的预期回报率如下：

$$\bar{r}_a = r_f + \beta_a \times (\bar{r}_m - \bar{r}_f) \tag{7.1}$$

其中，r_f 为无风险回报率，纯粹的货币时间价值；β 为证券的 Beta 系数；$\bar{r}_m$ 为市场期望回报率；（$\bar{r}_m - \bar{r}_f$）为股票市场溢价。

CAPM 最大的优点在于简单、明确。它把任何一种风险证券的价格都划分为三个因素：无风险收益率、风险的价格和风险的计算单位，并把这三个因素有机结合在一起。CAPM 的另一优点在于它的实用性。它使投资者可以根据绝对风险而不是总风险来对各种竞争报价的金融资产做出评价和选择。这种方法已经被金融市场上的投资者广为采纳，用来解决投资决策中的一般性问题。

当然，CAPM 也不是尽善尽美的，它本身存在着一定的局限性。

首先，CAPM 的假设前提是难以实现的。比如，CAPM 的假设之一是，市

① 具体参见本书第四章第二节内容。

场处于完善的竞争状态。但是，实际操作中完全竞争的市场是很难实现的。假设之二是投资者的投资期限相同且不考虑投资计划期之后的情况。但是，市场上的投资者数目众多，他们的资产持有期间不可能完全相同，而且现在进行长期投资的投资者越来越多，所以假设二也就变得不那么现实了。假设之三是投资者可以不受限制地以固定的无风险利率借贷，这一点也是很难办到的。假设之四是市场无摩擦。但实际上，市场存在交易成本、税收和信息不对称等问题。假设之五、假设之六是理性人假设和一致预期假设。显然，这两个假设也只是一种理想状态。

其次，CAPM 中的 β 值难以确定。某些证券由于缺乏历史数据，其 β 值不易估计。此外，由于经济的不断发展变化，各种证券的 β 值也会产生相应的变化，因此，依靠历史数据估算出的 β 值对未来的指导作用也要打折扣。总之，由于 CAPM 的上述局限性，金融市场学家仍在不断探求比 CAPM 更为准确的资本市场理论。目前，已经出现了另外一些颇具特色的资本市场理论（如套利定价模型），但尚无一种理论可与 CAPM 相匹敌。

2. 自由现金流（FCF）估值。

（1）自由现金流的基本含义。自由现金流（Free Cash Flow）是一种财务方法，用来衡量企业实际持有的能够回报股东的现金，即在不危及公司生存与发展的前提下可供分配给股东（和债权人）的最大现金额。自由现金流作为一种企业价值评估的新理论、新方法，最早是由美国西北大学拉巴波特、哈佛大学詹森等学者于 20 世纪 80 年代提出的，在以美国安然、世通等为代表的财务报告中利润指标完美无瑕的所谓“绩优公司”纷纷破产后，自由现金流已成为企业价值评估领域使用最广泛、理论最健全的指标，美国证监会要求公司年报中必须披露这一指标。

自由现金流表示公司可以自由支配的现金，它在经营活动现金流的基础上考虑了资本性支出和股息支出。如果自由现金流丰富，则公司可以偿还债务、开发新产品、回购股票、增加股息支付等，丰富的自由现金流也使公司成为并购对象。

（2）自由现金流的表现形式。自由现金流有两种表现形式：股权自由现金流量（free cash flow of equity，FCFE）和公司自由现金流量（free cash flow of firm，FCFF）。

股权自由现金流 FCFE 指可以向股东进行分配的现金流。其特征是：扣除了企业持续经营所需要的各项现金支出；现金流不光取决于公司创造现金的能力，还取决于公司负债结构的调整；负债比率的调整意味着公司风险程度的变化，在使用股权自由现金流贴现时应进行相应的调整。其计算公式为：

$$\begin{aligned}FCFE = &\text{净利润} + \text{折旧摊销} - \text{资本性支出} - \text{营运资本增加}\\&- \text{债务本金偿还} + \text{新发行债务}\end{aligned}$$

公司自由现金流 FCFF 是公司业务所产生的可以向公司所有资本供应者进行分配的现金流。公司自由现金流的特征包括：它体现了公司整体资产的经营效益；不受公司财务杠杆的影响；是已经扣除了公司需要持续生产经营以及扩大生产经营所需要的各项现金支出后的现金流（见图 7－1）。其计算公式为：

FCFF ＝息税前利润×（1－税率）＋折旧摊销－资本性支出－追加营运资本

＝NOPLAT＋折旧摊销－资本性支出－追加营运资本

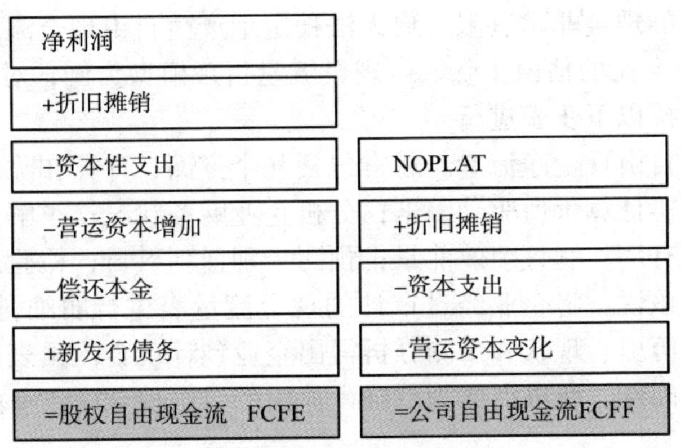

图 7－1 FCFE 和 FCFF 的计算

NOPLAT 即息前税后利润，是与 IC 对应的概念，NOPLAT 是指所有投资者投入资金通过经营所获得的净收益；也可以理解为公司在没有向债权投资人支付利息前所获得的税后利润。IC 是投资资本，指所有投资者所投入的用于企业运营的资金总和。

NOPLAT 有两种调整方法：一是从所有投资者获得的税前利润中减去所应该承担的赋税；二是从净利润中加回要向债权投资人支付的利息。

（3）自由现金流的估值公式。自由现金流量法的基本思想是建立在资本预算的基础上的，将持续经营期间的各年净现金流量折现，即可得到公司的估价。其最基本的公式是：

$$V_0=\frac{X_1(1-T)-I_1}{(1+K)}+\frac{X_2(1-T)-I_2}{(1+K)^2}+\cdots+\frac{X_n(1-T)-I_n}{(1+K)^n}(n\to\infty) \quad (7.2)$$

其中，X_n 是第 n 年税前营业收入；T 是所得税税率；K 是资本成本；I_n 是第 n 年的投资额。

因此自由现金流的估值公式也被称为现金流折现估值模型 DCF（Discounted cash flow），它将公司每年产生的可供股东“自由使用”的现金流视为公司的价值增长，将公司在剩余经营时间内产生的自由现金流的折现值视为其内在价值，常用于那些股利不稳定，但现金流增长相对稳定的公司。对于以下两种典型情况自由现金流估值模型是不适用的：

一是处于资本投入期、业务扩张期的企业。企业在这一阶段资本支出极大，几乎无法产生自由现金流，但却并不代表企业无法产生价值。典型的例子是星巴克（STARBUCKS），在其业务快速扩张期的数年时间内都没有自由现金流的产生。

二是现金需求较大的企业。典型案例是房地产行业。房地产公司每年支出大量现金并非为了给公司添砖加瓦，而是土地储备的需要。每年大量的现金支出使公司账面上留存的现金非常有限，更无法稳定地产生自由现金流。

（4）自由现金流的估值步骤。以现金流量折现模型为例，对被投资企业进行价值评估一般应按以下步骤进行。

预测绩效与自由现金净流量。通常包括几个方面：计算扣除调整后的营业净利润与投资成本；计算价值驱动因素；分析企业财务状况；了解企业的战略地位及产品的市场占有率；制订绩效前景；预测个别详列科目；检验总体预测的合理性和真实性。应该说，将企业经过审计的现金流量表进行明细科目的细化分析，结合企业经营的历史、现状和预测分析得出企业预计现金流量表，相对具有比较强的科学性和准确性，所以以此为基础计算出的自由现金净流量的可信程度是很高的。

估测折现率。包括权益性资金成本估算、负债性资金成本估算、确定目标市场价值权数、估计不同行业的企业的报酬率随整个上市公司平均报酬率变动的“已系数”或根据机会成本要求最低企业资金利润率。投资者往往以一个较低的折现率来折现那些盈利稳定的公司的未来现金流，因为他们相信那些公司未来现金流出现风险的可能性很低，相对于承诺未来某一时点收益率会很好的公司，一个理性的投资者更愿意为一家现在就有利可图的公司支付更多。

估测连续价值。包括：选择预测期限、估计参数和连续价值折现。价值评估工作主要取决于对企业、对其所在行业及普遍的经济环境的了解，然后进行仔细的分析、认真的预测。选择正确的方法是价值评估过程中的重要方面，更主要的是拥有齐全的历史财务、统计数据，采用科学的态度去认真分析和预测，才能避免误区，得到真实可靠的结论。

3. 经济增加值（EVA）估值方法。为解决现金流跳变所带来的影响，可利用基于利润进行估值的经济增加值（economic value added，EVA）进行估值。用 EVA 折现估值，是将公司每年产生的利润，除去应当给股东和债权方（一般是银行）的合理回报后的剩余部分视为公司的价值增长，公司在剩余经营时间内产生的这部分额外价值的折现值视为其内在价值。

EVA 的核心理念是股东的资金是有成本的。EVA 指企业运用所有资金所创造的高于资本成本的剩余利润。计算公式如下：

$$EVA = NOPLAT - IC \cdot WACC = IC \cdot (ROIC - WACC)$$

其中，EVA 为经济增加值；NOPLAT 为息前税后利润；IC 为投资资本；WACC 为加权平均资本成本即贴现率；投资资本回报率（ROIC）= NOPLAT/IC

EVA 价值的产生取决于两个方面：资本回报率必须高于平均资本成本；在第一个条件下投资资本越大越好。

由于在计算 EVA 的过程中，对利润是以息前税后净利润（NOPAT）进行核算的，从而将投资收益、营业外收支等无法稳定产生的收益排除在外，较好地保证了数据的有效性。

（二）股票的相对估值方法

股票的价格总是围绕着股票的内在价值上下波动，发现价格被低估的股票，在股票的价格远远低于内在价值的时候买入股票，而在股票的价格回归到内在价值甚至高于内在价值的时候卖出以获利。

相对估值是使用一系列价格指标与其他多只股票（对比系）进行对比，如果低于对比系相应的指标平均值，股票价格被低估，股价将很有希望上涨，使得指标回归对比系的平均值。

相对估值包括以资产为基础的 PB、EV/IC 估值法和以收益为基础的 PS、EV/EBITDA、PE、PEG 等估值法。通常的做法是对比，一是和该公司的历史数据进行对比；二是和国内同行业企业的数据进行对比，确定它的位置；三是和国际上的（特别是香港和美国）的同行业重点企业数据进行对比。

以下重点介绍 PE、PEG、PB 和 EV/EBITDA 四个指标（见图 7－2）。

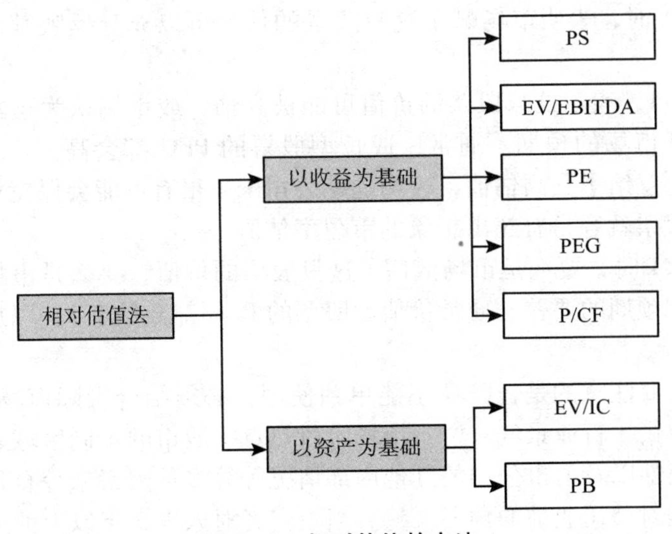

图 7－2　相对估值的方法

1. 市盈率（PE）。PE是简洁有效的估值方法，其核心在于e的确定。PE=p/e，即每股价格与每股收益的比值。从直观上看，如果公司未来若干年每股收益为恒定值，那么PE值代表了公司保持恒定盈利水平的存在年限。而实际上保持恒定的e几乎是不可能的，e的变动往往取决于宏观经济和企业的生存周期所决定的波动周期。所以在运用PE值的时候，e的确定显得尤为重要，由此也衍生出具有不同含义的PE值。e有两个方面，一个是历史的e，另一个是预测的e。对于历史的e来说，可以用不同e的时点值，可以用移动平均值，也可以用动态年度值，这取决于想要表达的内容。对于预测的e来说，预测的准确性尤为重要，在实际市场中，e的变动趋势对股票投资往往具有决定性的影响。

2. PEG估值法。市盈率（PE）反映的是某股票的当前价值，但是当市场上出现远高于股市平均市盈率水平，甚至高达上百倍市盈率的股票时，就无法用市盈率来评估这类股票的价值。如果将市盈率和公司未来业绩成长性相对比，那些超高市盈率的股票看上去就有合理性了，这种新的估值方法就是PEG估值法，又称为市盈率相对盈利增长比率，是从市盈率衍生出来的一个比率。PEG将股票当前的价值和该股未来的成长联系起来，由股票的当前市盈率除以公司未来3～5年每股盈余（EPS）的复合增长速度预估值得出。该指标最先由英国投资大师史莱特提出，后来由美国投资大师彼得·林奇发扬光大。计算公式如下：

$$PEG = 市盈率 \div 每股盈利增长速度 = PE \div EPS$$

通常较合理的PEG为1。如一只股票当前的市盈率为20倍，其未来5年的预期每股收益复合增长率为20%，那么这只股票的PEG=PE÷EPS=20÷20=1。当PEG等于1时，表明市场赋予这只股票的估值可以充分反映其未来业绩的成长性。

当PEG>1，表示这只股票的价值可能被高估，或市场认为这家公司的业绩成长性会高于市场的预期。通常，成长型股票的PEG都会高于1，甚至在2以上。投资者愿意给予其高估值，表明这家公司未来很有可能会保持业绩的快速增长，这样的股票就容易有超出想象的市盈率估值。

当PEG<1时，要么是市场低估了这只股票的价值，要么是市场认为其业绩成长性可能比预期的要差。通常价值型股票的PEG都会低于1，以反映较低业绩增长的预期。

投资者需要注意的是，PEG不能单独使用，必须结合国际市场、宏观经济、国家的产业政策、行业景气、资本市场阶段热点、股市的不同区域、上市公司盈利增长的持续性以及上市公司的其他内部情况等等多种因素来综合评价，但最关键的指标还是对公司业绩的预期。只有当投资者对未来3年以上的业绩表现作出比较准确的预测时，PEG的使用效果才会体现出来，否则反而会起误导作用。

3. 市净率（PB）。市净率即股票的股价净值比（Price-to－Book Ratio，P/B

或 PBR)，又名市账率，指每股市价除以每股净资产的比率。股票净值也称净资产，即：公司资本金、资本公积金、资本公益金、法定公积金、任意公积金、未分配盈余等项目的合计，它代表全体股东共同享有的权益。

市净率的计算方法是：

市净率 =(P/BV) = 每股市价（P)/每股净资产（Book Value)

市净率可用于投资分析，一般来说市净率较低的股票，投资价值较高，相反，则投资价值较低；但在判断投资价值时还要考虑当时的市场环境以及公司经营情况、盈利能力等因素。市净率特别适合评估高风险企业以及资产大量为实物资产的企业。通过市净率定价法估值时，首先，应根据审核后的净资产计算出发行人的每股净资产。其次，根据二级市场的平均市净率、发行人的行业情况（同类行业公司股票的市净率)、发行人的经营状况及其净资产收益等拟订估值市净率。最后，依据估值市净率与每股净资产的乘积决定估值。公司每股净资产的多少是由股份公司经营状况决定的，股份公司的经营业绩越好，其资产增值越快，股票净值就越高，因此股东所拥有的权益也越多。

需要注意的是市净率不适用于短线炒作获利。

4. EV/EBITDA。EV/EBITDA 又称企业价值倍数，是一种被广泛使用的公司估值指标，公式为：

$$EV/EBITDA = EV \div EBITDA \tag{7.3}$$

其中，EV 为企业价值（enterprise value)，EBITDA（earnings before interest，taxes，depreciation and amortization）即在利息、税、折旧（贬值)、摊销之前的盈利收入。

EBITDA = 净销售量 - 营业费用 = EBIT + 折旧费用 + 摊销

EV/EBITDA 和市盈率（PE）等相对估值法指标的用法一样，其倍数相对于行业平均水平或历史水平较高通常说明高估，较低说明低估，不同行业或板块有不同的估值（倍数）水平。但 EV/EBITDA 较 PE 有明显优势：首先，由于不受所得税率的影响，所以不同国家和市场的上市公司估值便更具可比性；其次，不受资本结构不同的影响，公司对资本结构的改变不会影响估值，同样有利于比较不同公司估值水平；最后，排除了折旧摊销这些非现金成本的影响（现金比账面利润重要)，可以更准确地反映公司价值。但 EV/EBITDA 更适用于单一业务或子公司较少的公司估值，如果业务或合并子公司数量众多，需要做复杂调整，有可能会降低其准确性。

（三）寿险公司的估价方法

对于寿险公司的估值，我们主要是站在资本市场投资者的角度来进行分析，对寿险公司估值方法的介绍我们主要包括 3 个方面：一是寿险公司业务的特殊性；二是寿险公司优劣的判断标准（质的方面)；三是寿险公司优劣的判断标准（量的方面)。

1. 寿险公司业务的特殊性。寿险公司经营的是长期业务，不同于一般企业——在售出商品当年就能实现全部收入和利润，寿险公司当年售出的保单要通过今后很多年才能实现全部收入和利润。但当年售出的保单又代表了当年的业绩，与之后的年份无关，要将往后年份的预期利润贴现至当年，来代表当年真实的现金流和销售业绩。因此其业务经营特点表现为：盈利确认和实现的周期较长、收入和费用在时间上不匹配，用传统方法对寿险公司进行估值具有局限性。

另外，寿险公司的盈利水平主要由三差益决定，即死差益：实际死亡率低于预定死亡率时的收益；费差益：实际费用率低于预定费用率的收益；利差益：实际投资收益率高于预定利率（不高于2.5%）的收益，在对寿险公司估值时需充分考虑三者的影响。

最后寿险公司的现金流预测是基于多种假设前提之下的，敏感度较高；使用不同的会计准则如法定评估法（SAP）、公认会计准则（GAAP）还是精算准则（内含价值法）可能对其价值的估计存在较大差异；保险行业要求的准备金提取和计算方法较特殊，对会计利润的影响较大。以上因素也会对寿险公司的估值产生一定的影响。表7－1反映的是在使用不同会计准则评价寿险公司时的差异性。

表7－1　不同会计准则下对寿险公司评价的异同

	法定评估法（SAP）	公认会计准则（GAAP）	精算准则（EV：内含价值法）
目的	保证公司偿付能力	了解公司获利能力	理解公司价值
会计方法	收付实现制	权责发生制	权责发生制
有效业务未来价值	不考虑	考虑	考虑
区分业务	区分	不区分	区分
所用假设	保守	符合实际	符合实际
未来新业务	不考虑	不考虑	不考虑
结论	注重投保人利益	最适合投资者要求	寿险价值的核心

资料来源：黄华民．信证券研究部．2010.8。

2. 寿险公司优劣的判断标准——质的方面。判断一家寿险公司的好坏，我们可以从以下几个方面进行。

（1）发展战略与市场定位清晰。寿险公司要想在市场上有良好的发展前景，发展战略清晰、市场定位明确是寿险公司成功的关键，如Prudential公司专注养老金、年金业务市场，专注欧美市场的发展，在销售渠道上选择以代理人和财务顾问为主，公司发展中并购对象的选择，非常慎重，要求并购对象的业务与公司的发展战略高度相关；我国的平安保险集团，则立志将自己打造成为具有国际竞争力的金融控股集团，依托独特的多元化金融服务平台和强大的交叉销售能力，使其在国内稳居寿险与产险市场的行业第二的位置，近年来又大力发展互联网金融，使其拥有强大的一站式销售网络和优质的客户群，在资本市场上，被投资者广为关注。

（2）公司价值持续增长。寿险公司的市场价值持续稳定增长，为我们评判一家寿险公司的优劣提供了一个直观的指标，也提高了对公司未来价值增长预测的准确性，通常我们可以从以下几个方面来关注公司价值的增长：公司的总资产、净资产、保费总收入、净利润以及新增保单价值等，相应的数据我们都可以从公司的资产负债表当中获取。

（3）业务结构不断优化。寿险公司业务结构的不断优化，是公司市场价值持续增长的保障，这可从险种结构、承保业务与投资业务结构的调整等方面着手进行。如目前我国寿险公司主要以分红型的险种为主，约 80% 以上均为此险种，保障型的险种过少，以往销售的保单由于保底利率过高，也造成了较大的利差损，因此寿险公司可适当增加保障型的险种，虽然这可能会使当前的保费收入有所下降，但却能大大提高新保单业务利润；此外，由于我国之前对保险公司的投资一直限制较为严格，导致保险公司的利润增长只能依靠承保业务，但自 2012 年以来我国不断拓宽保险公司的投资渠道，放松了对投资的限制，因此强化保险公司的投资业务，也将对公司价值的增长大有裨益。

（4）投资股东有实力。投资者在选择寿险公司时还要关注寿险公司的投资股东是否有实力。以我国的新华保险为例，新华人寿保险股份有限公司（简称“新华保险”），成立于 1996 年 8 月，是全国性、以民营控股为主的股份制专业寿险公司，经营业务主要包括人寿保险、健康保险和意外保险业务，2000 年 8 月，公司成功向瑞士苏黎世保险公司、国际金融公司、日本明治生命保险公司和荷兰金融发展公司增发了总股本 24.9% 的股份①；2007 年 5 月 24 日，保监会用保险保障基金，以市场价收购新华人寿问题股东手中的股权，解决了前新华保险董事长关国亮②利用董事长身份之便在 8 年时间内违规挪用资金 130 亿元的问题；2009 年 11 月，保监会的保险保障基金，把新华人寿 38.815% 的股权整体转让给中央汇金公司。目前，在新华人寿的股东中央企宝钢集团持股 17.273%，中国石化集团资产经营管理有限公司持有 1.502% 的股权③，加上中央汇金公司持有的 38.815% 的股权，新华人寿的股权结构中，国有部分持股比例将近 60%，这意味着新华人寿已经从民营控股转为一家国有控股的保险公司，控股股东的实力远超过之前。2011 年新华保险在香港联交所和上海证交所同步上市（A 股代码为 601336，H 股代码为 1336），目前新华保险业务收入、总资产、保费总收入持续

---

① http：//www.cngold.org/hao/c62471.html.

② 2012 年 8 月出狱，之后坐镇天安人寿幕后。

③ 系通过拍卖获得原仪征化纤公司持有的新华人寿的 1.502% 的股权。

增长，基本保持在国内寿险行业的三甲地位。

（5）公司治理结构完善。一个发展前景良好的寿险公司应当有较完善的内部治理结构，这对避免内部的操作风险非常有帮助。一方面是管理结构层级分工清晰，如公司应当有董事会、监事会、总经理，董事会负责公司的战略发展，监事会负责监控董事会与总经理等的工作，经理则主要负责公司业务的发展，三者在自身业务范围内各司其职，尽量避免权力真空，让所有人的权限都有监督；除此之外，公司还应当有良好的风险监控机构，针对内部的经营、新业务的发展以及外部的投资进行风险的管控。

（6）财务、投资稳健，资本实力雄厚。寿险公司是典型的负债经营型企业，销售的保单中如终身寿险、生死两全保险、附带分红险的保单等，未来的给付都是必然的，因此稳健的财务管理方案以及关注安全性的投资策略对公司的稳定发展是非常有帮助的。以美国国际集团（American International Group，AIG）为例，1919 年 AIG 集团的创始人施德（Cornelius Vander Starr）在中国成立了一家保险代理公司——美亚保险，专注提供火险及水险保障；1921 年成立友邦人寿保险，1926 年在美国纽约开设分公司，之后经过数十年的发展成为美国首屈一指的退休金管理服务机构之一，在个人和大型企业投资管理市场中名列前茅，集团的股票在纽约证券交易所、美国 ArcaEx 电子证券交易市场、伦敦、巴黎、瑞士及东京等市场均有上市，之后稳居美国保险业霸主地位数十年之久。由于投资策略较为激进，在 2008 年次贷危机爆发后，因其设在英国伦敦的金融产品部门投资了一种抵押贷款关联债权，导致 AIG 公司亏损严重，至 2008 年年初股价暴跌 79%，2008 年 9 月 16 日由美国财政部接管①，2008 年 9 月 22 日，被道琼斯工业平均指数的剔除出成分股。与此对应的是美国安达保险集团（ACE Group），全球最大的多元化财产及责任保险公司之一，主要为客户提供商业财产和责任保险、个人意外及医疗辅助保险、再保险及人寿保险保障，由于长期以来遵循稳健的投资策略，未持有任何 CDO 产品，因此在次贷危机发生之后公司的现金流、市值、股价均保持了稳定。

3. 寿险公司优劣的判断标准——量的方面。寿险公司新业务佣金、费用及准备金的提取通常会超过首年的保费收入，进而导致所谓的新业务压力（New business Strain），因此对保险行业来讲，新保单卖得越多，当年保险公司的亏损可能越大，新业务压力对保险公司当期的估值影响是非常大。所以当期业务发展较快时，按现存的会计准则计算保险公司的盈利会比较低，现金流当期多为负值；反之，如果当期退保的很多，当期的盈利会很高，但远期的自由现金流会减少；寿险公司的业务具有长期性，总的自由现金流折现后多为正值。因此基于寿险行业的经营特殊性，在对寿险公司进行估值时，使用一般企业的市

① 美国财政部现持有该公司股权 79.9%，该公司实际上已变为一家国有企业。

盈率法（PE）进行估值，就会带来估值的偏差，常使用价格与内含价值（EV）或评估价值（AV）的比来进行相对估值。寿险公司的价值评估如图7－3所示。

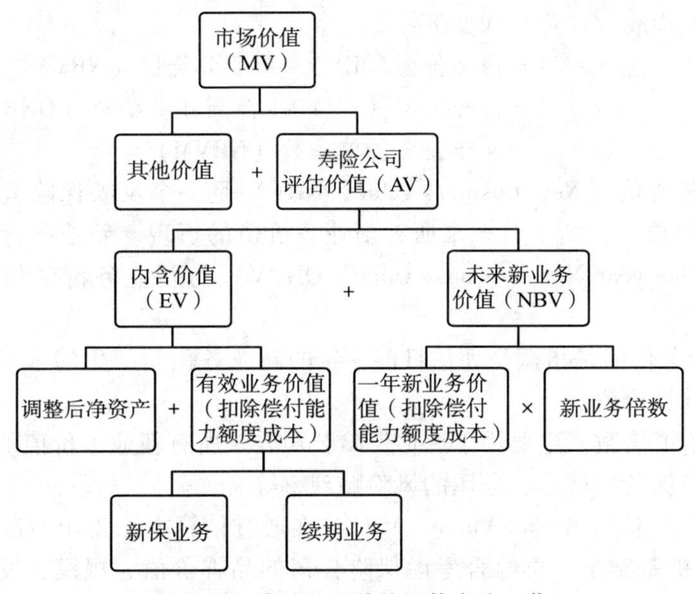

图7－3 寿险公司价值评估方法一览

（1）内含价值（Embedded Value，EV）。这是一种主要应用于保险公司价值评估的方法，是保险公司引入“经济增加值”概念后，利用精算方法形成的能够反映保险公司经营特征的一种价值评估方法，它考虑了有效保单持续的盈利能力，代表评估时点保险公司的经营成果，P/EV是比较认可的相对估值指标。计算公式如下：

$$内含价值（EV）= 经调整的净资产价值 + 有效业务价值 \qquad (7.4)$$

由于资产负债表上的净资产并不全部属于股东，其中有一部分要用于满足法定偿付能力额度的要求而被占用，而被占用的资本盈余的价值已经体现在了有效业务价值，因此要把净资产中被占用的资本盈余去掉，即得出经调整的净资产价值（Adjusted Net Asset Value）。经调整的净资产价值是这部分资本的折现值，通常会小于账面价值。

有效业务价值（Value Business In Force，VIF），是按照精算方法计算得出的评估日所有存量保险业务的现金流，再加上赔付和退保等一系列调整所算出的贴现值，体现了目前保险合同的价值。主要的假设包括利率、失效率或退保率、经验死亡率、附加费用及折现率等。

不过用内含价值法在对保险公司进行估值时会产生低估的情况，因为其并没有考虑保险公司未来的新业务产生的新价值，因此对保险公司进行更精确的估值可采用评估价值法。

（2）评估价值（Appraisal Value，AV）。评估价值是基于公司未来的自由现金流来评估寿险公司价值，主要由现有业务形成的内含价值（EV）和未来新业务产生的价值构成。计算公式如下：

评估价值（AV）= 内含价值（EV）+ 新业务价值（NBV）
= 内含价值（EV）+1 年新业务价值（ONBV）
× 新业务价值倍数（NBVM） （7.5）

其中，新业务价值（New Business value，NBV）是一个反映保险公司业务经营表现的综合指数，包括了对未来所有新业务价值的折现。新业务价值由 1 年新业务价值（One year New Business value，ONBV）与新业务价值倍数，两者的乘积构成。

1 年新业务价值是指截至评估日前一年的新业务预期产生的未来可分配税后利润贴现的计算价值。

新业务价值倍数，主要用于评估保险公司未来所有新业务价值的总和，新业务价值倍数与保费的增速、采用的风险贴现率等有关。

（3）市场价值（Market Value，MV）。在通过精算方法得出寿险公司的评估价值（AV）的基础上，再综合考虑保险公司的品牌价值、规模、发展战略等因素，就可以得出保险公司的市场价值。

图 7－4 反映了中国 2020 年的人口结构预测，可以看出届时我国人口已经呈现出明显的老龄化趋势。由图 7－5 可以看出，随着人口红利的消失，我国的人口负担系数自 2015 年起将逐年上升，未来我国寿险业将迎来黄金发展期，上市寿险公司的价值在未来将会逐年上升。

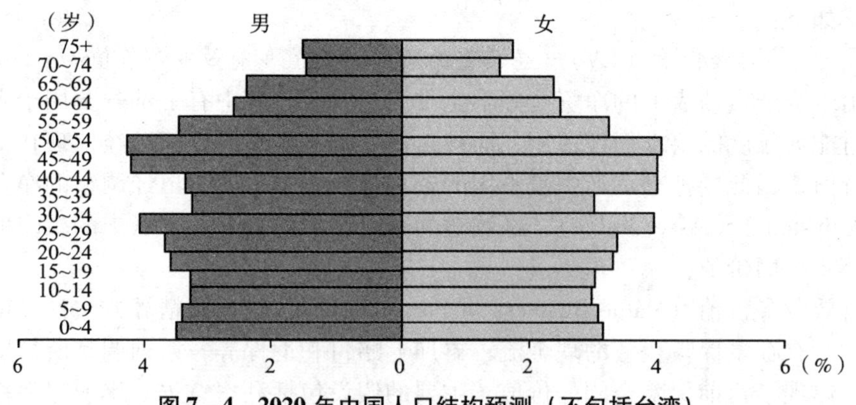

图 7－4 2020 年中国人口结构预测（不包括台湾）

资料来源：中信证券研究部，黄华民，2010.8。

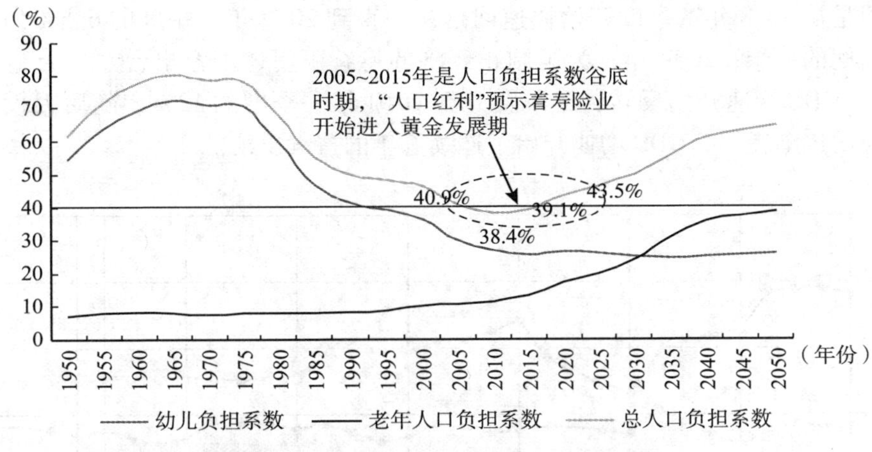

图 7－5 1950～2050 年中国人口负担系数

资料来源：中信证券研究部，黄华民，2010. 8。

二、股票投资分析

(一) 基本面分析

基本面分析又称基本分析，是以证券的内在价值为依据，着重于对影响证券价格及其走势的各项因素的分析，以此决定投资购买何种证券及何时购买。

基本分析的假设前提是：证券的价格是由内在价值决定的，价格受政治、经济、心理等诸多因素的影响而频繁变动，很难与价值完全一致，但总是围绕价值上下波动。理性的投资者应根据证券价格与价值的关系进行投资决策。

基本分析主要适用于周期相对较长的证券价格预测、相对成熟的证券市场以及预测精确度要求不高的领域。

1. 宏观分析。

(1) 宏观分析的意义。清代陈澹然在《寤言二迁都建藩议》中有："不谋万世者，不足谋一时；不谋全局者，不足谋一域"之说，股票投资也是如此，所谓"看大势者挣大钱"。而看大势，就是宏观分析，就是看经济周期、国家财政状况、金融环境、国际收支状况、行业经济地位的变化、国家汇率的调整等影响股价变动的宏观因素的变动，及其由此引发的国家宏观政策的调整，判断了解它们与股市的关系，弄清其可能带来的影响。

其实，自从 2006 年以后，随着四大国有商业银行、中国石油、中国石化等超级大盘股的相继上市，国民经济的证券化提速，上市公司对整体经济的代表性增强，股市的晴雨表功能也日渐突出，而越是这样，宏观分析的意义就愈显重要。

由图 7－6 可以看出，2007 年二季度 GDP 增速达到峰值 14.5%，此后有所减速，但是从2008年一季度开始快速回落，一直到2009年一季度的6.5%，不足上年同期的一半；2009年，为了制止经济的持续下滑，国家出台“四万亿投资计划”，GDP增速开始反转，逐季爬升至2010年一季度的12%，随后因投资刺激效应的逐渐耗尽，GDP增速开始了连续五年的持续下滑。

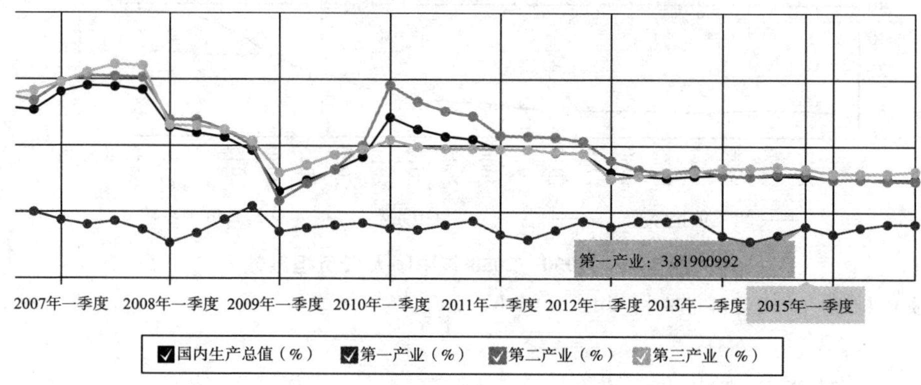

图7－6 2007～2015年GDP的变化

由图7－7可以看出，上证指数在2007年三季度创出6 124点的历史最高水平后暴跌至2008年10月28日的最低点1 664点，一年跌去68%，列2008年度全球跌幅第三；在创下2008年的底部后，从2008年11月7日开始，伴随着“四万亿”的利好刺激，快速反弹到2009年8月4日的最高点3 478，而后也经历了连续5年多的阴跌。

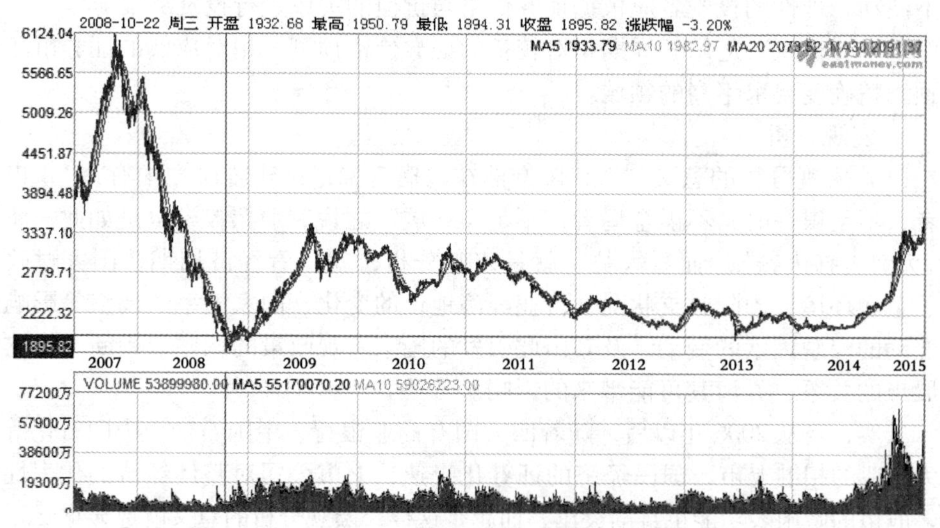

图7－7 2007～2015年上证指数的变化

综上所述，不难看出，近年来的中国股市，股指和宏观经济的关联度已经大大增强，股市作为国民经济“晴雨表”，预先反映国民经济的价值已得到了充分的体现，从而，用宏观经济分析来反推和诠释股市的变化，越来越具有价值。

（2）宏观分析的内容。宏观分析主要是弄清上市公司的宏观运行环境，并以其对上市公司生产经营和盈利能力的预期影响来判断其可能对股市产生的影响，为此需要从以下几方面进行：

首先，通过指标分析，把握国民经济的总体运行态势。反映宏观经济运行态势的指标除 GDP 这一核心指标外还有很多，比如 CPI、PMI、PPI 等，具体可参看东方财富网[①]列出的 27 个指标。通过对这些指标的解读，可以了解到国民经济各个基本方面的已有轨迹，目前状态和运行趋势。

其次，了解宏观经济政策。关于“政策市”的说法，在中国资本市场由来已久，足见宏观经济政策对于我国股市的决定性的影响力，这一点，从在 2001 年牛市折戟到 2005 年的牛市起航，背后都有政策变化的身影。影响股市的宏观经济政策很多，比较突出的有货币政策、财政政策、宏观投资政策、产业政策、贸易政策等。

最后，分析宏观指标与宏观经济政策对股市影响的内在机理，掌握市场对于宏观局势和政策走向的预期，了解二者的偏差可能带来的影响。

2. 中观分析。中观分析包括行业分析和区域经济分析，主要探讨产业和区域经济对股票价格的影响，中观分析的重点是行业分析。行业分析也叫产业分析，其目的在于分析掌握个行业的基本属性，了解其在国民经济中地位及其变更，洞察行业的前景和发展潜力，把握行业的生命周期以及目前各行业在生命周期中所处的阶段。

（1）行业的基本属性分析。2011 年 4 月，由国家统计局起草、国家质量监督检验检疫总局、国家标准化管理委员会批准发布了《国民经济行业分类标准》（GB/T 4754—2011），将国民经济行业分为 20 个门类（见表 7 - 2），96 个大类，432 个中类，1 094 个小类[②]。2012 年证监会依据《中华人民共和国统计法》《证券期货市场统计管理办法》《国民经济行业分类》等法律法规和相关规定，制定了《上市公司行业分类指引》，将上市公司所属行业分为 19 个门类[③]，90 个大类。

上市公司在行业属性上的差异，对于其在资本市场的定价，具有深刻的影响。不同行业具有不同的发展条件、外部环境、资源禀赋差别、需求差异、市场前景、技术进步速度以及在国民经济中所处的不同地位，有着不同的重要性等，

① 东方财富网的网址：http：//data. eastmoney. com/cjsj/gdp. html.

② GB/T4754 - 2002 中分为 20 门类、95 中类、913 小类。

③ 第 19 门类 S 为综合，没有 T 分类，其他与国家统计局的分类一致。

从而使不同行业的上市公司出现整体性差异。

表 7－2　　2011 年国家统计局国民经济行业分类门类表

A 农、林、牧、渔业	B 采矿业
C 制造业	D 电力、燃气及水的生产和供应业
E 建筑业	F 批发和零售业
G 交通运输、仓储和邮政业	H 住宿和餐饮业
I 信息传输、计算机服务和软件业	J 金融业
K 房地产业	L 租赁和商务服务业
M 科学研究和技术服务业	N 水利、环境和公共设施管理业
O 居民服务、修理和其他服务业	P 教育
Q 卫生和社会工作	R 文化、体育和娱乐业
S 公共管理、社会保障和社会组织	T 国际组织

（2）经济周期与行业发展的关联度分析。各行业的发展趋势与国民经济总体的周期变动有关，但是关系密切的程度不一样。据此，可以将行业分为三类：

①增长型行业。增长型行业的运动状态与经济活动总水平的周期及其振幅无关。这些行业收入增长的速度相对于经济周期的变动来说，并没有出现同步影响，因为它们主要依靠技术的进步、新产品推出及更优质的服务，从而使其经常呈现出增长状态。在过去的几十年内，计算机和打印机行业表现了这种状态。

②周期型行业。周期型行业的运动状态直接与经济周期相关。当经济处于上升时期时，这些行业会随其扩张；而当经济衰退时，这些行业也相应跌落。例如珠宝行业、耐用品制造业及其他依赖于需求收入弹性的行业，就属于典型的周期性行业。

③防御型行业。这些行业运动状态的存在是因为其行业的产品需求相对稳定，其特征是受经济周期的影响比较小，不会因经济周期变化而出现大幅度变动，甚至在经济衰退时也能取得稳步发展。这些行业的产品往往是生活必需品或是必要的公共服务，公众对其产品有相对稳定的需求，因而盈利水平相对较稳定。例如，食品业、药品业、公共事业等就属于这一类行业。

（3）行业生命周期分析。一个行业所经历的从产生、发展到衰退的演变过程称为行业的生命周期。它一般分为四个阶段，即初创阶段、成长阶段、成熟阶段以及衰退阶段。认清投资目标公司所处的行业在生命周期中所处的阶段以及该阶段的特征是在做出股票投资决策时的重要参考依据。

①初创阶段。在这一阶段，由于新行业初建不久，只有为数不多的创业公司投资于这个新兴的行业，由于初创阶段行业的创立投资和产品的研究、开发费用较高，同时因大众对其尚缺乏了解而产品市场需求狭小，销售收入较低，所以这

些创业公司财务上可能不但没有盈利反而发生亏损，这必然使这些创业公司面临很大的投资风险，甚至还可能因财务困难而引发破产的危险。在初创阶段后期，随着行业生产技术的提高、生产成本的降低和市场需求的扩大，新行业便逐步由高风险低收益的初创期转向高风险高收益的成长期。

②成长阶段。在成长阶段，新兴行业的产品经过广泛宣传和消费者的试用，逐渐赢得了消费者的认可，市场需求开始上升。与市场需求变化相适应，供给方面相应地出现了一系列的变化，即投资于新兴行业的厂商大量增加，产品也逐渐从单一、低质、高价向多样、优质和低价方向发展，因而新兴行业出现了生产厂商和产品相互竞争的局面。这种状况的继续将导致生产厂商随着市场竞争的不断发展和产品产量的不断增加，市场的需求日趋饱和。生产厂商不能单纯地依靠扩大生产量、提高市场份额来增加收入，而必须依靠追加投资，提高生产技术，降低成本，以及研制和开发新产品来争取竞争优势，战胜竞争对手和维持企业的生存。

③成熟阶段。行业的成熟阶段是一个相对较长的时期。这一时期中，在竞争中生存下来的少数大厂商垄断了整个行业的市场，每个厂商都占有一定比例的市场份额。由于彼此势均力敌，市场份额比例发生变化的程度比较小。厂商之间的竞争逐渐从价格手段转向非价格手段，例如提高产品质量、改善性能和加强售后服务等。行业利润达到了较高的水平，而风险却比较低，这是因为市场已经被原有大企业按比例分割，产品的价格比较低，新企业往往由于创业投资无法很快得到补偿或产品的销路不畅，资金周转困难而倒闭或转产。

④衰退阶段。这一时期出现于较长的稳定阶段之后，由于新产品和大量替代品的出现，原行业的市场需求开始逐渐减少，产品的销售量开始下降，某些厂商开始向其他更有利可图的行业转移资金。因而原行业出现了厂商数目减少，利润下降的萧条景象。至此，整个行业便进入了生命周期的最后阶段。当正常利润无法维持或现有投资折旧完毕后，整个行业便逐渐解体了。按行业所处生命周期的阶段不同，可以将行业分为朝阳行业、平缓增长行业和夕阳行业三类。

（4）影响行业兴衰的主要因素。概括地说，影响行业兴衰的主要因素有以下几个方面。

①技术进步因素。技术进步对行业的影响是巨大的。例如，电灯的出现极大地削减了对煤气灯的需求；蒸汽动力行业则被电力行业逐渐取代。因此，投资者必须不断考察一个行业产品的前途，分析其被优良产品或其他消费需求替代的趋势。

②政府的影响和干预。政府对行业的促进作用可以通过补贴、税收优惠、限制与本国竞争的关税、保护某一行业的附加法规等措施来实现，因为这些措施有利于降低该行业的成本，并刺激和扩大其投资规模，如美国的纺织业就受到进口关税这一法律的极大的保护。同时考虑到生态、安全、企业规模和价格因素，政

府会对某些行业实施限制性规定，这会加重该行业的负担；某些法律已经对某些行业的短期业绩产生了副作用。

③社会习惯的改变。当今社会，消费者和政府越来越强调经济行业所应负担的社会责任，注重工业化给社会所带来的种种影响。这种日益增强的社会意识对许多行业已经产生了明显的作用。防止环境污染，保持生态平衡目前已经成为工业化国家的一个重要的社会趋势，在发展中国家也正日益受到重视，因此与保护生态平衡相关的一些行业会不断产生并得到迅猛的发展。

3. 微观分析。微观经济分析，主要是对上市公司进行全面分析。由于买股票从本质上说，就是购买上市公司的股权，所以，微观经济分析也理应是基本分析法的重点。如果没有对发行股票的上市公司的基本状况进行全面分析，就不可能准确地预测特定股票的价格及其变动趋势，也就不可能准确地选择股票投资对象。

公司的成长周期、内部组织管理水平和能力、发展潜力、竞争能力、盈利能力、财务状况及经营业绩、投资者的动向、大户的意向和操纵、公司间的合作或相互持股、信用交易和期货交易的增减、投机者的套利行为、公司的增资方式和增资额度等，均可能对股价形成较大影响。微观分析的内容主要包括以下几个方面。

（1）上市公司基本素质分析。上市公司一定要有鲜明的主业才能在激烈的市场竞争中取胜。如果公司没有进行过根本性的产业转移和多种经营，主营业务状况在相当程度上决定着公司经营状况、盈利能力、进而决定着投资者的投资回报，是上市公司基本素质的体现。投资者可以根据相关统计报表从以下几方面分析上市公司的主营业务状况。一是企业的经营方式。经营方式分析主要考察公司是单一经营还是多元化经营。多元化经营的优点是风险相对分散，但容易造成主业不清，影响公司盈利增长。单一经营的缺点是风险相对集中，但如果其产品占有很大的市场份额，公司盈利也会很丰厚。二是主营业务的盈利能力和主营业务利润占净利润的比。主营业务盈利能力占净利润的比值越高，说明企业为实现一定的主营收入而实际付出的物化劳动和活劳动相对较少。主营业务利润占净利润的比可以衡量企业净利润的可信度和企业可持续发展能力的强弱。三是主营业务规模的扩展情况。一个发展势头良好的企业，其主营业务的发展总是伴随着利润的相应增长。

（2）上市公司行业地位分析。上市公司行业地位、市场占有率水平应成为投资者进行股票投资的一个重要的决策参考依据。一家行业地位出色的企业往往历史悠久、客户稳定、信誉良好，其面临的商业风险相对较小。按照市场竞争的一般规律，只有行业地位出众、市场占有率不断提高，特别是具有垄断优势的公司才能成为行业巨头，这些公司是投资者首选的投资品种。判断上市公司行业地位应主要从以下几方面入手：一是要看该公司产品的市场占有率是否居行业前列；

二是要看该公司产品销售增长率在本行业是否处于领先地位；三是要看该公司在行业内是否保持着技术领先地位。

（3）上市公司产品开发、技术创新能力分析。分析一家上市公司产品开发、技术创新能力分析可以从以下几方面入手：一是人力资源状况，即公司是否拥有稳定的专业人才和技术骨干队伍，稳定人才的措施是否得力、到位。二是研究机构的设置状况，一般强势企业都非常注重企业的科研机构的设置。三是研发费用：高科技高成长公司研发费用占营业收入要达到一定比例。世界著名的高科技投资专家墨非对市场进行考察后认为，一个公司的研发费用不得少于营业额的2%，否则就难以在国际市场上竞争。四是新产品开发、试制情况：一个企业应能根据市场需求的变化、产品销售情况正确判断企业现有产品所处的生命周期阶段，及时制订新产品开发计划，从人员、技术设备、资金供应等方面保证新产品开发工作正常进行，并注意新产品对企业经济效益的影响。

（4）上市公司财务状况分析。投资者进行财务分析的方法很多，从不同的角度可以做出不同的分类。这里主要介绍对同一时期不同财务报表及有关数据进行分析的静态分析法和对不同时期财务报表及有关数据进行比较分析的动态分析法及杜邦分析法。静态分析法是对公司某一特定年度的财务报表及有关数据进行对比分析的方法，分为结构分析法和比率分析法；动态分析法是将公司若干期间的会计报表进行分析，即以变动趋势去预测公司未来的财务状况和经营成果的分析方法。趋势分析比较的对象可以是绝对数，也可以是相对数，如比率、结构百分比等，主要用于进行纵向比较分析。杜邦分析法是一种用来评价公司盈利能力和股东权益回报水平，从财务角度评价企业绩效的一种经典方法。这种分析方法最早由美国杜邦公司使用，其基本思想是将企业净资产收益率逐级分解为多项财务比率乘积，有助于深入分析比较企业经营业绩。

基本面分析的优点主要是能够比较全面地把握证券价格的基本走势，应用起来也相对简单。其缺点是预测的时间跨度相对较长，对短线投资者的指导作用比较弱，同时预测的精确度相对较低。

（二）技术分析

1. 技术分析的概念。技术分析法是根据股票市场的行为或过去循环的轨迹来分析股票价格变动趋势的方法。其特点是通过对市场过去和现在的行为，应用数学和逻辑上的方法，归纳总结一些典型的行为，据以预股票市场未来的变化趋势。市场行为包括价格与成交量的高低及其变化以及完成这些变化所经历的时间。

技术分析法的基本功能是利用市场交易行情的记录，把各种股票每天、每周、每月甚至更长时间的开盘价、收盘价、最高价、最低价、成交量等进行统计分析，使股票投资者通过交易动态分析买卖双方的力量对比态势，找出股市涨、跌、盘的信号，预测股票市场大势及个股的趋势，为投资者的投资决策服务。

2. 基本假设。

（1）市场行为涵盖一切信息是进行技术分析的基础。它的主要思想是：影响股票价格的每一个内在和外在因素都反映在市场行为中，股票分析人员只需关心这些因素对市场行为的影响效果，不必对影响股票价格的具体因素作过多的关心。如果不承认这一前提条件，技术分析所作的任何结论都是无效的。

技术分析是根据市场行为来预测未来，如果市场行为只考虑影响股票价格的部分因素而未包含所有影响股票价格的因素，那么得到的结论就没有说服力。因为任何一个因素对股票市场的影响最终都必然体现在股票价格的变动上。如果某一消息已公布，股票价格同以前一样没有大的变动，则说明这个消息不是影响股票市场的因素。如果某一天股价大幅向上跳空，成交量急剧增加，则说明肯定有利多消息，至于是什么消息，我们没有必要知道，因为它已经体现在市场行为中了；反之，如果股价向下跳空，成交量大增，则说明出了利空消息，上述现象就是这个消息在股票市场行为中的反映。再如，某一天，别的股票大多持平或下跌，只有少数几只股票上涨，这时，我们自然要打听这几只股票出了什么利好消息。这说明，我们已经意识到外部消息已经在价格变动和反常的趋势中得到了表现。外在的、内在的、基础的、政策的、心理的因素，以及其他影响股票价格的所有因素，都已经在市场行为中得到了反映。技术分析者只需关心这些因素对市场行为的影响效果，而不必关心导致这些变化的具体原因究竟是什么。

（2）价格沿趋势移动。这是进行技术分析最根本、最核心的因素。其基本思想是股价按一定规律变动，具有保持原来方向的惯性。正是由于这一前提条件，才使技术分析者花费大量心血寻求股价变动的规律和趋势。

“顺势而为”是股票市场中的一条名言。一般而言，若一段时间内股票价格一直上扬或下跌，则今后一段时间，如果不出现内外因素的变动，股票价格也会按这一方向运动，而没有理由改变这一既定的方向。如果没有调头的内部和外部因素，没有必要逆大势而为。这是这一假设存在的第一个理由。

对于某一股票投资者而言，他之所以要卖掉手中的股票，是因为他认为当时的价格已经到顶，马上要往下跌，即使会上涨，涨的幅度也非常有限。若没有外在影响，他的这种悲观观点一般不会立即改变。若持这种观点的投资者人数很多，则众多悲观者就会影响股价的趋势，使其继续下跌。这是这一假设存在的第二个理由。

这一假设是技术分析法的立根之本。如果股票价格没有任何规律可循，技术分析也就没有存在的必要。只有股价变动遵循一定规律，我们才能用技术分析这个工具找到这些规律，对今后的股票投资进行有效的指导。

(3) 历史往往会重演。这是技术分析法的基本思想进行技术分析实际上就是研究人们的心理和行为模式。借助于这些模式，就可以了解过去和现在的股市态势，预测未来的股价走势，为股票投资提供指导。股票市场中进行具体操作的是人，它必然受到人类心理学中某些理论的制约。一个人在某一场合得到某种结果，那么，下一次碰到相同的或相似的场合，他就认为会得到相同的结果。股市也一样，在某种情况下，按一种方法进行操作取得成功，那么以后遇到相同或相似的情况，他就会按同一方法进行操作；反之，则不会按前一次的方法操作。

股票市场的某个投资行为给投资者留在头脑中的印象会永远影响着他的操作。在进行技术分析时，一旦遇到与过去某一时期相同或相似的情况，他就会与过去的结果进行比较。过去的结果是已知的，它应该是预测未来的参考。任何有用的东西都是经验的结晶，是经过许多场合检验而总结出来的。股市的操作也不例外。

股票市场是双方买卖的市场，价格的变动每时每刻都受供求关系的制约。股价上涨了，肯定是需求大于供给；反之，股价下跌了，肯定是供给大于需求。股价不断地变化以求达到供求平衡，股价的变动总是朝着这个方向努力。但平衡是暂时的，一遇外部力量，这种平衡就会被打破，价格继续变动，以求达到新的平衡。应该指出的是，这种外部力量是无时不在的，只是大小不同而已。但人们往往只记住了大的影响，而忽视了小的影响。

当然，对这三大假设条件本身的合理性一直存在争论，不同人有不同的看法。例如，第一个前提条件说市场行为包含了一切信息，但市场行为反映的信息只体现在股票价格的变动之中，同原始的信息毕竟有差异，信息损失是必然的。正因为如此，在进行技术分析的同时，还应该适当进行一些基本分析和别的方面的分析，以弥补其不足。再如，第三个前提条件假设历史会重演，但股票市场的行为是千变万化的，不可能有完全相同的情况重复出现，差异总是或多或少地存在着。在使用“历史会重复”的时候，这些差异的大小一定会对做出的结果产生影响。

3. 技术分析法的方法。在价、量、时、空等历史资料基础上进行统计、数学计算，进行图表绘制，是技术分析方法的主要手段。从这个意义上讲，技术分析方法可以有很多种。按功能划分，技术分析法可分为趋势分析、形状分析和人气指标分析。按差异性大小划分，技术分析方法主要分指标法、切线法、形态法、K 线法、波浪法五种。在此我们主要介绍以下五类方法。

(1) 指标法。指标法是根据市场行为的各方面情况建立数学模型，给出数学上的计算公式，得到一个体现股票市场某个方面内在实质的数字。这个数字叫指标值，它的具体数值和相互关系直接反映了股市所处的状态，为我们的操作行为提供方向性指导。指标反映的东西大多是从股市行情报表中直接看不到的。

目前，世界上用在股票市场上的各种名称的技术指标数不胜数。例如，相对强弱指标（RSI）、随机指标（KD 指标）、趋向指标（DMI）、指数平滑异同平均线（MACD）、能量潮（OBV）、心理线、乖离率等。这些都是很著名的技术指标，在股市中长盛不衰。此外，随着时间的推移，新的技术指标还在不断涌现。

（2）K 线法。K 线图最早是日本德川幕府时代大阪的米商用来记录当时 1 天、1 周或 1 个月中米价涨跌行情的图示法，后被引入股市。K 线图直观、立体感强、携带信息量大，蕴含着丰富的东方哲学思想，能充分显示股价趋势的强弱、买卖双方力量平衡的变化，在预测后市走向上较准确，是各类实时分析系统应用较多的技术分析手段。K 线法的研究侧重于若干天 K 线的组合情况，通过推测股票市场多空双方力量的对比来判断股票市场多空双方谁占优势，是暂时的，还是决定性的。K 线图是进行各种技术分析的最重要的图表。单独一天的 K 线形态有十几种，若干天 K 线的组合种类无法计数。人们通过不断地总结，发现了一些对股票买卖有指导意义的组合。而且，新的结果也在不断地被发现、被运用。

（3）形态法。形态法是根据价格图表中，过去一段时间走过的轨迹的形态来预测股价未来趋势的方法。第一条假设告诉我们，市场行为包括一切信息。价格走过的轨迹的形态是市场行为的重要部分，是股票市场对各种信息感应之后的具体表现，用价格图的轨迹或者说用形态来推测股价的将来是很有道理的。从价格轨迹的形态中，我们可以推测出股市处在一个什么样的大环境之中，由此对我们今后的行为给予一定的指导。著名的形态有 M 头、W 底、头肩顶、底等十几种。

（4）切线法。切线法是按一定方法和原则在由股票价格的数据所绘制的图表中画出一些直线，然后根据这些直线的情况推测股票价格的未来趋势的方法。这些直线就叫切线。切线的作用主要是起支撑和压力作用。支撑线和压力线的向后延伸位置对价格的趋势起一定的制约作用。一般来说，股价在从下向上抬升的过程中，一触及压力线，甚至还没有触及压力线，就会调头向下。同样，股票在从上向下跌落的过程中，在支撑线附近就会转头向上。另外，如果触及切线后没有转向，而是继续向上或向下，就叫突破。突破之后，这条切线仍然有实际作用，只是名称变了。原来的支撑线变成压力线，原来的压力线变成支撑线。利用切线法进行分析主要依据的就是切线的这个特性。

切线的画法非常重要，直接影响预测的结果。目前，切线的画法有很多种，著名的有趋势线、通道线、黄金分割线、甘氏线、角度线等。

（5）波浪法。波浪理论把股价的上下变动和不同时期的持续上涨、下降看成是波浪的上下起伏。波浪的起伏遵循自然界的规律，股票的价格也就遵循波浪起伏所遵循的规律。

简单地说，波浪起伏所遵循的规律是上升5浪下跌3浪。数清楚了各个浪就能准确地预见到股市的未来趋势——或是跌势已近尾声，牛市即将来临；或是牛市已到尾声，熊市就要来到。波浪理论与其他技术分析方法相比，其最大的特点就是能提前很长时间预计到股市的相对底部和相对顶部，其他技术方法则往往要等到新的趋势已经确立之后才能看到。但是，波浪理论是很难掌握的，大浪套小浪，浪中有浪，在数浪的时候极容易发生偏差。

以上五类技术分析方法是从不同的方面来理解和考察股票市场的，有的有相当坚实的理论基础，有的没有明确的理论基础。但它们有一个共同点，那就是都是经过股票市场实际的考验，最终被保留下来的。本书将对此进行详细论述。

这五类技术分析方法，有的注重长线，有的注重短线；有的注重价格的相对位置，有的注重绝对位置；有的注重时间，有的注重价格。尽管考虑的方式不同，但目的是相同的，彼此并不排斥，所以在使用时应相互借鉴。

4. 技术分析法的优缺点和适用范围。

（1）技术分析法的优缺点。技术分析法的优点在于：①考虑问题比较直接，指导股票投资见效快，获利周期短。②技术分析同市场接近，对市场的反映比较直接，分析结果也更接近于实际市场的局部情况。

技术分析法的缺点在于：①对市场的长期趋势不能作有益的判断。因为技术分析法考虑问题的范围相对较窄，对影响股市长期趋势的基本面、政策面等无能为力。②可靠性不高。技术分析法对影响股市的人为因素也无能为力。

（2）技术分析法的适用范围。技术分析法主要适用于时间较短的行情预测。只有与基本分析法结合使用，才能提高其准确程度。

基本分析法是技术分析法的前提与基础。技术分析法是根据股票市场的行为或过去循环的轨迹分析股票价格变动趋势的方法。基本分析法是通过对决定股票投资价值及价格的基本要素的分析，评价股票的投资价值，判断股票的合理价位及其变动趋势，提出相应的投资建议的一种分析方法。可以说，技术分析法反映的是“表”，基本分析法反映的是“里”，只有“表”“里”结合，才能真正揭示股票市场的本质。

第三节 股票市场

一、美国股票市场

美国股票市场是世界上最发达的股票市场，无论是股票的发行市场还是流通市场，也无论是股票发行及交易的品种数量、股票市场的容量还是发育程度，在世界上都是首屈一指的。

美国股票市场由初级市场与次级市场构成。初级市场又称一级市场，为发行市场，由发行公司和投资银行组成。发行公司通过发行股票和债券筹集资本，投资银行的业务是帮助发行公司推销其股票或债券，使之能及时获得资本扩大经营。新股票发行完以后，发行公司就取得现金可用作生产资本或用作其他用途，投资者则取得股票。因此，美国的初级股票市场实际上就是由无数的投资银行组成。

次级市场又称二级市场，为股票流通市场。股票在初级市场发行以后，就可以在次级市场上自由进行买卖交易。次级市场的价格是不固定的，它受到诸如股票供求、市场利率、股息红利、公司前景等因素影响。美国的股票流通市场主要分为集中交易市场和分散交易市场，前者主要指证券交易所，后者包括场外市场和第三市场、第四市场，美国的流通市场是已发行股票的再分配市场，其主要任务在于提供场所、设备和专业人员，促进和方便证券的次级交易。

（一）美国股票市场的基本特点

1. 品种全、覆盖广。美国股票市场中上市的公司基本上涵盖了美国乃至国际上全部著名、知名品牌的产品公司和企业，无论是能源、工业、农业、消费品及医药、食品和饮料等行业的经营良好的企业都是在美国股票市场上市的公司。这些经济实体的成长代表着全球经济发展的能量和趋势，因而美国股票市场的股票具有很高的经济价值。

2. 市场规模巨大。美国股票市场是全球规模最大的市场，除了以兆亿美元计的上市股票价值外，美国还有最大规模的基金投资和机构投资。这意味着一般的投资者若说想可以在美国股市兴风作浪那真是痴人说梦。

3. 制度健全，管理规范。美国股票市场是法规健全、管理严密而透明，但最重要的是它是一个自由的市场，股票价值完全自由涨落，除了法制的约束，政府对股票市场完全没有约束，投资者需自己对所作的投资承担全部的风险和责任，值得指出的是，美国股票市场的上市公司未必就是一个盈利的公司，而且，即便是好公司也未必其股价就往上升。

4. 公开透明和全球化。美国股票市场的发展变动与全球重大的政治经济发展历史过程呈现正相关的关系；它既是政治财经风云变幻的晴雨表，也是整个变化的后果的直接体现者。这表明，美国股票市场的透明程度和可分析性，可预见性是相当明显的。所有股票分析的技术手段和模型造就都源出于此便是证明。

5. 美国发达的场外交易。美国股票市场的场外市场，是指无组织的股票交易场所。这种场外市场不同于交易所市场，交易所都设有中心市场，场外市场则没有中心市场，它分散于全国各地的大小城市，没有固定的格局，交易也比较自由。交易的股票一般都是不能在交易所上市的股票，但也有少量交易所上市的股票。美国的许多小型的地方企业、金融机构，互助基金等在这里从事股票交易，而且一些著名的大公司、政府机构的股票、债券也在这里流通。例如，美国苹果公司的股票可以在纽约证券交易所上市，但是也有一部分该公司的股票在场外市场进行交易。

场外市场在美国股票市场占有很重要的地位。其业务量仅次于纽约的证券交易所，已超过美国证券交易所，居第二位。它已发展成世界级的市场，其经营的股票达5万多种，远远超过在证券交易所流通的3 000~5 000种股票。

美国场外交易由全美证券交易商协会管理，该协会有3 000个证券交易商，500个证券经纪人和很多投资银行家。1971年为提高场外交易的效率，美国建立了全美证券交易商协会自动报价系统（NASDAQ），目前是仅次于纽约证交所和日本东京证交所的世界第三个重要的证券交易系统。

（二）美国主要的股价指数

在美国，股票价格指数很多，主要有：道·琼斯股价平均数，标准—普尔500种股价指数、美国证券交易所股价指数和全美证券交易商协会自动报价系统股价指数。

1. 道·琼斯指数。是世界上最有影响、使用最广的股价指数，它以在纽约证券交易所挂牌上市的一部分有代表性的公司股票作为编制对象，它的全称为股票价格平均指数。道琼斯指数最早是在1884年由道琼斯公司的创始人查理斯道开始编制的。其最初的道琼斯股票价格平均指数是根据11种具有代表性的铁路公司的股票，采用算术平均法进行计算编制而成。

2. 标准—普尔500种股价指数。包括了86个行业的500种股票，其中385种工业股票、15种运输股票、56种金融股票和44种公用事业股票。基期为1941~1943年平均值，基数为10。

3. 纳斯达克（NASDAQ）。这是美国全国证券交易商协会于1968年着手创建的自动报价系统名称的英文简称。全国证券商自动报价协会是美国场外交易市场的一种新颖的组织形式，它通过一部安装在康涅狄格州的电子计算机，用网络将全国所有的证券自营商组织在一起，及时准确地向他们提供场外交易的市场行情。纳斯达克的特点是收集和发布场外交易的非上市股票的证券商报价。它现已成为全球最大的证券交易市场，目前的上市公司有5 400多家。纳斯达克又是全世界第一个采用电子交易的股市，它在55个国家和地区设有26万多个计算机销售终端。纳斯达克指数是反映纳斯达克证券市场行情变化的股票价格平均指数，基期为1971年2月8日，基值为100。纳斯达克的上市公司涵盖所有新技术行业，包括软件和计算机、电信、生物技术、零售和批发贸易等。美国证券交易所股价指数是用于衡量在美国证交所上市的所有普通股、美国存托凭证和认股凭证总市价的变动情况。

（三）美国股票市场的作用

1. 股票市场是美国企业主要资金来源。美国企业比较稳定和正常的资本来源，可分为内部资金和外部资金两大类。资金的内容来源主要是保留利润和折旧基金；外部资金主要为从各种金融机构的贷款和发行证券融资。

2. 股票市场是美国吸收外国资本的重要渠道。20 世纪 60 年代以后，西欧、日本重新崛起，经济发展迅速，使得美国产品在国际市场上遇到劲敌。为此，为了保持美国在国际市场上的地位，争取国际资本流入就显得更为重要了。在 70 年代中期以后，石油输出国开始大举向美国投资，形成“石油美元回流”，同时日本和西欧的发达国家为了绕过美国的保护主义政策也开始大量向美国进行证券投资。外国资本在美国证券市场投资的增加，对保证美国经济的发展做出了不可忽视的贡献。

3. 股票市场是美国调整经济结构的主要的杠杆。美国的经济发展和经济结构的调整，主要是由市场机制进行的。第二次世界大战后美国经济结构发生了重要变化，一大批传统工业处于停滞和衰退之中，一批新兴工业已经崛起，并且发展迅速。股票市场对经济结构的调整作用主要表现在投资方向的变化上，美国经济中投资资金有一部分源于股票的发行。而股票的盈利和前景在很大程度上决定着某个企业或部门的兴衰。因此，股票市场能制约资金流向，起着调节投资方向的作用，对经济结构的变化产生着直接或间接的影响。

二、中国股票市场

中国股票市场是一个投资者结构以散户为主的新兴市场，且以短线买卖为主，市场交投相当活跃。中国的股票市场是在从计划经济向市场经济的转轨过程中恢复的，其建立和初期发展过程中政府干预程度较深，使其明显有别于其他国家的股票市场。

（一）中国股票市场的特殊性

我国股票市场形成于计划经济金融体制向市场经济金融体制的转轨时期，是在财政、银行和国有企业经济状况日益困难的时候诞生的，中国股票市场的功能是为经济转型的特殊需要而设置的。经济体制改革促使国民收入分配格局发生了较大变化，国家财政集中的资金相对较少，企业和个人支配的资金相对增加，形成大量社会沉淀资金。所以，国家开始进行投融资制度创新试验。一方面通过发行各种债券从社会筹集国家建设资金，另一方面鼓励和支持股份制试点。所以，利用证券市场的筹集功能为经济建设筹集资金是证券市场能够在中国产生的立足点。

由于中国证券市场有国有企业融资的压力，故它只能是一种融资市场的制度安排，而成熟市场经济国家的证券市场却属于投资市场的制度安排。既有的研究已表明，融资市场的初始制度安排给中国证券市场带来了许多先天性的缺陷。

1. 中国股票市场的功能缺陷。我国股票市场不是像西方发达国家那样经历了一个自然的孕育过程，而在很大程度上是由政府催生和推动的，因此，产生了一定的功能错位和异化。

股票市场被政府赋予了筹集建设资金、搞活国有企业、顺利实现计划经济向市场经济切换的历史重任，决定了我国股票市场的功能定位在一定时期必须以大量筹集资金和支持国有企业的改革为中心，然而，股票市场基本的融资功能还较弱。由于实行上市额度管理和市场信息不对称，使得大型企业发行有困难，非国有企业难以获得发行额度，许多优秀企业不能上市筹资。可以看到的事实是，股市的融资和资源配置功能极度弱化。

2. 中国股票市场的信息不对称是普遍的。我国股票市场由于发展时间较短，市场规范程度较低，不对称信息问题更加严重。上市公司具有信息优势，而监管机构处于信息劣势。由于我国上市选择机制的特殊性和国有资本所有者人格主体缺位的企业委托代理机制的根本缺陷，更加剧了上市过程中信息不对称的逆向选择风险，加上造假成本远远小于造假收益，上市公司信息披露不实，形成虚假信息源。在信息传递和加工过程中，由于国有企业内部人控制和国有股权一股独大的股权结构，股东国有上市公司监督缺失，股东利益无法得到保障，造成中小股东在收集信息过程中纷纷“搭便车”，在信息传递和价格发现中，出现“羊群现象”、投机性强、利用内幕消息恶性炒作、市场操纵，形成“泡沫”等问题。

（二）中国股票市场存在的主要问题

1. 对股票市场的基本定位不尽科学。我国股票市场建立之初，是被当作国企脱困一种办法，而不是当作使有限的资源流向最有效率的企业、最有能力的企业家的融资渠道。由于抱着这样的指导思想，政府在选择上市公司的时候，就好像20世纪80年代流行的父母退休之后子女接班，父母就让家里最不好、最没有出息的孩子去顶替，好孩子就让他考大学，靠自己奋斗。在这样的指导思想下，有关部门和企业联合起来去包装、去化装、去欺骗投资者就是自然的了。现在甚至不仅是解困，而是扶贫。看哪个地方有困难，就给它批几个上市指标，然后它就可以捞一把钱。国有企业的困境必须解决，问题是如何解决，靠把包袱甩给股票投资者这种办法显然有失公允，而且也无法持久。所以，从某种角度讲，我们的股市存在先天不足，并一直带病运行。

2. 政企不分。股票市场的政企不分主要表现为在证监会本身。证监会本来的功能是监督上市公司和证券交易所，对外部投资者提供保护。不论哪个国家，证监会唯一的、最重要的职能应该是保护外部投资者，保护外部投资者不受内部投资者、不受企业经理的欺骗。但是我们国家的证监会的职能是审批上市公司，像其他政府部门一样帮助国有企业解困，把一部分上市公司的脱困解困的责任揽到了自己身上，不仅对其他上市公司是一种不公，更将对二级市场投资者利益的保护弃诸脑后。

3. 投资主体不够成熟。

（1）机构投资者的不成熟。以基金公司为代表的机构投资者迅速培育和壮大，股市投资资金已转变为以机构投资者为主，机构的投资动向直接引导着市场走势。由于我国目前价值欠缺的基本模式没有得到有效改善，机构投资者奉行的以价值来定盈利的思想难以行得通。机构投资者坐庄行为加剧了股市的混乱局面。国外经验表明，对机构投资者进行有效管理会减少股市的震荡。而我国由于管理在一定程度上存在漏洞，机构投资者常常利用资金优势对股市进行操纵。因此，机构投资者往往会采取操纵信息、操纵交易等手段来获取高额回报，更有甚者，还会与企业相互串通，通过获得内幕消息共同汲取散户的经济利益。

（2）个人投资者的不成熟。个人投资者的不成熟，不理智尤以目前为甚。2015 年以来，在强烈的牛市氛围下，大量个人投资者涌入市场，股民开户数，银行转证券资金等数字都迭创新高，新入市的第五代股民，已经以“80 后”为主体，而且高中以下文化程度者占相当大的比例，这些投资者风险意识不足，买了股票便盼着涨，很少考虑自己所能承受的风险。同时，缺乏投资知识，经验和分析能力，盲目跟风，是很多中小投资者基本的状态。

4. 上市公司的治理结构问题严重。国有企业上市之后实际上控制权仍在政府手里，形式上有股东大会、董事会、监事会，但实际上董事会、总经理都是由政府任命。董事会很难说会起很大作用，因为国有股“一股独大”。实际上，国家政府机关对企业不可能像私人那样关心，但是国家又是最大的股东，由它来从政府工作人员中选经理，政府无法对自己的行为承担责任，它也有权力不承担责任。由政府官员做企业负责人，过一段时间又去别处做别的官员，为了仕途，他考虑更多的自然是上级和政府的意志而不是广大股东的利益。除了利益取向，作为官员的专业知识、经验、技能能不能适应企业的管理是另一个严重的问题，而这些问题无疑都与我们股市独特的公司治理有关。

5. 投资者利益保护机制的缺失。如何保护投资者的权益，尤其是中小投资者的权益，是一个市场是否健全的重要标志。中小股东的权益保护得越好，股票市场越健全，人们就越愿意把口袋里的钱拿出来，股票股市就越活跃。目前，我国对投资者的保护几乎没有。这除了我们设立股市的指导思想上的问题外，主要与我们的所有制有关。比如，当控股股东的利益与小股东的利益发生冲突时，为了保护小股东的利益，要对控股股东的关联交易作出限制，防止利益输送的频繁发生。

中国的股票市场是在由计划经济向市场经济转轨中逐渐成长起来的一个新兴的市场，也是一个年轻的市场，出现上述问题在某种程度上来说是不可避免的，因此，如何解决历史遗留问题、加强法律法规建设、实行金融创新、培育成熟的投资者是当前乃至今后很长一段时间内决策部门需要认真研究和解决的重要课题。

中国股市存在很多问题已是不争的事实，但股市存在问题的原因并不能单存地归结为某个部门不作为，我国股市的现状是我国国情所决定的，我国属于发展中国家，经济体制和法律体系都在不断地发展和完善中，我国的资本市场还需要很大的发展才能使得整个投资环境得以净化，当然这需要各方面的共同努力并且经过一个相当长的时期才能建立一个良好的投资环境。

第四节　我国保险资金参与股票市场的现状

一、我国保险公司参与股票市场的历程

自 2004 年 10 月开始，保险资金直接投资于股票市场被政策所允许。2005 年年初，随着《保险机构投资者股票投资管理暂行办法》及其配套文件相继颁布，华泰财险于 2005 年 2 月 17 日正式下单买入股票，标志着我国保险资金直接入市正式成行。但是，2005 年保险资金直接入市购买股票还很审慎。数据显示，截至 2005 年年底，保险资金投资股票仅为 158. 88 亿元，仅占 2005 年年末我国保险资金运用余额 14 100. 11 亿元的 1. 12%，距离 5% 的直接股票投资比例还有很大差距。此后根据形势的发展，2007 年 4 月 4 日，保监会签署了《关于股票投资有关问题的通知》；7 月 13 日，保监会以传真方式向各保险资产管理公司发送了这个新《通知》，正式宣布了把保资股票直投比例提高至 10%、允许投资于 ST 股票等四项新规。在投资初期伴随着牛市而取得了很好的收益率，但自 2007 年 10 月开始，受美国次贷危机影响，我国股票市场开始了一轮大幅下跌的过程，保险资金同样损失惨重。而根据 wind 的数据显示，截至 2011 年 7 月，保险资金重仓流通股的市值就为 5 206 亿元，按照政策上保险资金投资于股票市场不超过 20% 比例的规定，目前我国保险资金最多可以有 1. 07 万亿元的资金参与到股票市场当中。

随着我国保险资产的继续扩张以及政府在政策上进一步提高投资股票市场比例的预期，保险资金如何更有效地投资于股票市场成为关注的热点。与此同时，保险公司在股票投资方面也取得了巨大的收益，目前直接投资股票市场的规模在 10% 左右，但所取得的收益占据了保险总收益的 60% 以上，在 2007 年的那波牛市中，中国人寿投资锡业股份两年的收益达到了 20 倍，中国平安在浦发银行这只股票上取得 18 亿元的盈利。但高收益自然伴随着高风险，中国平安在 2008 年金融危机中在富通集团的股票上遭受了巨幅的亏损，也受到了社会舆论上的大量指责。截至 2014 年保险公司持有的上市公司股票的数量见表 7 – 3。

表 7－3　2014 年保险公司持有的上市公司股票一览

公司名称	行业	持股数（万股）	公司业绩 2013 年（元/每股）	市盈率	盈利增长（%）
光大银行	金融	95 483.64	0.66	7.81	8.18
仙琚制药	医药生物	735.69	0.18	159.89	－6.43
中信证券	金融	36 106	0.48	33.25	116.2
中国联通	信息技术	4 044.47	0.126	31.68	15.65
上海梅林	食品制造	460.86	0.19	87.85	－14.53
人福医药	医药生物	1 500.59	0.83	40.29	8.14
同仁堂	医药生物	1 546.37	0.503	49.12	16.41
ST 秦岭	非金属	570.28	－0.17		－113.88
精达股份	电器机械	10 800	0.19	103.33	2.42
青岛啤酒	食品制造	1 600.64	1.46	29.41	0.85
上海医药	医药生物	2 558.61	0.83	25.44	17.06
中国人寿	金融	1 932 353	0.88	33	30.07
张家界	社会服务	452.66	0.16	57.85	15.91
华润三九	医药生物	995.03	1.21	25.79	－6.57
江特电机	电器机械	326.98	0.13	212.55	－31.89
建研集团	社会服务	315.6	0.86	28.16	－2.02

二、我国保险公司参与股票市场的主要方式

交易费用理论认为，最有效的资源配置方式是使成本—收益达到最佳状态的那种方式。要促进保险资金运用与股票市场的良性互动，保险公司必须选择合理有效的股票投资模式。主要有两种选择：直接投资和间接投资。股票投资模式的选择与保险资金的规模有着密切的关系。

（一）以资产管理公司为主要形式的直接投资

根据交易费用理论，大型保险公司宜采取设立保险资产管理公司的形式进行股票投资，我国目前的大型保险公司，如中国人寿保险公司、中国太平洋人寿保险股份有限公司、中国太平洋财产保险股份有限公司、中国平安保险股份有限公司、新华人寿保险股份有限公司等保险公司，大多以设立专业化的保险资产管理公司进行投资，设立保险资产管理公司是保险公司适应投资规模迅速扩大、投资领域不断拓展的需要，从根本上说是保险资金运用长远发展的大计。设立资产管理公司具有以下优点：有利于培育保险资金运用的核心竞争力，有利于建立专业化的投资队伍，有利于提高保险资产管理的监管水平。

（二）以委托理财为主的间接投资

以委托理财形式进行股票的间接投资是保险资金股票投资的一种重要方式。中小型保险公司，如泰康人寿保险股份有限公司、天安保险股份有限公司、太平保险有限公司、华泰财产保险股份有限公司、大众保险股份有限公司等保险公司多采取委托理财的方式将保险资金交由专业化的投资机构进行投资。

两种模式都具有自身的优势与缺点，从长远看设立资产管理公司的形式将获得长足的发展。

我国保险公司的发展水平参差不齐，实力相差悬殊，与中国平安以及中国人寿这样的巨人相比，小保险公司的保费收入相差巨大。所以，我国各个保险公司应量体裁衣，根据自身的情况来采取相应的运作模式。对中小型保险公司来说，由于没有足够的实力去成立一个专业的投资队伍，组建一个专业的研发团队的成本是很大的，并且自身投资资金的规模也比较小，所以中小保险公司通常委托第三方投资者进行投资管理。在我国，目前主要的渠道是基金公司。2008 年前后，华泰人寿、阳光财险以及生命人寿等保险公司已先后取得采用这种方式进行股票投资的资格。

对于大型保险公司而言，其保险资金雄厚，规模效应明显，并且有实力吸引一批专业的研发人才，成立专业的投资团队。所以应通过成立资产管理公司的方式来进行股票市场的投资。首先，保险资产管理公司模式可以提高保险公司投资的主动性，大型保险公司可以依靠其在资金和人才上的优势进行专业化的投资，将自身的研发能力转化为对投资策略和股票选择的掌控能力。其次，资产管理公司可以对投资风险进行较为严格专业的把控，以防股票市场的高风险性对自身投资造成过度伤害。最后，保险资产管理公司还可以凭借其强大的投资管理能力去吸引社会上更多的资金，以扩大资金规模。

但是，由于我国信托业发展水平的问题，国内中小保险公司对境内资产管理方的选择，还没有实现真正意义上的“市场化”。实际上，由于体制和市场的原因，当前还有较多中小型保险公司设有投资部门，不愿意选择将资产委托第三方管理。但是，内设投资部所带来的低效率、平均投资成本高等问题往往仅依靠保险业自身很难解决，只有完善的信托市场才能够为其进行第三方资产委托、降低资金运作成本提供平台。

大型保险公司的巨额资金投资股市，则应通过成立资产管理公司来进行。在符合政策的前提下，一些资金雄厚，管理水平相对较高的大型保险公司开始设立专业投资机构。尽管设立保险资产管理公司成本较高，由于自身拥有的投资资金规模大，由此产生的规模效应相当明显。内设部门的主要缺点在于组织形式不利于吸引人才，因此不可避免地影响到投资决策效率。尤其是我国股票市场波动性较大，决策缺乏时效性将很可能增加投资成本，甚至带来巨大的损失。因此，保险业要大力发展，保险公司要增强竞争力，应对设立保险资产管理公司予以高度重视，使保险资产管理公司投资模式成为我国保险资金投资的主要运作模式。

三、保险资金股票市场投资的原则

由于历史的因素，我国对于保险资金运用渠道的限制过于严格。2005 年以前，我国保险资金运用的法定渠道是：银行存款、买卖政府债券、金融债券和国务院规定的其他资金运用形式。据统计，截至 2004 年年底，我国所有保险公司的总资产中有 40% 左右局限于现金和银行存款。2005 年 1 月 17 日，中国保监会联合中国银监会下发了《保险公司股票资产托管指引（试行）》和《关于保险资金股票投资有关问题的通知》，明确了保险资金直接投资股票市场涉及的资产托管、投资比例、风险监控等有关问题。数日后，经中国保监会批准，华泰财产保险公司委托华泰资产管理公司完成了国内保险资金直接入市的首笔投资。随后保险资金开始投资股票市场，但还是有 10% 的比例限制，从而可以看出，我国保险资金大部分还是投资在银行债券和债券上面，运用的渠道还是太窄。

当前保险资金运用的安全性、流动性、收益性这三条原则已经被业内所公认，但保险资金投资于股票市场除了要遵循这三条原则外，还要根据资金来源的特点遵守如下特殊原则。

（一）对称性原则

对称性原则是指保险公司要使所投资的资产在规模大小、成本收益比、期限结构等方面与资金来源保持对称。保险公司要根据其负债水平去决定投资规模，根据市场利率变化情况使投资标的的收益与成本相匹配，并且要使偿还期与投资期限保持相对一致。

（二）分散化投资原则

对于保险公司来说，分散化投资是很有必要的，将保险资金投资到不同行业不同板块的个股当中，即使同一行业内也最好分散到不同的上市公司当中，以防止意外的“黑天鹅”事件对自身的伤害过大。

（三）平衡性原则

保险资金在投资股票市场时，要有一定的平衡性，保持资金来源与资金运用在规模上的平衡性。熊市时，在底部区域提前建仓，承担一定的机会成本，牛市时，不要进行过度的投机性交易，防止承担过高的风险给日后的偿付埋下隐患。

关键术语

股票 股票投资 收入受益 资本利得 安全性 股票收益率 本期收益率 持有期收益率 股价波动 拆股 短期投资 中期投资 长期投资 交易费用 基本面分析 技术分析 资本资产定价模型（CAPM） 绝对估值 相对估值 初级市场 次级市场 场外市场 纳斯达克（NASDAQ） 直接投资 间接投资

思考题

1. 股票估值的方法、模型都有哪些？
2. 股票投资的风险体现在哪些方面？
3. 股票的投资特性有哪些？
4. 简述我国保险资金参与股票市场的现状。
5. 股票估值模型应用。
6. Marcad 是一家经营家用电器的大型零售连锁公司，其业务范围覆盖整个欧洲。为扩大销售，该公司最近已经开始将商业信用的适用对象扩大到零售客户，允许零售客户在一年的时间内偿还债务。这项政策导致营运资本需求急剧上升，在 Marcad 公司的资产负债表中体现为大比例的应收账款（见表 7－4）。

表 7－4　资产负债表（市场价值）　2008 年 6 月 30 日

资产	数量（欧元）	负债和权益	数量（欧元）
固定资产	1 000 000	长期负债	500 000
应收账款	5 000 000	短期负债	5 500 000
存货	1 000 000	股东权益	1 300 000
现金	300 000		
总计	7 300 000	总计	7 300 000

为了解决资本使用效率低下的问题，公司财务总监（CFO）向公司董事会提出了一项资产证券化方案。该方案允许 Marcad 公司将其不断产生的应收账款以面值出售给投资银行 SBU。

假定这种应收账款融资方案将使营运资本需求减少至 100 万欧元，公司财务总监和首席执行官（CEO）分别向董事会提出了各自所支持的 Marcad 公司的战略选择方案。

财务总监希望使用从资产证券化中所获得的资金偿还短期负债，以减少再融资风险和公司的资本成本。

首席执行官希望将从资产证券化中所获得的资金投资一个新项目。具体而言，他想在高端家用电器市场确立一个独立的地位，目标客户是来自中东的富裕阶层。

Marcad公司股票的贝塔（β）值为1.8，无风险收益率为每年2.5%，预期的股票市场收益率为每年12.5%，假定Marcad公司负债的成本等于无风险收益率，即负债的贝塔（β）值为0。公司的边际税率为33%。围绕下列问题对财务总监的提案进行评价：

（1）在董事会开会前，计算Marcad的权益资本成本以及加权平均资本成本。

（2）假定证券化方案能减少短期负债至150万欧元。计算新的权益资本成本和新的加权平均资本成本，董事会是否应该执行该证券化方案？

（3）为什么同时降低杠杆和权益资本的贝塔（β）值，能够让资产的贝塔（β）值保持不变？

运用下列资料评价首席执行官的提案。

首席执行官团队对新投资项目给出了预测（见表7－5）。

表7－5 **预计利润表** 单位：欧元

	第1年	第2年	第3年
销售收入	2 000 000	2 500 000	3 000 000
销售成本	1 400 000	1 750 000	2 100 000
营业费用	400 000	400 000	400 000
折旧	200 000	200 000	200 000
税前利润	0	150 000	300 000
所得税（33%）	0	49 500	99 000
税后利润	0	100 500	201 000
流动资产增加	50 000	25 000	0
流动负债增加	30 000	15 000	0

为支撑新业务发展，第1年年初，该公司需要投入固定资产100万欧元，净营运资本20万欧元。在完成为期3年的初始投资后，假定该公司的自由现金流将按照年通胀率3%的水平增长。

首席执行官预想设立独立部门运作新投资项目，并要求新投资项目管理层直接向他报告。由于失败的风险很高，该项目的贝塔（β）值为2.5，项目全部采用股权融资。

计算新投资项目给股东带来的预期增量现金流、对应的特定部门资本成本及新项目净现值。如果董事会接受该投资项目，将为股东增加多少价值？

如果董事会没有同意应收账款证券化方案，为减少对短期债务融资的依赖，财务总监还准备了一个替代方案。具体而言，财务总监正和投资银行家讨论发行可转换债券的话题。

在目前的市场环境下，Marcad 公司能够以票面价值的 98.5% 的价格，卖出 5 年期限、年息票利率为 4% 的可转换债券。同时，该公司也可以以面值的 92% 的价格卖出 5 年期限、年息票利率为 4% 的普通债券。

请从经济学的角度，解释具有相同年息票、相同期限的可转换债券与普通债券之间的价格差异。在分析公司资本结构时，你会将全部的可转换债券归类为“负债”吗？请解释你的回答。

第八章　基金投资

【本章内容提要】

本章主要简单介绍了我国基金市场的发展历程以及保险资金参与基金投资的情况。重点介绍了评价选择基金的主要方法和买卖基金的基本策略，本章的难点在于评价选择基金的方法与基本策略。要求学生重点掌握基金的概念、分类以及选择基金管理公司的方法、选择基金的方法和买卖基金的基本策略，要求学生熟悉保险资金基金投资的要求和基金的种类。

1. 我国保险资金参与基金市场的概况

- 基金概述
- 我国基金市场的发展历程
- 保险资金对基金投资的情况

2. 评价与选择基金的具体方法

- 评价与选择基金公司的方法
- 评价与选择基金的方法
  评价与选择基金经理的方法

3. 买卖基金的基本策略

- 固定比例投资策略
- 适时进出投资策略
- 顺势操作投资策略
- 定欺定额购入策略

第一节　我国保险资金参与基金市场的概况

一、基金概述

（一）基金的定义

基金是指通过发售基金份额，将众多投资者的资金集中起来，形成独立财产，由基金托管人托管，基金管理人管理，以投资组合的方式进行证券投资的一种利益共享、风险共担的集合投资方式。按照《中华人民共和国证券投资基金法》的规定："基金财产是独立于基金管理人、基金托管人的固有财产。基金管理人、基金托管人不得将基金财产归入其固有财产"。我国基金的主要管理运作方式见图 8－1。

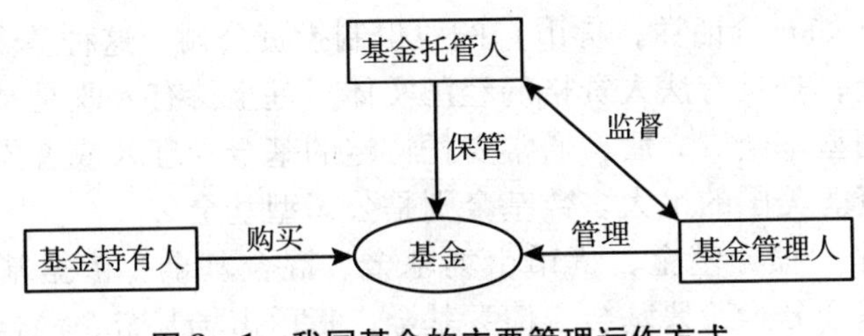

图 8－1　我国基金的主要管理运作方式

（二）基金的分类

我国的基金按照不同的标准分类不同。根据运作方式的不同，可以将基金分为封闭式基金、开放式基金；根据法律形式的不同，可以将基金分为契约型基金、公司型基金等；依据投资对象的不同，可以将基金分为股票基金、债券基金、货币市场基金、混合基金等类；根据投资目标的不同，可以将基金分为成长型基金、收入型基金和平衡型基金。

1. 封闭式基金与开放式基金。根据运作方式的不同，可以将基金分为封闭式基金、开放式基金。

封闭式基金是指基金份额在基金合同期限内固定不变，基金份额可以在依法设立的证券交易所交易，但基金份额持有人不得申请赎回的一种基金运作方式。封闭式基金在中国起步较早，但因为缺乏灵活性，目前已逐步边缘化，目前总数只有 131 家，最新的像国泰国证有色金属行业指数分级 B（代码 150197）于 2015 年 3 月 30 日发行。

开放式基金是指基金份额不固定，基金份额可以在基金合同约定的时间和场所进行申购或者赎回的一种基金运作方式。目前我国的基金以开放式基金为主，比如成立于 2013 年 2 月 6 日的南方中证 500ETF（代码 510500），截至 2015 年 5 月，目前的开放式基金已达 1 993 家。

2. 契约型基金与公司型基金。组织形式的不同赋予了基金不同的法律地位，基金投资者所受到的法律保护也因此有所不同。根据组织形式的不同，通常可以将基金分为契约型基金、公司型基金。

契约型基金是基于一定的信托契约而成立的基金，一般由基金管理公司（委托人）、基金保管机构（受托人）和投资者（受益人）三方通过信托投资契约而建立。契约型基金的三方当事人之间存在这样一种关系：委托人依照契约运用信托财产进行投资，受托人依照契约负责保管信托财产，投资者依照契约享受投资收益。契约型基金筹集资金的方式一般是发行基金受益券或者基金单位，这是一种有价证券，表明投资人对基金资产的所有权，凭其所有权参与投资权益分配。目前我国的基金全部是契约型基金。

公司型基金是具有共同投资目标的投资者依据公司法组成以营利为目的、投资于特定对象（如有价证券，货币）的股份制投资公司。这种基金通过发行股份的方式筹集资金，是具有法人资格的经济实体。基金持有人既是基金投资者又是公司股东。公司型基金成立后，通常委托特定的基金管理人或者投资顾问运用基金资产进行投资。美国的绝大多数基金则是公司型基金。

3. 股票基金、债券基金、货币市场基金、混合基金。依据基金投资对象的不同。可以将基金分为股票基金、债券基金、货币市场基金、混合基金等。

股票基金是指以股票为主要投资对象的基金。股票基金在各类基金中历史最为悠久，也是各国（地区）广泛采用的一种基金类型。根据中国证监会对基金类别的分类标准，基金资产 60% 以上投资于股票的为股票基金。

债券基金主要以债券为投资对象。根据中国证监会对基金类别的分类标准，基金资产 80% 以上投资于债券的为债券基金。

货币市场基金以货币市场工具为投资对象。根据中国证监会对基金类别的分类标准，仅投资于货币市场工具的为货币市场基金。货币型基金只投资于货币市场，如短期国债、回购、央行票据、银行存款等，风险基本没有。其流动性仅次于银行活期储蓄，每天计算收益，一般一个月把收益结转成基金份额，收益较一年定期存款略高，利息免税。

混合基金同时以股票、债券等为投资对象，以期通过在不同资产类别上的投资实现收益与风险之间的平衡。根据中国证监会对基金类别的分类标准，投资于股票、债券和货币市场工具，但股票投资和债券投资的比例不符合股票基金、债券基金规定的即为混合基金。

4. 成长型基金、收入型基金和平衡型基金。根据投资目标的不同，可以将基金分为成长型基金、收入型基金和平衡型基金。

成长型基金重视资金的长期稳定和持续的增长，是投资基金中数量最大的一种。基金选择的公司一般成长性很好，但当期红利比较少。基金的目标是业绩增幅要比大盘指数的同期增幅高。成长型基金组合中获得的股票红利收入比收入型基金少，收益主要来自股票的价值增长。这种基金的净值波动较大，风险比较大，比如 000404 易方达新兴成长等。成长型基金还可以分为成长收入型基金和积极成长型基金两类。成长收入型基金与平衡型基金相似，也是追求资本增值的长期性和当期收入，通常这种基金的成长性稍重于收入性，为了考虑收入，所投资的股票必须也能分配红利，这与成长型基金仅投资于成长潜力大但红利甚小的股票有很大不同，这种基金的投资策略保守，也比较适合资金不多的中小投资者。积极成长型基金，也可称作高成长型基金。这类基金追求的是资本的最大增值，有时是短期内的最大增值。基金资产投资于有高成长潜力的股票和其他证券，这些公司股票通常很少付红利或根本不付红利。因为追求高成长性的公司，往往将盈利转入留存收益，以供未来发展。积极成长型基金，在所有基金中，投机性最大，但可能的净值增值也最大。它适合愿意并有能力承担高风险的投资者。

收入型基金目标在于获取最大的当期现金收入。这类基金一般投资于各种可带来现金收入的有价证券。通常又可分为两类，即固定收入型基金和股票收入型基金。固定收入型基金的投资对象是债券和优先股股票。和其他类型基金比较起来，固定收入型基金的收益率较高，但长期成长的潜力较小。股票收入型基金的成长潜力相对大一些，但资产净值较易受股市波动的影响。一般而言，收入型基金适合较保守的投资者和退休人员。

平衡型基金追求资本成长和当期收入的综合平衡。平衡型基金最大的特点就是将资金分散投资于股票和债券，使得基金组合资产的收入和成长性呈平衡发展趋势。基金的净资产值一般较稳定，风险较低，适合于资金量小的中小投资者，属于保守型投资。

5. 主动型基金与被动型基金。依据投资理念的不同，可以将基金分为主动型基金与被动（指数）型基金。

主动型基金是一类力图取得超越基准组合表现的基金，投资策略较为灵活，经常会根据市场状况来进行调仓，是基于市场存在无效率现象的假设前提而进行的操作。

被动型基金则是基于效率市场假说的前提进行的市场操作，认为投资者无法超越市场，因此主要采用跟踪指数的方式进行基金组合的构建，因此也被称为指数型基金。

6. 公募基金和私募基金。根据募集方式的不同，可以将基金分为公募基金和私募基金。

公募基金是指可以面向社会公众公开发售的一类基金。我国大部分的基金都是公募型基金，公募型基金的基金经理通常压力较小，因为无论基金是盈利还是不盈利，他们均有固定的管理费用收入。

私募基金则是指采取非公开方式、面向特定投资者募集发售的基金。通常进入门槛较高，有时很难与非法集资进行区分。根据《私募投资基金监督管理暂行办法》第四章第十四条规定："私募基金管理人、私募基金销售机构不得向合格投资者之外的单位和个人募集资金，不得通过报刊、电台、电视、互联网等公众传播媒体或者讲座、报告会、分析会和布告、传单、手机短信、微信、博客和电子邮件等方式，向不特定对象宣传推介。"

我国较著名的私募基金，如曾经被誉为"公募一哥"的王亚伟，就创办了多只私募基金，像"昀沣证券投资""千纸鹤 1 号"等。

（三）投资者参与基金买卖的意义

1. 为中小投资者拓宽了投资渠道。对中小投资者来说，储蓄或购买债券较为稳妥，但收益率较低。投资于股票有可能获得较高收益；但对于手中资金有限、投资经验不足的中小投资者来说，直接进行股票投资有一定困难，而且风险较大。在资金量有限的情况下，很难做到组合投资、分散风险。此外，股票市场变幻莫测，中小投资者由于缺乏投资经验，再加上信息条件的限制，很难在股市中获得良好的投资收益。证券投资基金作为一种面向中小投资者设计的间接投资工具，把众多投资者的小额资金汇集起来进行组合投资，由专业投资机构进行管理和运作，从而为投资者提供了有效参与证券市场的投资渠道，已经成为广大民众普遍接受的一种理财方式。

2. 优化金融结构，促进经济增长。目前，我国金融结构存在直接融资和间接融资相对失衡的矛盾，通过证券市场的直接融资比重较小，且有不断萎缩的态势。截至 2007 年年底，超过 17 万亿元的储蓄资金滞留在银行系统，既增大了商业银行的经营压力，不利于银行体制的改革，也增大了整个金融体系的风险。证券投资基金将中小投资者的闲散资金汇集起来投资于证券市场，扩大了直接融资的比例，为企业在证券市场筹集资金创造了良好的融资环境，实际上起到了将储蓄资金转化为生产资金的作用。近年来，基金市场的迅速发展已充分说明，以基金和股票为代表的直接融资工具，能够有效分流储蓄资金，在一定程度上降低金融行业系统性风险，为产业发展和经济增长提供重要的资金来源，以利于生产力的提高和国民经济的发展。

3. 有利于证券市场的稳定和健康发展。证券投资基金在投资组合管理过程中对所投资证券进行的深入研究与分析，有利于促进信息的有效利用和传播，有利于市场合理定价，有利于市场有效性的提高和资源的合理配置。证券投资基金发挥专业理财优势，推动市场价值判断体系的形成，倡导理性的投资文化，有助于防止市场的过度投机。证券投资基金的发展有助于改善我国目前以个人投资者为主的不合理的投资者结构，充分发挥机构投资者对上市公司的监督和制约作用，推动上市公司完善治理结构。不同类型、不同投资对象、不同风险与收益特性的证券投资基金在给投资者提供广泛选择的同时，也成为资本市场不断变革和金融产品不断创新的源泉之一。

4. 完善金融体系和社会保障体系。通过为保险资金提供专业化的投资服务和投资于货币市场，证券投资基金行业的发展有利于促进保险市场和货币市场的发展壮大，增强证券市场与保险市场、货币市场之间的协同，改善宏观经济政策和金融政策的传导机制，完善金融体系。国际经验表明，证券投资基金的专业化服务，可为社保基金、企业年金等各类养老金提供保值增值平台，促进社会保障体系的建立与完善。

5. 提高上市公司盈利能力和经营管理水平。国有企业通过上市筹集资金，大大解决了资本金不足的问题，促进了企业转换经营机制，提高经济效益。大力发展证券投资基金将进一步有利于上市公司筹资，进一步发挥证券市场的筹资功能。证券投资基金立足于上市公司长远的经营和业绩，提倡理性的投资理念，从长远来看，会对上市公司产生积极的影响。一方面，有效配置金融资源，促使资源流向优质公司，有利于改善产业结构。证券投资基金由专家理财，其管理人员和分析人员通过对宏观经济及行业的研究，对企业财务报表等全面情况的分析，决定购买哪些公司的股票，因而达到了证券投资基金主观上是为了提高业绩，为了给投资者以良好的回报，客观上有效配置了金融资源，支持了优质公司的发展，对改善我国产业结构和经济结构有重要意义。另一方面，促使上市公司改善经营管理机制，促进其提高经营管理水平。

二、我国基金市场的发展历程

我国基金市场的发展主要分为三个阶段：早期探索阶段、试点发展阶段、快速发展阶段。

（一）早期探索阶段（1997 年之前）

始于 20 世纪 70 年代末的中国经济体制改革，在推动中国经济快速发展的同时，也引发了社会对资金的巨大需求。在这种背景下，基金作为一种筹资手段开始受到一些中国驻外金融机构的注意。1987 年，中国新技术创业投资公司（中创公司）与汇丰集团、渣打集团在中国香港联合设立了中国置业基金，首期筹资 3 900 万元人民币，直接投资于以珠江三角洲为中心的周边乡镇企业，并随即在香港联合交易所上市。这标志着中资金融机构开始正式涉足投资基金业务。其后，一批由中资金融机构与外资金融机构在境外设立的中国概念基金相继推出。

在境外中国概念基金与中国证券市场初步发展的影响下，中国境内第一家较为规范的投资基金——淄博乡镇企业投资基金（简称“淄博基金”），于 1992 年 11 月经中国人民银行总行批准正式设立。该基金为公司型封闭式基金，募集规模 1 亿元人民币，60% 投向淄博乡镇企业，40% 投向上市公司，并于 1993 年 8 月在上海证券交易所最早挂牌上市。淄博基金的设立揭开了投资基金业在内地发展的序幕，并在 1993 年上半年引发了短暂的中国投资基金发展的热潮。1993 年下半年，经济发展过热引发了通货膨胀，政府加强了宏观调控。在这种情况下，投资基金的审批受到限制。1994 年后，我国进入经济金融治理整顿阶段。随着经济的逐步降温，基金发展过程中的不规范问题和积累的其他问题逐步暴露出来，多数基金的资产状况趋于恶化，在经营上步履维艰。中国基金业的发展因此陷入停滞状态。

（二）试点发展阶段（1997～2003年）

经国务院批准，国务院证券监督管理委员会于1997年11月14日颁布了《证券投资基金管理暂行办法》，这是我国首次颁布的规范证券投资基金运作的行政法规，为我国基金业的规范发展奠定了规制基础。由此，中国基金业的发展进入规范化的试点发展阶段。

在试点发展阶段，我国基金业在发展上主要表现出以下几个方面的特点。

1. 基金的规范化运作不断提高。监管部门首先在基金管理公司和基金的设立上实行严格的审批制，《证券投资基金管理暂行办法》对基金管理公司的设立规定了较高的准入条件：基金管理公司的主要发起人必须是证券公司或信托投资公司，每个发起人的实收资本不少于3亿元人民币。较高的准入门槛和严格的审批制度尽管不利于竞争，但在保证基金的规范化运作上起到了良好的作用，在很大程度上确保了基金的社会公信力。同时我们建立了较为严格的信息披露制度，使得基金市场更加的公开、公平和公正。

2. 开放式基金的推出实现历史性跨越。1998年3月27日，经中国证监会批准，新成立的南方基金管理公司和国泰基金管理公司分别发起设立了两只规模均为20亿元的封闭式基金——基金开元和基金金泰，由此拉开了中国证券投资基金试点的序幕。在试点的第一年——1998年，我国共设立了5家基金管理公司，管理封闭式基金数量5只，募集资金100亿元人民币，年末基金资产净值合计107.4亿元人民币。1999年，基金管理公司的数量增加到10家，全年共有14只新的封闭式基金发行。

在封闭式基金成功试点的基础上，2000年10月8日中国证监会发布了《开放式证券投资基金试点办法》。2001年9月，我国第一只开放式基金——华安创新诞生，使我国基金业发展实现了从封闭式基金到开放式基金的历史性跨越。此后，开放式基金逐渐取代封闭式基金成为中国基金市场发展的方向。

3. 监管部门鼓励基金业发展的政策推出。鼓励基金业发展的政策措施包括向基金进行新股配售、允许保险公司通过购买基金间接进行股票投资等。对基金进行新股配售，提高了基金的收益水平，增强了基金对投资者的吸引力，对基金业的发展起到了重要的促进作用。允许保险公司通过购买基金间接进行股票投资，使保险公司成为基金的最大机构投资者，也有力地支持了基金业在试点时期的规模扩张。

4. 对老基金的全面规范整顿。在新基金成功试点的基础上，中国证监会开始着手对原有投资基金进行清理规范。1999年10月下旬，10只老基金最先经资产置换后合并改制成4只证券投资基金，随后其他老基金也被陆续改制为新基金。老基金的全面清理规范，解决了基金业发展的历史遗留问题。

5. 开放式基金的发展为基金产品的创新开辟了新的天地。在开放式基金推出之前，我国共有47只封闭式基金。2002年8月，我国封闭式基金的数量增加到54只。其后由于封闭式基金一直处于高折价交易状态，封闭式基金的发展因此陷入停滞状态。与此相反，开放式基金的推出为我国基金业的产品创新开辟了新的天地，我国的基金品种日益丰富。这一阶段具有代表性的基金创新品种有：2002年8月推出的第一只以债券投资为主的债券基金——南方宝元债券基金，2003年3月推出的我国第一只系列基金——招商安泰系列基金，2003年5月推出的我国第一只具有保本特色的基金——南方避险增值基金，2003年12月推出的我国第一只货币型市场基金——华安现金富利基金等。

（三）快速发展阶段（2004年以来）

2004年6月1日开始实施的《证券投资基金法》，为我国基金业的发展奠定了重要的法律基础，标志着我国基金业的发展进入了一个新的发展阶段。自《证券投资基金法》实施以来，我国基金业在发展上出现了以下一些新的变化。

1. 基金业监管的法律体系日益完善。为配合《证券投资基金法》的实施，中国证监会相继出台了包括《证券投资基金管理公司管理办法》《证券投资基金运作管理办法》《证券投资基金销售管理办法》《证券投资基金信息披露管理办法》《证券投资基金托管管理办法》《证券投资基金行业高级管理人员任职管理办法》等法规，使我国基金业监管的法律体系日趋完备。

2. 基金种类增加，开放式基金成为市场主流。《证券投资基金法》实施以来，我国基金市场产品创新活动日趋活跃，具有代表性的基金创新产品包括：2004年10月成立的国内第一只上市开放式基金（LOF）——南方积极配置基金，2004年年底推出的国内首只交易型开放式指数基金（ETF）——华夏上证50ETF，2006年5月推出的国内首只生命周期基金——汇丰晋信2016基金，2007年7月推出的国内首只结构化基金——国投瑞银瑞福基金，2007年9月推出的首只QDII基金——南方全球精选基金QDII基金，2008年4月推出的国内首只社会责任基金——兴业社会责任基金，2009年5月推出ETF联接基金等。层出不穷的基金产品创新极大地推动了我国基金业的发展。截至2015年2月底，我国境内共有基金管理公司96家，其中合资公司46家，内资公司50家，共有取得公募基金管理资格的证券公司7家；管理的公募基金资产合计48 607.18亿元。

由表8-1我们可以看出，我国开放式基金的数量远远超过了封闭式基金的数量，而且公募基金占有绝对的比例；相对于2014年6月，我国的公募基金、开放式基金的份额和净值都是增加的，而封闭式基金的份额和净值则在减少，由此可见开放式基金的主流地位在不断地增强。

表 8－1　　证券投资基金市场数据

类别	基金数量（只）	份额（亿份）	净值（亿元）	份额（亿份）	净值（亿元）
	2015 年 2 月 28 日	2015 年 2 月 28 日	2015 年 2 月 28 日	2015 年 2 月 28 日	2015 年 2 月 28 日
封闭式基金	144	1 333.91	1 473.16	1 297.58	1 416.74
开放式基金	1 833	42 561.50	47 134.02	40 653.77	44 032.30
其中：股票基金	725	10 833.92	14 029.83	10 680.63	13 042.12
混合基金	425	6 144.94	7 123.89	5 672.60	6 310.94
货币基金	177	21 696.26	21 722.68	20 446.16	20 048.09
债券基金	414	3 217.91	3 710.23	3 178.06	3 654.47
QDII 基金	92	668.46	547.39	676.32	540.67
合计	1 977	43 895.41	48 607.18	41 951.35	45 449.04

资料来源：中国证券投资基金业协会，http：//www.amac.org.cn/tjsj/xysj/jjgssj/388427.shtml。

3. 基金公司业务多元化，规模不断扩大。目前，我国的基金管理公司除了募集、管理公募基金外，已被允许开展社保基金管理、企业年金管理、QDII 基金管理以及特定客户资产管理等其他委托理财业务，基金管理公司的业务正在日益走向多元化。

2012 年年末，规模不足百亿元、排名第 50 位的天弘基金，凭借余额宝的发力跃升至第 2 位，年底规模飙升至 1 943.62 亿元，规模相距行业老大华夏基金 300 亿元；嘉实基金以 1 646.40 亿元的规模维持行业第 3 名。根据 2014 年第四季度基金公司公布的数据显示：天弘基金稳坐管理规模的头把交椅，兴业全球则成为上半年的最大黑马，与 2013 年年底相比，规模排名上升了 19 个名次，距离前 10 名仅一步之遥。表 8－2 展示了 2015 年前 10 位的基金公司排名（不含 QDII）。

表 8－2　　2015 年第一季度末我国十大基金公司

序号	基金公司名称	成立时间	管理规模（亿元）	海通评级	总经理
1	天弘基金管理有限公司	2004 年 11 月 8 日	7 381.04	暂无评级	郭树强
2	华夏基金管理有限公司	1998 年 4 月 9 日	3 346.06	★★★	滕天鸣
3	工银瑞信基金管理有限公司	2005 年 6 月 21 日	2 672.24	暂无评级	郭特华
4	易方达基金管理有限公司	2001 年 1 月 17 日	2 626.34	★★★	刘晓燕
5	嘉实基金管理有限公司	1999 年 3 月 25 日	2 605.66	★★★	赵学军
6	汇添富基金管理股份有限公司	2005 年 2 月 3 日	1 960.35	★★★★★	张晖（代）
7	南方基金管理有限公司	1998 年 3 月 6 日	1 959.78	★★★★	杨小松
8	广发基金管理有限公司	2003 年 8 月 5 日	1 830.12	★★★	林传辉
9	招商基金管理有限公司	2002 年 12 月 27 日	1 644.92	暂无评级	金旭
10	中银基金管理有限公司	2004 年 8 月 12 日	1 405.78	★★★★	李道滨

资料来源：东方财富网，http：//fund.eastmoney.com/company/#scomscope；ddesc。

4. 基金行业对外开放程度不断提高。基金行业的对外开放主要体现在两个方面：一是合资基金管理公司数量不断增加。国内首家获准筹建的中外合资基金管理公司——国联安基金管理有限公司于2003 年年初正式成立。截至2014 年6 月，合资基金公司已经长期占据我国基金业的半壁江山，合资基金公司数量已达48 家，占比达52.75%。但是在资管规模方面，合资基金公司实力不如内资公司，此外在外资持股比例上，仅13 家上升，还有2 家出现外资减持。二是合格境内机构投资者（QDII）的推出，使我国基金行业开始进入国际投资市场。自2007 年我国首批推出4 只QDII 基金后，到2014 年年末已经有89 只QDII 基金成功募集运作。

5. 个人投资者成为基金的主要持有者。2013 年年末，资产规模在1 000 亿元以上的除中银基金以外的8 家基金公司中，易方达、嘉实机构持有人占比相对较高，均在30%左右；而华夏、博时、工银瑞信、南方、广发等则仅在15%左右；天弘更是仅为1.52%。根据近几年基金投资者情况调查分析报告统计数据显示，基金个人投资者账户总数及有效账户总数所占比例均在99%以上。

2013 年机构投资者保有公募基金净值为7 858.26 亿元，占27.2%；个人投资者保有公募基金净值21 031.95 亿元，占27.8%。公募基金以个人投资者为主，机构投资者和个人投资者的比例见图8－2。

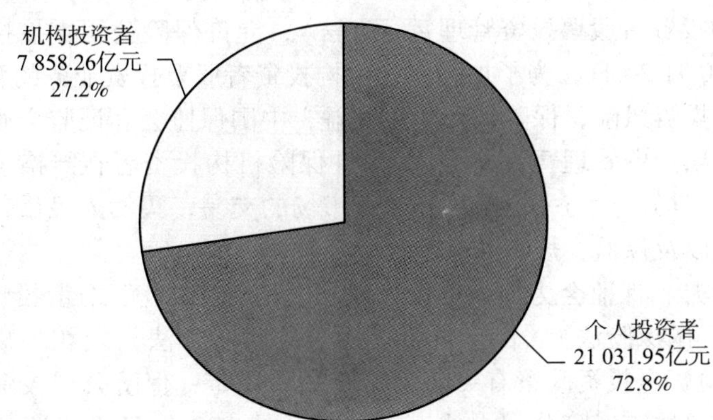

图8－2　2013 年不同类型投资者持有公募基金净值及占比

资料来源：证券投资基金业年报。

三、保险资金对基金投资的情况

自1995 年《保险法》颁布后，股票市场一直属于保险公司投资的禁区。1999 年10 月29 日，保监会颁发《保险公司投资证券投资基金管理暂行办法》规定：具有完善的内部风险管理及财务管理制度；专门的投资管理人员；应当设有专门的资金运用管理部门、稽核部门、投资决策部门；应当具备必要的信息管理和风险分析系统。保险公司投资基金占总资产的比例不得超过中国保监会核定的比例；保险公司投资于单一基金按成本价格计算，不得超过保险公司可投资于基金的资产的20%；保险公司投资于单一证券投资基金的份额，不得超过该基金份额的10%。到此，保险公司才被允许通过证券投资基金间接投资证券市场，且进入股市的资金比例受到严格控制。

2003年1月17日，中国保监会重新修订了《保险公司投资证券投资基金管理暂行办法》该规定将证券基金投资与偿付能力监管结合起来，更加关注保险资金运用的风险管控和防范，进一步明确了保险公司资金运用于各类基金的比例，资金运用监管进一步细化。按照该规定，保险公司投资基金的余额按成本价格计算不得超过本公司上月末总资产的15%；保险公司投资于单一基金的余额按成本价格计算，不得超过上月末总资产的3%；保险公司投资于单一封闭式基金的份额，不得超过该基金份额的10%。此外，保险公司经批准开办的投资连结保险可以设立投资基金比例为100%的投资账户，万能寿险可以设立投资基金比例最高为80%的投资账户。分红保险或其他独立核算的保险产品，投资基金的比例不得超过本产品上月末资产的15%。

2004年，国务院在《关于推进资本市场改革开放和稳定发展的若干意见》中提出“支持保险资金以多种方式直接投资资本市场”；8月，中国保监会颁布的《保险机构投资者股票投资管理暂行办法》，允许保险公司直接投资于股票市场。2004年10月24日，为了加强保险机构投资者股票投资业务的管理，规范投资行为，防范投资风险，保障被保险人利益，中国保监会和证监会颁布了《保险机构投资者股票投资管理暂行办法》，允许保险机构投资者在严格监管的前提下直接投资股票市场，参与一级市场和二级市场的交易，买卖人民币普通股票、可转换公司债券以及保监会规定的其他投资品种。

2010年8月，保监会为加强负债管理，优化资产结构，分散投资风险，根据《中华人民共和国保险法》《保险资金运用管理暂行办法》及相关规定，发布的《关于调整保险资金投资政策有关问题的通知》规定：保险公司投资证券投资基金的余额，不超过该保险公司上季度末总资产的15%，且投资证券投资基金和股票的余额合计不超过该保险公司上季度末总资产的25%；投资单一证券投资基金的余额，不超过该保险公司上季度末总资产的3%；投资单一封闭式基金的份额，不超过该基金发行份额的10%。

自2014年5月1日起开始实施的《中国保险监督管理委员会关于修改〈保险资金运用管理暂行办法〉的决定》中对保险资金投资证券投资基金规定：保险集团（控股）公司、保险公司从事保险资金运用应当符合中国保监会相关比例要求，具体规定由中国保监会另行规定。中国保监会可以根据情况调整保险资金运用的投资比例。其基金管理人应当符合下列条件：公司治理良好，净资产连续3

年保持在1亿元人民币以上；依法履行合同，维护投资者合法权益，最近3年没有不良记录；建立有效的证券投资基金和特定客户资产管理业务之间的防火墙机制；投资团队稳定，历史投资业绩良好，管理资产规模或者基金份额相对稳定。

保险公司的保险资金不会全部用于购买证券投资基金，中国保监会也会根据保险公司的财务状况，对其实行比例管理。证监会和保监会两个监管委员会对保险公司购买证券投资基金实施双重比例管理，大大加强了它的风险防范。证券投资基金管理较规范，风险相对低，投资基金通过投资的分散化和进行有效的组合可以最大限度地降低非系统性风险从证券，并且随着以长期投资、稳健操作为原则的基金投资规模的扩大，也在一定程度上降低了证券市场的系统风险。证券市场是一个流动性极强的资本市场，投资基金本身以及其投资品的变现能力都是不容置疑的。

第二节 评价与选择基金的具体方法

投资者在购买基金的时候，首先需要选择基金管理公司；其次就是要选择投资业绩突出的基金；最后就是要选择一个投资能力突出的基金经理。

一、评价与选择基金公司的方法

随着基金业的不断发展，我国基金管理公司的数量一直呈现上升趋势。面对着如此众多的基金管理公司，投资者该如何选择，我们可以从以下几个方面来考虑。

（一）基金公司的业绩表现

正如股价在一定程度上反映了上市公司的基本面水平，历史业绩也是基金基本面最直接的反映。从历史业绩来评价基金，可以追溯的年限越长，评价的相对可靠性就越高。人们可以通过基金公司业绩的持续性分析来选择，基金公司业绩的持续性分析就是按照事件发生的时间顺序通过研究某基金公司基金过去表现与未来表现之间的关系，对基金公司的业绩进行分析评价。

无论是机构投资者还是个人投资者，在选择基金公司的时候要以其历史业绩为基准，来决定是否投资于这家基金公司。基金公司业绩的表现取决于基金公司的投资能力，在各种投资理论盛行的今天，单纯依靠媒体宣传是不可信的，只有取得实实在在的突出业绩，才是一只优秀基金的证明。如今，各大研究机构针对基金的业绩排名已经越来越专业，越来越细化，投资者要比较媒体上刊登的这些数据，尤其要关注一段较长时间内的总体收益（比如一年以上的收益），毕竟购买基金是相对长期的投资，我们需要的是长跑健将。

（二）股权结构是否稳定

从基金公司的角度来说，有几个方面可以关注。首先当然是股东的实力；其次是股权结构是否稳定。股权频繁发生变动的基金公司，对公司和团队长期竞争力的形成十分不利；尤其是股东变更波及管理层变动时，不可避免地会影响到基金运作。在这方面，一些发展稳健的内资基金公司也比较能让投资者放心，而合资基金公司的股权结构也相对比较稳定。当然，也有股权变动有利于公司发展的情况，需要具体分析。比如一些外资战略伙伴对内资基金的参股，对公司未来发展会带来正面影响。

（三）基金管理团队

基金管理团队相对而言较难评估，一是团队能力；二是团队稳定性。可以相对简单地来看，在基金经理发生变更的情况下，如果变更前后基金的相对业绩没有受到明显的影响，那么说明基金经理背后的管理团队稳定性较强。从这个角度出发，国内基金公司中部分老牌基金公司的团队能力较强。此外，采用团队决策机制的基金公司团队稳定性比较高，这在一些合资基金公司中体现得较为明显。

（四）基金公司治理结构

规范的管理和运作是基金管理公司必须具备的基本要素，是基金资产安全的基本保证。判断一家基金管理公司的管理运作是否规范，可以参考以下几方面因素：一是基金管理公司的治理结构是否规范合理，包括股权结构的分散程度、独立董事的设立及其地位等。二是基金管理公司对旗下基金的管理、运作及相关信息的披露是否全面、准确、及时。三是基金管理公司有无明显的违法违规现象。

基金管理公司的治理结构至关重要，是维护基金份额持有人的合法权益根本保障。不完善的公司治理结构可能会导致如下结果：一是作为基金发起人的基金管理公司或基金管理公司的股东又选聘基金管理人，基金托管契约的签订几乎蜕变成基金管理公司是与自己签约，而不是与基金持有人签约。二是使基金公司演变为控制股东的利润导管公司。尽管从法律形式上看，基金管理公司与其发起人均为独立的法人，但是人事关系上的裙带关系（新基金公司的领导人大多是从原有公司派生出来的，有的甚至还同时兼任基金管理公司与发起机构的高层领导）又决定了基金管理人与发起机构之间存在着广泛的利益上的一致性。三是为基金经理人自谋利益营造了空间。四是现有的基金治理框架缺少基金持有人利益代表的实际载体，而直接由发起人代表持有人的利益，从而导致在基金管理中出现一种管理人与持有人之间的“反客为主”的倒逼现象。

（五）基金公司的市场形象

基金管理公司的市场形象，是投资者在选择基金管理公司时可以参考的因素。对于封闭式基金而言，其市场形象主要通过旗下基金的运作和净值表现体现出来，市场形象较好的基金管理公司，其旗下基金在二级市场上更容易受到投资者的认同与青睐。反之，市场形象较差的基金管理公司，旗下基金往往会遭到投资者的抛弃，缺乏上涨的动力与题材。对于开放式基金而言，其市场形象主要是通过营销网络分布、收费标准、申购与赎回情况、对投资者的宣传等体现出来的，投资者在投资开放式基金时除了考虑基金管理公司的管理水平外，还要考虑到相关费用、申购与赎回的方便程度以及基金管理公司的服务质量等诸多因素。

二、评价与选择基金的方法

（一）基金份额净值和基金份额累计净值

1. 基金份额净值。基金份额净值又称为基金份额资产净值，是指申请当日每一基金份额的成交价格。比如要赎回，其赎回价格就是以申请当日的基金份额净值为基础进行计算的。见式（8.1）。

$$\text{基金份额净值} = (\text{基金总资产} - \text{基金总负债}) / \text{基金总份额} \tag{8.1}$$

其中，基金总资产是指基金所拥有的所有资产（包括股票、债券等各类有价证券、银行存款本息及其他投资）的资产总额；基金总负债是指基金运作及融资时所形成的负债（包括应付给他人的各项费用、应付资金利息等）；基金总份额是指当时发行在外的基金份额的总数。基金份额净值在一定程度上反映了基金的价值，是投资者选择基金必须参考的一项指标。较高基金份额净值说明该只基金的投资价值较高，相应地，较低的基金份额净值的投资价值较低。基金净值的增长已经成为衡量基金业绩的最大标准，也是投资者选择基金的重要标准。

2. 基金份额累计净值。基金份额累计净值是评价基金投资业绩的一个重要指标，一般说来，累计净值越高，表明基金的历史业绩越好。当然，累计份额净值的高低并不是选择基金的主要依据，基金净值未来的成长性才是判断基金投资价值的关键，公募基金在做业绩比较的时候，最好以基金复权净值进行比较，其意义就在于公平地对基金历史业绩进行对比。基金份额累计净值的计算见式（8.2）。

$$\text{基金份额累计净值} = \text{基金份额净值} + \text{历次分红累计值} \tag{8.2}$$

（二）基金的分红次数和方式

1. 基金分红次数。基金分红是指基金将收益的一部分以现金形式派发给投资人，这部分收益原来就是基金单位净值的一部分。按照《证券投资基金管理暂行办法》的规定：基金管理公司必须以现金形式分配至少90%的基金净收益，并且每年至少一次。

2014~2015年，股票指数的上涨使基金的投资收益节节攀升。据好买数据显示，截至2015年3月12日，公募基金分红总额已超过320亿元，分红次数累计达到426次，而2014年全年，公募基金分红的数额及次数也不及2015年一季度。

2014年6月至2015年3月11日，私募基金分红共1 089次，其中2014年12月分红252次，是自2006年私募出现分红现象以来分红次数最多的月份。不管是何种形式的分红，对投资者而言其总资产的价值并未改变，只是表现为基金份额增多或现金增多的不同而已。

基金公司选择慷慨分红，一方面可能是因为基金的性质，如分红基金；另一方面，基金公司想稀释一部分收益，落袋为安；还有大部分基金公司是想借高比例分红吸引更多的人来进行基金投资。

2. 基金的分红方式。基金分红主要有两种方式：一种是现金分红；另一种是红利再投资。根据《证券投资基金运作管理办法》，若投资者未指定分红方式，则默认收益分配方式为现金分红。投资者可以在权益登记日之前去您购买基金的机构处进行分红方式的修改。

例如，持有一基金10万份，现每基金份额分红0.05元：假设选择现金分红方式，那么基民可以得到0.5万元的现金红利；假设选择红利再投资，分红基准日基金份额净值为1.25元，那么，基民就可以分到5 000元÷1.25元/份=4 000份基金份额，基金份额就变为10.4万份。

由于基金总资产因分红减少，所以在分红后基金净值降低。由于分红派发的基金收益是基金净值的一部分，分红后，基金净值会比较低，购买是否比较划算？假设在权益登记日和红利再投资日之间市场没有波动，那么，投资者无论是在分红前购买还是之后购买，其拥有的资产是没有差别的。这是因为，虽然分红之前购买可获得分红并转换成基金份额，但分红之后购买由于基金净值下降，同样的申购金额可购买更多的基金单位。

（三）基金的综合评级

基金评级是指由基金评级机构收集有关信息，依据基金过去1~3年的业绩情况及投资者需要承担的风险情况，通过科学定性定量分析，对基金进行评级的行为。对基金评级的机构有很多，目前我国有两家国外的评级机构：晨星和理柏；国内的则包括一些券商和第三方的基金评级，如银河证券、海通证券、招商证券、上海证券、天相投顾、济安金信等。评级结果以星星的数量表示，星数越多，评价越好，5星为最高。

在挑选基金时，选择5星级基金要优于选择4星级基金，不过需要注意的是，基金的5星代表着它过去1年或者3年的业绩，并不代表着以后肯定会取得好收益。不过那些只能获得1星、2星评价的基金，往往以后业绩也比较差，即使短期业绩不错也最好回避。

表8－3、表8－4、表8－5、表8－6分别列举了截至2015年5月5日同类型的十大基金综合评级，数据。

表8－3　　2015年5月5日前10只基金的综合评级数据

序号	基金代码	基金简称	晨星评级	海通证券评级	银河证券评级	上海证券评级	招商证券评级	济安金信评级
1	040025	华安科技动力	★★★★★	★★★★★	★★★★★	—	—	★★★★★
2	050011	博时信用债券A/B	★★★★★	★★★★★	★★★★★	★★★	★★★★	★★★★★
3	050111	博时信用债券C	★★★★★	★★★★★	★★★★★	★★★	—	★★★★★
4	070001	嘉实成长收益	★★★★★	★★★★★	★★★★★	★★★★	★★★★★	★★★★★
5	070013	嘉实研究精选	★★★★★	★★★★★	★★★★★	★★★★★	★★★★	★★★★★
6	090002	大成债券A	★★★★★	★★★★★	★★★★★	★★★★	★★★	★★★★
7	092002	大成债券C	★★★★★	★★★★★	★★★★★	★★★★	—	★★★★
8	110026	易方达创业板联接	★★★★★	—	—	—	—	—
9	110027	易方达安心回报A	★★★★★	★★★★★	★★★★★	★★★	—	★★★★★
10	110028	易方达安心回报B	★★★★★	★★★★★	★★★★★	★★★	—	★★★★★

资料来源：和讯基金网，http：//jingzhi. funds. hexun. com/newpj/yhpj. aspx。

表8－4　　2015年5月5日前10只股票型基金排行

序号	基金代码	基金简称	单位净值/日期	近3个月涨幅(%)	近6个月涨幅(%)	近1年涨幅(%)	近2年涨幅(%)	近3年涨幅(%)	成立以来涨幅(%)
1	470009	汇添富民营活力	3. 2130/05－05	61. 05	91. 48	148. 11	195. 13	293. 50	286. 02
2	213008	宝盈资源优选	2. 7675/05－05	52. 56	74. 98	147. 14	221. 35	250. 51	258. 79
3	519670	银河行业优选	3. 0140/05－05	42. 37	78. 44	119. 61	220. 43	248. 43	374. 31
4	240017	华宝新兴产业	2. 7699/05－05	45. 81	60. 37	87. 92	138. 68	240. 78	176. 99
5	110026	易方达创业板联接	3. 1316/05－04	52. 20	73. 91	102. 76	165. 26	240. 65	213. 16
6	519110	浦银安盛价值成长	2. 5130/05－05	46. 02	88. 99	164. 36	212. 51	240. 04	162. 51
7	080012	长盛电子信息产业	2. 1690/05－05	37. 54	54. 16	93. 50	194. 03	234. 89	234. 89
8	161613	融通创业板指数	2. 0950/05－05	49. 96	69. 76	94. 88	162. 94	229. 74	230. 40
9	110029	易方达科讯	2. 0093/05－04	68. 07	110. 33	138. 67	169. 69	226. 92	134. 80
10	257070	国联安优选行业	2. 3310/05－05	54. 58	95. 55	139. 32	140. 94	201. 71	175. 16

资料来源：和讯基金网，http：//jingzhi. funds. hexun. com/newpj/yhpj. aspx。

表 8－5　　2015 年 5 月 5 日前 10 只债券型基金排行

序号	基金代码	基金简称	单位净值/日期	近 3 个月涨幅（%）	近 6 个月涨幅（%）	近 1 年涨幅（%）	近 2 年涨幅（%）	近 3 年涨幅（%）	成立以来涨幅（%）
1	519977	长信可转债债券 A	1.6168/05－05	23.19	75.22	117.87	117.34	140.02	140.58
2	519976	长信可转债债券 C	1.5985/05－05	22.81	73.64	115.49	111.83	132.57	133.04
3	110027	易方达安心回报 A	1.6920/05－04	17.46	55.09	104.33	99.58	120.73	130.44
4	110028	易方达安心回报 B	1.6870/05－04	17.36	54.77	103.45	97.80	118.43	127.61
5	310518	申万可转债	1.8620/05－05	16.30	58.60	100.21	95.64	106.61	113.64
6	470058	汇添富可转债 A	1.9390/05－05	21.34	64.32	105.36	93.55	103.12	105.35
7	470059	汇添富可转债 C	1.9100/05－05	21.27	64.09	104.70	92.26	101.04	102.45
8	050011	博时信用债券 A/B	1.9480/05－05	4.34	62.36	92.78	79.02	99.32	113.89
9	100051	富国可转债	1.8150/05－05	29.92	88.87	124.07	96.00	98.80	81.50
10	090017	大成可转债增强	1.9660/05－05	15.65	61.81	101.44	86.53	97.45	98.44

资料来源：和讯基金网，http：//jingzhi.funds.hexun.com/newpj/yhpj.aspx。

表 8－6　　2015 年 5 月 5 日前 10 只混合型基金排行

序号	基金代码	基金简称	单位净值/日期	近 3 个月涨幅（%）	近 6 个月涨幅（%）	近 1 年涨幅（%）	近 2 年涨幅（%）	近 3 年涨幅（%）	成立以来涨幅（%）
1	213006	宝盈核心优势 A	1.8005/05－05	28.31	65.44	130.33	208.78	267.02	213.91
2	460002	华泰柏瑞积极成长	1.9326/05－05	41.43	91.31	136.19	135.78	155.46	115.61
3	590006	中邮中小盘	2.2320/05－05	37.44	66.07	117.55	160.14	152.21	123.20
4	290005	泰信优势增长	1.9750/05－05	42.39	49.73	69.70	126.65	150.32	203.24
5	519991	长信双利优选	1.8760/05－05	32.53	43.77	84.37	102.49	145.95	168.14
6	410001	华富竞争力优选	1.2447/05－05	40.20	61.17	108.56	134.28	144.20	327.66
7	410007	华富价值增长	1.7597/05－05	35.10	56.75	93.61	104.19	139.77	75.97
8	398031	中海蓝筹灵活配置	1.6332/05－05	16.54	37.43	60.45	106.53	139.68	189.69
9	519008	汇添富优势精选	4.7444/05－05	47.83	72.25	98.60	109.05	139.44	981.89
10	590003	中邮核心优势	2.0720/05－05	50.25	47.37	98.28	135.99	135.19	144.14

资料来源：和讯基金网，http：//jingzhi.funds.hexun.com/newpj/yhpj.aspx。

上述业绩排行，完全符合不同品种基金的收益与风险性质。受股票市场大幅上涨的提振，股票型基金近 3 年的收益遥遥领先，第 1 名接近 300%，第 10 名也在 200% 以上，领跑整个基金业，其高风险，高收益的特性充分表现，很适合风险偏好型的投资者；让我们感动的是债券型基金前十，竟然也能在极低的风险水平上达到3年97.45%～140.2%的收益水平，年均在30%以上，而混合型前十的收益率介于前两者之间，也是题中应有之义。

三、评价与选择基金经理的方法

基金经理一般要求具有金融相关专业硕士以上教育背景，具备良好的理论基础和扎实的理论功底，另外，如有海外留学经历或获得CFA证书，则将更具竞争力，每种基金均由一个经理或一组经理去负责决定该基金的组合和投资策略，投资组合是按照基金说明书的投资目标去选择，以及由该基金经理之投资策略去决定。

基金的业绩表现有很多影响因素，基金经理的投资能力和投资业绩只是其中一部分，且基金经理的投资策略经常会受到外界影响，比如基金管理制度和持仓制度，市场波动等因素的影响，加之我国基金经理频繁"跳槽"，使得这一评价更加困难。

总结各方面情况，我们认为，可从如下方面判断基金经理人的投资能力。

（一）基金经理人运作能力

投资者可根据基金在其投资组合公告书中披露的资产配置状况及其变化情况，并结合大盘的走势，推论基金经理对收益与风险的偏好态度（保守型还是激进型等）及其资产配置的思路，判断基金经理对证券市场走势进行研判的准确度。另外，基金经理人的投资风险、投资策略及投资组合也可以成为投资者进行分析和判断的依据。

（二）基金经理人的管理能力

基金经理人的各个发起人的经营状况和市场形象，他们的盈利状况如何，是否比同行更加出色？其研究发展部门实力是否雄厚，研究成果如何？其股票投资业务是否运作良好？这些都可以作为投资者对基金管理人的衡量标准。基金经理人本身的一些情况同样可以反映其优秀与否。如公司的主要负责人和核心业务人员是否有丰富的基金管理或证券投资经验等。投资者还可以从基金经理人旗下基金的整体表现来评估基金管理人的管理能力。

（三）基金的投资回报率

在评价基金的表现时，投资回报率自然是直截了当、易为人们接受的指标。

投资回报率可以用下面的公式进行计算：

$$投资回报率=\frac{期末价格-期初价格+现金分红}{期初价格}\times 100\%$$

通过这个公式计算出投资回报率后，投资者可以和同期的银行存款利率、股价指数变动等指标进行比较，衡量基金经理人所管理的基金表现好坏。优秀的基金经理人更注重把握中长线的投资方向，给投资者提供稳定、持续的投资回报，业绩表现大起大落的基金管理人须谨慎对待。

（四）基金的收益分配比例和政策

基金管理人在收益分配比例和政策上有不同的地方，一些基金招募书规定，基金经理人取得业绩报酬有以下四个条件：（1）基金年平均单位资产净值不低于面值；（2）基金可分配净收益率超过同期银行一年定期储蓄存款利率的 20% 以上；（3）基金资产净值增长率超过证券市场平均收益率；（4）基金收益分配后其单位资产净值不能低于面值。

综上所述，优秀的基金经理人在取得好的成绩的同时，会以好的收益分配回馈投资者。一个优秀的基金经理通常拥有以下特性：有属于自己的投资理论和经验，且经过一定的实践验证；有优秀的决策能力，深思熟虑但是敢于做出决策；对于投资失败有着很好的承受能力；思维缜密且连贯，反映在投资策略上就是逐步完善的一贯持续。

第三节　买卖基金的基本策略

一、固定比例投资策略

即将一笔资金按固定的比例分散投资于不同种类的基金上。当某类基金因净值变动而使投资比例发生变化时，就卖出或买进这种基金，从而保证投资比例能够维持原有的固定比例。这样不仅可以分散投资成本，抵御投资风险，还能见好就收，不至于因某只基金表现欠佳或过度奢望价格会进一步上升而使到手的收益成为泡影，或使投资额大幅度上升。

例如，决定把 50%、35% 和 15% 的资金分别买进股票基金、债券基金和货币市场基金，当股市大涨时，设定股票增值后投资比例上升了 20%，便可以卖掉 20% 的股票基金，使股票基金的投资仍维持 50% 不变，或者追加投资买进债券基金和货币市场基金，使他们的投资比例也各自上升 20%，从而保持您原有的投资比例。如果股票基金下跌，就可以购进一定比例的股票基金或卖掉等比例的债券基金和货币市场基金，恢复原有的投资比例。当然，这种投资策略并不是经常性地一有变化就调整，有经验的投资者大致遵循这样一个准则：每隔 3 个月或半年才调整一次投资组合的比例，股票基金上涨 20% 就卖掉一部分，跌 25% 就增加投资。

一般说来，固定比例法适用于中长期的稳健投资为主，另外配合一部分的风险与收益都较高的短线操作。固定比例法在现实中应用的比较多。例如，某投资者有现款 1 000 元，按照“固定比例法”进行投资。

首先他要根据自己的投资目标，为投资组合确定一个比例。假如该比例为保护性部分和风险性部分各占 50%。于是，他就得把其中的 500 元投资股票，另外 500 元投资于债券，各占 50%。在其后，根据股票价值的变化，对投资组合进行修正，使两者之间始终保持既定的比例。假如股票价格上涨，使他购买的股票价值从 500 元上升到 600 元，那么，在投资组合中风险性部分就要大于保护性部分，破坏了原来各占 50% 的比例规定。这时要进行修正，将升值的 100 元按 50% 的比例进行分配，即卖出 50 元股票，再投资于债券，促使两部分的比例重新恢复到各占 50% 的水平。

固定比例法是建立在投资者既定目标的基础上的。如果投资者的目标发生变化，那么投资组合的比例也要相应变化。比如其价值增长的欲望加大，投资组合中的风险性部分的比例就要加大；反之，风险性部分的比例就要缩小。

二、适时进出投资策略

即投资者完全依据市场行情的变化来买卖基金。通常，采用这种方法的投资人，大多是具有一定投资经验，对市场行情变化较有把握，且投资的风险承担能力也较高的投资者。毕竟，要准确地预测股市每一波的高低点并不容易，就算已经掌握了市场趋势，也要耐得住短期市场可能会有的起伏。适时进出投资法适合于短线投资者，而且其进出程度也因人而异。毋庸置疑，每个投资者都希望成为一个成功的适时进出的投资者，但问题是如何才能准确把握市场走势。据统计表明，要想运用适时进出投资法获利，必须至少有 70% 以上的判断准确率，否则考虑到交易成本的存在，投资者至多打个平手，甚至可能得不偿失。

三、顺势操作投资策略

顺势投资法又称顺势而为法，是证券投资者顺着股价的趋势进行股票买卖的操作技巧。当整个股市大势向上时，以做多头或买进股票持有为宜；而股市不灵或股价趋势向下时，则以卖出手中持股而拥有现金以待时而动较佳。这种跟着大势走的投资做法，已成为小额投资者公认的“法则”。凡是顺势的投资者，不仅可以达到事半功倍的效果，而且获利的概率也比较高；反之，如果逆势操作，即使财力极其庞大，也可能会得不偿失。当然顺势投资法也并不能确保投资者时时都能赚钱。比如股价走势被确认为涨势，但已到回头边缘，此时若买进，极可能抢到高位，甚至于接到最后一棒，股价立即会产生反转，使投资者蒙受损失。又如，股价走势被断定属于落势时，也常常就是回升的边缘，若在这个时候卖出，很可能卖到最低价，懊悔莫及。

四、定期定额购入策略

定期定额购入策略就是不论行情如何，每月（或定期）投资固定的金额于固定的基金上。当市场上涨，基金的净值高，买到的单位数较少；当市场下跌，基金的净值低，买到的单位数较多。如此长期下来，所购买基金的平均成本将较平均市价为低，即所谓的平均成本法。平均成本法的功能之所以能够发挥，主要是因为当股市下跌时，投资人亦被动地去投资购买了较多的单位数。只要投资者相信股市长期的表现应该是上升趋势，在股市低迷时买进的低成本股票，一定会带来丰厚的获利。

定期定额购买基金是一种适合普通百姓的理财方式，尤其适合没有积蓄，但每个月有固定收入结余的投资者。具体来说，就是每隔一段时间，比如一个月或者一个季度，用固定金额的资金买入基金。当基金净值下跌的时候，买入的基金数量就会多，当基金净值上涨的时候，买入的基金数量就会少。这种方法的好处一是方便，您可以跟银行签订一个协议，由银行定期划款买入。二是成本低，收益率高。有专家测算，定期定额买入基金，以复利5%计算，20年后，收益将是投资额的2.65倍。

【知识拓展1】

开放式基金的认购程序

在基金募集期内购买基金份额的行为通常被称为“基金的认购”。投资人认购开放式基金，一般通过基金管理人或管理人委托的商业银行、证券公司等经国务院证券监督管理机构认定的其他机构办理，开放式基金的认购步骤。

认购开放式基金通常分开户、认购和确认三个步骤。

1. 开户。拟进行基金投资的投资人，必须先开立基金账户和资金账户。基金账户是基金注册登记机构为基金投资人开立的、用于记录其持有的基金份额及其变动情况的账户；资金账户是投资人在基金代销银行、证券公司开立的用于基金业务的资金结算账户。

2. 认购。投资人在办理基金认购申请时，须填写认购申请表，并需按销售机构规定的方式全额缴款。投资者在募集期内可以多次认购基金份额。一般情况下，已经正式受理的认购申请不得撤销。

3. 确认。销售机构对认购申请的受理并不代表该申请一定成功，而仅代表销售机构接受了认购申请，申请的成功与否应以注册登记机构的确认结果为准。投资者T日提交认购申请后，可于T+2日起到办理认购的网点查询认购申请的受理情况。认购申请无效的，认购资金将退回投资人资金账户。认购的最终结果要待基金募集期结束后才能确认。

【知识拓展2】

开放式基金的申购、赎回原则

目前，开放式基金所遵循的申购、赎回主要原则如下。

1. “未知价”交易原则。投资者在申购、赎回基金份额时并不能即时获知买卖的成交价格。申购、赎回价格只能以申购、赎回日交易时间结束后基金管理人公布的基金份额净值为基准进行计算，这一点与股票、封闭式基金等金融产品的“已知价”原则进行买卖不同。

2. “金额申购、份额赎回”原则。即申购以金额申请，赎回以份额申请原则。基金管理人可根据基金运作的实际情况依法对上述原则进行调整。在新规则开始实施前，基金管理人必须依照《证券投资基金信息披露管理办法》的有关规定在指定媒体上公告。

基金管理人不得在基金合同约定之外的日期或者时间办理基金份额的申购、赎回或者转换。投资人在基金合同约定之外的日期和时间提出申购、赎回或者转换申请的，其基金份额申购、赎回价格为下次办理基金份额申购、赎回时间所在开放日的价格。

【知识拓展3】

买卖开放式基金的相关费用

1. 申购费用。投资者在办理开放式基金申购时，一般需要缴纳申购费，但申购费率不得超过申购金额的5%。和认购费一样，申购费可以采用在基金份额申购时收取的前端收费方式，也可以采用在赎回时从赎回金额中扣除的后端收费方式。基金产品同时设置前端收费模式和后端收费模式的，其前端收费的最高档申购费率应低于对应的后端收费的最高档申购费率。基金管理人可以对选择前端收费方式的投资人根据其申购金额适用不同的前端申购费率标准。基金管理人可以对选择后端收费方式的投资人根据其持有期限适用不同的后端申购费率标准。对于持有期低于3年的投资人，基金管理人不得免收其后端申购费用。基金销售机构通过互联网、电话、移动通信等非现场方式实现自助交易业务的，经与基金管理人协商一致，可以对自助交易前端申购费用实行一定的优惠，货币市场基金及中国证监会规定的其他品种除外。

2. 赎回费用。投资者在办理开放式基金赎回时，一般需要缴纳赎回费，货币市场基金及中国证监会规定的其他品种除外。赎回费率不得超过基金份额赎回金额的5%，赎回费总额的25%归入基金财产。对于短期交易的投资人，基金管理人可以在基金合同、招募说明书中约定按以下费用标准收取赎回费：

(1) 对于持续持有期少于7日的投资人，收取不低于赎回金额1.5%的赎回费。

(2) 对于持续持有期少于30日的投资人，收取不低于赎回金额0.75%的赎回费。

按上述标准收取的基金赎回费应全额计入基金财产。基金管理人可以根据基金份额持有人持有基金份额的期限适用不同的赎回费标准。通常，持有时间越长，适用的赎回费率越低。

3. 销售服务费。基金管理人可以从开放式基金财产中计提销售服务费。例如对于不收取申购费（认购费）、赎回费的货币市场基金，基金管理人可以依照相关规定从基金财产中持续计提一定比例的销售服务费。

【知识拓展4】

基金份额的转换、非交易过户、转托管与冻结

1. 开放式基金份额的转换。开放式基金份额转换是指投资者将其所持有的某一只基金份额转换为另一只基金份额的行为。基金转换业务所涉及的基金，必须是由同一基金管理人管理的、在同一注册登记机构处注册登记的基金。基金的转换业务可视为从一只基金赎回份额，我们称为“转出”；同时申购另外一只基金的基金份额，我们称为“转入”。基金转换转入的基金份额可赎回的时间为“T+2”日。

投资者采用“份额转换”的原则提交申请，即在销售机构处以“份额”为单位提交转换申请，以转出和转入基金申请当日的份额净值为基础计算转入份额。由于不同基金的申购费率、赎回费率不同，基金份额持有人进行基金份额转换的，基金管理人应当按照转出基金的赎回费用加上转出与转入基金申购费用补差的标准收取费用。当转出基金申购费率低于转入基金申购费率时，费用补差为按照转出基金金额计算的申购费用差额；当转出基金申购费率高于转入基金申购费率时，不收取费用补差。

此外，基金份额的转换常常还会收取一定的转换费用。基金转换业务相较赎回基金份额后再进行基金申购而言，时间成本和交易费用都较低。

2. 开放式基金的非交易过户。开放式基金非交易过户是指不采用申购、赎回等交易方式，将一定数量的基金份额按照一定规则从某一投资者基金账户转移到另一投资者基金账户的行为，主要包括继承、捐赠、司法强制执行和经注册登记机构认可的其他情况下的非交易过户。

继承指基金份额持有人死亡，其持有的基金份额由其合法的继承人继承。捐赠指基金份额持有人将其合法持有的基金份额捐赠给福利性质的基金会或社会团体的情形。司法强制执行是指司法机构依据生效司法文书，将基金份额持有人持有的基金份额强制划转给其他自然人、法人、社会团体或其他组织。无论在上述

何种情况下，接受划转的主体应符合相关法律法规和基金合同规定的可持有本基金份额的投资者的条件。办理非交易过户必须提供基金注册登记机构要求提供的相关资料。对于符合条件的非交易过户申请按基金注册登记机构的规定办理，并按基金注册登记机构规定的标准收费。

3. 开放式基金份额的转托管。开放式基金份额转托管是指基金份额持有人申请将其托管在某一交易账户中的全部或部分基金份额转出并转入另一交易账户的行为。投资人可通过办理转托管业务，实现其变更办理基金业务销售渠道（或网点）的需要。目前，国内开放式基金转托管业务的办理有两步转托管和一步转托管两种方式。两步转托管为基金持有人在原销售机构办理转出手续后，还需到转入机构办理转入手续。一步转托管为基金持有人在原销售机构同时办理转出、转入手续，投资人在转出方进行申报，基金份额转托管一次完成。具体办理方法参照基金管理公司的有关业务规则以及基金代销机构的业务规则。

4. 基金份额的冻结。基金份额冻结指基金份额被设定为不能交易的状态。基金份额一旦被冻结，投资人就不能再对冻结份额进行任何操作，直到份额解冻。通常，基金注册登记机构只受理国家有权机关依法要求的基金份额的冻结与解冻，以及注册登记机构认可的其他情况下的冻结与解冻。基金份额被冻结的，被冻结部分产生的权益一并冻结。

关键术语

基金　基金份额净值　基金累计净值　基金评级　封闭式基金　开放式基金　股票基金　债券基金　货币市场基金　混合基金　成长型基金　收入型基金　平衡型基金

思考题

1. 试说明我国基金的主要管理运作方式。

2. 请简要说明我国基金按照不同的标准可以分成哪些类别？

3. 试分析投资者参与基金买卖有什么意义？

4. 简要说明我国基金市场发展的三个阶段，并对这三个阶段的主要变化有所了解。

5. 根据相关法律法规，说明我国对保险资金投资证券投资基金有什么要求？

6. 简要说明投资者如何选择和评价一家基金公司。除了书中提到的几点外，试找出其他的一些标准。

7. 简要说明投资者如何选择和评价某一只基金。除了书中提到的几点外，试找出其他的一些标准。

8. 投资者在选择基金经理时主要关注哪些方面？你认为最重要的是哪个因素？

9. 简要论述投资者投资基金时的四个主要策略。

本章探究专题

1. 书中提到了投资者在选择基金公司和基金的几个评价标准，这些标准是否适合于所有的基金公司和基金品中呢，请搜集基金公司和基金的相关数据来比较哪些标准更加重要?

2. 试通过相关的途径，找出最近一段时期内基金收益率较高的基金品种，并分析它收益率较高取决于哪些因素，这些因素是否可以作为我们选择其他基金的标准?

3. 在本章节中我们介绍了投资证券投资基金的四种投资策略，除此之外还有哪些被人广泛接受的投资策略，并思考这四种投资策略是否适合于投资股票、债券、期货、期权等投资产品?

第九章　其他投资

【本章内容提要】

本章主要介绍资产支持证券、巨灾连结证券、金融衍生工具投资、不动产投资及股权投资等其他保险投资方式。要求学生重点掌握各类投资工具的定义、特点；了解我国保险资金在相关工具的投资情况。

1. 资产支持证券

- 资产支持证券的内涵
- 资产支持证券的类型
- 保险资金参与资产支持证券的情况

2. 巨灾风险管理和巨灾连结证券

- 巨灾风险管理
- 巨灾连结证券

3. 金融衍生工具投资

- 金融衍生工具的定义及特点
- 金融衍生工具的分类
- 金融衍生工具的功能
- 保险资金投资金融衍生工具的情况

4. 不动产投资

- 不动产投资概述
- 我国保险资金投资不动产简介

5. 股权投资

- 股权投资的内涵
- 我国保险资金股权投资情况概述

第一节　资产支持证券

资产支持证券（Asset Backed Securities，ABS）是资产证券化的产物，起源于美国。1970 年美国政府国民抵押贷款协会（FNMA）发行的住房抵押贷款转手证券，是全世界第一个资产证券化产品，距今已有近 50 年的历史，之后资产证券化在许多发达国家和地区得到了飞速的发展。

一、资产支持证券的内涵

（一）资产支持证券的定义

美国耶鲁大学法博齐教授被誉为“证券法之父”，他认为资产证券化可以被广泛地定义为一个过程，通过这个过程将具有共同特征的贷款、消费者分期付款合同、租约、应收账款和其他不流动的资产包装成可以市场化的、具有投资特征的附带利息的证券。2005 年 11 月 7 日，中国银监会颁布的《金融机构信贷资产证券化监督管理办法》第 3 条规定：“银行业金融机构作为发起机构，将信贷资产信托给受托机构，由受托机构以资产支持证券的形式向投资机构发行受益证券，以该财产所产生的现金支付资产支持证券收益的结构性融资活动，适用本办法”；2013 年 3 月 15 日，中国证监会发布《证券公司资产证券化业务管理规定》，将我国证券公司企业资产证券化业务定义为：“以特定基础资产或资产组合所产生的现金流为偿付支持，通过结构化方式进行信用增级，在此基础上发行资产支持证券的业务活动”。

本书结合以上对资产支持证券的不同定义，将资产支持证券定义为：资产证券化的发起人，通过特殊机构将基础资产或资产组合进行结构化信用增级后，以该基础资产或资产组合所产生的现金流为偿付来源发行的受益证券。我国资产支持证券主要有 3 类，即信贷资产支持证券（简称信贷 ABS）、企业资产支持证券（企业 ABS）和资产支持票据 ABN。

（二）交易过程

在资产支持证券的交易过程即资产证券化过程中，主要的参与者包括原始权益人（如商业银行或企业）、计划管理人（如证券公司、商业银行）、特殊目的公司 SPV（Special Purpose Vehicle，SPV，如证券公司设立的专项计划或信托机构等）、投资者（如财务公司或大型企业集团、证券投资基金、信托公司、保险公司、商业银行等）；其他的服务机构包括担保人、资金受托管理人、评估机构、会计师事务所、评级机构和律师事务所等。通常资产支持证券不代表发起机构的负债，资产支持证券投资机构的追索权仅限于信托财产。资产支持证券的交易过程如图9－1所示，相应参与者的职责如表9－1所示。

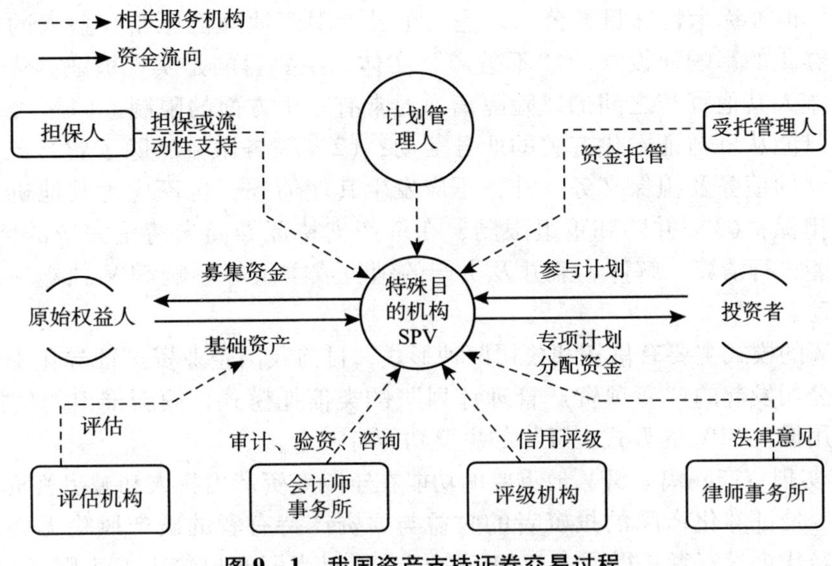

图9－1　我国资产支持证券交易过程

表9－1　我国资产支持证券交易过程中参与人职责及收费标准（到2015年年底）

参与人	主要职责	参考收费
原始权益人	企业、商业银行等：转让其所拥有的基础资产，配合中介机构履行职责，管理基础资产，为基础资产产生预期现金流提供必要保障	—
计划管理人	证券公司、商业银行等：尽职调查、交易结构与产品设计，设立并管理专项计划，为资产支持证券投资者提供流动性服务	管理资产余额0.10%/年左右
推广机构	证券公司：向合格投资者推广资产支持证券	一次性收取，发行额2%左右
受托管理人	商业银行、中国证券登记结算有限责任公司、具有托管业务资格的证券公司或者中国证监会认可的其他资产托管机构托管等：为专项计划提供账户托管服务	30～50万/年
评级机构	信用评级机构：为资产支持证券进行评级并出具信用评级报告及跟踪信用评级报告	10万～30万元
评估机构	评估公司：对未来现金流进行评估预测	20万～30万元
会计师事务所	出具专项计划设立验资报告、专项计划年度审计报告	20万～30万元
律师事务所	文件、交易合同起草等，出具法律意见书	30万～50万元
第三方担保/流动性支持	关联方提供担保或由银行提供流动性支持	不确定

（三）SPV的功能①

SPV也被称为特殊目的公司，是为了最大限度地降低原始权益人的破产风险对证券化的影响而设立的“不破产”实体，主要目的是实现被证券化资产与原始权益人其他资产之间的风险隔离。通常有三个方面的限制：（1）经营范围限制，只能从事与证券化有关的业务活动；（2）债务限制，除了履行证券化交易中确立的债务及担保义务以外，不应发生其他债务，也不应为其他机构或个人提供担保；（3）并购和重组限制，在资产支持证券尚未清偿完毕的情况下，SPV不能进行清算、解体、兼并及资产的销售或重组等影响SPV独立和连续经营的活动。

SPV的模式主要有信托和公司两种形式，目前我国企业资产证券化主要采用由证券公司发起的“专项资产管理计划”的类信托模式，而新推出的信托ABN主要采用设立SPV的方式。SPV的主要功能有三个。

1. 实现资产隔离。SPV最重要的功能在于隔离资产出售人和被出售资产的权利关系，使证券化产品的投资者的收益与原资产持有者的破产风险无关。由于SPV已经代表投资者获得了资产的所有权，所以当资产出售人发生财务困难时，其债权人无权对已证券化的资产提出索偿权。

2. 是发行主体，拥有基础资产。资产原始权益人将资产出售之后，SPV必须代表投资者承接这些资产，在拥有了这些资产之后，SPV才具备发行证券的资格，由于SPV只是一个法律上存在的实体，并没有实际的经营业务支撑，所以掌管并监控整个服务体系的职责往往托付给受托机构。

3. 税收优惠。在资产证券化过程中，常遵循一个重要原则——尽量保持税收中性，即在证券化之后尽量不要带来更多的税收负担。在很多国家SPV常采用信托的架构，或者在被称为“免税天堂”的国家或地区以设立离岸公司的形式，来尽量规避被重复课税的问题。

（四）信用增级

资产支持证券的信用增级，也可称为增信，主要是指证券化产品的发行人为提高证券的可销性而采用的增加证券化产品信用级别的措施。增信的方式主要包括内部增信和外部增信两种，内部增信通常包括结构化方式、超额抵押和剩余账户三种方式；外部增信主要包括第三方担保、原始权益人担保等方式，在国外还有第三方信用证、债券保险和信用违约互换等（见图9-2）。

---

① 龚大兴. 资产证券化（ABS）与资产支持票据（ABN）实务操作及案例分析. 中法培北京会议讲义，2013.5.27.

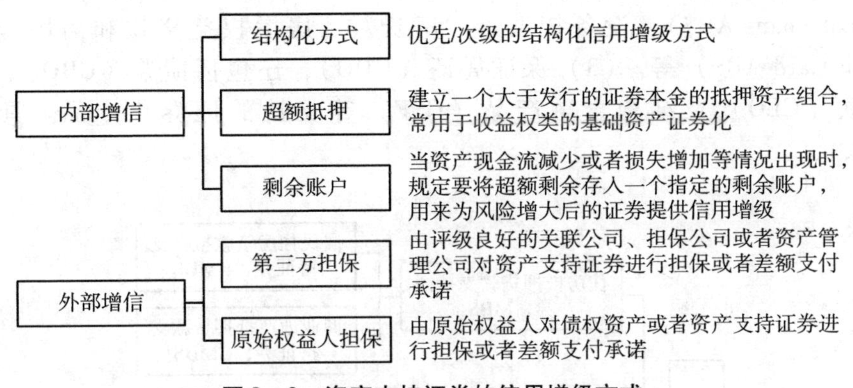

图9－2 资产支持证券的信用增级方式

表9－2对我国当前三种主要的资产证券化产品的信用增级方式进行了对比分析。

表9－2 我国三种主要的资产证券化产品的信用增级方式对比

产品	信用增级方式
信贷 ABS	内部增信：(1) 优先级/次级的分档设计，而且要求发行人持有5%的次级证券；(2) 超额利息收入；(3) 设置储备账户；(4) 触发机制（包括加速清偿条款和信用条款）安排等 外部增信：银行提供流动性支持等。绝大多数已发行产品均采用了所有增级方式
企业 ABS	内部增信：(1) 优先级/次级的分档设计，而且一般来说发起人全额持有次级、不可转让部分；(2) 现金覆盖倍数 外部增信：(1) 商业银行或者关联企业等提供信用担保；(2) 差额支付安排；(3) 流动性贷款等
ABN	内部增信：(1) 优先级/次级的分档设计；(2) 基础资产超额抵押；(3) 触发机制安排等 外部增信：(1) 第三方信用支持；(2) 资产抵押/质押；(3) 外部现金储备等

二、资产支持证券的类型

（一）资产支持证券的类型

1. 美国资产支持证券的类型。在美国资产支持证券按照基础资产的不同可以划为三大类：(1) 住房抵押贷款支持证券（MBS），主要是指由住房抵押贷款作为基础资产发行的证券，还包括居民住房抵押贷款支持证券（RMBS）和商业地产抵押贷款（CMBS）。在资产证券化的初期，所有的MBS都是RMBS。(2) 资产支持证券（ABS），包括汽车贷款（Auto ABS）、学生贷款

(Student Loans ABS)、设备贷款、厂房贷款、房屋权益贷款和信用卡账款(Credit Card ABS)等。(3)保证凭证(CDO),还包括债券(CBO)、高收益贷款(CLO)及结构金融产品(CSF)等支持的证券化产品。具体见图9-3。

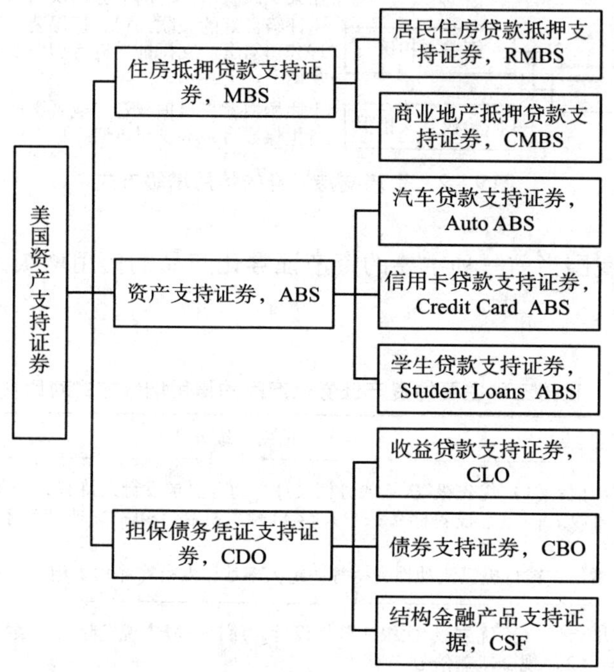

图9-3 美国资产支持证券的主要类型

2. 我国资产支持证券的类型。

(1)信贷ABS。即信贷资产支持证券,主要是由金融机构以信贷资产作为基础资产而发行的证券化产品,主要由央行和银监会来监管,交易场所主要在全国银行间债券市场上进行,在中国债券登记公司进行登记托管。

(2)企业ABS。即企业资产支持证券,主要是指由非金融企业(包括部分金融企业如金融租赁公司)以企业应收款、信贷资产、信托受益权、基础设施收益权等财产权利、商业物业等不动产财产或财产权利和财产的组合等为基础资产而发行的证券化产品,主要由证监会负责监管,交易场所主要在证券交易所、证券业协会机构间报价与转让系统、证券公司柜台市场,登记托管机构是中国证券登记公司。

(3)资产支持票据ABN。主要是由非金融企业面向银行间市场所有投资人公开发行或面向特定机构投资者定向发行的资产证券化产品,目前主要以应收账款质押型 ABN 为主，新推出的则有信托型 ABN[①]，可以公募或私募两种方式发行，主要由交易商协会负责监管，登记托管机构为上海清算所（见表9－3）。

表9－3　　我国三种主要的资产证券化产品对比

对比标准	信贷 ABS	企业 ABS	票据 ABN
主管部门	央行，银监会	证监会（基金业协会备案）	银行间市场交易商协会
发起人	金融机构（商业银行、政策性银行、邮政储蓄银行、财务公司信用社、汽车租赁公司、金融资产管理公司等）	非金融企业（包括部分金融企业如金融租赁公司）	非金融企业
基础资产	银行信贷资产（含不良信贷资产）	企业应收款、信贷资产、信托受益权、基础设施收益权等财产权利或商业物业等不动产财产、财产权利和财产的组合	符合法律法规规定、权属明确，能够产生可预测现金流的财产、财产权利或财产和财产权利的组合，基础资产不得附带抵押、质押等担保负担或其他权利限制
SPV	特殊目的信托	证券公司专项资产管理计划	不强制要求
投资者	银行、保险公司、证券投资基金、企业年金、全国社保基金等	合格投资者且合计不超过200人	面向银行间市场所有投资人公开发行、面向特定机构投资者定向发行
信用评级	需要双评级，并且鼓励探索采取多元化信用评级方式，支持对资产支持证券采用投资者付费模式进行信用评级	具有证券市场资信评级业务资格的资信评级机构，对专项计划受益凭证进行初始评级和跟踪评级	公开发行需要双评级，并且鼓励投资者付费等多元化的信用评级方式；定向发行则由发行人与定向投资人协商确定，并在《定向发行协议》中明确约定
发行方式	公开发行或定向发行	公开发行或非公开发行	公开发行或非公开定向发行
交易场所	全国银行间债券市场	证券交易所、证券业协会机构间报价与转让系统、证券公司柜台市场	全国银行间债券市场
登记托管机构	中国证券登记结算公司	中国证券登记结算公司	上海清算所
审核方式	审核制	核准制	注册制

在表9－4中，主要针对我国三种主要的资产证券化产品的信息披露制度进行了对比。

① 信托型 ABN 与应收账款质押型 ABN，最大区别在于信托型 ABN 引入信托做特殊目的的载体（简称 SPV），以信托方式实现基础资产的隔离。投资者对基础资产享有信托受益权，并引入信托受益权分层结构：普通投资者认购 A 类信托受益权，发行人以及其他资产认购部分 B 类信托受益权。

表9-4　我国三种主要的资产证券化产品的信息披露制度对比

证券化产品	信息披露要求	信息披露方式
信贷 ABS	受托机构在资产支持证券发行前的第五个工作日，向投资者披露发行说明书、评级报告、募集办法和承销团成员名单。在资产支持证券发行结束的当日或次一工作日公布资产支持证券发行情况；在资产支持证券本息兑付日的3个工作日前，公布受托机构报告，反映当期资产支持证券对应的资产池状况和各档次资产支持证券对应的本息兑付信息；每年4月30日前公布经注册会计师审计的上年度受托机构报告。受托机构应与信用评级机构就资产支持证券跟踪评级的有关安排作出约定，并应于资产支持证券存续期内每年的7月31日前向投资者披露上年度的跟踪评级报告	中国货币网、中国债券信息网
企业 ABS	管理人、托管人应当自每个会计年度结束之日起3个月内，向资产支持证券投资者披露年度资产管理报告、年度托管报告。每次收益分配前，管理人应当向投资者进行信息披露。专项计划存续期间发生对投资者利益产生重大影响的情形时，管理人应当及时向投资者披露	计划管理人网站、证券交易所
票据 ABN	除了募集资金用途外，还包括：(1) 资产支持票据的交易结构和基础资产情况；(2) 相关机构出具的现金流评估预测报告；(3) 现金流评估预测偏差可能导致的投资风险；(4) 在资产支持票据存续期内，定期披露基础资产的运营报告。 投资者利益保护方面包括：(1) 债项评级下降的应对措施；(2) 基础资产现金流恶化或其他可能影响投资者利益等情况的应对措施；(3) 资产支持票据发生违约后的债权保障及清偿安排；(4) 发生基础资产权属争议时的解决机制	非公开定向发行，在《定向发行协议》中约定

（二）与其他投资工具的对比

1. 我国不同固定收益证券的发行与监管。目前我国固定收益类证券主要包括国债、地方政府债、金融债、国际开发机构人民币债、公司债、企业债、次级债、可转换债、央行票据以及信贷资产支持证券等，不同债券的发行机构和审批机构各不相同，如图9-4所示，目前信贷资产支持证券的发行、审批与监管主要有4个机构负责管理，信贷ABS由银监会和中国人民银行负责，企业ABS即由证券公司发起设立的专项资产管理计划主要由证监会负责，而资产支持票据ABN则由银行间债券交易商协会负责。

2. 资产证券化工具与其他融资工具的比较①。我们将企业ABS其与公司债、银行贷款和中期票据进行法律依据、监管机构等10个维度的比较，找出各自的优缺点，可以看出企业ABS最大的优势在于规模和评级不受主体信用及偿债能力的限制，符合一定条件的情况下，能够提出资产负债表，增加原始权益人的流动性，而不增加负债率；其缺点主要是缺乏良好的交易市场，导致证券的流动性较差，由于参与者众多，也导致了融资成本较高（见表9-5）。

① 关山旭．固定收益证券．中国民族证券投资银行，2013.5.

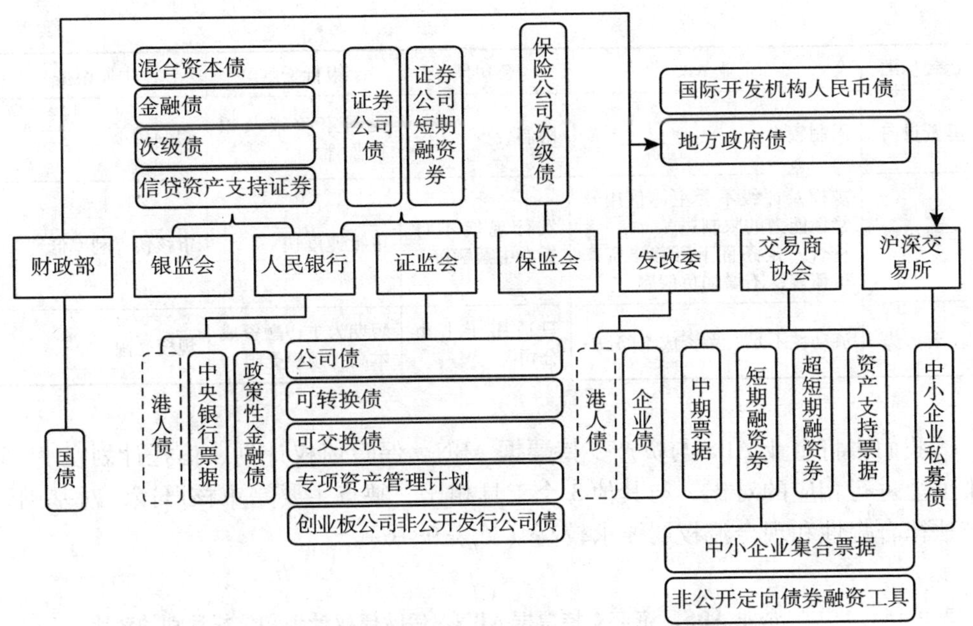

图 9－4 我国固定收益证券发行及监管机构总览

表 9－5 企业 ABS、公司债、银行贷款和中期票据的对比

比较标准	企业 ABS	公司债	银行贷款	中期票据
法律依据	《证券公司资产证券化业务管理规定》	《公司债券发行试点办法》	《商业银行法》《贷款通则》	《银行间债券市场非金融企业债务融资工具管理办法》等
监管机构	证监会	证监会	银监会	中国银行间市场交易商协会
审核机构	证监会	证监会	贷款银行	中国银行间市场交易商协会
审核速度	2～3 个月	2～3 个月	1～2 个月	2～3 个月
交易市场	交易所大宗交易平台	交易所市场	无	银行间市场
投资者群体	券商、基金、银行、保险等	保险、基金	无	银行、保险
融资成本	较低	低	较高	低
发行主体	各类企业	上市公司（含海外上市）	各类企业	金融机构、企业
发行规模	无净资产比例限制，根据未来现金流贴现确定	总规模不超过净资产的 40%	受企业存贷比限制	总规模不超过净资产的 40%

续表

比较标准	企业 ABS	公司债	银行贷款	中期票据
募资投向	限制较少	限制较少	受国家政策及银行监管	限制较少
主要优势	规模及评级不受主体信用及偿债能力的限制； 符合一定条件下可移出资产负债表，不增加负债率	发行规模不计短券中票额度	审批速度快	审核快、利率低
主要劣势	流动性不足，融资成本略高	只适用于上市公司	短期为主，融资成本高，规模受限	规模受限

我们再将企业 ABS 与资产支持票据 ABN、保险债权计划、信托计划在 11 个维度上进行相应的对比，与其他 3 个工具相比，缺点主要是审核严谨，对基础资产法律合规性和现金流权属要求较高（见表 9－6）。

表 9－6　企业 ABS、资产支持票据 ABN、保险债权计划和信托计划的对比

比较标准	企业 ABS	资产支持票据 ABN	保险债权计划	信托计划
法律依据	《证券公司资产证券化业务管理规定》	《银行间债券市场非金融企业资产支持票据指引》	《基础设施债权投资计划管理暂行规定》	《信托公司集合资金信托计划管理办法》
监管机构	证监会	人行	保监会	银监会
审核机构	证监会	银行间交易商协会	保监会	银监局
审核制度	审核制	注册制	审核制	备案制
审核速度	较快	快	快	快
交易市场	交易所大宗交易平台	银行间债券市场	符合条件的金融资产交易场所	无公开市场
投资者群体	券商、基金、银行、保险等	银行、保险、基金	保险	信托
融资成本	较低	较低	较低	高
融资主体	房地产企业受限	房地产及副省级以下承托平台受限	基础设施项目债权资产	房地产及城投受限
受托管理人/计划管理人	证券公司	无	保险资产管理公司	信托公司
发行规模	无净资产比例限制，根据未来现金流贴现确定	无净资产比例限制，根据未来现金流贴现确定	无净资产比例限制	无净资产比例限制

续表

比较标准	企业 ABS	资产支持票据 ABN	保险债权计划	信托计划
主要优势	规模及评级不受主体信用及偿债能力的限制；符合一定条件下可移出资产负债表，不增加负债率	审核周期快；可以质押回购包括买断式回购	审核周期快，融资成本低，发行募集的各项费用均由受托人或委托人承担	融资周期短，产品设计灵活
主要劣势	审核严谨，对基础资产法律合规性和现金流权属要求较高	当前的交易结构类似抵押融资，资产不能出表	发行主体受限，部分合格保险资产管理公司才能承做	无流动性，融资成本高，信托公司净资本扣减严格，受政策调控频繁

三、保险资金参与资产支持证券的情况

（一）我国资产证券化发展历程与现状

1. 发展历程。2000 年，我国国家开发银行与中国建设银行就进行了信贷资产证券化的探索，但正式得到政府支持则始于 2005 年，我国发行的第一只信贷资产证券化产品是由国家开发银行作为发起人发行的 05 开元，第一只企业资产证券化产品是 2005 年 8 月 26 日联通新时空作为发起人发行的中国联通 CDMA 网络租赁费收益计划，之后由于美国 2008 年次贷危机的影响，资产证券化业务暂停，2011 年重启了信贷资产证券化业务，2013 年重启了企业资产证券化业务。

我国的资产证券化主要的规范文件是 2013 年颁布的《证券公司资产证券化业务管理规定》，除此之外，还包括《合同法》《物权法》《担保法》《破产法》《证券法》和《证券公司客户资产管理业务管理办法》等。下面仅就相关主管部门颁布的相关法律规范进行介绍，见表 9 – 7、表 9 – 8 和表 9 – 9。

表 9 – 7　　信贷 ABS 相关法律规范一览表

颁布时间	相关法规
2005 年 4 月	中国人民银行和中国银监会联合颁布了《信贷资产证券化试点管理办法》
2005 年 11 月	银监会颁布了《金融机构信贷资产证券化试点监督管理办法》
2008 年 8 月	银监会颁布了《关于进一步加强信贷资产证券化业务管理工作的通知》
2009 ~ 2011 年	信贷资产证券化业务基本暂停
2012 年 5 月	人行、银监会、财政部正式联合下发了《关于进一步扩大信贷资产证券化试点有关事项的通知》，预示着信贷资产证券化业务的重启
2015 年 4 月	央行发布《信贷资产支持证券发行管理有关事宜》公告（〔2015〕第 7 号，简称“7 号文”），要求信贷资产支持证券的受托机构和发起机构可以向中国人民银行申请注册，并在注册有效期内自主分期发行信贷资产支持证券

表 9-8　企业 ABS 相关法律规范一览表

颁布时间	相关法规
2004 年 4 月	颁布的《国务院关于推进资本市场改革开放和稳定发展的若干意见》(国发〔2004〕3 号）中关于“积极探索并开发资产证券化品种”的精神，启动了企业资产证券化业务的研究论证
2005 年 9 月	我国开始了证券公司企业资产证券化业务试点，推出了第一个试点项目——联通 CDMA 网络租赁计划
2009 年 5 月	我国又下发了《关于通报证券公司企业资产证券化业务试点情况的函》(机构部部函〔2009〕224 号）及《证券公司企业资产证券化业务试点指引（试行)》
2013 年 2 月	证监会发布了《证券公司资产证券化业务管理规定（征求意见稿)》
2013 年 3 月	证监会发布了《证券公司资产证券化业务管理规定》(〔2013〕16 号)，在基础资产范围、投资者范围、交易场所和转让等多方面进行了拓宽，确立了证监会对证券公司资产证券化产品（ABS）的常态化管理；《关于加强证券公司资产管理业务监管的通知》，提示相关业务要符合集合资产管理计划中产品投资范围的规定

表 9-9　ABN 相关法律规范一览表

颁布时间	相关法规
2012 年 7 月	协会优先支持省级直辖市、计划单列市、副省级、省会级别基础设施类企业。基础设施类企业认定：①承担公益性城市基础设施建设，形成大量债务，偿债计划主要依赖政府补贴；②企业主营业务包括一级土地开发、土地使用权出让收入或土地出让返还占总营业收入的比例较高；③处于银监会融资平台名单内。(平台内设立企业除外：产业类公司（如高速公路、铁路等)；因全民所有制企业的原因留在平台类；曾经退出过平台名单又因为保障房的原因而回到平台名单，国发〔2010〕19 号文等相关文件规定可以继续融资的项目，如快速轨道交通项目的)
2012 年 12 月	国家四部委联合下发《关于制止地方政府违法违规融资行为的通知》，其中严格规范的平台类企业融资行为，其发行债务融资工具一度涨停
2013 年 4 月	协会相继放开副省级以上平台类企业报送私募中票及公开品种的限制； 对于保障房项目发行债务融资工具，协会开启“绿色通道”，由平台类企业所属区域及层级的地方政府与人民银行进行沟通，协会具体执行注册工作，执行人行指定不做其他要求

2. 现状①。截至 2015 年，我国共发行 1 386 只资产证券化产品，总金额 5 930.39 亿元，市场存量为 7 178.89 亿元。其中，信贷 ABS 发行 388 单，发行额 4 056.33 亿元，占发行总量的 68%，存量为 4 719.67 亿元，占市场总量的 66%；企业资产支持专项计划（以下简称“企业 ABS”）发行 989 单，发行额 1 802.3 亿元，占

① 中央国债登记结算有限责任公司证券化研究组，2015 年资产证券化发展报告［OL]，〈http://bond.hexun.com/2016-01-07/181670865.shtml〉。

比31%，存量2 300.32亿元，占比32%；资产支持票据（以下简称“ABN”）发行9单，发行额35亿元，占比1%；存量158.9亿元，占比2%。从产品结构看，信贷ABS始终占较大比重，值得注意的是，2015年交易所证券化产品发行增速较快，规模明显扩大。

2014~2015年，我国共发行各类资产证券化产品逾9 000亿元，是前9年发行总量的6倍多，市场规模较2013年年末增长了15倍，资产证券化市场呈现爆发式增长。图9-5反映了我国2005~2015年资产证券化市场发行情况，图9-6反映了我国2005~2015年资产证券化市场发行存量情况。

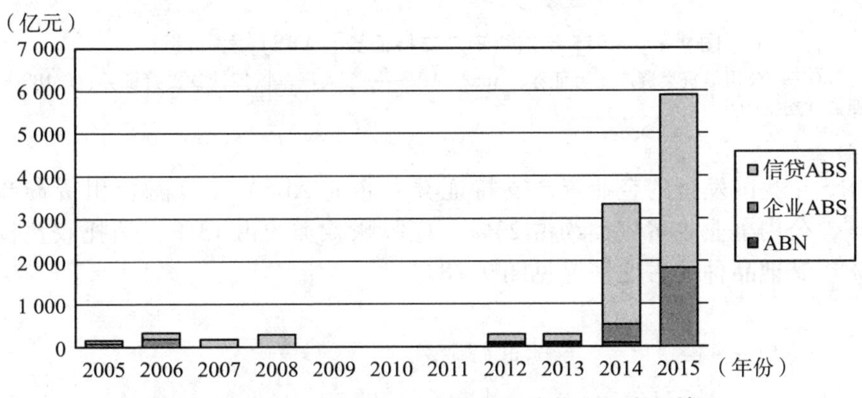

图9-5 我国2005~2015年资产证券化市场发行情况

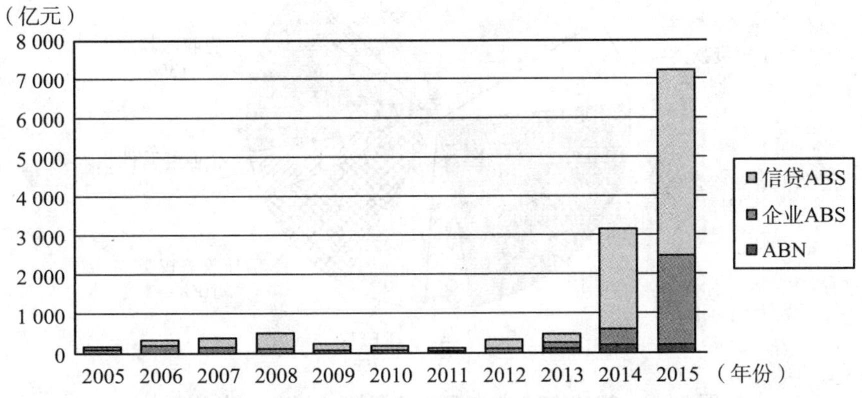

图9-6 我国2005~2015年资产证券化市场发行存量情况

2015年我国发行的信贷资产支持证券（信贷ABS）中，公司信贷类资产支持证券（CLO）约占78%，个人汽车抵押贷款支持证券（Auto-ABS）约占8%，个人住房抵押贷款支持证券（RMBS）约占6%。其他品种的占比情况见图9-7。

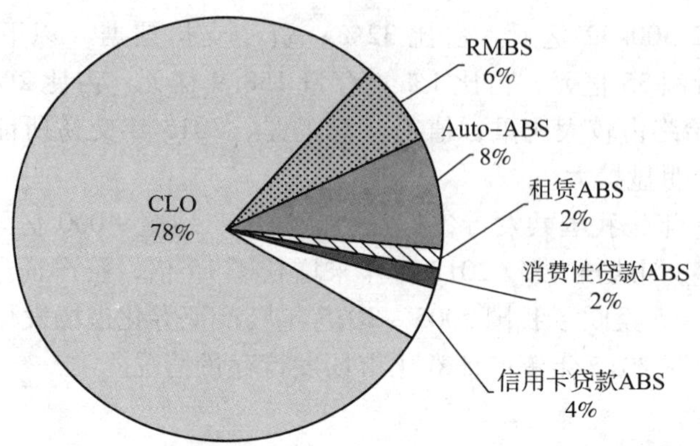

图 9-7　2015 年信贷资产支持证券（ABS）发行统计

注：CLO——公司信贷类资产支持证券；Auto - ABS——个人汽车抵押贷款支持证券；RMBS——个人住房抵押贷款支持证券。

2015 年我国发行的企业资产支持证券（企业 ABS）中，融资租赁资产类约占 29%，公用事业收费权类约占 23%，应收账款类约占 13%，信托收益权类约占 10%。其他品种的占比情况见图 9-8。

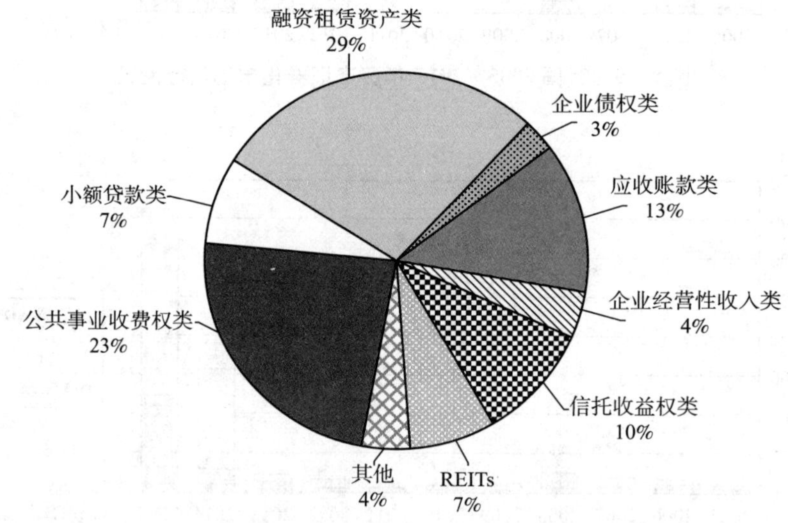

图 9-8　2015 年企业资产支持证券（ABS）发行统计

注：REITs——小额贷款类产品和不动产投资信托类产品。

（二）我国保险资金参与情况简介

我国信贷资产支持证券的出现，为保险资金运用提供了新的渠道。目前我国资产证券化正处于起步阶段，积极地参与投资资产支持证券对提高保险资金投资收益率大有裨益。

保险资金对证券化产品的投资始于2012年，当时保监会陆续推出了一系列保险资金运用新政，首次允许保险资金进入银行理财产品、银行业金融机构信贷资产支持证券、资产管理计划（券商）以及集合资金信托计划等新型金融创新产品的投资领域，拓宽了保险可投资范围与投资比例。

2014年8月，国务院发布了《关于加快发展现代保险服务业的若干意见》，明确提出支持保险机构探索发起资产证券化产品，鼓励保险机构通过资产支持计划的业务形式，直接对接存量资产，为实体经济提供资金支持。为推动该业务由试点转为常规化发展，进一步规范业务操作，2015年，保监会修改了《保险资金运用管理暂行办法》（以下简称《办法》），提出保险资金可以投资资产证券化产品，并增加了保险资金对于重大股权投资的规定；2015年8月，保监会正式颁发《资产支持计划业务管理暂行办法》，明确指出资产支持计划业务是指保险资产管理公司等专业管理机构作为受托人设立支持计划，以基础资产产生的现金流为偿付支持，面向保险机构等合格投资者发行受益凭证的业务活动。据保监会统计，截至目前，我国共有9家保险资产管理公司以试点形式发起设立了22单资产支持计划，共计812.22亿元；投资平均期限5.5年左右，收益率5.8%～8.3%。

2016年“两会”提出的“供给侧改革”政策对银行庞大的房地产信贷存量通过资产证券化的方式盘活提供了广阔的想象空间。

第二节 巨灾风险管理和巨灾连结证券

一、巨灾风险管理

（一）巨灾风险及经济影响

巨灾风险通常是指造成广泛、巨大财产损失的小概率灾害事件，如自然灾害、恐怖主义袭击、人为事故、疾病传播等。目前，国际上对巨灾风险并没明确统一定义，各国基本上都根据本国实际情况对其进行定义和划分。例如，瑞士再保险将灾害风险划分为自然灾害和人为灾害两种情况，并自1970年以来，每年公布全世界的巨灾风险损失，见图9－9，列出了1970～2015年的灾害保险损失，由图9－9可以看出2005年和2011年全球的灾害损失较大，表的右侧列出了主要的巨灾风险。

2015年，瑞士再保险的sigma杂志公布了自己的巨灾标准，见表9－10。美国保险服务局（ISO）以1998年的物价水平为依据，将巨灾风险定义为引起至少2 500万美元被保险财产损失并影响许多财产和意外险保户和保险公司的事件①。

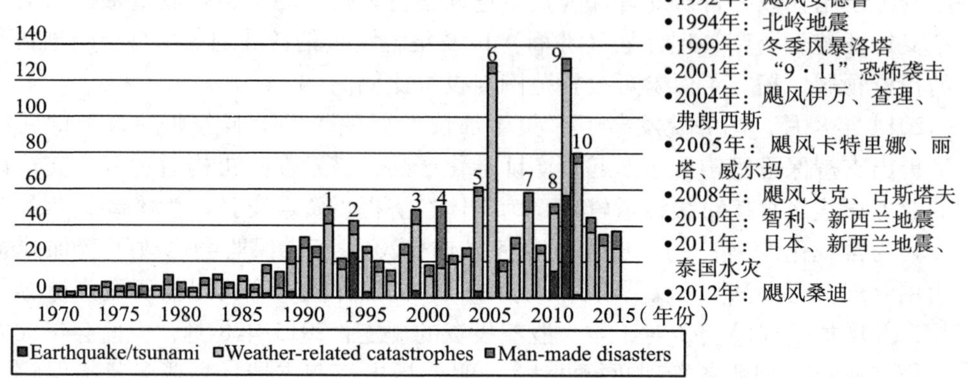

图 9-9　1970～2015 年灾害保险损失

资料来源：sigma2016（1）Swiss Re Economic Research & Consulting and Cat Perils.

表 9-10　2015 年 sigma 巨灾标准

保险损失（门槛金额，万美元）	金额或人数
船运灾难	1 970
航空灾难	3 930
其他损失	4 880
或经济损失总额（门槛金额，百万美元）	9 770
或伤亡人数：	
死亡或失踪	20
受伤	50
无家可归	2 000

资料来源：sigma2016（1），瑞士再保险经济研究及咨询部和巨灾灾害组。

（二）巨灾风险管理

巨灾风险发生后受灾者往往得不到很好的补偿，尤其是保险不发达、经济较落后的地区更是如此，图 9-10 是瑞士再保险公司列出的 1970～2015 年的灾害损失中的保险损失与未保险损失的情况，由图 9-10 可以看出，能够得到保险赔偿的灾害损失只占其中的少部分。

近 20 年来，国际上自然灾害的保险赔付金额一般占灾害直接经济损失的 30%～40%。表 9-11 是 2013～2015 年全球灾害经济损失与保险损失的数据，

① 百度百科，词条"巨灾保险"，http://baike.baidu.com/link?url=oKkgbbOIFn-P3BjKXD008Hd5Kss2wAyx97FNpUxeyFqIGlKN1VoNpQVSnNB5VN8BbFD-VMsPjLhnBCGz1wGpk_。

由表 9－11 中数据也可以看出，2015 年在全部经济损失中，能够通过保险进行分散的灾害事件，约占总损失的 40%，说明还有很多灾害事件无法通过保险的方式进行转移。

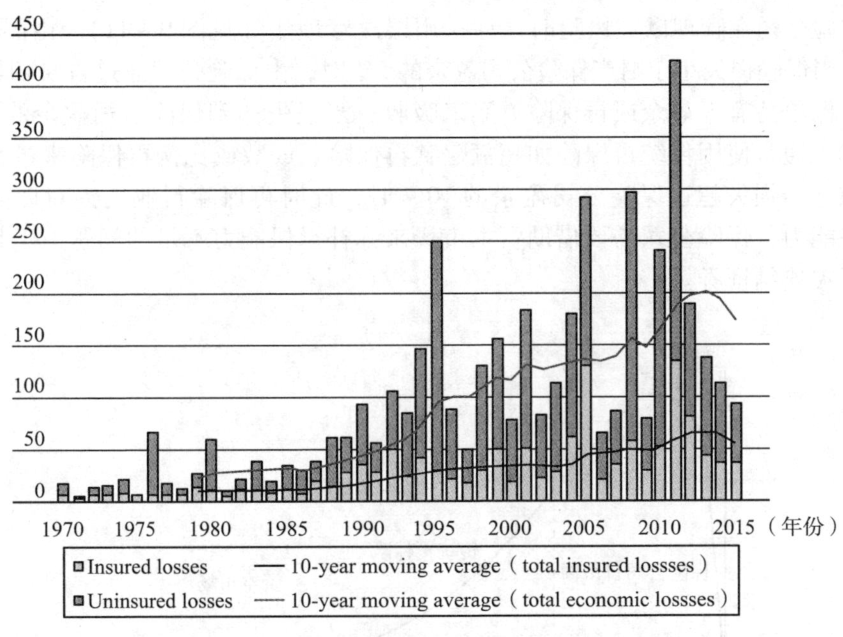

图 9－10 1970～2015 年保险损失与未保险损失

资料来源：sigma2016（1），瑞士再保险经济研究及咨询部和巨灾灾害组。

表 9－11 2013～2015 年全球灾害经济损失与保险损失 单位：亿美元

年份	2015	2014	2013
经济损失（总额）	920	113	135
保险损失（总额）	370	34	45
保险损失/经济损失	0. 40	0. 30	0. 33

资料来源：据瑞士再保险官网新闻 . sigma 初步估计：2014 年全球灾害事件造成的保险损失达 340 亿美元 .［OL］:〈http://www.swissre.com/china/Preliminary_sigma_estimates_in_2014_ch.shtml〉，以及 sigma2016（1），瑞士再保险经济研究及咨询部和巨灾灾害组相关数据整理。

据联合国统计资料，自 20 世纪以来，中国成为继美国、日本之后世界上自然灾害最严重的国家之一。我国每年因自然灾害、事故灾害和社会安全事件等突发公共事件造成的人员伤亡逾百万人，经济损失高达 6 500 亿元，占我国 GDP 的 6%。2008 年，我国南方发生特大雪灾，因灾死亡 107 人，造成直接经济损失高达 1 516. 5 亿元；同年“5·12”汶川地震，导致 6. 9 万人遇难，1. 8 万人失踪，受伤37万人，造成的直接经济损失高达8 451亿元。在我国，自然灾害的保险赔付占灾害直接经济损失的比例仅为3%左右。我国最早出台巨灾保险制度的城市是深圳，2013年12月30日，《深圳市巨灾保险方案》经深圳市政府常务会议审议并原则通过，深圳市巨灾保险制度正式实施①。

保险公司在管理巨灾风险时往往采用层次管理法（见图9－11）。由图9－11可知，当保险损失小于财产保险公司盈余的5%时，由保险公司通过自身积累的现金流、保单持有人盈余或再保险方案来吸收；当损失达到保险公司盈余的5%～10%时，通常使用传统再保险如超额赔款再保险、成数或比例再保险来进行风险的分散，当损失超过保险公司盈余的10%时，此时再保险行业失去对此类风险的承保能力，保险公司需要借助资本市场来弥补承保能力不足的问题，于是就出现了巨灾连结证券。

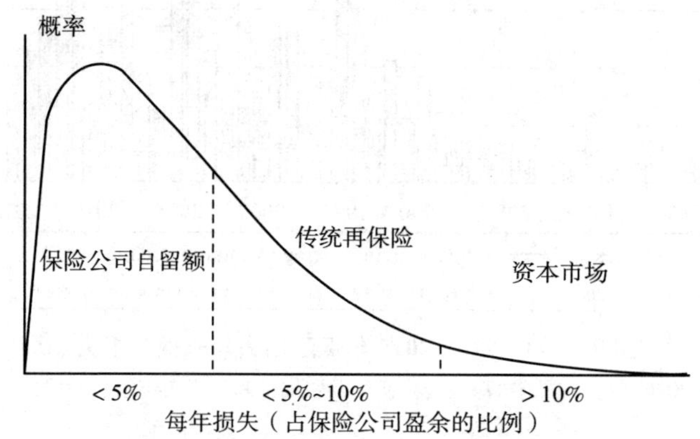

图9－11 保险公司巨灾风险管理图解

资料来源：戴维·F·巴贝尔，弗兰克·J·法博兹. 保险公司投资管理. 经济科学出版社，2010：236.

二、巨灾连结证券

巨灾连结证券（Catastrophe－Linked Securities，CLS）是一种新兴的保险风险产品类型，很多保险公司通过向资本市场发售保险连结证券为其承保的巨灾风险提供了新的再保险的补充保障形式，同时也有助于减少国家财政的负担。这些证券通常通过特殊目的公司SPV发行，投资者为了获得证券利息（即再保险费）

① 深圳市巨灾保险制度由政府巨灾救助保险、巨灾基金和个人巨灾保险三部分组成。一是政府巨灾救助保险。由深圳市政府出资向商业保险公司购买，用于巨灾发生时对所有在深圳人员的人身伤亡救助和核应急救助。二是建立巨灾基金。在政府巨灾救助保险的基础上，由深圳市政府每年再另外拨付一定资金建立，主要用于承担在政府巨灾救助保险赔付限额之上，对居民进行人身伤亡救助和核应急转移救助。三是个人巨灾保险，由商业保险公司研发和提供相关保险产品，居民自主购买。

需要承担巨灾风险发生并超过一定水平的金融风险，如果证券连结的风险发生了，投资者有可能损失证券利息收入或丧失部分或全部本金，而保险公司则可以从SPV处获得损失赔偿，如果不发生，则投资者获得较高的利息收入与全部的本金。保险公司通过这种方式将巨灾风险转移到资本市场，从而在传统的再保险保障之外又获得了一种新的损失补偿方式。对额外再保险的需求的出现主要是1992年的安德鲁飓风和1994年的北岭地震，如图9-12所示。

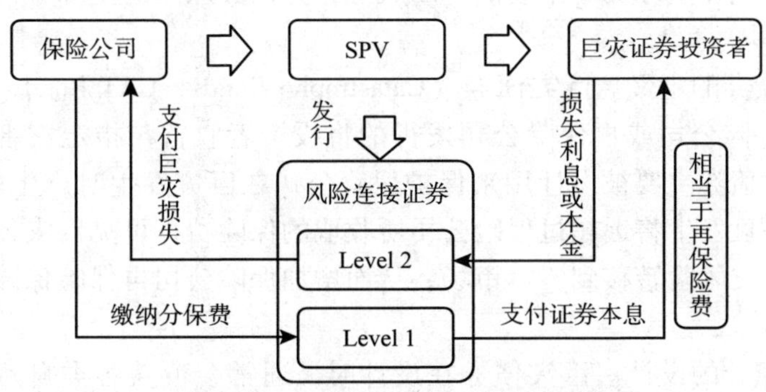

图9-12 巨灾连结证券的设计原理

目前，国际市场上传统的保险连结证券品种包括：巨灾债券（Catastrophe Bonds）、巨灾期货（Catastrophe Futures）、巨灾期权（Catastrophe Option）、巨灾互换（Catastrophe Swap）；新兴的连结证券的品种包括行业损失担保（Industry Loss Warranties，ILWs）、或有资本票据（Or Capital Notes）、巨灾权益卖权（Catastrophe Equity Put Options）、侧挂车等。本章主要介绍五类巨灾连结证券。

（一）巨灾债券

1. 巨灾债券的产生与发展。保险风险证券化的概念最早出现于1973年美国的Robert Goshay和Richard Sandor的文章《构建再保险期货市场的可行性研究》中。1992年发生于美国与巴哈马群岛的安德鲁飓风共造成276亿美元的保险损失，遇难人数43人；1994年美国的北岭地震造成了229亿美元①的损失，死亡人数61人……这一系列事件使当时约有63家产险公司倒闭，巨灾再保险的需求远超过供给，再保险保费不断攀升，承保能力明显不足。1994年全球出现了第一只巨灾债券Hannover Re；瑞士再保险公司于1997年发行了Catastrophe（Cat）Bond；美国保险公司（USAA）于1997年发行了价值4.77亿美元的巨灾债券。之后巨灾债券得到了快速的发展，截至2015年，全球巨灾债券约为259亿美元，其中76%为巨灾债券。而2007年时为72亿美元，目前全球包括巨灾债券在内的巨灾

① 金额均以2013年价格计算。本章后附2015年保险损失金额最高的5起事件情况表。

再保险的覆盖约为 3 000 亿美元[①]。

巨灾债券产生的原因主要有四个：一是全球异常气候导致自然灾害发生频率与损失程度增加；二是风险逆选择的结果使得灾害较重的地区投保较多，而经济的增长与财富的积累使保险公司的累积承保风险不断加大；三是传统的再保险的风险分散方式在应对巨灾风险时力不从心，如风险过大时保险公司不愿意承保，或风险发生后再保险费会提高从而增加原保险公司的经营成本等；四是经济全球化、金融一体化和全球资本市场的不断成熟，为巨灾风险的全球分散提供了较好的外部发展环境。

2. 巨灾债券的定义。巨灾债券（Catastrophe Bonds，CAT Bond，中文可译为“猫债”）是保险公司或再保险公司发行的将投资者收益与指定灾害风险相连结的债券，这种债券主要被设计用来保护保险公司在巨灾发生时产生的巨额损失，而这种损失一旦发生将远超过保险公司所收取的保险费，可见巨灾债券是保险公司将承保的巨灾风险转移到资本市场，从而增加保险公司再保险保障能力的一种金融创新产品。

3. 巨灾债券的设计。巨灾债券在设计时，通常会覆盖各类自然灾害，如美国的龙卷风和地震、欧洲的风暴与日本的地震和台风等，期限常为 3 ~4 年，采用浮动利率的形式。

保险公司在发行巨灾债券时，通常会通过一家投资银行来发行，投资银行主要充当该保险公司发行巨灾债券的背书人或承销商的角色，之后，债券通过特殊目的再保险媒介（Special Purpose Reinsurance Vehicle，SPRV）[②] 发行给投资者，募集到的债券的本金通常被放入一家信托机构，用来购买高流动性的资产，例如短期的美国政府债券、货币市场资产或其他类似的现金类证券，只要市场的情况不发生改变，那么债券的本金就不会受到保险人或者再保险媒介机构的信贷风险的影响，但债券息票的支付会受到保险人信贷风险的影响，这是因为债券利息的支付是建立在保险人对特殊目的再保险媒介 SPRV 的费用支付上的，如保险人信贷风险较高，则支付给 SPRV 的费用也会高，图 9 -13 反映了这一项典型交易的资金流动情况。

如图 9 -13 所示，保险公司与巨灾债券的发行人（即 SPRV）签订再保险合同，并支付保险费给 SPRV，他将承诺赔偿保险损失达到固定限额的特定类型的损失（即触发损失），基于这个固定损失的限制，SPRV 发行猫债给资本市场的投资者或投资机构，投资者将收到固定的利息支付，作为承担风险的补偿，巨灾债券的收益要比普通债券高，相当于货币市场利率加一个利差，国际上一般是在

---

① 数据来自美国保险监督官协会网站，Proposal to Modify Capital Treatment for Catastrophe Bonds Held by Life Insurance Companies. 2014. 11. 17，Page 5。

② 能够充当 SPRV 的包括巨灾债券的发行人或再保险公司，有些书上将再保险公司也定义为分保公司。

伦敦同业拆借利率（LIBOR）的基础上，再加上一个风险利差。风险利差因债券发行的条件与债券信用评级的不同而不同，一般是在2%～3%。所以，巨灾债券的平均收益率比较高，一般在7%左右，这个利差就是保险人支付给SPRV的费用；如果保险人经历了上述约定的巨灾风险，并达到了触发损失的标准时，则投资者将会失去全部或部分的本金，保险公司将用这些钱去支付他们应付的赔款；如果在证券存续期内，未发生巨灾风险，则本金将被返还给投资者。目前全球未兑现的巨灾债券市场的资本超过200亿美元，在全球未兑现债券市场中的占比非常小，但仍然存在一个巨灾债券的二级市场为其提供日交易和一定的债券流动性。

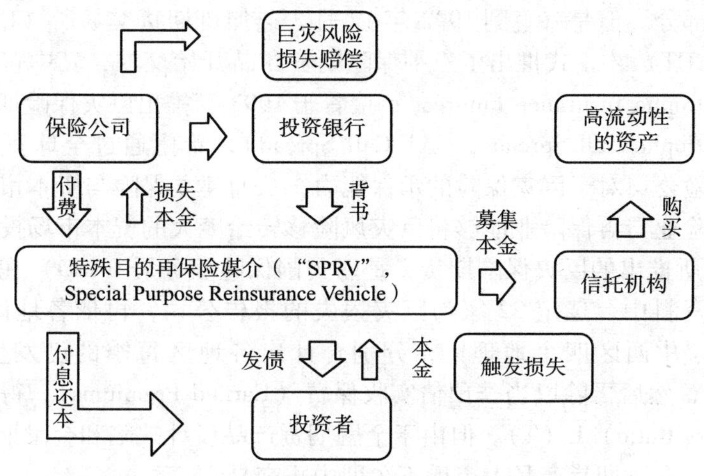

图9－13 巨灾债券的发行流程中的资金流动情况

尽管投资者在巨灾发生时会面临损失部分或全部投资本金的风险，但这种风险暴露能够通过投资多样化即通过投资大量不同类型的巨灾债券，使得大规模的自然灾害发生在同一期间的概率大大的降低，即使在2005年，由于卡特里娜飓风带来了巨大的损失，但总体上讲，巨灾风险基金仍然是挣钱的（见表9－12）。

表9－12 巨灾债券历史总回报率 单位：%

年份	2001	2002	2003	2004	2005	2006	2007
怡安奔福巨灾债券指数（Aon BenfieldAll Bond ILS Index）	9.1	8.4	7.5	6.1	1.6	10.0	14.3
年份	2008	2009	2010	2011	2012	2013	2014
怡安奔福巨灾债券指数（Aon BenfieldAll Bond ILS Index）	4.0	12.4	11.3	3.7	9.7	10.9	—

资料来源：NAIC. Proposal to Modify Capital Treatment for Catastrophe Bonds Held by Life Insurance Companies. 2014.11.17，Page 8.

（二）巨灾期货

巨灾期货是一种以美国保险服务局（ISO）损失率指数为标的物的，在未来特定时间以现金进行交割的远期合约。与传统的期货合约相比，巨灾期货的标的物为ISO提供的巨灾投保损失赔付率指数，其大小取决于巨灾事件的损失额度和当期的保费收入等。巨灾期货的购买者为需要对冲巨灾风险的保险公司和再保险公司，出售者则为对冲基金等。

1973年，学者Robert Goshay和Richard Sandor首先提出将保险期货与期权引进集中交易市场买卖的观念，将保险风险移转至资本市场，以弥补保险市场承保能力不足的部分。但是一直到1992年12月，芝加哥期货交易所（Chicago Board of Trade；CBOT）才正式推出了三种保险期货商品开始交易，其中包括巨灾保险期货（Catastrophe Insurance Futures）；接着于1993年推出巨灾保险期货买权价差交易（Catastrophe Call Spreads；CAT Call Spread），希望通过全球资本市场的介入，增加产险公司对于巨灾保险的承保能力，从而建立保险与资本市场之间的桥梁，使得保险业与再保险业能够将巨灾风险移转给庞大的资本市场投资人。

1992年所推出的巨灾保险期货，是以美国保险服务局（ISO）在100家产险公司的损失资料中，选定22家为巨灾损失的报告公司，再依各地区：全国性、东区、西区、中西区四个地理区，分别合计出各地区每季的已发生损失（Incurred Loss），然后再除以当季预估实收保费（Earned Premiums），得出当季巨灾损失率（Loss Ratio）L（T）。但由于金融期货产品设计缺陷和金融期货市场尚未成熟的原因，金融期货产品上市后不久即中止交易。

芝加哥商品交易所（CME）在吸取了ISO指数巨灾期货和PCS指数（财产理赔服务指数）巨灾期权失败经验的基础上，于2007年3月推出了CHI飓风指数期货。

（三）巨灾期权

芝加哥期货交易所1992年开始进行巨灾期权的交易。该期权是以财产理赔服务指数（Property Claim Service Indices，PCS）作为交易的基础。PCS指数是PCS公司追踪一定时期所有保险人的总损失为基础，计算出的该时期的损失率（Loss Ratio，LR）值。该指数系统包含9个指数指标，其中3个为州指数（得克萨斯州，加利福尼亚州，佛罗里达州），5个地区性指数和1个全国性指数。

巨灾风险指数期权是一个以巨灾损失指数为基础而设计的标准化的期权合同。巨灾指数反映的是一些样本保险公司的巨灾损失情况，指数越大巨灾损失越严重。保险公司是天然的期权买方，而投资者充当期权的卖方。根据合同，如果巨灾指数在事先约定的时间内低于执行价格，期权被放弃执行，期权的卖出者获得一个事先确定的收益——期权费；而期权的买方保险公司损失期权费，但期权费相对于巨灾风险发生时的赔付来说非常小，而且承保巨灾风险获得的保费收入一般足以弥补期权费的损失，所以保险公司依然盈利。如果巨灾指标超过执行价格，期权被执行，期权的买方保险公司就得到由期权卖出人支付的巨灾指标与执行价格之间的差价，并用此收益对冲巨灾事件发生而引致的巨额保险赔付损失。如图 9 - 14 所示。

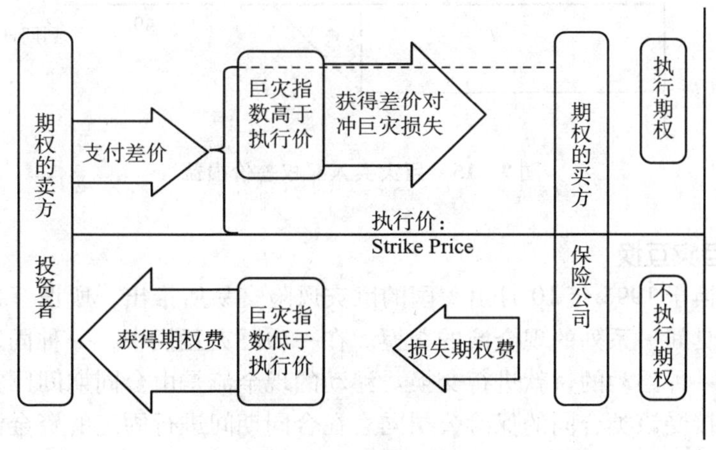

图 9 - 14 期权交易示意

期权存在两种形式：一种巨灾期权的形式是买权，这是巨灾期权的主要形式。一个巨灾风险买权的持有者，其期权合同中以 PCS 指数为基础，如果指数超过一定的执行水平，该期权合同就是有效的，该持有者在巨灾发生后有权获得现金的支付。这与传统买权中的敲定价相同。由于合同是以指数为基础的，因此它的现金结算方式与标准普尔指数期权相似，LR 值以百分比表示，一个基本点等于 \$250，所不同的是巨灾期权没有基础期货合同。另一种巨灾期权的形式是卖权。一个巨灾风险卖权的持有者有权在巨灾发生时按事先商定的价格将资产出售，但如果资产的市场价格高于执行价格，卖权的持有者将选择不执行期权。

在巨灾期权市场上一种典型及成功的避险方式就是巨灾买权差价。巨灾买权差价于 1993 年由芝加哥期货交易所推出，如同其他买权差价合同，巨灾买权差价是由买入一份执行价格 K1 的买权以及卖出一份执行价格 K2（大于 K1）的买权所组成，两份买权合约必须有相同的到期日。K1 和 K2 称为 LR 触发点（Trigger Point）。买入巨灾买权差价提供介于两个 LR 触发点之间的避险部位。原则上，差价从 0 到 200 都可以交易，而实际上大部分交易的差价为 20，如［20，40］、［50，70］，图 9 - 15 以［20，40］为例显示买入买权差价的损益情形，从中可以看到，无论怎样投资者的最大损失都是有限的。

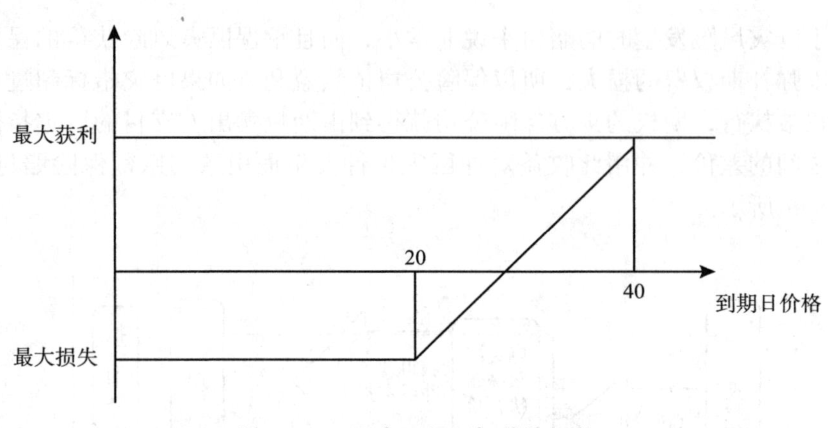

图 9 - 15 巨灾买入买权差价损益

（四）巨灾互换

巨灾互换于 1996 年 10 月由美国的巨灾风险交易所推出。所谓互换就是两种不同金融工具间一系列的现金流的交换。在一项巨灾互换中，一种固定的、事先确定付款与一种浮动的付款进行交换。浮动的现金流是由合同期间巨灾损失水平来决定的。接受该类合同的保险公司同意在合同期间进行固定的资金流给付以此来交换巨灾发生时的资金转让。该交易可以采用互换或期权的形式，但所涉及的现金流是一样的。保险人可以直接交换一个国家内不同地区的保单，这样可以分散他们资产组合情况。如果一个保险公司在巨灾高发地区承保了大笔的业务，它就应该将一定比例的业务与较低风险的业务进行互换。每一笔互换是一个双边的协议，它在两个保险实体之间建立了一个交互的再保险协议。

巨灾互换的单位为一个风险资产区域 100 万美元，而风险资产区域是根据所在地区和灾害的情况划分的。互换合同将说明于每一个单位相联系的比例风险情况，如佛罗里达州一个单位的飓风风险相当于两个单位加利福尼亚的地震风险。这种相关性将由市场建立。但在互换交易中禁止保险人将自身所有的风险进行互换以防范保险人的道德风险。

（五）行业损失担保

行业损失担保是一种特殊的再保险协议，与传统的巨灾超额损失再保险合约相似，它也要事先确定合约涵盖地域、灾害种类、赔付金额和有效时间等；与传统再保险最大不同的是，其偿付取决于两个触发条件：购买者的实际损失和整个保险行业的损失。只有两个条件都被同时触发，购买此项协议的保险公司才能成功索赔。与第二个针对整个行业损失的触发条件相比，第一个针对购买者本身损失的门槛要求通常被设定得很低，远远低于行业损失。当行业出现整体损失时，通常表现为系统性风险，购买者本身也极有可能发生损失。这样，一旦整个行业损失达到一定水平，购买者的损失水平一定能满足触发条件。因此，行业损失担保的定价取决于巨灾事件发生的概率以及给整个行业所造成的损失，而不是像传统再保险那样取决于购买者本身的经营状况。第一个触发条件意味着行业损失担保实质上是一种再保险产品，但通常情况下，只有第二个触发条件才是合约谈判的重心之所在。

行业损失担保和巨灾债券一样，都属于指数型巨灾风险管理工具。与建立在购买者的实际损失金额基础之上的再保险形式不同的是，它们的赔付主要由一系列行业损失指数来决定。但一般而言，损失指数与保险人的实际损失存在正相关。美国财产理赔服务部门（PCS）根据其参与调查的保险赔偿案例测算行业损失总量，编制出行业通用的巨灾损失指数，供各保险公司参考。国际上，瑞士再保险出版的 Sigma 杂志、慕尼黑再保险的 NatCat 和英国保险业协会等也都提供测算整个保险行业损失的服务。

第三节 金融衍生工具投资

衍生工具是国际金融领域的新生事物，随着近 15 年来的飞速发展，它已经进入了金融的主流。目前，全世界衍生工具的交易总量已突破 40 兆美元，世界上几乎所有的大型银行和非银行金融机构都在积极地从事衍生工具的创造和交易工作。

一、金融衍生工具的定义及特点

（一）金融衍生工具的定义

对衍生工具（Derivative Instruments）的解释目前说法不一，但比较全面、准确的定义要算 1994 年 5 月 14 日发表在《经济学家》上的一篇题为“瑕不掩瑜”的文章给出的定义，特引述如下：“衍生工具是给予交易对手的一方在未来的某个时间点对某种基础资产（或者对某项基础资产的现金值）拥有一定债权和相应义务的合约。合约须载明一定金额的货币、债券或实物，抑或相应的支付条款及市场指数。它可能是买卖双方义务对等，或是提供给一方履行与否的权利；可能是为资产和负债提供相应的转换；也可能是多种因素的复合。一些衍生工具可以相互转换。从合约产生的那一天起，衍生工具的价值在某种程度上将依据于基础资产价值的变动而变动。”

广义地说，衍生工具可以理解为一种双边合约或付款交换协议，其价值取自于或派生自相关基础商品或资产（Underlying Commodity or Asset）的价格及其变化。

“衍生工具”一词源于“衍生”一词，取这个名字的原因是因为衍生工具的价值是从另一商品派生出来的，这一商品我们称为“基础工具”（Underlying Instrument）。有四种主要的基础工具：利率或债券工具的价格；外汇汇率；股票价格或股票指数；商品期货价格。

（二）金融衍生工具的特点

衍生工具是从基础资产衍生出来的工具，但这些衍生工具的票面额比实际价值大得多。例如，一张恒生指数的期权，以恒生指数 11 000 的水平计算可以控制近 55 万港币的资产，而其实际价值却很小。因此，衍生工具主要有以下几个特点。

1. 衍生工具的价值受制于基础工具。金融衍生工具或者衍生产品是由传统金融产品派生出来的，由于它是衍生物，不能独立存在，其价值在相当程度上受制于相应的传统金融工具。这类能够产生衍生物的传统产品又称为基础工具。根据目前的发展，金融基础工具主要有三大类：（1）外汇汇率；（2）债务或利率工具；（3）股票和股票指数等。虽然基础工具种类不多，但是借助各种技术在此基础上都可以设计出品种繁多、特性不一的创新工具来。

由于是在基础工具上派生出来的产品，因此金融衍生工具的价值主要受基础工具价值变动的影响，股票指数的变动影响股票指数期货的价格，认股证跟随股价波动，这是衍生工具最为独到之处，也是其具有避险作用的原因所在。

2. 衍生工具的风险规避职能。金融创新能够衍生出大量新型的各种金融产品和服务投放在金融市场上，强有力地促进了整个金融市场的发展。传统的金融工具滞后于现代金融工具，表现在其都带有原始发行这些金融工具的企业本身的财务风险。而且，在这些传统的金融工具中，所有的财务风险都是捆绑在一起的，处理分解难度相当大。随着把这些财务风险松绑分解，进而再通过金融市场上的交易使风险分散化并能科学地重新组合，来达到收益和风险的权衡。

3. 衍生工具构造的复杂性。相对于基础工具而言，金融衍生工具特性显得较为复杂。这是因为，一方面，金融衍生工具如对期权、互换的理解和运作已经不易；另一方面，由于采用多种组合技术，使得衍生工具特性更为复杂，构造具有复杂性。这种情况导致金融产品的设计要求高深的数学方法，大量采用现代决策科学方法和计算机科学技术，它能够仿真模拟金融市场运作，在开发、设计金融衍生工具时，采用人工智能和自动化技术。同时也导致大量金融衍生新产品很难被一般投资者所理解，主要是普通投资者难以明确风险所在，更谈不是正确地运用了。

4. 衍生工具设计的灵活性。金融衍生工具在设计和创新上具有很强的灵活性，这是因为可以通过对基础工具和金融衍生工具的各种组合，创造出大量的特性各异的金融产品。机构与个人参与衍生工具的目的，有三类：一是买卖衍生工具为了保值；二是利用市场价格波动风险进行投机牟以暴利；三是利用市场供求关系的暂时不平衡套取无风险的额外利润。出于各种复杂的经营目的，就要有各种复杂的经营品种，以适应不同市场参与者的需要。所以，衍生工具的设计可根据各种参与者所要求的时间、杠杆比率、风险等级、价格等参数的不同进行设计、组合。因此相对其他金融工具而言，衍生工具的设计具有更大的灵活性。

5. 衍生工具的杠杆性。金融衍生工具在运作时多采用财务杠杆方式，即采用交纳保证金的方式进入市场交易。这样市场的参与者只需动用少量资金，即可控制资金量巨大的交易合约。期货交易的保证金和期权交易中的期权费即是这一种情况。财务杠杆作用无疑可显著提高资金利用率和经济效益，但同时也不可避免地带来巨大风险。近年来，一些国际大机构在衍生工具的交易方面失利，很大程度上与这种杠杆“放大”作用有关。

二、金融衍生工具的分类

对衍生工具的分类，依据标准不同而有多种分类方法，为了便于研究，本书倾向于将其分为三个主要大类：期货、期权和互换。

（一）期货

期货是一种约定在未来以事先协定的价格买卖某种商品或资产的双边合约。它是一种标准化的远期合约，合约中对有关交易的标的、合约规模、交割时间、标价方法等都有标准化的条款。

期货交易产品中实物商品早于金融期货商品。1972 年 5 月，在美国的芝加哥商品交易所（CME）内设立了从事金融期货业务的部门，并首次上市标准化金融期货合约。1975 年 10 月，美国芝加哥交易所（CBOT）上市第一笔利率期货合约。随后其他类型的期货合约也纷纷引入到场内交易。直到 20 世纪 70 年代末期，这一由美国市场上产生的创新金融工具被许多国际性金融机构所运用，并开始逐步进入国际金融市场。到 1981 年，美国芝加哥商品交易所才开始引入 3 个月的欧洲美元存款利率期货合约。紧接着，伦敦国际金融期货交易所（LIFFE）、东京股票交易所（TSE）以及新加坡国际货币交易所（SI－MEX）都逐步引入了欧洲美元利率期货合约。1982 年 2 月，美国堪萨斯市交易所（KCBOT）首次推出股价指数期货。随后，伦敦国际金融期货交易所也上市股价指数期货。1986 年 5 月，中国香港期货交易所推出了恒生指数这一金融期货品种。1986 年 10 月，新加坡国际货币交易所开始交易日经 225 指数期货。到 20 世纪 80 年代中期，进行金融期货交易的国家和地区共有 12 个，它们分别是：美国、英国、德国、法国、荷兰、加拿大、澳大利亚、新西兰、日本、新加坡、巴西以及中国香港。由于金融期货交易具有成本低、杠杆作用大和流动性强等特性，目前，许多金融期货的交易额均已超过与之相对应的现货市场交易额。

（二）期权

期权是一种单方面的权利义务关系。其权利方是期权的买主或期权的持有者，其义务方是期权的卖主。期权买主的权利便是期权卖主的义务。其内容是相对应的。期权买主或者说期权所有者的权利具体表现在，他可以根据期权合同内容在特定的日期或时刻，或者在特定的期限内，按照特定的价格，购买或出售特定数量的某种特定产品。

需要强调的是期权合同的这种权利义务关系的单方面性，即期权持有者“可以……”而不是“必须……”显然，他的这种单方面权利的获得不是无代价的，他要买入这种权利，买这种权利就是买入相应的期权，他支付的代价就是期权的“权价”。期权的卖主也不可能无偿地承担这种义务，他卖出期权，取得“权价”。

1980 年，荷兰阿姆斯特丹欧洲期权交易所（AEOE）首家推出荷兰盾债券期权，这是第一笔利率期权在有组织的市场中进行交易。紧接着，开始出现通货期权交易。到 20 世纪 80 年代中期，包括美元、英镑、加拿大元、德国马克、瑞士法郎和日元在内的六种主要货币通货期权，3 个月期欧洲美元利率期权，美国政府中、长期债券期权，加拿大政府债券期权以及 1986 年 1 月上市的英国政府金边债券期权等纷纷在美国的费城、芝加哥和纽约，加拿大的多伦多、蒙特利尔和温哥华，德国的法兰克福，英国的伦敦以及荷兰，澳大利亚等地的交易所上市交易。

20 世纪 80 年代后期，期权的场外交易得到迅速的发展。由于期权交易和互换技术的相互结合，衍生出的互换期权（swaption），这一二级衍生品工具得到广泛的运用。与此同时，为利率保值提供的新的期权工具，如利率上限（caps）、利率下限（floors）和利率上下限（collars）等多以场外进行交易，使期权场外交易更加活跃。

（三）互换

互换是指两个或两个以上的当事人按共同商定的条件，在约定的时间内定期交换现金的金融交易。可分为货币互换、利率互换和股权互换、信用违约互换等类别。

互换作为到目前为止最成功的场外交易衍生工具，是从 20 世纪 70 年代的平行贷款和背对背贷款中发展起来的。一个国家的公司把本国货币给另一个国家的公司，同时又从对方取得所需贷款，称为背对背贷款。这种方式无论对于企业或金融机构来说都可以逃避外汇管制或者达到中期和长期套期保值的目的。

平行贷款和背对背贷款在国际金融市场上发挥了一定的作用，但由于其合同文件比较烦琐，而且双方必须同时满足对方所需的相同数量的货币，更由于利率与汇率的波动给这些贷款带来巨大障碍。货币互换应运而生，它以其独特的灵活性解决了这些障碍。1981 年，世界银行与国际商用机器公司（IBM）首次进行了这种交易。从此，它就成为资产负债管理的一个基本手段。在国际主要大商业银行的参与下，迅速掌握了互换交易的技巧，在即期和利率期货市场上寻找对冲交易，同时对暴露的头寸进行套期保值。使交易的形式和内容不断得到创新并逐渐成熟。根据国际互换交易商协会的统计，20 世纪 90 年代初，已成交的货币互换交易总金额已超过了 5 000 亿美元。其中，交易量最大的是美元，其占总交易额的 37%，其次是日元、瑞士法郎、澳元、德国马克和加拿大元。货币互换的期限一般是 2 ~10 年。

（四）结构化金融衍生工具

前述三种常见的金融衍生工具通常也被称作建构模块工具，它们是最简单和最基础的金融衍生工具，而利用其结构化特性，通过相互结合或者与基础金融工具相结合，能够开发设计出更多具有复杂特性的金融衍生产品，后者通常被称为结构化金融衍生工具，或简称为结构化产品。例如，在股票交易所交易的各类结构化票据、目前我国各家商业银行推广的外汇结构化理财产品等都是其典型代表。

三、金融衍生工具的功能

衍生工具之所以能在很短的时间里获得如此迅速的发展，其主要是因为基础产品价格变幻莫测，由于宏观、微观等各种因素的影响，未来市场价格是无法完全预知的，而各种各样的衍生工具一方面为投资者提供了保值、投机和套利的手段；另一方面为金融机构和工业企业提供了风险管理、存货管理和资产组合管理的工具。

（一）保值功能

衍生市场中的保值者可以通过衍生工具减少甚至消除其可能面临的风险。例如，一家美国的进口商（A）90 天后要支付给英国出口商（B）500 万英镑，那么 A 方就可能面临英镑汇率上浮而带来的风险。为了避免这一风险，A 方可以在远期外汇市场买入 90 天远期 500 万英镑，从而将 90 天后支付英镑的实际汇率固定在目前的英镑远期汇率上。同样，买入外汇期货或期权也可以实现这一目的。

（二）投机功能

衍生市场中的投机者可以通过衍生工具来赚取远期价格与未来实际价格之间差额。例如，假设 90 天远期英镑价格为 1. 5800 美元，如果投机者预计 90 天后英镑的价格会高于这一水平，他就可以买入远期英镑，如果 90 天后如投机者所预计的那样英镑价格达到 1.600 美元，那么，投机者每英镑可以赚到 0.0200 美元。如果 90 天后与投机者预计相反，英镑价格下跌 1.5650 美元，那以投机者每英镑就亏损 0.0150 美元。

由于衍生工具具有显著的杠杆效应，因此，衍生工具赋予投机者“以小博大”的手段。

（三）套利功能

衍生市场中的套利者可以通过衍生工具同时在两个或两个以上的市场进行交易而获得没有任何风险的利润。套利分为在不同地点的市场进行套作的跨市套利和在不同的现、远期市场上进行套作的跨时套利两种形式。例如，假设某公司的股票同时在纽约和伦敦的两个证券交易所上市，其市值分别为 76 美元和 50 英镑，当时汇率为 1 英镑 1.58 美元。套利者可以在纽约交易所买入 200 股，与此同时在伦敦交易所抛出 200 股，其利润 = 200（1.58 × 50 − 76）= 600 美元（注意：在此忽略交易手续费等费用），这是跨市套利的例子。下面再看一个跨时套利的例子：假设目前黄金现货价格为每盎司 400 美元，90 天远期价格为 450 美元，90 天银行贷款利率为年利 8%。那么，套利者可借入 400 万美元，买入 1 万盎司现货黄金，同时，在 90 天远期市场卖出 1 万盎司。90 天后用买入的现货来交割到期合同并偿还贷款本利，其跨时套利的利润 = 450 − 400（1 + 8% × 1/4）= 42 万美元。

（四）存货管理工具

由于不同企业在保留商品存货方面的比较成本不同，那么对于一个需要消耗大量的某种商品的企业来说，如果其在这种商品的储存上不具备优势，它就可以在衍生工具市场上买入远期交割的商品以供给其未来的需求，从而降低自身的存货成本。

（五）资产组合管理工具

衍生工具作为资产组合管理的工具主要是针对金融资产来说。例如，在利率互换交易中，A 公司在取得固定利率贷款方面成本较其他公司低，但在其金融资产组合管理中，却需要浮动利率负债。如果正好另一家 B 公司需要固定利率负债，但其在获得浮动利率融资方面具有比较优势，那么两家公司便可互换资产头寸以达到优化资产组合的目的。

（六）改善资信状况

对于大多数中小企业来说，它可以在衍生市场上通过与大公司（资信等级较高的企业）的互换交易，来改善资信状况。例如，一家资信等级为 BBB 的甲公司由于其资信等级较低，从而无法从银行申请到贷款，那么这家公司可以与一家AA级（资信等级较高的企业）的乙公司进行互换，这样每过一段时间，甲公司将与乙公司交换一笔货币流量，那么甲公司定期从乙公司得到的收入可以看作是无风险，从而甲公司可以将这笔没有风险的收入流量抵押给金融机构而得到所需贷款。

四、保险资金投资金融衍生工具的情况

为加强对保险资金运用的管理，我国2010年发布的《保险资金运用管理暂行办法》[①] 第六条第四款规定保险资金可以投资于“国务院规定的其他投资形式”，为保险资金投资金融衍生工具提供了法律的依据。2012年10月保监会又印发了《保险资金参与金融衍生产品交易暂行办法》，其中第三条对金融衍生产品的定义进行了规范，将金融衍生产品定义为“价值取决于一种或多种基础资产、指数或特定事件的金融合约，包括远期、期货、期权及掉期（互换）”，同时限定了我国保险资金金融衍生产品交易仅限于境内金融衍生产品交易；第五条对保险机构参与金融衍生品交易的目的进行了规范：“限于对冲或规避风险，不得用于投机目的，包括：（一）对冲或规避现有资产、负债或公司整体风险；（二）对冲未来一个月内拟买入资产风险，或锁定其未来交易价格。”办法还同时规范了参与衍生产品交易的机构资质、风险管理等内容。至此，保险资金的投资渠道在债券、股权、不动产、金融产品以及金融衍生品等方面取得全部松绑。2013年7月24日，平安集团旗下的平安资产管理有限责任公司金融衍生品运用能力资格申请获得保监会验收通过，成为业内首家获得该资格的保险系资产管理公司，虽然目前保险资金在金融衍生工具方面的投资还较少，但相信随着保险资金投资渠道的放开，金融衍生产品交易必将为我国保险资金的运用提供较好的风险管理手段。

第四节 不动产投资

一、不动产投资的概述

（一）不动产投资的定义与分类

1. 不动产投资的定义。我国《民法通则》中并没有动产与不动产的分类概念，但从立法实践上基本上接受了这种分类标准，如1988年在《最高人民法院

① 《保险资金运用管理暂行办法》于2010年7月30日发布，并于2014年4月4日对原条款第十六条进行了修订。

关于贯彻执行〈中华人民共和国民法通则〉若干问题的意见》第一百八十六条中对不动产进行了司法解释："土地、附着于土地的建筑物及其他定着物、建筑物的固定附属设备为不动产"。在我国1995年颁布的《担保法》中对不动产抵押的定义当中对不动产的解释是："不动产是指土地以及房屋、林地等地上定着物。"不动产主要具有区位固定性、不可分割性、耐久性、交易权利化、昂贵性、投资交易双重性等特点，一般包括各种建筑物（房屋、桥梁、电视塔等）及生长在土地上的各类植物，如树木、农作物、花草等①。

不动产投资是指投资者为了获取预期收益，而将资金投入不动产的行为。由于以上不动产的特性，不动产的投资就具有了风险性、长期性、巨额性、专业性以及对金融支持的高度依赖性等特征。

2. 不动产投资的分类。按照投资模式的不同，不动产投资可分为两类：一是直接投资；二是间接投资。直接投资主要是指投资者将资金用于直接购置不动产或直接开发不动产项目以及围绕不动产投资来开展顾问服务等业务；而不动产间接投资则指投资者将资金用于购买以不动产为抵押的证券化的产品以及不动产信托基金如REITs等。见图9－16。

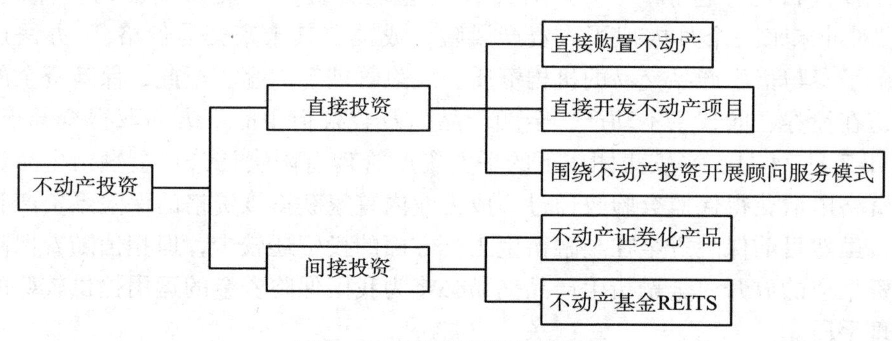

图9－16　不动产投资的分类

按照投资项目的不同，不动产投资又可以分为基础设施投资、房地产投资、其他金融产品投资等。由于不动产抵押的证券化产品以及不动产信托基金RETSs等金融产品在前面相应章节都有介绍，此处我们重点向大家介绍基础设施投资和房地产投资。

（二）基础设施投资

1. 基础设施。在了解基础设施投资前，我们首先要了解什么是基础设

① 需要说明的是，植物的果实尚未采摘、收割之前，树木尚未砍伐之前，都是地上的定着物，属于不动产，一旦采摘、收割、砍伐下来，脱离了土地，则属于动产。

施。OECD[①] 对基础设施的界定是："基金设施是一国政府的公共工程，包括道路、公用管线和公共建筑"。美国 1982 年出版的《经济百科全书》对基础设施的定义是："基础设施是指那些对生产效率或产出水平有直接或间接的提高作用的经济项目，主要内容包括交通运输系统、通信设施、发电设施、卫生设施、教育和金融设施以及一个组织有序的政府和政治体制"。世界银行在 1994 年出版的《世界发展报告》认为"基础设施为永久性的成套的工程构筑、设备、设施和它们所提供的为所有企业生产和居民生活共同需要的服务"。

本书认为，基础设施是指为社会生产和居民生活提供公共服务的物质工程设施以及为保证国家或地区社会经济活动正常进行而建立的公共服务系统。

2. 基础设施投资。基础设施投资是指将资金投入基础设施建设，以满足企业生产的基本需求、消费者的基本消费需要以及用于改善不利的外部环境等基本设施建设的投资行为。基础设施的投资通常由国家或政府来进行，资金的来源主要源于税收收入，政府投资基础设施建设不以营利为目的，但目前有很多基础设施的建设，是通过吸引民间投资来进行的，这部分资金的投资是要求有一定的回报率的。

2013 年 9 月 16 日，《国务院关于加强城市基础设施的意见》提出我国城市基础设施建设的四原则：（1）民生优先，即优先加强供水、供气、供热、电力、通信、公共交通、物流配送、防灾避险等与民生密切相关的基础设施建设，保障城市基础设施和公共服务设施供给，满足居民基本生活需求；（2）安全为重，即提高城市管网、排水防涝、消防、交通、污水和垃圾处理等基础设施的建设质量、运营标准和管理水平，消除安全隐患，增强城市防灾减灾能力，保障城市运行安全；（3）机制创新，在保障政府投入的基础上，充分发挥市场机制作用，加大金融机构支持力度，鼓励社会资金参与城市基础设施建设；（4）绿色优质，即全面落实集约、智能、绿色、低碳等生态文明理念，提高城市基础设施建设工业化水平，优化节能建筑、绿色建筑发展环境。对未来资金参与基础设施投资，具有一定的指导意义。

近年来，信息技术产业的发展在我国十分迅速，已成为主要的基础设施建设的重点工程之一，如 2013 年 8 月 14 日，《国务院关于促进信息消费扩大内需的若干意见》，提出了建设宽带中国的理念；2014 年 3 月 16 日，《中共中央国务院关于印发〈国家新型城镇化规划（2014 ~ 2020 年）〉的通知》提出了智慧城市建设方向、县城和重点镇基础设施提升工程等较具体的基础设施建设；2014 年 8 月 27 日，国家发改委和工信部等部门联合发布了《关于促进智慧城市健康发展的指导意见》；2015 年 3 月 5 日"两会"期间，李克强总理又提出了"互联网 +"行动计划，这使我国在数字化城市基础设施建设上得到了前所未有的支持，未来

① 经济合作与发展组织 Organization for Economic Co-operation and Development 简称经合组织（OECD）。

将成为我国城市基础设施建设的重点方向之一。另外，我国在防灾减灾处置突发事件等方面的基础设施建设也受到了前所未有的重视，如城市紧急避险的平台、消防和人防设施、紧急医疗救护设施等将成为城市基础设施建设新的重点；近年来由于水污染及环境污染等问题存在问题较多，因此在饮用水的水质标准、自来水厂的净水工艺技术改造、供水管网、供水检测、供水计量以及水再生等方面，将进行普遍的技术更新和升级。因此未来在基础设施投资方面的投资机会是非常多的。

（三）房地产投资

1. 房地产。房地产（Real Estate 或 Real Property），一般是指土地、建筑物以及固定于土地之上或下的不可分离部分。有时也被称为不动产或物业。

房地产通常具有以下几大特征。

（1）财富聚集特征。从社会角度看，房地产的发展体现了一国经济的增长，反映了社会积聚财富的过程；从个人角度看，房地产往往聚集了个人财富，是个人私有财产的主要构成部分。

（2）长期稳定性。这个特性主要体现在两个方面：一是房地产使用的长期性，由于房地产属于固定资产，一经建成通常能使用多年；二是指房地产的产权、使用权的变更在个人财产中通常较稳定，变更的次数通常低于其他财产。

（3）财富增值受环境限制较大。由于土地资源是有限的，土地的价格会不断地被推高，随着人口的增加，人们对房地产的需求必然推高房地产的价格，因此房地产具有财富的自然增值性，但是增值的空间受环境的影响较大，如城市规划、城市现代化程度、人口的文明程度、房地产所在位置、周边环境、生活的便利性、具体的楼层、建筑标准等，而通常拥有土地使用权的房产，价值增值空间更大，地段好的房地产价值增值空间更大。

（4）房地产的权利具有可分割性。通常基于房地产之上的所有权分为以下几种：占有权、使用权、收益权和处置权，这些权利通常可以分开进行出售或转让。

2. 房地产投资。房地产投资是指投资者将资金投入到房地产业的各个环节，如土地开发、房屋开发、房屋经营、管理、销售与服务等中，以期在未来获取收益或规避风险的经济活动。

房地产投资通常具有以下特征。

（1）投资金额大。房地产业通常是资金密集型的产业，投资少则几十万元多则上亿元，这主要表现在三个方面：一是土地开发的高成本；二是房屋建筑安装的高价值；三是房地产交易当中的高费用。由于土地是稀缺资源，且不可再生，因此随着人口的增加及城市的发展，土地的价格越来越高，这就增加了房地产的开发成本；而随着社会福利的增加，用工成本越来越贵，而房地产的建设需要大批的熟练工人、工程技术人员和施工管理人员等，随着楼层的增加，需要使用的大型机械设备成本也越来越高，且建筑、安装周期较长，占用资金量也较大，这使得房地产投资安装的相关费用较高；在房地产行业，建设过程当中开发周期长环节多，企业投入的费用较高，也增加了房地产投资的成本。

（2）投资回收期长。房地产开发企业的投资需要经历房地产开发和房地产销售两个大环节，房地产的开发通常需要进行可行性研究、立项、规划设计、施工、销售等诸多环节，通常一个项目少则一两年，多则十几年；而投入房地产的资金回收就需要经历房地产的销售环节，而这一环节受市场环境的影响较大，这一系列因素都导致了房地产投资的回收期较长。

（3）投资风险高。由于房地产投资受政策影响较大，且投资期长、资金投入大，受市场环境的影响也较大，这一切使得房地产的投资风险较高。如房地产具有投资和消费的双重性，作为投资产品，房地产容易被炒作，产生泡沫，对于居民的生活影响较大，容易引发当局的监管，给房地产的投资带来一定的不确定性。

（4）投资流动性低。房地产投资的流动性主要是指投资于房地产的资金再一次变成现金的能力，由于前面讲到房地产受政策、环境限制较大，且投资成本较高，因此房地产通常很难像一般商品买卖那样，在短时间内完成交易，因此投资于房地产的资金，通常流动性较低。

3. 房地产投资的分类。按照房地产投资的方式来划分，房地产投资可以分为房地产开发投资和房地产置业投资两种。

房地产开发投资的目标是为了获取最大化的投资利润。根据投资经营方式的不同，房地产开发投资又可分为租赁型、销售型、营业型和综合型开发投资等。

置业投资的目的一般有两个：一是为了满足自身居住或生产活动需要，即刚性需求；二是向通过转售或出租来获取资本收益或稳定的经常性收入。在置业投资过程中，物业类型是房地产投资者必须慎重考虑的重要因素，因为物业的形态类型、使用类型、建筑类型、面积类型和价格类型不同程度上决定了投资活动的成败和盈利水平的高低。

二、我国保险资金投资不动产简介

（一）保险资金投资不动产的相关规定

我国保险公司在20世纪80年代恢复保险业务的近10年中，保险资金对不动产的投资是被禁止的，1988～1995年，保险公司开始涉足房地产投资，由于投资缺乏规范，我国房地产投资出现过热现象，保险公司的房地产投资也形成了较大部分的不良资产。自国家先后颁布有关保险的法律法规以来，保险公司的投资渠道受到了严格的限制，不动产业务就此终止。

继2009年新《保险法》规定保险公司可以投资不动产以来，各保险公司对进军不动产领域的热情高涨，积极吸纳不动产投资人才，对房地产投资可行性进行研究，为不动产投资做长期性的战略准备。2010年4月我国出台了《保险资金运用管理暂行办法》，将不动产投资作为保险资金运用的主要形式之一；2010年9月，出台了关于不动产投资细则《保险资金投资不动产暂行办法》，主要是针对保险资金投资非基础设施类不动产及相关金融产品的管理办法；而对基础设施投资，仍依照2006年出台的《保险资金间接投资基础设施项目试点管理办法》的相关规定；在2012年10月发布的《保险资金境外投资管理暂行办法实施细则》中对保险资金海外直接投资的不动产做出了规定，限于监管当局准许的位于附件1[①]所列的主要城市的核心地段，且具有稳定收益的成熟商业不动产和办公不动产，对房地产信托投资基金（REITs）的投资则限于在附件1中所列国家或者地区交易所挂牌交易。以下我们重点介绍《保险资金投资不动产暂行办法》和《保险资金间接投资基础设施项目试点管理办法》中的相关规定。

1.《保险资金投资不动产暂行办法》[②]。我国《保险资金投资不动产暂行办法》规定，保险资金投资的不动产，是指土地、建筑物及其他附着于土地上的定着物，保险资金可以投资基础设施类不动产、非基础设施类不动产及不动产相关金融产品。保险资金投资不动产及不动产相关金融产品的账面余额，合计不高于本公司上季度末总资产的10%。但保险资金投资不动产仅限于商业不动产，办公不动产，与保险业务相关的养老、医疗、汽车服务等不动产及自用性不动产。

保险资金投资不动产需遵循“三不原则”，即不得投资或销售商业住宅，不能直接从事房地产开发建设（含一级土地开发）、不得投资设立房地产开发公司或投资未上市房地产企业股权（项目公司除外）或以投资股票方式控股房地产企业。对已投资设立或者已控股房地产企业的，应当限期撤销或者转让退出。

保险资金投资不动产需遵守专地专用原则，不得变相炒地卖地，不得利用投资养老和自用性不动产（项目公司）的名义，以商业房地产的方式，开发和销售住宅。投资养老、医疗、汽车服务等不动产，其配套建筑的投资额不超过该项目投资总额的30%。

保险公司投资不动产，不得提供无担保债权融资；不得以所投资的不动产提供抵押担保；不得运用借贷、发债、回购、拆借等方式筹措的资金投资不动产。保险公司所投资的不动产，应当产权清晰，无权属争议，相应权证齐全合法有

---

① 见本章后的知识拓展：可投资国家与地区。

② 丁冰．保险资金投资不动产和未上市企业股权开闸．中国证券报，2010-09-06 11：01：5，http：//www.cnstock.com/index/gdbb/201009/838362.shtml。

效；地处直辖市、省会城市或者计划单列市等具有明显区位优势的城市；管理权属相对集中，能够满足保险资产配置和风险控制要求。

保险资金投资不动产，除政府土地储备项目外，可以采用债权转股权、债权转物权或者股权转物权等方式。以债权、股权、物权方式投资的不动产，其剩余土地使用年限不得低于15年，且自投资协议签署之日起5年内不得转让。保险公司内部转让自用性不动产，或者委托投资机构以所持有的不动产为基础资产，发起设立或者发行不动产相关金融产品的除外。

2.《保险资金间接投资基础设施项目试点管理办法》。我国允许保险资金以间接的方式介入基础设施项目的建设，对保险资金投资基础设施类不动产，要遵照2006年的《保险资金间接投资基础设施项目试点管理办法》及有关规定。

保险资金间接投资基础设施项目，是指委托人将其保险资金委托给受托人，由受托人按委托人意愿以自己的名义设立投资计划，投资基础设施项目，为受益人利益或者特定目的，进行管理或者处分的行为。投资计划的投资范围，主要包括交通、通信、能源、市政、环境保护等国家级重点基础设施项目。投资计划可以采取债权、股权、物权及其他可行方式投资基础设施项目。

保险资金间接投资的基础设施建设，应当符合国家产业政策和有关政策；具有国家有关部门认定最高级别资质的专业机构出具的可行性分析报告和评估报告；具有或者预期具有稳定的现金流回报；具备按期偿付本金和收益的能力，或者能够提供合法有效的担保；已经投保相关保险；项目管理人（以下简称项目方）控股股东或者主要控制人，为大型企业或者企业集团，且无不良信用记录；项目方取得有关部门颁发的业务许可证；符合中国保监会规定的其他条件。

投资计划以债权、股权及其他可行方式投资的基础设施项目，除符合以上相关规定条件外，还应当符合下列条件：（1）自筹资金不得低于项目总预算的60%，且资金已经实际到位；（2）项目方资本金不得低于项目总预算的30%，且资金已经实际到位。人寿保险公司投资的余额，按成本价格计算不得超过该公司上季度末总资产的5%；财产保险公司投资的余额，按成本价格计算不得超过该公司上季度末总资产的2%。人寿保险公司投资单一基础设施项目的余额，按成本价格计算不得超过该项目总预算的20%；财产保险公司投资单一基础设施项目的余额，按成本价格计算不得超过该项目总预算的5%。保险公司独立核算的产品账户投资的余额，按成本价格计算不得超过保险条款具体约定的比例。

另外投资计划不得投资以下基础设施项目：国家明令禁止或者限制投资的；国家规定应当取得但尚未取得合法有效许可的；主体不确定或者权属不明确等存在法律风险的；项目方不具备法人资格的。

（二）我国保险资金不动产投资的发展现状

截至2014年一季度，我国共有33家保险公司持有投资性房地产，有15家公司采用公允价值计量方式，其中财险公司 3 家，寿险公司 12 家。15 家公司投资性房地产的投资成本合计 244. 1 亿元，到 2014 年一季度末，账面价值合计 493. 4 亿元，增值额达到了 249. 3 亿元①。2014 年我国保险公司共发起基础设施投资计划 1. 1 万亿元，比年初增长 56. 8%，其中投资 1 072. 5 亿元参与棚户区改造和保障房建设。

目前我国平安保险集团公司是不动产投资规模最大的险企，旗下全资子公司平安不动产资产管理规模截至 2014 年 8 月近 500 亿元，业务涵盖商业地产、旅游养老地产、工业物流地产和住宅、股债券投资等。其地产版图涉及城市综合体、养生养老社区、股权债权投资、工业物流、写字楼和酒店等。平安自 2002 年已经开始在基础设施和物业投资方面开展业务模式的研究和一些拟投资行业和项目的调研，并通过设立信托投资计划的方式，逐步开始了相关投资，如由中国平安牵头设立的“京沪高铁股权投资计划”投资京沪高铁 13. 913% 的股权，而平安寿险在该股权计划中的投资占总份额的 39. 375%；2013 年 9 月，山东高速集团与中国平安签署合作协议，中国平安为山东高速募集总额不低于 100 亿元，期限不超过 15 年的保险资金，投向山东高速旗下国家级、省级的重点公路项目。

此外其他保险公司也纷纷进入了不动产投资领域，如中国人寿于 2009 年年底投资 58. 19 亿港元认购远洋地产，以 16. 57% 的比例跃居远洋地产第二大股东；之后又接手中化股份所持有的 4. 23 亿股，成为远洋地产第一大股东；太平洋于 2012 年 9 月计划募集 100 亿元投资天津公共租赁房计划，这是继 2011 年太平洋大规模投资上海公共租赁房之后的又一个债权投资不动产的项目，相信未来我国保险不动产投资规模还会进一步上升。

第五节　股权投资

一、股权投资的内涵

（一）股权投资的定义

股权投资（Equity Investment），指通过投资取得被投资单位股份的行为。股权投资通常是为长期（至少在一年以上）持有一家公司的股票或长期的投资一个公司，以期达到控制被投资单位，或对被投资单位施加重大影响，或为了与被投资单位建立密切关系，以分散经营风险的目的。

---

① 保险报：项俊波谈“新常态”下的现代保险服务业，2014 年 8 月 21 日，保险行业协会网站，网址：http：//www. iachina. cn/content_c24d43c0 – 29a5 – 11e4 – 9100 – d05b5494e8d1. shtml。

股权投资通常具有投资大、投资期限长、风险大以及能为企业带来较大的利益等特点。

股权投资的利润来自：一是企业的分红；二是被企业成功上市带来的丰厚回报；三是可以享受企业的配股、送股等一系列优惠措施。

（二）股权投资的形式

股权投资按投资的方式可分为两种投资形式：一是直接投资形式，投资主体通常以现金、实物资产及无形资产等直接投入到被投资企业，并取得被投资企业出具的出资证明书来确认股权；二是间接投资形式，投资主体通常是在证券市场上，通过购买股票发行企业的股票实现股权投资的目的。

股权投资按对被投资企业的控制程度可分为以下四种类型：（1）控制，是指有权决定一个企业的财务和经营政策，并能据以从该企业的经营活动中获取利益。（2）共同控制，是指按合同约定对某项经济活动所共有的控制。（3）重大影响，是指对一个企业的财务和经营政策有参与决策的权力，但并不决定这些政策。（4）无控制、无共同控制且无重大影响。

二、我国保险资金股权投资情况概述

（一）我国保险资金股权投资现状

随着保险行业的快速发展，保险资金的运用压力不断加大，扩大保险资金投资领域、提高投资收益成为日益突出的问题，股权投资作为一种高收益的投资方式，其所需资金量大，投资周期长的特点正好与保险资金相符，保险资金进行股权投资对于保险业和股权企业是一个双赢的过程。截至 2013 年 7 月末，我国保险行业实际投资股权余额为 3 016.75 亿元，占资金运用余额的 4.18%①。

（二）我国保险资金股权投资的相关法规简介

目前我国规范保险资金股权投资的相关文件主要有《保险机构投资者股票投资管理暂行办法》（2004 年）、《关于保险机构投资商业银行股权的通知》（2006 年）、《保险资金投资股权暂行办法》（2010 年）、《中国保监会关于保险资金投资创业板上市公司股票等有关问题的通知》（2014 年）以及《大力发展信用保证保险、服务和支持小微企业的指导意见》（以下简称《指导意见》2015 年）等。此处重点介绍《保险资金投资股权暂行办法》和《指导意见》。

1. 《保险资金投资股权暂行办法》（2010 年）。我国《保险资金投资股权暂

① 保监会副主席陈文辉：险资股权投资应注意五大问题. 2014 年 9 月 23 日. 保险行业协会网站，网址：http：//www.iachina.cn/content_9b426930 - 4481 - 11e4 - 9100 - d05b5494e8d1.shtml。

行办法》规定了保险资金的股权投资模式：可以直接投资企业股权或者间接投资企业股权。直接投资股权是指保险公司以出资人名义投资并持有企业股权的行为，直接投资股权仅限于保险类企业、非保险类金融企业和与保险业务相关的养老、医疗、汽车服务等企业的股权，并对投资团队、偿付能力、财务指标、净资产规模等提出了较高的资质要求。间接投资股权是指保险公司投资股权投资管理机构发起设立的股权投资基金等相关金融产品的行为。

《保险资金投资股权暂行办法》规定了股权投资的原则：只能投资处于成长期或成熟期的企业股权，不能投资创业风险投资基金①、不得投资设立或者参股投资机构、不能投资高污染、高耗能等不符合国家政策和技术含量较低、现金回报较差的企业股权。

《保险资金投资股权暂行办法》规定了股权投资的比例要求：投资未上市企业股权的账面余额，不高于本公司上季度末总资产的5%；投资股权投资基金等未上市企业股权相关金融产品的账面余额，不高于本公司上季度末总资产的4%，两项合计不高于本公司上季度末总资产的5%；直接投资股权的账面余额，不超过本公司净资产，除重大股权投资外，投资同一企业股权的账面余额，不超过本公司净资产的30%；投资同一投资基金的账面余额，不超过该基金发行规模的20%。

《保险资金投资股权暂行办法》规定了进行股权投资的保险公司的资质：可以进行股权投资的保险公司须具备上一会计年度末偿付能力充足率不低于150%，且投资时上季度末偿付能力充足率不低于150%；上一会计年度盈利，净资产不低于10亿元等资质。

《保险资金投资股权暂行办法》对保险资金投资企业股权制定了退出机制：退出方式包括但不限于企业股权的上市、回购、协议转让及投资基金的买卖或者清算等。同时规定，保险资金投资企业股权，可以采取债权转股权的方式进入，也可以采取股权转债权的方式退出。

2.《大力发展信用保证保险、服务和支持小微企业的指导意见》(2015年)。2015年1月中国保监会、工业和信息化部、商务部、人民银行、银监会五部委签发了《关于大力发展信用保证保险、服务和支持小微企业的指导意见》，《指导意见》最大的亮点在于创新保险公司的资金投资方式：鼓励保险公司发挥专业化投资及风险管控的优势，投资符合条件的小微企业专项债券及相关金融产品；支持保险资金投资创业投资基金；鼓励保险资产管理机构探索设立夹层基金、并购基金、不动产基金等私募基金，支持小微企业、科技型企业等新兴产业、新兴业态发展。

经过2012年一大批保险投资新政出台和近几年不断对保险投资比例、投资领域限制的进一步放宽，保险资金投资的优势已经凸显出来，并且已经得到各类企业资金的青睐，企业参股保险公司的欲望更加强烈，相信未来我国保险公司资

① 目前这一规定已在《指导意见》中取消。

金的投资效益会越来越好。

【经典案例】

中国平安的不动产投资①

保险资金追求的是长期的稳定回报，是最适合商业地产发展的，因为商业地产的租金收入、升值潜力，能为保险资金提供稳定的回报率，核心城市的核心物业最符合这一要求。

2011 年，平安寿险获得了 PE 与不动产双牌照，2012 年，险资投资不动产的比例被允许提高至 20%，平安投资不动产的动作明显增多。目前平安涉足了养老地产，在浙江桐乡、云南西双版纳、浙江乌镇开发养老项目，并采用“租赁+出售”的操作模式；平安还在成都空港和龙泉布局了工业物流地产；平安与品牌开发商包括招商、华润、首开、金地、朗诗、世茂等房企均有合作项目，产品类型涵盖住宅、商业等；2015 年 4 月，平安更是直接收购了碧桂园 9.9% 的股份，成为第二大股东；平安的地产版图还扩张到了海外，在英国伦敦、美国波士顿等地购置商业不动产；另外，平安还打造了一个互联网+房地产+金融的跨界平台—平安好房网，进入激烈的互联网行业。表 9-13 反映了平安的地产投资情况，表 9-14 反映了平安的地产版图。

表 9-13 中国平安不动产投资一览表

序号	时间	项目	金额（亿元）
1	2007 年 11 月	平安集团以获得深圳福田中心区地块，打造平安国际金融中心，现为平安集团总部	16.568
2	2010 年 9 月	中国平安从瑞安建业手中收购成都中汇广场，后改名为成都平安财富中心，是当时保资投资地产市场首宗个案	7.18
3	2012 年	平安不动产竞得杭州钱江新城 CBD 中央核心区一宗土地，已命名为杭州平安金融中心大厦，2017 年竣工交付	23
4	2013 年 6 月	从美国铁狮门手中购入成都“晶融汇”甲级写字楼	
	2013 年 7 月	中国平安以 2.6 亿英镑（约合 23.7 亿元人民币。按当时汇率计算，下同）买下伦敦劳埃德大厦	23.7
5	2014 年 4 月	平安不动产推出其第一个养老地产项目品牌-合悦。首批养生养老、度假旅游综合社区项目分别是合悦江南、合悦版纳、合悦乌镇项目，盈利模式是“租赁+出售”	

① 据袁晓澜．平安成险企“地产一哥”，不动产资产规模近 500 亿．新京报，2015-04-10 http://insurance.hexun.com/2015-04-10/174833374.shtml 整理。

续表

序号	时间	项目	金额（亿元）
6	2014 年 4 月	平安不动产从领盛投资管理购得四川成都一总建筑面积约 9 万平方米的物流仓储物业，这是平安不动产的首个物流项目	
7	2014 年 5 月	平安好房网上线，推出“好房宝”等系列金融产品，打造互联网 + 金融 + 房地产电商平台	
8	2014 年 10 月	平安不动产就南京 G14 号土地、南京 G09 号土地、广州番禺土地以债权方式与招商局置地进行合作	
9	2014 年 11 月	以 24.1 亿元竞得广州华美牛奶厂两宗地	24.1
10	2014 年 12 月	平安不动产联手金地、朗诗以 26.8 亿元的价格，竞得上海宝山宅地。 平安不动产联手金地以 7.8 亿元价格摘得杭州余杭区一商住地。 取得杭州江干区汽车东站住宅兼商业用地，地价约 27 亿元	61.6
11	2015 年 1 月	华润、首开、平安联合体以 86.25 亿元豪夺丰台区白盆窑地块。 招商、华润、九龙仓、平安联合体，以 86.9 亿元竞得北京亚林西两宗居住区用地。 中国平安旗下子公司平安人寿以约 30.54 亿元人民币买下伦敦地标建筑 Tower Place 大厦	86.25
12	2015 年 2 月	平安不动产以 26 亿元摘杭州三堡宅地	26
13	2015 年 4 月	中国平安斥资 62.95 亿港元持股 9.9%，成为碧桂园第二大股东。 中国人寿、中国平安、铁狮门联合收购位于波士顿的一价值 5 亿美元的商业不动产项目	62.95

资料来源：据袁晓澜．平安成险企“地产一哥”，不动产资产规模近 500 亿．新京报，2015－04－10 http：//insurance. hexun. com/2015－04－10/174833374. shtml 报道整理。

表 9－14　　中国平安的地产版图

序号	分类	具体内容
1	城市综合体	深圳平安金融中心大厦、杭州平安金融中心大厦、晶融汇、武汉天地企业中心、广州金融城、郑州平安金融大厦
2	养生养老社区	桐乡平安养生养老综合服务社区、西双版纳国际温泉休闲养生度假社区
3	股债券投资	平安—方圆—地产股权投资基金、平安—世茂—地产股权投资基金
4	工业物流	成都龙泉项目、成都空港项目基金
5	写字楼、酒店	沈阳平安财富中心、北京平安国际金融中心、北京世纪财富中心、中国电子大厦、深圳新城市广场、成都平安财富中心、重庆平安财富中心、苏州平安财富中心、上海利园国际大酒店

资料来源：据袁晓澜．平安成险企“地产一哥”，不动产资产规模近 500 亿．新京报，2015－04－10 http：//insurance. hexun. com/2015－04－10/174833374. shtml 整理。

关键术语

抵押贷款 固定利率抵押贷款 可调利率抵押贷款 渐进支付抵押贷款 增长权益抵押贷款 气球抵押贷款 两步抵押贷款 固定/可调利率复合抵押贷款 抵押转手证券 抵押担保证券 抵押转递证券 剥离式抵押支持证券（SMBS） 非政府机构发行的抵押支持证券（MBS） 资产支持证券（ABS） 巨灾风险 巨灾连结证券（CLS） 巨灾债券（CAT Bond） 巨灾期货 巨灾风险指数期权 巨灾互换 行业损失担保 金融衍生工具 期货 期权 互换 不动产投资 基础设施 基础设施投资 房地产 房地产投资 保险资金间接投资基础设施项目 股权投资 直接股权投资 间接股权投资

思考题

1. 简答抵押贷款的主要种类有哪些?
2. 试说明抵押转手证券的种类。
3. 简要回答抵押转手证券的运作流程。
4. 论述三种主要的抵押担保证券。
5. 简答不动产抵押的特征。
6. 试论述构建我国巨灾风险管理体系的重要性和紧迫性。
7. 简述巨灾风险的管理层次。
8. 简述巨灾债券的设计流程。
9. 简述金融衍生工具的特点?
10. 简述金融衍生工具市场的功能。
11. 谈谈我国保险机构参与金融衍生品交易的目的。
12. 谈谈房地产的特点。
13. 简述房地产投资的特点。
14. 谈谈我国保险资金投资不动产的类型。
15. 简述我国保险资金投资不动产的“三不原则”。
16. 简述我国保险资金股权投资的形式。
17. 简述我国保险资金股权投资的原则。
18. 简述我国保险资金投资企业股权的退出机制。

本章探究专题

查阅资料，在下列专题中选择一个进行研究：我国的巨灾风险的管理以及保险资金的不动产投资、股权投资、创业投资基金等的发展现状。

附件1 保险资金可投资国家或者地区

表9－15 保险资金可投资国家或者地区

一、发达市场		
澳大利亚	中国香港	葡萄牙
奥地利	爱尔兰	新加坡
比利时	以色列	西班牙
加拿大	意大利	瑞典
丹麦	日本	瑞士
芬兰	荷兰	英国
法国	卢森堡	美国
德国	新西兰	
希腊	挪威	
二、新兴市场		
巴西	印度尼西亚	波兰
智利	韩国	俄罗斯
哥伦比亚	马来西亚	南非
捷克共和国	墨西哥	中国台湾
埃及	摩洛哥	泰国
匈牙利	秘鲁	土耳其
印度	菲律宾	

附件2 全球期货期权交易所

表9－16 全球期货期权交易所

国家（地区）	交易所名称
美国	芝加哥商业交易所集团 CME Group
澳大利亚	悉尼期货交易所 Syndey Futures Exhange
比利时	纽约泛欧交易所 NYSE Euronext Brussels
加拿大	蒙特利尔交易所 The Montreal Exchange
英国	纽约泛欧交易所 NYSE Euronext LIFFE
法国	纽约泛欧交易所 NYSE Euronext Paris
德国	欧洲期货期权交易所 EUREX

续表

国家（地区）	交易所名称
荷兰	纽约泛欧交易所　NYSE Euronext Amsterdam
中国香港	中国香港期货交易所　HongKong Futures Exchange（HKFE）
日本	东京证券交易所　Tokyo Stock Exchange（TSE）
	大阪交易所　Osaka Securities Exchange
韩国	韩国证券交易所　Korea Exchange（KRX）
新加坡	新加坡交易所　Singapore Exchange（SGX）
瑞士	欧洲期货期权交易所　EUREX

注：由上述两家交易所吸收合并，或者新设合并成立的交易所，将被视同为核准。

附件3　2015年全球五大保险损失风险

表9－17　2015年全球五大保险损失风险

序号	国别（地点） Country（place）	事件 Event	受害人 Victims	保险损失 Insured Loss（bn USD）
1	China Tianjin	Explosions at port	173	2.5～3.5
2	United States MA *	Winter storm	30	2.1
3	United States TX *	Thunderstorms	31	1.5
4	United States MO *	Thunderstorms	2	1.2
5	Japan Philippines North Korea	Typhoon Goni	89	1.2

第十章 保险投资管理

【本章内容提要】

本章主要介绍投资组合的创建与管理的理论方法，及它在资产配置中的重要应用。之后介绍了投资组合业绩评估的相关知识。要求学生重点掌握投资组合中的资产配置及评估风险调整后的业绩；了解投资组合的创建及监测、业绩评价涉及的问题；熟悉投资组合风险收益的度量。

1. 创建和管理投资组合

- 构建和管理投资组合
- 制定投资政策
- 预期
- 资产配置
- 监测投资组合

2. 评估投资业绩

- 业绩评价涉及的问题
- 度量风险和收益
- 评估风险调整后的业绩
- 历史业绩和未来业绩

第一节 创建和管理投资组合

构建投资组合并进行管理是职业投资组合经理的基本活动。在构建投资组合过程中，基础的概念是通过证券的多样化，以使由少量证券造成的不利影响最小化。投资组合理论既为多样化提供了理论依据，又在实现适当的多样化过程中为组合各种证券提供了分析框架。

一、构建和管理投资组合

简单地说，投资组合的构建就是选择纳入投资组合的证券并确定其适当的权重，即各证券所占该投资组合的比例。马科维茨模型表明，构建投资组合的合理目标应是在给定的风险水平下形成一个具有最高回报率的投资组合。具有这种特征的投资组合叫作有效的投资组合，它已经被广泛地接受为最优投资组合构建的典范。

此外，马科维茨模型还为构建能实现最有效这一目标的投资组合提供了一种最优化过程，且已经被广泛地应用于投资者确定投资组合中各主要资产类型的最佳组合的活动中。这种过程通常被称作资产配置，之后会有具体介绍。

（一）投资组合的构建过程

首先，需要界定可选的证券范围。对于大多数计划投资者其注意的焦点集中在普通股票、债券和货币市场工具等这些主要资产类型上，金融全球化使得国际股票、非美元债券也列入了备选的资产类型。有些投资者把房地产和风险资本也吸纳进去，进一步拓宽投资的范围。虽然资产类型的数目仍是有限的，但每一资产类型中的证券数目可能是相当巨大的。

其次，投资者还需要求出各个证券和资产类型的潜在回报率的期望值及其承担的风险。此外，更重要的是要对这种估计予以明确地说明，以便比较众多的证券以及资产类型之间哪些更具吸引力。进行投资所形成投资组合的价值很大程度上取决于这些所选证券的质量。

最后，即实际的最优化，必须包括各种证券的选择和投资组合内各证券权重的确定。在把各种证券集合到一起形成所要求的组合的过程中，不仅要考虑每一证券的风险—回报率特性，而且还要估计到这些证券随时间的推移可能产生的相互作用。马科维茨模型为确定最优投资组合提供了概念性框架和分析方法。

（二）马科维茨模型

马科维茨投资组合分析方法的基本假设是投资者都是回避风险的。这一假定意味着投资者若接受高风险的话，则必定要有高回报率来补偿。所以，如果在相同回报率的两个证券之间进行选择的话，任何投资者都会选择风险较小的，舍弃风险较大的。这一假定意味着投资者要使期望的效用最大化，而不仅仅是使期望的回报率最大化。这里的效用既要考虑回报，又要考虑风险。

投资者是回避风险的假设是合理的。首先是马科维茨自己的观察，他发现投资者通常持有多样化的投资组合。如果投资者不是回避风险的，那么合乎逻辑的行动应当是只持有承诺最高回报率的那一个证券，以实现最大的期望回报率。其次是个人购买各种类型的保险，如人寿保险、财产保险、健康保险、意外伤害保险甚至汽车保险。购买保险的个人愿意支付保险费用以回避未来的不确定性，也就是说他们需要回避未来潜在的巨大损失，尽管保险的成本超过了保险的期望收益。

在回避风险的假定下，马科维茨建立了一个投资组合分析的模型。首先是投资组合的两个相关的特征：（1）期望回报率；（2）回报率的方差。其次，理性的投资者将选择并持有有效的投资组合，即那些在给定的风险水平下期望回报最大的投资组合，或那些在给定期望回报率的水平上风险最小的投资组合。再次，通过对每种证券的期望回报率、回报率的方差和每一证券与其他证券之间回报率的相互关系（用协方差来度量）的适当分析，辨识出有效投资组合在理论上是可行的。最后，计算出有效投资组合的集合。计算结果则指明了各种证券在投资者的资金中占多大份额，以便实现投资组合的有效性——对于给定的风险程度使期望回报率最大化，或对于给定的期望回报率使风险最小化。

二、制定投资政策

组合投资管理者在构建投资组合之前，必须考虑影响投资决策的因素，包括制定投资目标，考虑对风险的态度以及对投资营运中收益性、安全性、流动性的要求。通过对这些因素的考察和界定，制定投资管理政策，从而为组合投资管理提供指南。

（一）制定投资目标

投资目标是影响投资决策的一个核心因素，所有投资策略都应围绕实现投资目标而设计。所谓投资目标，就是投资者根据自己的实际情况提出的，欲通过投资而使其资本在价值上所要达到的某种要求。不同的投资者，应根据自身的条件、特点和需求，确定投资目标，而对组合投资管理者来讲，只有事先明确投资者的投资目标，然后针对投资者的投资目标开展组合投资管理。为了保障投资目标的实现，组合投资管理者在确定管理目标时要注意四个方面的因素。

1. 投资安全。组合投资管理的基本要求是保本。由于证券投资既是一种可销售投资，又是一种市场价格化的投资，随着证券价格的变化，即可能带给投资者收益，也可能带来损失。因此，应考虑长期投资与短期投资的配合，把那些风险小、收益稳定的投资品种如债券、质量等级高的普通股等作为实现投资目标的基本工具。

2. 收益稳定。如何获得比较稳定的经常性收益，是组合投资管理者建立投资组合的出发点。要使投资组合在较低风险的前提下提供尽可能多的经常性收益，就应该在债券与股票之间进行恰当的搭配。

3. 资本增值。一般而言，投资的目标就是为了资本增值。实现资本增值通常有两种途径：一是积累性再投资，即把投资所得收益进行再投资，这种投资是投资资金不断扩大的投资。二是一次性投资，即获得收益就中止投资。

4. 分散风险。不同投资的风险不同，通过组合投资将投资总额分散到多个投资项目上，可以避免单一单项的风险。

（二）投资者对风险的态度

投资者对风险的态度，反映投资者对风险的承受能力，即为了获得一定的收益，投资者愿意承担哪些风险以及愿意承担多大的风险。明确投资者对风险的态度，为投资决策提供了一个新的参考，根据组合投资理论，最优投资组合的确定与投资者对风险的态度密切相关。这也决定着投资对象的确定。

（三）收益性、安全性和流动性要求

这实际上是如何处理投资营运中收益性、安全性、流动性三者之间的关系问题。收益性是指带来收益的能力。安全性是指保全资金、保证收益、避免带来风险的性质。流动性是指在尽量短的时间内变现而不造成损失的功能。不同的投资品种，不会兼备高收益性、高安全性和高流动性。这样，在选择投资对象、安排投资组合时，就需要根据投资目标及风险态度进行投资规模及资产投资比例的确定。

通常人寿保险公司的投资目标是为其保单中注明的债务套期保值。这样有多少种不同类型的保单，就有多少种投资目标。保险公司一般会根据保单的时间长短，收益状况，特征等来制定投资政策。非人寿保险公司，业务范围如财产保险、意外损失保险等，他们将保险基金进行投资的主要原因是得到客户的保费后可能会支付有根据索赔的款项，通常，他们在看待风险的态度上趋于保守。

三、预期

由于期望回报率与证券的估值是相互关联的，这里我们先讨论一些估值的原则。首先应注意证券是从期望生成的现金流得到价值的。证券包括所有的投资，如负债工具、股票、期权、期货、房地产和收藏品等。由于每种投资的预期现金流是在将来收到的，因而有必要对未来预期现金流进行折现以得到证券的现值或价格。我们可以用一个简单的模型来说明某证券在一个持有期（如 1 年）的价值问题：

$$P_0 = \frac{\text{现金流} + P_1}{(1 + k)} \tag{10.1}$$

该模型表明，证券的现值（或称现行价格）P_0 是期内收到的现金流（红利或股息）加上期末的预期价格 P_1 以折现率 k 折回到现在的值。证券的价值与现金流和预期的未来价格正相关，如果现金流或未来价格的期望值比较高，则证券的现行价格也将比较高；相反，如果现金流或未来价格的期望值比较低，则证券的现行价格也将比较低。另外，证券的现行价格与折现率 k 则是反向变化的，若折现率较大，则证券的现行价格就会较低，而若折现率较小，则证券的现行价格就会较高。

通常折现率又被称为投资者要求的回报率，用 R 表示。投资者要求的回报率由两个元素组成：（1）无风险回报率 R_f，（2）风险增溢 B。无风险回报率一般认为是由实际无风险回报率和通货膨胀增溢率这两部分构成的。实际利率 R_r 是

投资者放弃当前消费所要求的基本的投资补偿。投资者还会要求一个增溢以补偿通货膨胀。当预期的通货膨胀高时这个增溢也高，当预期的通货膨胀率低时这个增溢也低。实际回报率和通货膨胀增溢率是所有投资者的最基本的回报要求，所以无风险回报率是所有证券都要求的回报成分。

对式（10.1）进行变换，可以直接解出折现率 k，在这一形式下，通常把折现率视为投资者期望回报率，即回报率的期望值 E(R)：

$$k = E(R) = \frac{\text{现金流} + (P_1 - P_0)}{P_0} \tag{10.2}$$

式（10.2）表明期望的回报率与现金流和期望的期末价格有直接的关系。当现金流和期末价格的期望值高时，则回报率的期望值也高；而当现金流和期末价格的期望值低时，则回报率期望值也低。另外，该式还说明期望的回报率与证券现行价格是反向变化的。当证券的现行价格低时，期望的回报率就高，而当证券的现行价格高时，期望的回报率就低。当期望的现金流和期末价格保持不变时，改变证券的现行价格将为证券提供一种把回报率调整到投资者要求的回报率水平的方法。

投资组合是由组成的各证券及其权重确定，因此投资组合期望的回报率只不过是其成分证券期望回报率的加权平均。最简单的例子是计算由两种证券构成的投资组合的期望回报率。用 W_i 表示第 i 种证券占投资组合的份额，用 $E(R_i)$ 表示第 i 种证券的期望回报率，用 $E(R_p)$ 表示该投资组合的期望回报率，则 $E(R_p)$ 的计算如下：

$$R_p = E(R_p) = W_1E(R_1) + W_2E(R_2) = \sum_{i=1}^{2} W_iE(R_i) \tag{10.3}$$

四、资产配置

资产配置的目标是混合资产类型以便为投资者在其能够接受的风险水平上提供最高的回报。投资组合的管理者，特别是大型的机构投资者，诸如公司或公共退休计划、基金、捐赠基金等，都极大限度地运用资产配置以找出最适宜的资产混合来实现其投资目标。

此外，期望值—方差的投资组合分析方法也可以用于这一目的，其理由是，分析中包括的资产类型的数目是自然地受到限制的。当确定一种资产配置时，许多机构仅考虑 3 种资产类型：（1）普通股；（2）长期债券；（3）货币市场工具。对于此类情形，只需估计 3 个期望回报率和 3 个方差，以及资产类型之间的 3 个协方差。其他机构把上述分析扩展到包括国际权益及房地产，不过事实上没有哪一家机构在分析中考虑超过 8 种或 10 种以上的资产类型。对于像普通股票、长期债券和短期货币市场工具等资产类型，存在关于回报率、方差和协方差的相对较好的历史数据，这些数据提供了这些资产类型的风险—回报率历史行为的较全面的信息，这些信息又帮助了研究者开发建立模型和预测未来资产的风险—回报率特性的方法。因此，我们将具体介绍现已生成的关于以充分研究的资产类型例如普通股股票、长期债券和货币市场工具的数据的本质和特性。

（一）资产类型的风险—回报率特性

计算各资产类型在过去各段时间内的回报率并测量其风险是十分有用的。首先，这将有助于评估这些资产类型在不同的经济事件（如商业周期）中的行为。其次，在一个相当长的时期内测量到的回报率可以用来代表投资者在这个阶段内期望赢得的回报率。这反过来有助于建立关于投资者预期未来将会赢得何等回报率的一些指标。最后，实现的回报率和风险测量数据可以用来比较不同资产类型的业绩行为。

一些研究者，事实上已经计算了如下四类资产在过去各时期内实现的回报率和标准差：国库券、长期政府债券、公司债券和普通股股票。他们不仅希望看到这些证券在过去各个时期内是如何表现的，而且还需要评价这些不同资产类型的回报率与其相应的风险是如何相关联的。相应地，他们希望确定各资产类型在过去各时期内的实际回报率。为了确定各资产的实际回报率，他们将各期内的通货膨胀率同资产的名义回报率进行比较。例如，国库券被认为是最低风险的资产类型，我们会把国库券赢得的回报率与通货膨胀率相比较，并确定出实际回报率。长期政府债券比国库券有较大的风险，我们可以把由于补偿增加的这部分风险而增加的回报率称为流动性增溢。长期公司债券带有政府债券所没有的信用风险，我们可以把公司债券比政府债券高出的回报率称作违约增溢。最后，普通股股票可以与风险最低的资产类型（即国库券）相比较，以确定风险最高的资产类型（在上述四类资产中）的风险增溢。

表 10－1 为某段时间各类资产的回报率和标准差，以及通货膨胀率。可以看

表 10－1　实现的回报率、通货膨胀率、实际回报率和风险增溢

资产类型	名义回报率（%）	实际回报率（%）	流动性增溢（%）	违约增溢（%）	风险增溢（%）	名义回报率标准差（%）
普通股	10.3	7.2	—	—	6.6	20.5
长期公司债券	5.6	2.5	—	0.6	—	8.4
长期政府债券	5.0	1.9	1.3	—	—	8.7
国库券	3.7	0.6	—	—	—	3.3
消费品价格指数（通货膨胀率）	3.1	—	—	—	—	—

出，这一期间内普通股股票赢得的回报率最高，回报率标准差同时也表现为最高。国库券赢得的回报率最低，也表现出最低的变动性风险。公司债券和政府债券这两类资产显示了中等的风险—回报率特性。比较各类资产的回报率，我们可以计算出它们之间的差别，而这些差别是由于所承受风险的不同而造成的。

（二）有效前沿

为了说明资产配置的应用，我们首先生成资产类型组合的有效前沿。这里我们考虑三种主要资产类型：普通股、长期债券和货币市场工具。这三类证券是被投资组合经理或大型的投资者经常使用的，或是作为所考虑的资产类型的全体，或是作为所考虑的资产类型的重要部分，而其他部分尚可扩充。因此这些资产类型可以看作资产配置所产生的这一类实际效果的代表，而同时又十分清楚地说明了其应用过程。

表 10－2 表示上述三类资产在某段时间各自实现的年回报率和这些回报率的标准差以及这些资产类型之间的相关性。给出了这些输入量，我们可以运用数学规划来生成投资组合的有效集合。这里不详细说明其数学背景及建立这种规划模型的必要条件，读者可自行参考相关专著和文章。

表 10－2　　三类资产的风险—回报率数据

资产类型	回报率平均值（%）	回报标准差（%）	相关性		
普通股股票	12.3	20.5	1.0	—	—
长期债券	5.4	8.7	0.114	1.0	—
国库券	3.7	3.3	−0.5	0.24	1.0

从本质上说，该规划模型的建立是专门用来使投资组合在给定的回报率水平上的风险最小化，也就是求出在给定的回报率上（如 5%、10%、20%）的有效投资组合。该规划模型求出在不同的回报率水平上风险最小的投资组合，并具体说明在该回报率水平上投资组合的资产类型及其相应的权重。按这种方式进行下去，该规划模型求出一系列的投资组合，各具有不同的风险和期望回报率。这些投资组合生成了有效前沿，如图 10－1 所示。

表 10－3 列出了图 10－1 中标号为 1、3、5、7 以及 S&P500（标准普尔 500 家公司指数）的 5 个投资组合有效前沿风险—回报率特性和资产类型的权重。投资组合 1 具有最低的风险，但回报率也最低。注意该投资组合是对风险最低的资产类型——国库券给予特别大的权重，同时 S&P500 投资组合在有效前沿的另一个极端则对普通股股票赋予了全部权重。其结果是，这一投资组合

给出了最高的期望回报率，也伴随着最大的风险。投资组合5具有中等程度的风险—回报率特性，各资产类型的权重比较均衡，从而是一种更为平衡的资产组合。

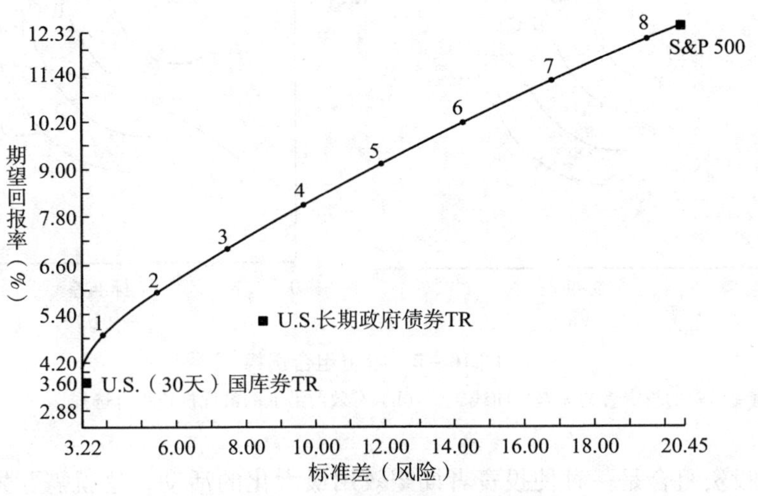

图10－1　美国资产的有效前沿

表10－3　**风险—回报率有效前沿**

	1	3	5	7	S&P500
资产权重（%）					
普通股股票	12.50	32.90	53.30	81.00	100.00
长期债券	11.60	27.00	42.40	19.00	0.00
国库券	75.90	40.10	4.30	0.00	0.00
合计	100.00	100.00	100.00	100.00	100.00
期望回报率（%）	5.00	7.00	9.00	11.00	12.30
标准差（%）	3.90	7.60	12.00	16.90	20.50
亏损概率（%）	10.00	17.90	22.70	25.80	27.40

（三）回避风险

投资者将在有效前沿中选择体现其回避风险程度的投资组合。一方面，对于高度回避风险的投资者，将选择风险较低的投资组合，这里低风险是通过期望回报率有较小的方差（标准差）来度量的。另一方面，对于风险容忍度较大的投资者，将选择具有高期望回报率的投资组合，尽管较高回报率伴随的是较大的方差（标准差）。这一思想在图10－2中表现为，高度回避风险的投资者在有效前沿中选择低风险的投资组合 1 和投资组合 2；而低度回避风险的投资者会在有效前沿中选择投资组合 7 和投资组合 8。

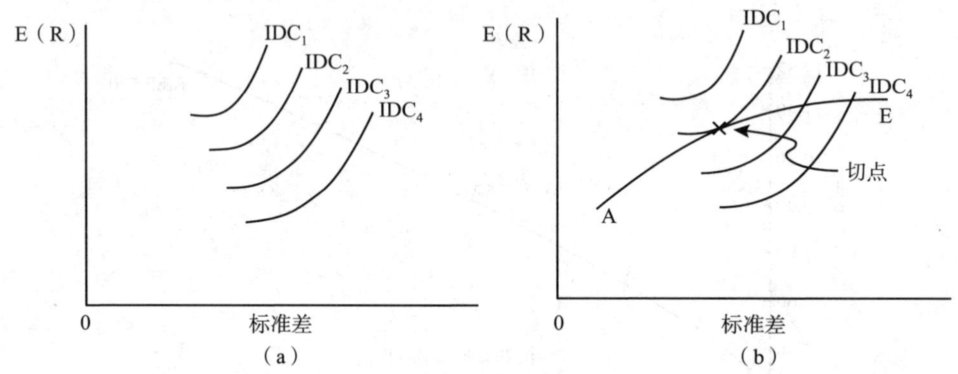

图 10－2　投资组合选择

（a）避免风险的投资者的无差异曲线族　（b）有效前沿上的最优投资组合选择

选择投资组合是一种使投资者期望效用最大化的活动，这就需要先推导出投资者关于风险和回报率的效用函数。按照古典经济学的分析，无差异曲线（IDC）是用均值—方差来表现风险—回报率相互替换的大小和形状的。图 10－2（a）是某个投资者的无差异曲线，在曲线上的各点进行风险—回报率相互替换对该投资者来说是无差异的。一旦这些曲线是已知的，则最优的投资组合就可由无差异曲线族与有效前沿的切点来确定，该切点是一切被选投资组合中在风险—回报率平面上的效用最大的投资组合，如图 10－2（b）所示。

尽管效用理论的概念十分清晰，可是在实际应用中却极为困难，这是因为建立一个投资者的无差异曲线族的完全模型是不可能的。甚至，即使是只建立风险与回报率间相互替换的近似关系也极为困难。但一种类似的近似方法已经被开发出来，即所谓确定性等价回报方法，该方法对此问题的解决提供了一些新的思路。

这种方法可以简单概括地描述如下。首先，我们假定回避风险的投资者要通过一个确定的百分率来“惩罚”一个具有风险的投资组合的期望回报率，其幅度与涉及的风险成正比。投资者察觉到的风险越大，则惩罚就越大。我们可以把风险惩罚系统的概念公式化。假定每一投资者都能基于期望回报率和风险为各备选投资组合给出一个效用次序。具有较高期望回报率和较低风险的投资组合会有较高的效用。用来计算投资组合效用的一个函数如下，其自变量为期望回报率 E(R) 和回报率的方差 σ^2：

$$U = E(R) - \frac{1}{2}A\sigma^2 \tag{10.4}$$

其中，U 为效用值；A 是一个反映投资者回避风险程度的指数。

正如式（10.4）所示，效用会随期望回报率的增加而增加，随风险减少而减少。这与传统概念是一致的。方差减小效用的大小依赖于指数 A，即投资者回避风险的程度。注意，若对于非回避风险并且对风险无差异的投资者，系数 A 将会是零，这时效用函数变成期望回报率的一元函数。对于投资者是回避风险这种更实际的情况，A 的数值以及惩罚的程度，随着投资者避免风险程度的加大而增加。

由于给投资者直接设定回避风险的参数是很困难的，在投资者从有效前沿选择最优投资组合时，确定性等价方法只能得到有限的实际应用。不过，当知道投资者现持有的投资组合时，该方法有助于推断出投资者回避风险的程度。例如，我们可以利用确定性等价方法来得出持有全部普通股股票投资组合的投资者回避风险的程度，或相应地得出持有较为平衡（如$\frac{60}{40}$）的投资组合的投资者回避风险的程度，而后者多为退休金基金的典型投资组合。

上述方法在图 10－3 中得到了说明。其中在有效前沿上标出了两个投资组合：（1）全权益组合 S；（2）由 60% 的权益和 40% 的债券构成的均衡组合 M。过有效前沿上任何一点作切线，延长使之与纵轴相交，这样便导出了回避风险的程度。切线的斜率表示投资组合的风险—回报率相互替换率，切线与纵轴的交点便是确定性等价回报率。

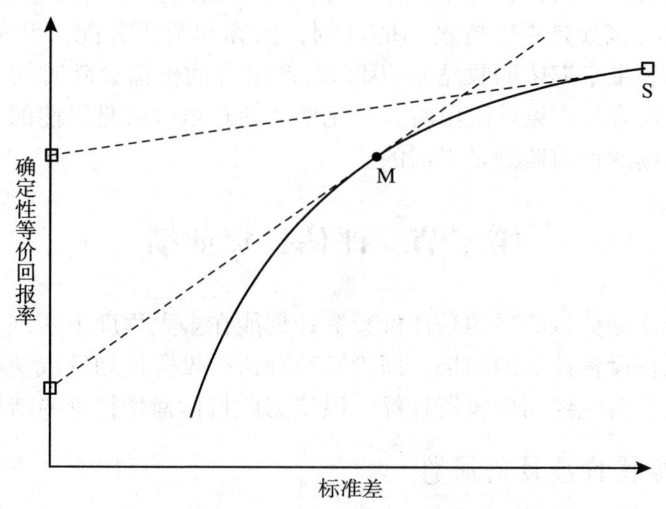

图 10－3 有效前沿：确定性等价回报率

注意图 10－3 中过投资组合 S 的切线与纵轴的交点处于相对较高的位置，而过 M 的切线与纵轴的交点处于相对较低的位置。我们当然会预期在有效前沿上的风险—回报率最高点的全权益投资组合 S，表示回避风险程度较低的投资者，会要求相对最高的确定性等价回报率。与此相对应的是，中等风险的投资组合 M 的切线斜率是比较大的，这说明对于回避风险的程度较高的投资者有较低的确定性等价回报率水平。在推导出这些风险—回报率替换率以后，我们便可以确定投资组合可以做何种变动来保持这个互换水平。

（四）资产扩充类型

在资产配置中投资者最初的注意力集中在三类资产上：普通股股票、债券和货币市场工具。之所以如此，不仅是因为这些资产类型的重要性和投资者对它们较为熟悉，还由于这些资产的风险—回报率特性比较容易获得。随着金融领域的不断创新，资产配置中的资产范围越来越广，投资组合理论告诉我们，所考虑的证券的总体越大，则得以改进多样化的潜在机会就越大。增加新的资产类型，特别是那些具有较好的协方差特征的资产类型，已成为越来越多的投资者和投资组合管理人员的目标。在资产配置中，投资者已显著增加了各种资产类型包括国际权益、国际债券和房地产，风险资本、基金和其他商品等。

五、监测投资组合

投资组合管理人员负责监督投资组合的实施情况。具体来说，投资组合管理人员要进行逐日的监督，收集分析投资组合已发生的相关数据，以此核算当期业绩是否与既定目标一致，在此基础上，做出阶段性调整。监测应该是多角度的，包括战术元素（例如是否坚持最初的计划，预算和资源分配）和战略元素（如支持战略目标和带来期望的收益）。因为资产组合的价值会随时间及市场状况而改变。当投资组合处在设计阶段时，量化期望的贡献价值是可能的，而市场变化迅速，所以连续的价值监测是必需的。

第二节 评估投资业绩

投资组合业绩分析的目的是评价投资计划能在多大程度上实现投资目标；评价投资经理执行投资计划的结果，即投资经理执行投资计划的成功程度。在评价的过程中，我们首先要明确投资目标，以便据此目标衡量投资的结果。

一、业绩评价涉及的问题

（一）证券投资基金的绩效评价

证券投资基金的绩效评价应从三个方面对投资组合业绩进行测量：其一是测量投资者的平均获利能力，主要是指证券市场综合指数的收益率；其二是测量基金相应的风险，包括系统风险和非系统风险；其三是测量基金经理的证券选择能力和时机选择能力。证券选择能力是指基金经理选择被低估的投资品种的能力；时机选择能力是指基金经理对市场方向性的正确预测，以调整投资组合的风险，获得最大收益的能力。

（二）影响证券投资组合业绩的因素

1. 证券市场的收益水平。市场的一般收益水平，主要指证券市场综合指数的收益率。一般来说，当市场处于景气状态时，整个市场的收益率普遍上升，基金收益也增加；市场处于萧条时，整个市场收益率普遍下降，基金收益随之减少。

2. 证券市场的风险水平。证券市场的风险水平包括系统风险和非系统风险。有效的分散化投资将使非系统风险趋于零，从而总风险约等于系统风险。

3. 证券组合经理的投资能力。

（1）投资品种选择。这是一种微观层次的能力，即投资组合经理识别被低估的投资品种能力。

（2）投资时机选择。这是一种宏观层次选择，涉及不同时机的资产配置，即如果投资组合经理预计股市上涨时，将增加股权投资，减少债券投资，并增加股权投资价值较高行业的投资比例，从而使投资组合的市场风险水平增加。反之，则进行反向操作。

（3）分散化程序。完全分散化投资不需要任何投资技巧，只要模拟指数组合即可，其结果必然是在不考虑交易成本的情况下，基金绩效等同于市场。如果管理者并不满足于市场收益，希望通过发挥投资才能使基金表现优于市场，就必须放弃完全分散化投资。在试图进行证券与时机选择时，投资组合经理应清楚由于判断失误而导致的后果，即在上升行情中收益较小，在下跌行情中损失更大。而这种风险本来可通过分散投资而避免，但他们之所以愿意承担这种可分散风险，正是为了谋求伴随而来的可能的更大收益。投资组合经理需要在潜在超额收益与安全性之间进行权衡，他们做出正确判断的关键是恰当的估计客户的风险承受能力和自身的投资才能。

二、度量风险和收益

在投资过程中，投资收益率是一个很简单的概念，即最初投资的一元带来了多少收益。这里的收益是广义的，包括现金流入和资产升值。对股票而言，总收益就是股利加上资本利得。对于债券，其总收益就是已支付利息加上资本利得。

考虑某股票：每年支付红利 2 元，股票的当前市值为 50 元。假如现在购买，收到红利 2 元，然后在年底以 53 元卖出，那么收益率就是：

$$\frac{总收益}{最初投资}=\frac{收入+资本利得}{50}=\frac{2+3}{50}=0.1 \quad 即10\%$$

另一种推导收益率的方法是把投资问题看作是现金流贴现问题。设 r 为收益率，它能使最初投资所带来的所有现金流的现值等于期初投入。在上例中用 50 元购买股票，在年底时产生 2 元（红利）加上 53 元（出售股票）的现金流。因此有：$50=\frac{(2+53)}{(1+k)}$，得 k = 10%。

如果投资持续了一段时间，而在此期间，我们向资产组合注入或抽回了资金，那么测算收益率就比较困难了。继续之前的例子，假设在第一年购买了第二股同样的股票，并将两股股票都持有至第二年年末，然后以每股 54 元的价格出售了它们。那么总的现金流如表 10－4 所示。

表 10－4　　　　不同时期的支出

时期	支出
0	50 元购买第一股
1	53 元购买第二股
时期	收入
1	最初购买股票的 2 元红利
2	第二年持有两股的 4 元红利，并以每股 54 元股票的 108 元

利用贴现现金流的方法，这两年的平均收益率就能使现金流入现值和现金流出现值相等：

$$50+\frac{53}{1+k}=\frac{2}{1+k}+\frac{112}{(1+k)^2}$$

$$k=7.117\%$$

这个值称为内部收益率，即投资的资金加权收益率，之所以称为资金加权，是因为第二年持有两股股票与第一年只持有一股相比，前者对平均收益率有更大的影响。

与内部收益率并列的是时间加权收益率。这种方法忽略了不同时期所持股数的不同。由前可得第一年股票的收益率为 10%；而第二年股票的初始价值为 53 元，年末价值为 54 元。本期收益率为 3 元除以 53 元，即 5.66%；所以其时间权重的收益率为 10% 和 5.66% 的平均值，即 7.83%。显然这个平均收益率只考虑了每一期的收益，而忽略了每一期股票投资额之间的不同。

这里资金权重收益率比时间权重收益率要小一些。原因是第二年股票的收益率相对较小，而投资者恰好持有较多的股票，因此第二年的资金权重较大，导致其测算出来的投资业绩要低于时间权重收益率。一般来说，资金权重和时间权重的收益率是不同的，高低也是不确定的，这取决于收益的时间结构和资产组合的成分。

一般来说，资金权重收益率应该更准确些，因为毕竟当一只股票表现不错时投入越多，收回的钱也就越多，因此，业绩评估指标应该反映这个事实。但是，时间权重的收益率有它自己的用处，尤其是在资金管理行业。在很多重要的实际操作过程中，资产组合的管理者并不能直接控制证券投资的时机和额度。养老基金的管理者就是一个很好的例子：他所面对的现金流入是每笔养老金的注入，而现金流出则是养老金的支付。很显然，任何时刻的投资额度都会因为管理者无法控制的各种原因而各不相同。由于投资额并不依赖管理者的决定，因此在测算其投资能力时采用资金加权的收益率是不恰当的。于是，资金管理机构一般用时间加权的收益率来评估其业绩。

三、评估风险调整后的业绩

评价基金风险调整后收益的经典方法有四种，即特雷诺（Treynor）指数方法、夏普（Sharpe）指数方法、詹森（Jensen）指数方法、估价比率（Appraisal Ratio）。

（一）特雷诺指数方法

特雷诺（Treynor）指数是采用基金组合收益与证券市场的系统风险对比的方法来评价投资基金的绩效。计算公式是：

$$T_p = \frac{R_p - R_f}{\beta_p} \tag{10.5}$$

其中，T_p 为特雷诺指数，该指数越大，基金业绩越好；R_p 表示某基金的投资收益率；R_f 表示无风险利率；β_p 表示某只基金投资收益率的系统风险。如果 $\beta_p = 1$，表示该基金和基准涨跌相同；如果 $\beta_p > 1$，那么该基金与市场同涨同跌，但幅度要大；如果 $0 < \beta_p < 1$，则该基金涨跌幅度要小些；如果 $\beta_p < 0$，则收益波动和市场相反。

特雷诺指数的理论依据是资本资产定价模型，以证券市场线（SML）为评价的基点，如果市场处于均衡，所有的资产组合都将落在 SML 线上；当 T_p 大于 SML 线的斜率，则该基金的投资组合就位于 SML 线的上方，其业绩优于市场表现；反之，如果小于 SML 的斜率，则该基金的投资组合就位于 SML 线的下方，表明其业绩劣于市场表现。图 10－4 中，基金 A 的绩效要优于市场组合，而基金 B 的绩效则比市场组合要差。

【例 10－1】 假设基金 A、基金 C 的季度平均收益率为 2.5%、2.0%，系统风险为 1.20、0.8，市场组合的季平均收益率为 2.1%，季度平均无风险收益率为0.65%，则不难得到，基金A、基金C的特雷诺指数分别等于1.54、1.69，市场组合的特雷诺指数为1.45，因此基金C的表现要好于基金A，它们的表现都要好于市场的表现。

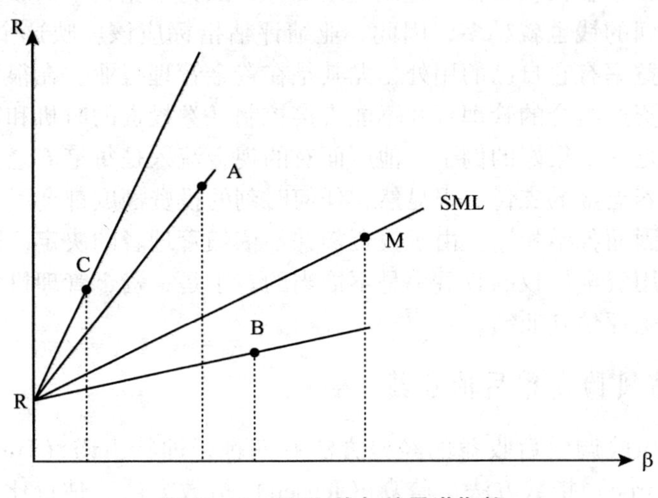

图10－4　SML线与特雷诺指数

（二）夏普指数方法

夏普（Sharpe）指数等于一定评价期内基金投资组合的平均收益率超过无风险收益率部分与该基金收益率的标准差之比，计算公式是：

$$S_p = \frac{R_p - R_f}{\sigma_p} \tag{10.6}$$

其中，S_p 表示夏普指数，其含义是每单位总风险资产获得的超额收益；R_p 表示某基金的投资收益率；R_f 表示无风险利率；σ_p 是基金收益率 R_p 的标准差，表示基金投资组合所承担的总风险。S_p 值越大，基金的业绩越好；反之则越差。夏普指数的理论依据也是资本资产定价模型，以资本市场线（CML）为评价的基准，如果基金投资组合的夏普指数 S_p 大于市场证券组合的夏普指数 S_M，则该基金的投资组合就位于CML线的上方，表明其表现好于市场；反之，则该基金的表现就比市场差。图10－5中，夏普指数就是基金组合与无风险收益率连线的斜率。而资本市场线的斜率代表了市场组合的夏普指数。基金B的夏普指数小于资本市场线的斜率，因此其绩效劣于市场组合的绩效。相反，基金A的绩效则要好于市场组合。

【例10－2】假设基金A、基金B的季度平均收益率为4.0%、3.0%，市场组合的季度平均收益率为3.5%，季度平均无风险收益率为0.70%，基金A、基金B和市场组合的标准差分别为0.05、0.08和0.09，可以得到基金A、基金B

和市场组合的夏普指数分别为0.66、0.29和0.31，因此基金A表现好于基金B和市场组合，基金B表现则劣于市场组合。

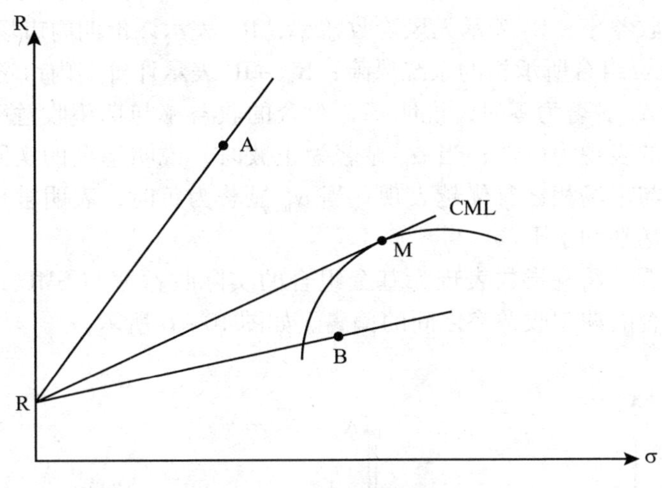

图10-5　夏普指数图示

特雷诺指数和夏普指数都是衡量承担单位风险时资产组合所获得的超额收益。运用这两个比例可以对基金的业绩进行排序，特雷诺指数和夏普指数越高的基金业绩越好。二者的不同在于调节收益时，是采用系统风险还是全部风险。对于只投资某一资产的基金来说，其投资时所承担的风险为该基金的全部风险，此时，采用夏普指数比较合适。对于投资于很多资产的基金来说，其分散化的投资行为已经化解了基金投资的非系统风险，实际只承担了系统风险，此时，采用特雷诺指数会更加合适。

（三）詹森指数方法

特雷诺指数和夏普指数都是相对评价指标，用于基金评级时有意义，而特雷诺指数和夏普指数的差额没有经济意义。詹森（Jensen）指数是基于CAPM模型的一个绝对评价指标，它能在风险调整后以百分比的形式评估基金的业绩。詹森指数依据系统风险来计算组合的风险溢价。它衡量的不是基金的单位风险收益，而是计算差额回报率，即在给定基金面临的风险条件下，求出基金的期望收益率，然后将基金的实际收益率与期望收益率比较，前者与后者的差额即为詹森指数。其数学表达式为：

$$E(R_p)=R_f+\beta_p(R_m-R_f)$$
$$\alpha_p=R_p-E(R_p) \qquad (10.7)$$

詹森为了能检验 α_p 的显著性，在将 α_p 的表达式转换之后，获得了一个回归方程式。该方程式如下：

$$R_p - R_f = \alpha_p + \beta_p(R_m - R_f) + \varepsilon \tag{10.8}$$

其中，α_p 表示超额收益，称为詹森指数；$E(R_p)$ 表示基金的预期收益率；R_p 表示基金的投资收益率；R_f 表示无风险收益率；R_m 表示评价期内市场平均收益率；β_p 表示基金投资组合所承担的系统风险；$R_m - R_f$ 表示评价期内市场风险溢价；ε 表示残差。当 α_p 显著为零时，说明基金组合的收益率与期望收益率不存在显著差异，该基金的表现为中性；当 α_p 显著为正数时，说明基金的实际收益率高于预期，该基金与市场相比有优越表现；当 α_p 显著为负时，表明被评价基金的投资收益低于市场平均水平。

从几何上看，詹森指数表现为基金组合的实际收益率与 SML 直线上具有相同风险水平组合的期望收益率之间的偏离。如图 10 -6 所示。

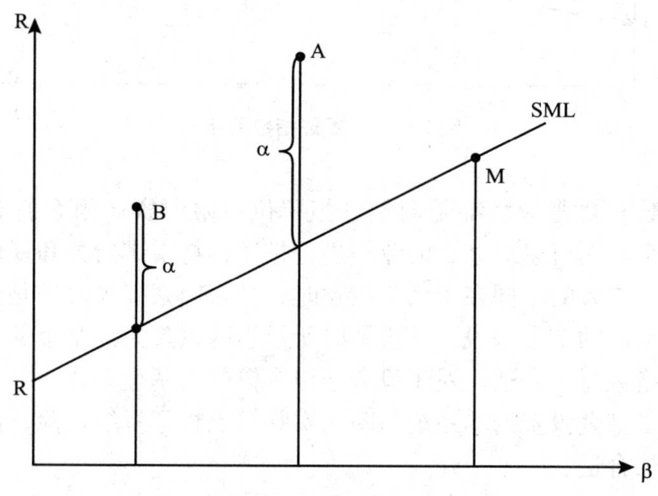

图 10 -6　詹森指数图示

詹森指数和特雷诺指数一样隐含了一个假设：基金的非系统风险已经通过组合彻底地分散掉了。因此，该指数只反映了收益和系统风险之间的关系。如果基金并没有完全消除非系统风险，则詹森指数可能得出错误信息。

（四）估价比率

估价比率（appraisal ratio）公式可表示为：

$$AR = \frac{\alpha_p}{\sigma_\varepsilon} \tag{10.9}$$

该方法用资产组合的 α_p 值与其非系统风险的比值来进行业绩评估，它测算的是每单位非系统风险 σ_ε 所带来的非常规收益（σ_ε 是指通过持有市场上全部组合而完全分散掉的那部分风险）。

对于单指数模型：

$$R_p - R_f = \alpha_p + \beta_p(R_m - R_f) + e_p \tag{10.10}$$

如果组合 P 是公平定价的，那么 $\alpha_p = 0$，且 e_p 就是可分散化的风险。而如果 P 没有被公平定价，那么 α_p 就不为零。事实上，正如前面所提到的，α_p 就是期望的非常规收益。持有组合 P 和市场组合的混合资产就会带来一定的收益 α_p，同时也带来一部分不可避免的非系统性风险 e_p。因此，比值$\frac{\alpha_p}{\sigma_\varepsilon}$就是资产组合 P 本身的收益—成本比值。

四、历史业绩和未来业绩

检验基金的历史表现和未来表现是否一致，即前期表现较好的基金当期是否也有不俗的表现，而前期表现较差的基金是否仍然没有提升自身的业绩，对投资者来说，可以趋利避害。常用到研究方法主要有三种：交叉积比率检验法、横截面回归法、斯皮尔曼秩相关系数检验法。

（一）交叉积比率检验法

先将样本期间内的所有基金按照原始收益率的大小进行排序，找出中位数，然后将其中收益率大于等于中位数那部分基金定义为“赢家”（winner），收益率小于中位数的部分定义为“输家”（loser）。在下一样本期，重新对基金按收益率大小进行排序，收益率大于等于中位数仍定义为赢家，收益率小于中位数的部分定义为输家。这样，基金在前后两个样本期内的状态可以分为 WW，WL，LW，LL 四种。如果基金业绩具有持续性，那么 WW 和 LL 出现的概率要比 WL 和 LW 出现的概率大得多。然后，用 2×2 列联表统计 WW，WL，LW，LL 的基金个数，见表 10－5，纵向表示排列期的 W 和 L，横向表示业绩期的 W 和 L，然后计算叉积比和 Z 统计量（$\frac{\ln(\text{Cross} - \text{Product} - \text{Ratio})}{\sigma}$，σ 代表标准差）。原假设：排列期的业绩与业绩期的业绩无关，交叉积比率为 1；备择假设：排列期的

表 10－5　　列联表

业绩期 / 排列期	W	L	Repeat－W WW/WL	CPR (WW＊LL)/(WL＊LW)	Z-test ln(CPR)/σ
W	WW 的个数	WL 的个数	计算 WW/WL	大于1，正相关，有持续性；等于1，无相关性；小于1，负相关，有反转性	检验持续性或反转性的显著程度
L	LW 的个数	LL 的个数			

注：表中 CPR 是指叉积比率（cross-product ratio）。

业绩与业绩期的业绩有关。如果交叉积比率显著大于1，表示排列期的业绩与业绩期的业绩有正相关关系，也就是基金业绩具有持续性；如果交叉积比率显著小于1，表示排列期的业绩与业绩期的业绩有负相关关系，也就是基金业绩有反转性。

$$\sigma = \sqrt{\frac{1}{WW} + \frac{1}{WL} + \frac{1}{LW} + \frac{1}{LL}}$$

（二）横截面回归法

横截面回归法在金融领域使用的很多，比如对CAPM的检验等，在用它来研究基金业绩持续性时，其具体过程如下。

先将样本期分为两个子期：排列期（选择期）和业绩期（评价期），然后，通过业绩期的业绩对排列期的业绩的横截面回归的斜率来判断是否有持续性以及持续性的显著水平，模型如下：

$$\alpha_{i,t+\tau} = \lambda_{0,t} + \lambda_{1,t}\alpha_{i,t} + \mu_{i,t+\tau} \tag{10.11}$$

其中，$\alpha_{i,t+\tau}$为基金i在$t+\tau$期的业绩；$\alpha_{i,t}$为基金在t期的业绩；τ为评价期；$\mu_{i,t+\tau}$为回归误差。

通过横截面回归后对斜率$\lambda_{i,t}$进行t检验。原假设：$\lambda_{1,t}=0$，说明基金在排列期的业绩无法用来预测未来的业绩，基金的业绩不存在持续性。备择假设：$\lambda_{1,t}\neq 0$，说明基金在排列期的业绩可以用来预测未来的业绩，基金的业绩存在持续性。

（三）斯皮尔曼秩相关系数检验法

斯皮尔曼（Spearman）秩相关系数法是一种比较常用的非参数统计方法，用来检验两个有序随机变量的相关程度。

首先，将排列期业绩与评价期业绩分别进行排序，转化为秩数对（u_i，v_i），u_i和v_i分别代表排列期业绩的秩数值和评价期业绩的秩数值，利用式（10.12）求出Spearman秩相关系数r。

$$r = 1 - \frac{6\sum_{i=1}^{n}(u_i - v_i)^2}{n(n^2 - 1)} \tag{10.12}$$

当$r=1$时，表示基金业绩完全持续，当$r=-1$时，表示基金业绩完全反转，r越靠近±1，表示持续性或反转性越好。

基金业绩可以用多种方法加以衡量，相应地，基金业绩持续性也就针对不同的业绩指标加以考察。同时，业绩持续性又可以从短期与长期、两期与多期等不同角度进行考察。而不同的检验方法所得到的结论有时并不一致。

关键术语

马科维茨模型 确定性等价回报 詹森指数方法 夏普指数方法 估价比率 特雷诺指数方法 资金加权收益率 时间加权收益率

思考题

1. 简述影响投资决策的主要因素。

2. 什么是资产配置？马科维茨模型是怎样适合资产配置的？

3. 解释名义回报率、实际回报率和风险增溢率，并说明对于各资产类型他们有何区别。

4. 有人曾说一个人应该在一个完全的市场周期中测度投资者的业绩。怎样评价这一观点？什么样的论述是与之相矛盾的？

5. 简述夏普指数和特雷诺指数在评价投资组合绩效方面的异同点。

6. 资产组合 A 与资产组合 B 的期望收益率分别为 12% 与 16%。A 的贝塔值为 0.7，而 B 的贝塔值为 1.4，现行国库券利率为 5%，而标准普尔 500 指数的期望收益率为 13%。A 的标准差每年为 12%，B 的标准差每年为 31%，标准普尔 500 指数的期望收益率为 18%。(1) 如果你现在拥有市场指数组合，你愿意在你所持有的资产组合中加入哪一个组合？说明理由。(2) 如果你只能投资于国库券和这些资产组合中的一种，你会作何选择？

7. 表中是四个投资经理的风险与收益的测度情况，都只投资于普通股市场。假定近 5 年来，标准普尔 500 指数包括红利的平均年收益率为 14%，而国库券的平均名义收益率为 8%。

资产组合	年平均收益率（%）	标准差（%）	β
P	17	20	1.1
O	24	18	2.1
R	11	10	0.5
S	16	14	1.5
标准普尔 500	14	12	1.0

计算四个资产组合的特雷诺指数与夏普指数，并进行比较说明。

8. 一分析家要用特雷诺与夏普测度评估完全由普通股股票构成的资产组合 X，过去 8 年间该资产组合、由沪深 300 指数测度的市场资产组合和国库券的平均年收益率情况见下表：

资产组合	年平均收益率（%）	标准差（%）	β
X	10	18	0.60
沪深 300	12	13	1.00
国库券	6	N/A	N/A

（1）计算资产组合 X 与沪深 300 指数的特雷诺指数和夏普指数。简述根据这两个指标，资产组合 X 是超过、等于还是低于风险调整基础上的沪深 300 指数。

（2）根据（1）中计算所得的相对于沪深 300 指数的资产组合 X 的业绩，简要说明使用特雷诺测度所得结果与夏普测度所得结果不符的原因。

第三编　保险投资监管

第十一章 保险投资监管

【本章内容提要】

本章主要介绍我国对保险投资监管的体系及相关法律规范，同时简要介绍了国外几个主要国家的保险监管体系及法律规范。要求学生重点掌握保险投资监管的意义、监管的主要原则、保险投资监管的体系；熟悉我国保险资金投资中的相关规定与违规处理办法；了解全球保险业的发展状况及国外保险投资监管的体系。

1. 保险投资监管的含义

- 保险监管产生的经济学分析
- 保险投资监管的含义
- 保险投资监管的原则

2. 我国保险投资监管概述

- 我国保险投资监管的体系
- 我国保险投资监管的相关法律法规
- 保险投资违规处理规定

3. 国外保险投资监管

- 全球保险业发展概述
- 美国保险投资监管
- 英国保险投资监管概述
- 日本保险投资监管概述
- 德国保险投资监管概述

第一节 保险投资监管的含义

一、保险监管产生的经济学分析①

保险监管产生的主要原因在于市场失灵，除此之外，引发监管的因素还有保险的脆弱性。

① 裘红霞，郭冬梅．保险学［M］．清华大学出版社，2011：223－225.

亚当·斯密在他1776年出版的《国富论》中指出，市场就像一只“看不见的手”，指引着家庭和企业在市场上交易，使资源得到有效配置，从而使社会福利也达到了最大化。没有政府干预的完全竞争市场通过市场机制的自发调节就可以使资源得到最优配置。但实践证明，现实生活中并不存在完全竞争市场。现实中的几乎所有的市场都是处于不完全竞争状态的，这种不完全竞争状态可能直接导致资源配置失当，即市场失灵。市场失灵的主要表现有四种情况：垄断、外部影响、公共物品和信息不对称。当市场存在市场失灵现象时，市场无法依靠自身的力量克服，这时需要借助外部力量介入，对保险业进行监管，以维护市场配置资源的有效性，避免市场失灵。

（一）市场垄断

市场垄断是保险市场的一个首要表现，保险市场的垄断表现为单个保险公司和少数几家保险公司独占保险市场所形成的完全垄断和寡头垄断。在这样的保险市场中，大公司凭借其强大的实力同弱小公司竞争，短期内可以压低保险产品的价格（保费）使之处于其边际成本之下，以此排挤并迫使其他公司退出市场。当大公司占领并取得了市场垄断地位后再提高价格，使之处于边际成本之上，从而获得了垄断利润，当然也侵占了消费者（被保险人）的消费者剩余。戴蒙德1984年建立了一个简单的受托监控模型（Delegated Monitoring Model，DMM模型），通过该模型证明，即使考虑金融中介本身的代理成本，金融中介仍然具有信息生产和监控的优势，同时该模型还得出了一个重要的结论是金融中介监控的企业数量越多，其代理成本越低，因此金融中介具有规模效应和自然垄断倾向，金融中介规模越大越好。保险市场也是如此，具有自然垄断的倾向。垄断会导致市场资源配置的低效率，政府通过保险价格管制等方式进行监管，可以保护被保险人的利益，减少因保险市场失灵所带来的社会福利损失。

目前我国保险市场的保险产品价格较高，供给主体较少，几家大的保险公司占据了大部分的市场份额，但与成熟市场的垄断状况不同的是，我国的保险公司还不是真正的市场竞争主体，配置资源的能力不够强，因此通过市场信号引导、监督、管理保险公司的经营行为及其结果，引导保险公司建立公司治理机制，有利于保险市场的完善。

（二）外部影响

外部影响一般表现形式有两种：外部经济和外部不经济。所谓外部经济是指个人从其活动中得到的私人利益小于该活动所带来的社会利益；所谓外部不经济恰好相反，是指个人为其活动所付出的私人成本小于该活动所造成的社会成本。当出现正外部效应时，生产者的成本大于收益，他们得不到应有的收益补偿，从而导致商品提供不足；当出现负外部效应时，生产者的成本小于收益，受损者得不到损失补偿，生产者可能提供过多商品，因而市场竞争就不可能形成理想的效率配置。在保险市场上也存在着类似的情况，如消费者的保险欺诈使保险公司偿付能力受到损害或误导保险概率统计使保费分担提高，产生对于其他消费者的不公正结果；同时，保险市场的另一个显著负外部效应是保险业的内在脆弱性会导致系统风险，即一家保险公司的财务危机往往会影响到整个保险市场的系统风险的爆发，如破产倒闭及其连锁反应甚至挤提危机（退保风潮）等，给社会造成的严重影响。保险本身是一种社会共济机制，一旦公司丧失偿付能力、无法按合同约定偿付损失，或公司从事不法经营，以各种欺诈手段损害被保险人利益，那么保险业健康经营的基础就不存在了。根据科斯定理，外部性是无法通过市场机制的自发作用消除的，因此需要政府加以监管来限制这种负外部性的影响。

（三）公共物品

公共物品是相对于具有竞争性和排他性的私人物品而言的，由于消费者增加这类商品的消费都不会减少其他人所可能得到的消费水平，即消费者消费一单位该商品的机会成本为0，此时市场就不再具有竞争性，消费者不会为了获取该商品支付费用，于是产生“搭便车”行为，结果导致这类商品的市场供给不足。保险市场也会受到公共物品的影响，有些产品也具有公共物品的性质。日常生活中的风险并不是都能通过保险市场转嫁，在对风险事故的救助中政府发挥了重要的作用，而政府提供的服务具有公共产品的性质，会导致保险市场上需求不足，如某些人或企业相信政府会在灾难发生时提供资助，那么他们购买商业保险的愿望就会减弱；同样，如果某人知道他将获得免费的急救医疗，就不会轻易购买私营健康保险，保险市场上的有些商品本身具有公共产品的性质，如农业保险、巨灾保险等具有正的外部性，因而供给总是不足。

（四）信息不对称

保险市场也存在着类似二手车市场的信息不对称问题，由于保险市场中的保险主体之间存在着信息不对称，会导致保险合同订立前出现逆向选择，即高风险的投保人增加；合同签订后则会出现道德风险，如违反最大诚信原则，或保险公司赔偿不到位等问题。信息不对称会加大保险市场参与各方的风险，严重时会影响保险市场的正常运转。因此，为了维护保险人的信誉和全体被保险人的利益，应当建立保险监管制度，对保险行为加以监管，加强信息披露，降低信息不对称可能带来的负面影响。

（五）保险脆弱性

保险的脆弱性是保险自身的特性，通常可分为两种，即狭义的保险脆弱性和广义的保险脆弱性。

狭义的保险脆弱性又称为“保险内在脆弱性”，表现为保险业高负债经营的行业特点使保险业具有更容易失败的本质。狭义的保险脆弱性强调“内在性”，即它是保险部门与生俱来的一种特性，对于保险公司来说，其脆弱性根源在于保险资金的使用与偿还在时间上的分离，这种分离使得保险公司资金的流动性存在难题。保险公司流动性的压力来自多种原因，如投资形势恶化、发生重大投资损失、市场恐慌等。

广义上的保险脆弱性是指一种趋于高风险的保险状态，泛指一切融资领域中的风险积聚。保险脆弱性与保险风险意义相近，但着重点不同。保险风险，严格说来是指潜在的损失可能性。保险脆弱不仅包括潜在的损失，还包括已经发生的损失。

研究表明，由于保险具有较强的契约性，如果资产配置于不透明的、非流动的、比较困难的市场，在投保人与保险人信息严重不对称的情况下，会加剧公众预期的不确定性，造成系统性风险。

二、保险投资监管的含义

保险投资监管主要是指一国保险监管当局通过运用法律手段、行政手段及经济手段来对保险资金的运用进行规范，以期达到增强保险公司盈利能力、防范投资风险、保护保险人及消费者利益的行为总和。保险投资监管是保险监管的一个重要方面，它伴随着保险公司的业务发展而发展，在当今金融市场高度发达的情况下，保险投资的风险也日益加大，加强保险投资的监管有利于保险业的健康、持续发展。

公元 14 世纪后半叶，海上保险就在欧洲的意大利出现了，但是保险监管制度最早产生于 16 世纪的英国。1575 年，英国伊丽莎白女王特许在伦敦皇家交易所内设立保险商会，英国政府要求海上保险单必须向该商会办理登记，成为政府对保险业进行管理的开端。现代保险监管制度最早产生于美国，一个重要标志是国家授权给专门的保险监管机构，使其专门负责保险监管，1851 年新罕布什尔州率先设立保险署，专门负责进行保险业监管，开创了现代保险监管制度中设立专门监管机构的历史。1858 年，伊莱泽·赖特（Elzur Wright）任马萨诸塞州保险监督官，他提出了以保证保险人偿付能力为目标的现代保险监督理念，因而也被称为现代保险监管之父。1859 年纽约州保险监督官委员会的设立，建立了具有现代意义的保险监管机构。

1683 年，被喻为火灾保险之父的尼古拉斯·巴蓬于 1667 年开设的第一家现代意义上的火灾保险社就开始拿地租做担保用于火险的赔款；1765 年世界上第一家以现代保险原则组建并经营的寿险公司——英国公平人寿保险公司的设立成为现代寿险业的开端，均衡保费的采用为寿险积累大量的投资资金奠定了基础，从此寿险公司设计的保单由保障功能开始逐步向储蓄投资功能转变，保险资金的投资业务正式成为寿险公司经营的一个业务环节，因此 1765 年也被认为是现代寿险资金投资的开端，之后对保险资金运用的监管逐步成为保险监管的主要组成部分。

三、保险投资监管的原则

（一）依法监管原则

依法监管原则是指保险监管主体在设定和行使监管职权时必须依据相关的法律、行政法规的规定进行，法律不仅是所有保险资金投资主体进行投资的依据，也是保险投资监管的基础。

依法监管的原则包含两层含义：一是保险监管主体应当在法律规定的范围内行使对保险投资的监管权，不得侵犯监管对象的合法权益。这表现在保险监管部门地位的确立、监管权力均来源于法律的相关规定，同时监管权的行使也应受到法律的限制，监管行为不仅要符合法律的规定，还要符合法律监管的程序，对滥用职权的监管行为可判定为无效，且应受到法律的制裁；二是保险投资主体的投资行为在法律规定的范围内接受监管，合法权益受法律的保护。这要求所有关于保险投资的法律、法规都应公布于众，公开透明，让各保险投资主体了解监管的内容、目的和要求，对所有的保险投资主体的监管应当采用统一的标准和程序，对各保险机构应当一视同仁，以法律为准绳，在利益受到侵犯时得到法律的保护，且不允许存在任何法外特权。

（二）有效监管原则

有效监管原则主要是指保险监管当局在对保险资金运用主体进行监管的过程中，即不能过度干涉其自主投资行为，又要防范其过度投资产生的风险，使保险投资业务健康、持续的发展。如果对保险投资主体的行为干涉过度，会压制保险公司的创新与竞争，导致保险市场的投资行为的同质化与低效率；如果对保险投资主体的行为不加管制，又会导致投资风险的上升，最终会引发公司陷入发展困境，行业发展出现系统性风险。因此有效监管要求保险监管当局尽可能地在两者之间找一个平衡点，使监管即不压制保险公司的投资行为，又能较好地防范风险的积聚。

（三）保护保险人投资利益原则

保护保险人投资利益原则是指对归属于保险人合法的投资利益，应当加以保护，而对保险投资受托人的合法利益（如佣金等）也应当加以保护，只有在各方的合法利益均得到保护的情况下，保险行业才能持续、健康地发展。目前保险投资已经是保险业发展的两个轮子之一，这两个轮子一个是保险的承保业务，另一个就是保险投资。可以说保险人投资业务的发展在未来会更多地影响到保险公司的盈利能力与保险业的健康发展，因此对保险投资的监管还应当从保护保险人的投资利益出发，如果保险人的投资利益受到侵害，最终损害的是广大保险消费者的利益，甚至会破坏保险业的稳定与发展。统观世界各国在保险投资方面的法律制度，保护保险人的投资利益不受侵害是各国监管机构进行监管的基本原则。

以上三个原则可以说即相互制约，又相辅相成。首先依法监管是有效监管和保护投资利益原则的前提条件，如果没有相应的法律法规做基础，有效监管与保护保险人投资利益就无从谈起；而相应的法律规范如果滞后于业务的发展则会对保险投资利益的获得带来障碍，成为实现有效监管的法律桎梏，因此有效监管是监管的目标；保险人投资利益受到保护则是在法律框架内实现有效监管的最终结果。

第二节　我国保险投资监管概述

一、我国保险投资监管的体系

保险投资是保险公司业务经营的一部分，因此要了解我国保险投资监管的体系，首先需要了解的是我国对保险业的监管体系。

1980 年以前，我国只有保险经营，而没有实质上的保险监管。1980 ~ 1998 年，中国人民银行是我国主要的保险监督机构。1998 年 11 月 18 日，中国保险监督管理委员会正式成立，标志着我国保险监管体制开始按照专业化的标准建立，基本实现了分业经营、分业监管的框架设计。目前“一行三会”是均隶属于国务院的正部级单位，但中国人民银行是国务院的组成部门，而证监会、银监会、保监会则是国务院直属的事业单位。目前我国对保险业的监管体系是以国务院下属的保监会为主导、保险行业协会和社会监督为辅助的体系。

但保险投资监管体系不同于保险监管体系，由于保险投资的主体主要是保险公司，而保险投资的工具会牵涉到较多的部门，因此可将保险投资的监管体系分为两个部分：一是保险投资的监管主体，包括保险行业内和保险行业外的监管主体，前者包括保监会、保险行业协会、保险公司的内控监督机构，后者包括证监会、银监会、投资评级机构及媒体的监督等；二是保险投资监管的客体包括保险公司、保险资产管理公司、基金公司、证券公司等保险资金自行投资与受托投资的机构。

（一）保险投资监管的主体

1. 保险行业内监管主体。

（1）保险监督管理委员会（简称保监会）。我国保险监督管理委员会（简称中国保监会）是国务院直属事业单位，成立于1998年，专门负责对保险行业的监督管理工作，是对保险投资监督管理的主要的外部机构。2003年，国务院决定，将中国保监会由国务院直属副部级事业单位改为国务院直属正部级事业单位，并相应增加职能部门、派出机构和人员编制。中国保险监督管理委员会内设16个职能机构和3个事业单位，并在全国各省、直辖市、自治区、计划单列市设有36个保监局，在苏州、烟台、汕头、温州、唐山市设有5个保监分局[①]。在保险投资方面发挥的主要监管职责是根据国务院颁布的相关法律规范下来制定保险投资的相关法规，不断拓宽保险投资的渠道，增加保险公司盈利能力，引导保险公司管理好境内外投资的风险，并依照国务院的授权履行行政管理职能，负责监督、维护保险业的合法、稳健运行。

（2）保险行业协会。中国保险行业协会是我国重要的保险行业自律组织，成立于2001年3月12日，是经中国保险监督管理委员会审查同意并在国家民政部登记注册的中国保险业的全国性自律组织，是自愿结成的非营利性社会团体法人。截至2014年12月31日，中保协共有会员302家，其中保险公司163家、保险中介机构90家、保险相关机构7家、地方保险行业协会42家。中国保险行业协会的最高权力机构是会员代表大会，理事会是会员代表大会的执行机构，协会实行专职会长负责制，由专职会长负责协会日常工作，下设15个专业分支机构，11个常设办事机构，在会员自律、维权、服务、交流、宣传方面发挥自己的作用[②]。在保险投资监督方面主要体现在行业数据的公开披露上，在保险行业协会的网站上除公开披露保险公司年度信息外，还披露保险公司、保险资产管理公司等的资金运用信息，便于社会的监督，同时引导保险公司等会员机构在保险投资方面的行业自律行为。

（3）保险公司的内控监督机构。保险公司的内控监督机构是对保险投资最直接的监管主体，是对投资风险防范的第一道防线，无论保险公司采用的是自行投资还是委托投资模式，按照保监会的要求，我国的保险公司均应当遵循决策权、监督权和运营权三权分立、互相制衡的原则来进行保险资金的投资管理，对保险投资的内部监管主要是由董事会下设的风险管理委员会等类似的专业委员会来负责，同时保险公司还需要设立专门的风险管理首席执行官来管理保险投资监管部门的工作，公司内部的稽核审计部门还可承担部分的保险投资的监督管理职能。

2. 保险行业外监管主体。可以说保险行业外的监管主体主要是对防范保险投资风险起到辅助监督作用，对保险投资的具体运作等主要是依赖保险行业内的监管主体来完成。由于目前我国保险资金的投资工具包括银行存款、债券、股

---

① 保监会网站，网址：http：//www.circ.gov.cn/web/site0/tab5170/。
② 保险行业协会网站，网址：http：//www.iachina.cn/about/。

票、基金、不动产及其他金融产品等，保险资金的受托管理机构包括证券公司、基金公司、信托公司等，因此业务交叉部分的监管主要需要保监会、证监会、银监会、中国人民银行和外汇管理局等部门的相互沟通。此处主要介绍证监会、银监会、外部信用评级机构、外部审计部门和媒体等其他组织的监督作用。

（1）证监会。中国证券监督管理委员会（简称中国证监会或证监会；China Securities Regulatory Commission，CSRC）是我国国务院负责监督管理证券和期货的直属事业单位。1992 年 10 月，我国成立了国务院证券委员会和中国证监会，当时的国务院证券委员会是对证券市场进行统一管理的主管机构，而中国证监会则是国务院证券委员会的执行机构，依法对证券市场进行监管。1995 年 3 月，国务院正式确定中国证监会为国务院直属副部级事业单位，但依然是国务院证券委员会的监管执行机构，此时期的证券经营机构还是由中国人民银行负责监管。1997 年 8 月，我国将上海、深圳证券交易所统一划归中国证监会监管，当年 11 月又将原来由中国人民银行监管的证券经营机构划归中国证监会，由其统一监管。1998 年 4 月，根据国务院机构改革方案，又进一步将中国证监会与国务院证券委合并组成国务院直属正部级事业单位——中国证监会，专司全国证券、期货市场的监管职能。

在对保险资金投资的监管中，证监会的监管职能主要体现在对保险资金投资证券市场的工具、运作、组织机构等进行监管，对交叉业务则需要与保监会协调统一处理。如 2013 年 6 月颁布的《保险机构投资设立基金管理公司试点办法》中第五条规定了保险机构投资设立基金管理公司的申请程序："申请投资设立基金管理公司的保险机构，应当符合中国保监会有关股权投资的规定，向中国保监会报送申请材料。中国保监会从保险资金投资风险防范的角度，审查保险机构投资基金管理公司的资格，并依法出具保险机构投资基金管理公司的监管意见。"同时在第六条中规定了"获准投资设立基金管理公司的保险机构，应当按照中国证监会有关规定，向中国证监会报送申请材料。中国证监会依法进行审核并做出批准或者不予批准的决定"。在第十六条至第十八条中又对该类基金公司的监督管理进行了详细的规定，如第十六条规定"中国保监会制定保险机构投资设立基金管理公司的监管规定，并实施并表监管"。第十七条规定"中国证监会依法对保险机构投资设立的基金管理公司实施监督管理，督促基金管理公司合法运用基金财产，维护基金份额持有人的合法权益"。第十八条则规定了交叉监管问题的处理办法"中国保监会和中国证监会建立监管信息共享制度和互通处置机制，加强对保险机构设立基金管理公司的协同监管"。

（2）银监会。中国银行业监督管理委员会（简称银监会；China Banking Regulatory Commission，CBRC），是我国国务院负责银行业监督管理的直属正部级事业单位，成立于 2003 年 4 月 25 日，是我国最晚脱离中国人民银行的金融监管机构，根据国务院授权中国银监会负责监督管理银行、金融资产管理公司、信托投资公司及其他存款类金融机构，维护银行业的合法、稳健运行。在银监会从中央银行（中国人民银行）分拆出之前，银行业的监管主要由中国人民银行负责。

近年来由于保险资金投资渠道的不断拓宽，保险资金在不同行业的投资运用加快，因此与各金融监管机构的业务交叉也不断增加，如2014年4月24日由人民银行、银监会、证监会、保监会、外汇局五家联合发布的《关于规范金融机构同业业务的通知》中第一条提出："金融机构开展的以投融资为核心的同业业务，应当按照各项交易的业务实质归入上述基本类型，并针对不同类型同业业务实施分类管理。"同时通知中还明确了各部门协调监管的基本原则："人民银行、银监会、证监会、保监会和外汇局将加强协调配合，统一监管标准，依照法定职责，按照机构监管与功能监管相结合的原则，全面加强对金融机构同业业务的监督检查，严肃查处各种违法违规行为，促进金融业稳定健康发展。"

（3）外部信用评级机构①。外部信用评级机构在对保险资金投资的监督作用表现在两个方面：一是通过对债券等投资工具的评级为保险投资把好初步的风险掌控关；二是通过对保险资金受托投资机构或保险公司的评级对保险投资的运用及保险公司的经营水平进行外部监督，为投资者把好投资关。通过引入信用评级，能够在一定程度上起到防控投资风险的作用。

目前我国保险公司在投资相关产品时主要依赖外部评级。2004年，我国对保险公司投资的次级定期债务要求进行评级。2013年8月保监会下发了《中国保监会关于加强保险资金投资债券使用外部信用评级监管的通知》，对外部信用评级机构的资质进行了规定，但外部评级机制对风险的防控作用也存在一定的问题。以保险资金的信托投资为例，2014年第二季度末，78家保险公司（集团）共投资信托计划739笔，涉及32家信托公司，累计投资余额达2 805亿元，保险资金投资信托整体只占当季度末保险行业总资产的2.99%，其中，房地产投资929亿元，占比33.1%；工商企业（含流动性贷款）902亿元，占比32.2%；基础设施投资492亿元，占比17.5%。从信用等级看，AAA级（含AAA+、AAA-）产品1 773亿元，占比63.2%，AA级（含AA+、AA-）产品800亿元，占比28.5%；从产品期限看，3年以下的875亿元，占比31.2%，3年（含）至5年的446亿元，占比15.9%，5年（含）以上的1 484亿元，占比52.9%。可见在信托投资中投资集中度非常高，潜在的关联交易风险和交叉传递风险很大，如合众人寿、国华人寿、百年人寿、信泰人寿、永安财险、前海人寿、紫金财险、正德人寿，房地产和基础设施等不动产领域投资占比均在90%以上；泰康人寿、太平人寿、建信人寿、阳光人寿、长城人寿，房地产和基础设施等不动产领域投资占比在80%～90%；生命人寿、

① 对外部评级机构的简介请参照本章后面的"知识拓展"，知识拓展的内容也要求掌握。

中华联合财险、安诚财险、工银安盛、利安人寿，房地产和基础设施等不动产领域投资占比在60%～80%；建信人寿、永诚财险、利安人寿、国华人寿、平安资产，投资一家信托公司发行产品规模展期信托投资比例过高，占比分别达到76%（建信信托）、40%（华能贵诚信托）、36%（江苏国际信托）、36%（中江国际信托）和31%（平安信托）①，评级机制中仍存在部分信托产品只具有预评级、部分中小保险机构内部信用风险评估能力较弱、部分公司在未取得信托产品外部信用评级的情况下就完成投资决策等问题，另外我国还缺少对保险受托资金投资运用绩效的评级和对保险公司等的企业信用评级，未来在保险投资的外部信用评级方面还需要不断加强。

除借助外部评级机制的作用外，保监会还于2007年颁布了《保险机构债券投资信用评级指引（试行）》，要求保险机构建立内部信用评级系统，2014年成立的中国保险资产管理业协会可能承担信用评级的内部复评的职责。当然这属于保险公司的内控机制的一个部分了，但这种外部评级+内部复评级的办法对我国保险公司防范投资风险还是有一定的帮助的。

（4）其他监管主体。其他监管主体包括国家审计署、外部的会计师事务所出具的审计报告、证券公司或证券信息咨询类的公司出具的调研报告以及媒体对保险行业、保险公司投资状况信息的披露，都会对保险业及保险公司的经营、保险资金的投资起到一定的社会监督作用。

（二）保险投资的监管客体

保险投资监管的客体主要是指负责保险资金投资的组织机构，即被监管者，主要包括保险（集团）公司、保险资产管理公司、中国保险保障基金有限责任公司以及其他受托进行保险资金投资的机构，如证券公司、基金公司等。其中的大部分内容在本书第二章第二节中均已涉及，此处不再赘述，只介绍一下中国保险保障基金有限责任公司。

中国保险保障基金有限责任公司②成立于2008年9月11日，是依据中国保监会、财政部、中国人民银行三部门共同颁布的新《保险保障基金管理办法》设立的，是专门对保险保障基金实施市场化、专业化的管理运作的机构，日常监管工作由保监会负责，公司设立董事会，第一届董事会由九位董事组成，分别来自监管机构、有关部委和保险公司。其组织架构如图11－1所示。

其业务范围主要包括：筹集、管理、运作保险保障基金；监测保险业风险，发现保险公司经营管理中出现可能危及保单持有人和保险行业的重大风险时，向

---

① 保监会：2季度末78家保险机构投资信托计划739笔，中国经济网，2014年10月14日19：08，http：//finance.ifeng.com/a/20141014/13184890_0.shtml。

② 中国保险保障基金有限责任公司网站，http：//www.cisf.cn/gywm/gsjj/index.jsp。

保监会提出监管处置建议；对保单持有人、保单受让公司等个人和机构提供救助或者参与对保险业的风险处置工作；在保险公司被依法撤销或者依法实施破产等情形下，参与保险公司的清算工作；管理和处分受偿资产；国务院批准的其他业务。

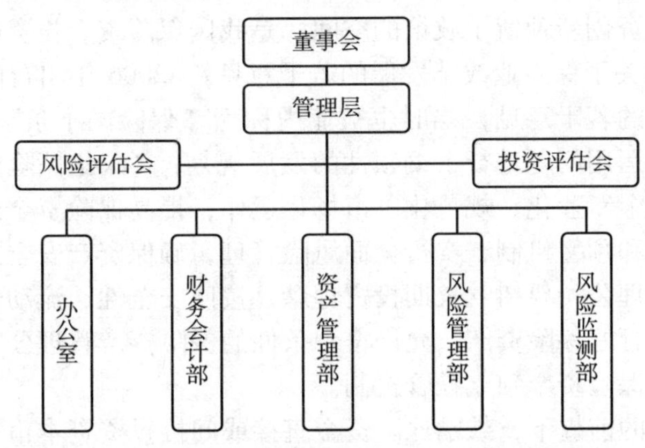

图 11－1 中国保险保障基金有限责任公司组织架构

我国保险保障基金是根据《保险法》和《保险保障基金管理办法》的规定缴纳形成的行业风险救助基金，集中管理，统筹使用，主要用于救助保单持有人、保单受让公司或者处置保险业风险。

二、我国保险投资监管的相关法律法规

法律手段是政府依靠法制力量，通过经济立法和司法，运用经济法规来调节保险经济关系和经济活动，以达到对保险业宏观调控目标的一种手段。对保险投资进行监管的相关法律规范可包括保险法律规定、法令和条例、行业规范、公司制度等多种形式，通过法律手段可以有效地保护保险资金投资参与各方的合法权益，保证保险市场运行的正常秩序。

1995 年颁布的《中华人民共和国保险法》（以下简称“保险法”先后于 2002 年、2009 年进行了修订）是我国保险业的基本法，1998 年后在保险投资方面的行业规范、公司内部的规范开始不断出现，目前在保险投资监管方面的法律法规可划分为三个层次：国家层面的、行业层面的和公司层面的相关规范。

（一）国家层面的相关规范

1. 《中华人民共和国保险法》的相关规定。我国的《保险法》是 1995 年出台的，之后先后于 2002 年、2009 年进行了两次修订，在 2009 年新修订的《保险法》第一百零六条规定保险公司的资金运用限于下列形式：“银行存款；买卖债

券、股票、证券投资基金份额等有价证券；投资不动产；国务院规定的其他资金运用形式。”第一百零七条规定保险公司可以设立保险资产管理公司，对保险资产管理公司的管理办法由保监会会同国务院相关部门共同制定，如果其从事证券投资活动的，还需要遵循《中华人民共和国证券法》等法律、行政法规的相关规定。可以看出本次修订的《保险法》对我国保险资金运用的范围进行了进一步放宽，为未来的投资创新预留了政策的空间，是我国保险资金投资的主要依据。

2.《国务院关于保险业改革发展的若干意见》。2006 年出台的《国务院关于保险业改革发展的若干意见》当时也被业内称为“保险国十条”，其中第七条专门针对保险资金运用问题进行了纲领性的发展规划：“深化保险资金运用体制改革，推进保险资金专业化、规范化、市场化运作，提高保险资金运用水平。建立有效的风险控制和预警机制，实行全面风险管理，确保资产安全。

保险资产管理公司要树立长期投资理念，按照安全性、流动性和收益性相统一的要求，切实管好保险资产。允许符合条件的保险资产管理公司逐步扩大资产管理范围。探索保险资金独立托管机制。

在风险可控的前提下，鼓励保险资金直接或间接投资资本市场，逐步提高投资比例，稳步扩大保险资金投资资产证券化产品的规模和品种，开展保险资金投资不动产和创业投资企业试点。支持保险资金参股商业银行。支持保险资金境外投资。根据国民经济发展的需求，不断拓宽保险资金运用的渠道和范围，充分发挥保险资金长期性和稳定性的优势，为国民经济建设提供资金支持。”

可以说其为之后保险行业出台的大量的保险资金运用类的相关行政法规奠定了政策基础，为我国保险业投资范围的进一步拓宽提供了政策支持，同时强调了风险管理的原则、未来保险资金投资范围扩大的试点方向等。

3.《国务院关于加快发展现代保险服务业的若干意见》。2014 年 8 月我国又出台了《国务院关于加快发展现代保险服务业的若干意见》，也被业界称为“新保险国十条”，在第六条中第一款提出对保险资金长期投资优势的发挥主要体现在创新保险资金运用方式方面：“在保证安全性、收益性前提下，创新保险资金运用方式，提高保险资金配置效率。鼓励保险资金利用债权投资计划、股权投资计划等方式，支持重大基础设施、棚户区改造、城镇化建设等民生工程和国家重大工程。鼓励保险公司通过投资企业股权、债权、基金、资产支持计划等多种形式，在合理管控风险的前提下，为科技型企业、小微企业、战略性新兴产业等发展提供资金支持。研究制定保险资金投资创业投资基金相关政策。”第二款则从保险市场与货币市场、资本市场的协调发展方面谈了保险公司作为机构投资者的功能的发挥：“鼓励设立不动产、基础设施、养老等专业保险资产管理机构，允许专业保险资产管理机构设立夹层基金、并购基金、不动产基金等私募基金。稳步推进保险公司设立基金管理公司试点。探索保险机构投资、发起资产证券化产品。探索发展债券信用保险。积极培育另类投资市场。”第四款则针对保险业如何支持企业走出国门的角度提出："拓展保险资金境外投资范围"。未来我国保险资金的运用将面临更多的创新。

国务院颁布的新旧两个《意见》，为我国保险资金未来的投资渠道、投资方向、投资创新等提供了全局性、指导性的发展方针。

（二）行业层面的相关规范

行业层面的相关规范主要是指保监会依据国家的大政方针及相关法律的规定，由保监会针对我国保险资金投资而颁布实施的一系列行业行政规范性的文件。从2004年至2014年年底专门针对保险投资方面较重要的相关行业规范约有33个，按照政策的效力大约可分为三个类型：办法类、通知类和指引、意见类，办法类共15项，通知类12项，指引、意见类6项。

1. 办法类。目前我国保监会已经下发的相关办法类的规定有15项，发文形式是保监会令、保监发或保险监公告，较重要的几个文件包括《保险资金运用管理暂行办法》、《保险资金境外投资管理暂行办法》、《保险资产管理公司管理暂行规定》、《保险资金委托投资管理暂行办法》及《保险资产配置管理暂行办法》。具体的文件见表11－1。

表11－1　保险资金运用相关管理办法总览

序号	法规名称	发文机构	发布日期
1	**保险资金运用管理暂行办法**	保监会令2014年第3号	2010年7月颁布、2014年4月修订
2	**保险资金境外投资管理暂行办法**	保监会、人行、外管局令2007年2号	2007年6月
3	保险资金间接投资基础设施项目试点管理办法	保监会令2006年1号	2006年3月
4	**保险资产管理公司管理暂行规定**	保监会令〔2004〕2号	2004年2月
5	保险公司资本保证金管理暂行办法	保监发〔2007〕66号	2007年8月
6	保险资金投资股权暂行办法	保监发〔2010〕79号	2010年9月
7	保险资金投资不动产暂行办法	保监发〔2010〕80号	2010年9月
8	保险资金投资债券暂行办法	保监发〔2012〕58号	2012年7月
9	**保险资金委托投资管理暂行办法**	保监发〔2012〕60号	2012年7月
10	**保险资产配置管理暂行办法**	保监发〔2012〕61号	2012年7月
11	基础设施债权投资计划管理暂行规定	保监发〔2012〕92号	2012年10月
12	保险资金参与金融衍生产品交易暂行办法	保监发〔2012〕94号	2012年10月
13	保险资金参与股指期货交易规定	保监发〔2012〕95号	2012年10月
14	**保险资金运用内控与合规计分监管规则**	保监发〔2014〕54号	2014年7月
15	保险机构投资设立基金管理公司试点办法	证监、保监公告〔2013〕27号	2013年6月

资料来源：根据保监会网站相关资料整理。

其他的规章则主要就某类投资工具进行了相应的规范。下面只简单介绍四个文件。

《保险资金运用管理暂行办法》（2014 年）是依据《保险法》对保险资金运用形式的规范而制定的，共六章七十条，主要包括总则、资金运用形式、决策运行机制、风险管控、监督管理、附则等内容，主要对保险资金的债券投资、股票投资、证券投资基金、不动产、股权等不同投资工具的投资条件进行了规范，是我国保险资金投资运用需要遵循的基本行为规范，也是保险业内制定保险资金投资运用类相关规范和行为的主要依据。

《保险资产配置管理暂行办法》（2012 年）是依据《保险资金运用管理暂行办法》制定的，旨在加强保险公司资产配置管理，防范保险资产错配风险，共七章三十九条，主要包括总则、资产配置管理能力、账户和资产分类、普通账户配置管理、独立账户配置管理、风险管理和监督管理等内容，提出保险公司资产配置必须稳健，应当按照安全性、流动性和收益性要求，遵循偿付能力约束、资产负债管理、全面风险管理和分账户管理原则。

《保险资金委托投资管理暂行办法》（2012 年）是依据根据《中华人民共和国保险法》《中华人民共和国合同法》《保险资金运用管理暂行办法》等法律法规制定的，主要用于规范保险资金委托投资行为，防范投资管理风险，切实保障资产安全和维护保险当事人合法权益。办法共分六章三十三条，包括总则、资质条件、投资规范、风险控制、监督管理和附则等内容。

《保险资金境外投资管理暂行办法》（2007 年）是根据《中华人民共和国保险法》《中华人民共和国外汇管理条例》等法律、行政法规而制定的，旨在加强保险资金境外投资管理，防范风险，保障被保险人以及保险资金境外投资当事人合法权益。办法共分九章六十六条，包括总则、资格条件、申报管理、账户管理、投资管理、风险管理、信息披露与报告、监督管理和附则。

2. 通知类。通知类的文件主要是保监会下发的日常工作的行为规范，2004 ~ 2014 年年底我国保监会共下发与保险投资类相关的通知 12 项。见表 11 – 2。

表 11 – 2　　保险资金运用相关通知

序号	法规名称	发文机构	发布日期
16	关于保险机构投资商业银行股权的通知	保监发〔2006〕98 号	2006 年 10 月
17	关于保险资金投资基础设施债权投资计划的通知	保监发〔2009〕43 号	2009 年 4 月
18	关于调整保险资金投资政策有关问题的通知	保监发〔2010〕66 号	2010 年 7 月
19	关于保险资金投资股权和不动产有关问题的通知	保监发〔2012〕59 号	2012 年 7 月
20	关于保险资产管理公司有关事项的通知	保监发〔2012〕90 号	2012 年 10 月
21	关于保险资金投资有关金融产品的通知	保监发〔2012〕91 号	2012 年 10 月
22	关于加强和改进保险机构投资管理能力建设有关事项的通知	保监发〔2013〕10 号	2013 年 2 月

续表

序号	法规名称	发文机构	发布日期
23	关于保险机构投资风险责任人有关事项的通知	保监发〔2013〕28 号	2013 年 4 月
24	关于加强保险资金投资债券使用外部信用评级监管的通知	保监发〔2013〕61 号	2013 年 8 月
25	关于保险资金投资创业板上市公司股票等有关问题的通知	保监发〔2014〕1 号	2014 年 1 月
26	关于规范保险资金银行存款业务的通知	保监发〔2014〕18 号	2014 年 3 月
27	关于保险资金投资集合资金信托计划有关事项的通知	保监发〔2014〕38 号	2014 年 5 月

资料来源：据保监会网站相关资料整理。

3. 指引、意见类。这类文件主要是保险资金运用的相关指导性的规范，主要由保监会发布，到 2015 年年底共有 8 项。见表 11－3。

表 11－3　　保险资金运用相关指引、意见类文件一览表

序号	法规名称	发文机构	发布日期
28	关于加强保险资金风险管理的意见	保监会	2006 年 10 月
29	保险机构债券投资信用评级指引（试行）	保监会	2007 年 1 月
30	**保险资金境外投资管理暂行办法实施细则**	保监发〔2012〕93 号	2012 年 10 月
31	保监会试点历史存量保单投资蓝筹股政策	保监会	2014 年 1 月
32	保险资金运用风险控制指引（试行）	保监发〔2004〕43 号	2004 年 6 月
33	关于加强保险资产配置风险管理的通知	保监发〔2009〕17 号	2009 年 2 月
34	保险资金运用内部控制指引	保监发〔2015〕114 号	2015 年 12 月 15 日
35	保险资金运用内部控制应用指引（第 1 号—第 3 号）	保监发〔2015〕114 号	2015 年 12 月 15 日

资料来源：据保监会网站相关资料整理。

（三）保险公司层面的相关规范

主要是指保险公司根据保监会的相关文件精神，针对保险资金运用制定的公司层面内控制度。由于我国是行政领导的体系，因此公司层面的相关规定、制度等的体系与保监会的相关要求基本保持一致，是保险公司落实保监会的规定、指导本公司保险资金运用的相关文件。如《保险资产配置管理暂行办法》中规定："保险公司应当建立涉及资产配置决策、执行、监督等管理制度，主要内容包括资产配置组织制度、决策和授权制度、资产配置管理程序、资产配置风险管理制度、资产配置信息管理和报告制度、资产配置绩效评估和考核制度等。"《保险资金运用控制指引》第 9 条规定："保险公司和保险资产管理公司应按照风险控制的基本原则和要求建立保险资金运用岗位责任制和运行机制。各机构、部门和岗位应明确各自的责任和职权，通过制定规范的岗位责任制、严格的操作程序和合理的工作标准，使各项工作规范化、程序化，防止风险控制的空白或漏洞。"

三、保险投资违规处理规定

（一）投资方式与违规处理

按照目前我国已经颁布的保险资金投资方面的相关要求，我国保险公司的投资方式主要有两种：自行投资、委托投资，主要由表 11 -1 中以黑体字标注的 7 个文件进行了规范。具体要求见表 11 -4。

表 11 -4　　　　投资的方式的相关规定及违规处理

投资方式	法规名称	主要规定及违规处理
自行投资	1. 保险资金运用管理暂行办法 2014	保险资金：资本金、公积金、未分配利润、各项准备金及其他资金 运用范围：银行存款、债券、股票、基金、不动产、股权等 运用模式：集中管理、统一配置、专业运作，分支机构不得从事保险资金运用业务 决策机制：董事会负责制；明确规定股东大会、董事会、监事会和经营管理层的保险资金运用职责；实行决策权、运营权、监督权相互分离，相互制衡 风险防控：主要防范资产负债错配风险 监督管理：分类监管、持续监管和动态评估 违规处理：限制其资金运用的形式、比例；限期整改；约谈；调整负责人及有关管理人员；行政处罚；追究法律责任
	10. 保险资产配置管理暂行办法 2012	配置原则：偿付能力约束、资产负债管理、全面风险管理和分账户管理原则 管理能力：规范董事会、专业委员会、经营管理层的相关职责 账户分类：划分“普通账户”和“独立账户” 账户资产配置：分为流动性资产、固定收益类资产、权益类资产、另类及其他投资资产 监督管理：非现场和现场检查方式；实施动态评估和分类监管 违规处理：遵照《保险法》、《保险资金运用管理暂行办法》处理
	18. 关于调整保险资金投资政策有关问题的通知 2010	主要是对各项投资资产的投资比例进行了新的调整。（放宽了） 流动性资产：余额不低于该保险公司上季度末总资产的 5%，包括银行活期存款、中央银行票据、政府债券、政策性银行债券和货币市场基金等资产 固定收益类资产：①有担保债券的品种调整为有担保的企业债券、有担保的公司债券、有担保的可转换公司债券和有担保的公开发行的证券公司债券；投资商业银行金融债券、商业银行次级债券、商业银行次级定期债务、国际开发机构人民币债券以及有担保的企业（公司）类债券，可自主确定投资总额；投资有担保企业（公司）类债券的信用等级，调整为具有国内信用评级机构评定的 A 级或者相当于 A 级以上的长期信用级别。投资上述债券同一期单品种的份额，不超过该期单品种发行额的 20%。②无担保债券的品种，调整为无担保企业债券、非金融企业债务融资工具和商业银行发行的无担保可转换公司债券；投资无担保企业（公司）类债券的信用等级，调整为具有国内评级 AA 或相当于 AA 级以上的长期信用级别；投资无担保企业（公司）类债券的余额，不超过该保险公司上季度末总资产的 20%；投资上述债券同一期单品种的份额，不超过该期单品种发行额的 10%；投资同一发行人发行债券的余额，不超过该发行人最近一个会计年度末净资产的 20%。投资具有关联关系企业（公司）发行债券的余额，不超过该保险公司最近一个会计年度末净资产的 20%。同一保险集团的保险公司，投资同一期

续表

投资方式	法规名称	主要规定及违规处理
自行投资	18. 关于调整保险资金投资政策有关问题的通知 2010	单品种债券的份额，合计不超过该期单品种发行额的60%。③权益类投资计划，在上季度末总资产20%的比例内，自主投资股票和股票型基金；其他附加规定；④投资境外市场的范围，调整为境外资本市场公开发行的债券和证券投资基金，以及公开发行并上市的股票。⑤投资基础设施债权投资计划的余额，不超过该保险公司上季度末总资产的10%，单项投资比例执行现行有关规定。⑥投资各类金融产品的比例，按照境内外各类债券、股票和证券投资基金实际配置的资产统一计算，并确保符合监管规定 违规处理：保险公司应当制定分散投资管理制度和风险控制措施，严格控制投资资产的行业集中度和单一品种集中度，有关制度规定经公司董事会审定后报中国保监会备案。违反规定投资，造成重大风险和损失的，将予以处罚
	22. 关于加强和改进保险机构投资管理能力建设有关事项的通知 2013	投资管理能力：共分七类，股票投资能力、无担保债券投资能力、股权投资能力、不动产投资能力、基础设施投资计划产品创新能力、不动产投资计划产品创新能力和衍生品运用能力 管理要求：实行能力备案制；进行能力合规性审查 违规处理：暂停或取消已经备案的能力资格
委托投资	4. 保险资产管理公司管理暂行规定 2004	组织形式：有限责任公司、股份有限公司 发起设立：至少有一家股东为保险公司；持有资产管理公司的股份不低于75%；最低注册资本为3 000万元且不得低于受托资金的1‰ 破产清算：依法解散时，清算组工作由保监会监督指导；依法撤销时，由中国保监会及时组织股东、有关部门及有关专业人士成立清算组；被依法宣告破产的，由人民法院依法组织清算组。受托管理的保险资金不属于清算财产 风险控制：公司应当建立完善的公司法人治理结构和有效的内控制度，设立投资决策部门和风险控制部门，建立相互监督的制约机制；采用现场监管与非现场监管相结合的方式；保监会可委托会计师事务所等专业中介机构对保险资产管理公司进行检查 违规处理：依据《保险法》及有关行政法规给予保险公司、保险资产管理公司及其高级管理人员和直接责任人员行政处罚
	9. 保险资金委托投资管理暂行办法 2012	投资管理人：保险资产管理公司、证券公司、证券资产管理公司、证券投资基金管理公司及其子公司（以下简称基金管理公司）等专业投资管理机构。资产管理公司：注册资本不低于1亿元，管理资产余额不低于100亿元，具有一年以上受托投资经验。证券公司或证券资产管理公司：取得客户资产管理业务资格三年以上；最近一年客户资产管理业务管理资产余额（含全国社保基金和企业年金）不低于100亿元，或者集合资产管理业务受托资金余额不低于50亿元；接受中国保监会涉及保险资金委托投资的质询，并报告有关情况。基金管理公司：取得特定客户资产管理业务资格三年以上；最近一年管理非货币类证券投资基金余额不低于100亿元；接受中国保监会涉及保险资金委托投资的质询，并报告有关情况 资质条件：包括开展委托投资的保险公司的条件和受托的投资管理人的条件规定 风险控制：保险公司优化投资结构；重点考核投资管理人的投资管理能力、过往业绩和潜在利益冲突，并制定应急管理预案 违规处理：由保监会根据情况进行行政处罚
	20. 关于保险资产管理公司有关事项的通知 2012	拓宽业务范围：开展业务创新、产品创新和组织创新；可受托管理保险资金、养老金、企业年金、住房公积金等机构的资金和能够识别并承担相应风险的合格投资者的资金；可受托管理股东外的资产；可开设证券账户和资金账户，进行独立运作管理；依法开展公募性质的资产管理业务；可设立子公司 违规处理：未提及

（二）投资工具与违规处理

目前我国已出台的行业规范中，有22个文件是关于具体的投资工具的相应规范的，下面按固定收益类（银行存款、债券、债权，见表11－5）、权益类（股票、股权见表11－6）、基础设施和不动产投资（见表11－7）、其他类投资（衍生品交易、金融产品、设立基金公司，见表11－8）四个大类来分别加以梳理。

1. 固定收益类。主要包括三类：一是银行存款；二是债券投资；三是债权投资。共7个文件。

表11－5　　固定收益类投资工具的相关规定及违规处理

投资工具	法规名称	主要规定及违规处理
银行存款	5. 保险公司资本保证金管理暂行办法2007	资本保证金：按注册资本总额的20%提取，只用于保险公司清算时清偿债务的资金 存放银行：可选择1～3家；银行注册资本不少于40亿元；内控制度健全 存款规定：需开立资本保证金存款专用账户；每笔存款不少于100万元；存款期限不得少于1年；存款形式可为定期存款、大额协议存款、外币结构性存款 违规处理：及时纠正和整改
	26. 关于规范保险资金银行存款业务的通知2014	存放银行：资本充足、内控制度健全、连续三年信用评级在投资级以上，近一年的长期信用评级在A级以上 存款要求：活期存款之外的银行存款纳入投资账户管理；可选择具有保险资金托管资质的商业银行或者其他专业金融机构实施第三方托管；不得为他人提供质押等服务；以银行存款为质押为自身融入资金的只能用于临时头寸的调剂 违规处理：对配合保险公司违规办理银行存款业务的商业银行列入行业警示名单；保险公司违规的应向中国保监会提交整改方案
债券投资	8. 保险资金投资债券暂行办法2012	保险公司资质：有债券投资相关从业人员（2人以上）；有相关债券投资的内控、风险与信用评级体系；有与债券投资业务相应的管理信息系统。具有相应的信用风险管理能力 信用等级与投资比例：政府债、准政府债可不评级，自主确定投资比例；国内银行债券，评级A级以上，净资产不低于100亿元，核心资本充足率不低于6%；AA级以上商业银行总资产不低于2 000亿元；证券公司债：国内评级AA级以上，国际评级BBB级以上，净资本不低于20亿元；国际开发机构债：评级AA（国内）或BBB（国际），净资产不低于50亿美元；金融机构债券、企业债券投资比例不超过单品发行额的40%；非金融企业债：发债主体净资产不低于20亿元，国内评级不低于A，国际评级不低于BB；有担保或无担保非金融企业债：国内信用评级在AA以上，担保财产产权清晰，比例不超过上季度末总资产的50%。投资单品企业债的不超过发行额的20%，合计不超过60%；投资同一发行人的债券合计不超过该发行人上季度末净资产的20% 监督管理：保险公司上季度末偿付能力充足率低于120%的，不得投资无担保非金融企业（公司）债券；处于120%和150%之间的，严格控制投资无担保非金融企业（公司）债券的品种和比例 违规处理：由保监会依据相关法规对机构与个人予以处罚

续表

投资工具	法规名称	主要规定及违规处理
债券投资	24. 关于加强保险资金投资债券使用外部信用评级监管的通知 2013	外部评级机构：有债券市场信用评级业务资质 监督管理：评级机构应当接受中国保险业相关协会组织（以下称行业协会）的自律管理；行业协会每年组织保险机构，从投资者使用角度对评级机构评级质量进行评价，并公布评价结果
	29. 保险机构债券投资信用评级指引（试行）2007	评级机构：建立保险公司内部信用评级系统 评级对象：发债主体信用评级和债券信用评级；信用等级分为投资级、投机级、违约级三个等级。附一般工商企业和商业银行主要评级方法
债权投资	11. 基础设施债权投资计划管理暂行规定 2012	债权投资计划：是指保险资产管理公司等专业管理机构作为受托人，根据《保险资金运用管理暂行办法》和本规定，面向委托人发行受益凭证，募集资金以债权方式投资基础设施项目，按照约定支付预期收益并兑付本金的金融产品。委托人包括保险机构等 债权信用增级：①A 类增级方式：国家专项基金、政策性银行、上一年度信用评级 AA 级以上（含 AA 级）的国有商业银行或者股份制商业银行，提供本息全额无条件不可撤销连带责任保证担保。②B 类增级方式：在中国境内依法注册成立的企业（公司），提供本息全额无条件不可撤销连带责任保证担保，同时满足 5 个更详细的要求：如担保人的信用等级不低于偿债主体，净资产不低于偿债主体净资产的 1.5 倍，总担保率不高于 50%，债权投资计划发行规模不超过 20 亿元、20 亿～30 亿元及 30 亿元以上的，担保人上年年末净资产不低于 60 亿元、100 亿元、150 亿元；③C 类增级方式：以流动性较高、公允价值不低于债务价值 2 倍，且具有完全处置权的上市公司无限售流通股份提供质押担保，或者以依法可以转让的收费权提供质押担保，或者以依法有权处分且未有任何他项权利附着的、具有增值潜力且易于变现的实物资产提供抵押担保。办理了出质登记，和抵押物登记，且抵押权顺位排序第一，抵押物价值不低于债务价值的 2 倍
	17. 关于保险资金投资基础设施债权投资计划的通知 2009	投资计划：可以投资保险资产管理公司、信托公司等专业管理机构发起设立的债权投资计划 投资要求：保险公司内专业人员不少于 5 人，偿付能力不低于 120%；债权信用评级 AA 以上 比例要求：①投资债权投资计划的余额，人寿保险公司一般不超过上季度末总资产的 6%，财产保险公司一般不超过上季度末总资产的 4% ②投资单一债权投资计划的余额，不超过可投资债权投资计划资产的 40% ③投资 A 类或者 B 类增级方式的单一债权投资计划的份额，不超过该投资计划发行额的 50%；投资 C 类增级方式的单一债权投资计划的份额，不超过该投资计划发行额的 40% ④同一集团的保险公司，投资具有关联关系专业管理机构发行的单一债权投资计划的份额，合计不超过该投资计划发行额的 60%

2. 权益类。主要包括股票投资和股权投资，相关规定在《保险资金运用管理暂行办法》中也有相应的规定，此处不再探讨，其他关于股票与股权投资的主要文件有 5 个。

表 11－6　　　　　权益类投资工具的相关规定及违规处理

投资工具	法规名称	主要规定及违规处理
股票	25. 关于保险资金投资创业板上市公司股票等有关问题的通知 2014	主要内容：①保险资金可以投资创业板上市公司股票；②纳入保险公司股票资产统一计算比例；③若合并计算后保险公司对同一股票持股比例达到或超过 5%，保险机构和专业管理机构应当及时向中国保监会报告，按照有关规定履行信息披露义务
	31. 保监会试点历史存量保单投资蓝筹股政策 2014	历史存量保单：指保险公司 1999 年以前高利率历史环境下发行的、定价利率较高的长期人身保险产品 政策内容：一是设定独立账户封闭运行；二是由公司根据自身资产负债匹配情况确定蓝筹股投资比例；三是对独立账户投资的蓝筹股试行逆周期资产认可标准；四是明确蓝筹股标准，蓝筹股是指经营业绩较好、具有稳定且较高现金股利支付的公司股票
股权	6. 保险资金投资股权暂行办法 2010	股权：本法规定的股权主要指的是未在中国境内证券交易所公开上市的股份有限公司和有限责任公司的股权（以下简称企业股权） 直接投资股权，是指保险公司以出资人名义投资并持有企业股权的行为；间接投资股权，是指保险公司投资股权投资管理机构发起设立的股权投资基金等相关金融产品的行为 股权指向企业：产业处于成长期、成熟期或者是战略新型产业，或者具有明确的上市意向及较高的并购价值；投资资金来源为资本金或责任准备金 投资比例规定：①投资未上市企业股权的账面余额，不高于本公司上季度末总资产的 5%；投资股权投资基金等未上市企业股权相关金融产品的账面余额，不高于本公司上季度末总资产的 4%，两项合计不高于本公司上季度末总资产的 5%；②直接投资股权的账面余额，不超过本公司净资产，除重大股权投资外，投资同一企业股权的账面余额，不超过本公司净资产的 30%；③投资同一投资基金的账面余额，不超过该基金发行规模的 20% 违规处理：违规投资的企业股权资产，中国保监会按照有关规定不计入认可资产范围；保险公司管理人员违规的保监会依法追究责任；投资机构和专业机构参与保险资金投资股权活动，存在违规行为的，中国保监会有权记录其不良行为，并将有关情况通报其监管或者主管部门。情节严重的，中国保监会将责令保险公司停止与该机构的业务，并协商有关监管或者主管部门依法给予行政处罚
	16. 关于保险机构投资商业银行股权的通知 2006	投资范围：保险机构可以投资境内国有商业银行、股份制商业银行和城市商业银行等未上市银行的股权 投资方式：保险机构投资银行股权分为一般投资和重大投资。投资总额低于拟投银行股本或者实收资本 5% 的为一般投资，5% 以上的为重大投资 资金来源：保险机构可以运用公司资本金、负债期限 10 年以上的责任准备金等保险资金及中国保监会认可的其他资金，并根据不同资金性质，确定投资股权归属和收益分配。保险资产管理公司可以受托投资银行股权
	19. 关于保险资金投资股权和不动产有关问题的通知 2012	主要内容：取消保险公司的上年度盈利要求；降低偿付能力充足率为 120%；下调上年度末净资产余额为 1 亿元 股权投资范围：直接投资股权的范围增加了能源企业、资源企业和与保险业务相关的现代农业企业、新型商贸流通企业的股权等符合国家宏观政策和产业政策，具有稳定的现金流和良好的经济效益的企业；投资的股权投资基金，包括成长基金、并购基金、新兴战略产业基金和以上股权投资基金为投资标的的母基金

3. 基础设施与不动产投资。相关规定共有6个，此处只列出2个文件，其他的相关文件在前面的债权、股权投资中已经介绍过了，见表11－4、表11－5和表11－6中的相关文件。

表11－7　　基础设施、不动产类投资工具的相关规定及违规处理

投资工具	法规名称	主要规定及违规处理
基础设施	3. 保险资金间接投资基础设施项目试点管理办法2006	保险资金间接投资基础设施项目：是指委托人将其保险资金委托给受托人，由受托人按委托人意愿以自己的名义设立投资计划，投资基础设施项目，为受益人利益或者特定目的，进行管理或者处分的行为 投资计划：是指各方当事人以合同形式约定各自权利义务关系，确定投资份额、金额、币种、期限、资金用途、收益支付和受益权转让等内容的金融工具 投资范围：交通、通信、能源、市政、环境保护等国家级重点基础设施项目；投资计划可以采取债权、股权、物权及其他可行方式投资基础设施项目。基础设施项目的自筹资金不得低于项目总预算的60%、项目方资本金不得低于项目总预算的30%，且资金已经实际到位 当事人：委托人、受托人、受益人、托管人、独立监督人以及参与投资计划的其他当事人。委托人：保险公司、保险集团公司和保险控股公司；受托人：信托投资公司、保险资产管理公司、产业投资基金管理公司或者其他专业管理机构；受益人：享有受益权的人，可以为委托人，可以兼任独立监督人；托管人：商业银行或者其他专业金融机构，一个投资计划选择一个托管人，托管人不得与受托人、项目方和受益人为同一人，且不得与其具有关联关系；独立监督人，是指根据投资计划约定，由受益人聘请，为维护受益人利益，对受托人管理投资计划和项目方具体运营情况进行监督的专业管理机构。一个投资计划选择一个独立监督人，项目建设期和运营期可以分别聘请独立监督人，投资计划另有约定的除外。独立监督人与受托人、项目方不得为同一人，不得具有关联关系 违规处理：中国保监会建立责任追究制度，负责对委托人、受益人及其高级管理人员和主要业务人员进行检查和问责。对违反有关法律、行政法规和本办法规定的行为进行质询和监管谈话，并依法给予行政处罚；对高管等离任后发现问题的要追究责任；对保险公司外的相关当事人违规的要记录其不良行为；情节严重的，中国保监会可以暂停其从事保险资金间接投资基础设施项目的业务，并商有关监管部门依法给予行政处罚
不动产	7. 保险资金投资不动产暂行办法2010	不动产：是指土地、建筑物及其他附着于土地上的定着物。保险资金可以投资基础设施类不动产、非基础设施类不动产及不动产相关金融产品。基础设施投资参见文件3 不动产投资管理机构：是指在中国境内依法注册登记，从事不动产投资管理的机构；专业服务机构：是指经国家有关部门认可，具有相应专业资质，为保险资金投资不动产提供法律服务、财务审计和资产评估等服务的机构 投资资质：保险公司，内控完善，有专门的相关投资人才，上年年末偿付能力充足率在150%以上（2012年降为120%），上年年末净资产不低于1亿元；有相应的不动产投资管理能力；投资机构：有业务资质，内控制度完善，注册资本不低于1亿元，管理资产余额不低于50亿元，15名以上的不动产投资经验的专业人才，近三年无重大违规记录；专业机构：有资质，内控完善，近三年无重大违规记录 投资标的：①已经取得国有土地使用权证和建设用地规划许可证的项目；②已经取得国有土地使用权证、建设用地规划许可证、建设工程规划许可证、施工许可

续表

投资工具	法规名称	主要规定及违规处理
不动产	7. 保险资金投资不动产暂行办法 2010	证的在建项目；③取得国有土地使用权证、建设用地规划许可证、建设工程规划许可证、施工许可证及预售许可证或者销售许可证的可转让项目；④取得产权证或者他项权证的项目；⑤符合条件的政府土地储备项目。权证齐全，无权属争议采用债权、股权或者物权方式投资的不动产，仅限于商业不动产、办公不动产、与保险业务相关的养老、医疗、汽车服务等不动产及自用性不动产。且其剩余土地使用年限不得低于 15 年，且自投资协议签署之日起 5 年内不得转让 投资比例（不含自用）：①投资不动产的账面余额，不高于本公司上季度末总资产的 10%，投资不动产相关金融产品的账面余额，不高于本公司上季度末总资产的 3%；投资不动产及不动产相关金融产品的账面余额，合计不高于本公司上季度末总资产的 10%。②投资单一不动产投资计划的账面余额，不高于该计划发行规模的 50%，投资其他不动产相关金融产品的，不高于该产品发行规模的 20% 保险公司禁止行为：①提供无担保债权融资；②以所投资的不动产提供抵押担保；③投资开发或者销售商业住宅；④直接从事房地产开发建设（包括一级土地开发）；⑤投资设立房地产开发公司，或者投资未上市房地产企业股权（项目公司除外），或者以投资股票方式控股房地产企业。已投资设立或者已控股房地产企业的，应当限期撤销或者转让退出；⑥运用借贷、发债、回购、拆借等方式筹措的资金投资不动产，中国保监会对发债另有规定的除外；⑦违反本办法规定的投资比例；⑧法律法规和中国保监会禁止的其他行为 自用性不动产：①保险公司投资购置办公用房、培训中心、后援中心、灾备中心等自用性不动产，应当运用资本金；②保险公司投资购置自用性不动产的账面余额，不得高于该公司上年末净资产的 50%。③保险公司投资的同一不动产，含自用性不动产和投资性不动产的，应当按照本办法规定，分别确定运用资本金和保险责任准备金的比例，分别核算成本和投资收益并进行会计处理 其他规定：保险资金投资境外不动产，按照《保险资金境外投资管理暂行办法》和中国保监会有关规定执行，保险资金投资境内和境外的不动产及相关金融产品，投资比例合并计算。保险资金以取得不动产所有权为目的投资项目公司股权，不适用《保险资金投资股权暂行办法》的有关规定 违规处理：①出现重大投资风险的，保监会可要求停止投资业务、限制投资比例、调整投资人员、责令处置不动产资产、限制股东分红和高管薪酬等监管措施。不能符合相关规定的，责令改正；②投资机构和专业机构参与保险资金投资不动产活动，违反有关法律、行政法规和本办法规定的，中国保监会有权记录其不良行为，并将违法违规情况通报其监管或者主管部门。情节严重的，中国保监会将责令保险公司不得与该机构开展相关业务，并商有关监管或者主管部门依法给予行政处罚；③保险公司不得与列入不良记录名单的投资机构和专业机构发生业务往来

4. 金融衍生工具等其他工具。我国在 2012 年后对保险投资的范围进行了大幅度的改革，表 11 – 8 列出的是关于金融衍生产品、信托投资计划及设立基金管理公司等相关文件，共 5 个。

（三）海外投资与违规处理

我国对保险资金境外投资早在 2007 年就出台了《保险资金境外投资管理暂行办法》，之后又于 2012 年出台了《保险资金境外投资管理暂行办法实施细则》，对我国保险机构海外投资的相关规定进行了细化。见表 11 – 9。

表 11－8　金融衍生产品及其他类投资工具的相关规定及违规处理

投资工具	法规名称	主要规定及违规处理
金融衍生产品	12. 保险资金参与金融衍生产品交易暂行办法 2012	金融衍生品：包括境内交易的远期、期货、期权及掉期（互换） 交易方式：保险公司可自行交易或委托专业机构进行管理。自行交易的董事会承担最终投资责任，保险公司应建立相应投资机制，配备相应管理人员；采用委托投资的应当配备与衍生品交易相适应的监督和评价等专业管理人员 交易目的：保险机构参与衍生品交易，仅限于对冲或规避风险，不得用于投机目的，包括：①对冲或规避现有资产、负债或公司整体风险；②对冲未来一个月内拟买入资产风险，或锁定其未来交易价格 违规处理：保险机构违反规定参与衍生品交易的，中国保监会将依法对相关机构和人员给予行政处罚。其他专业管理机构违反有关法规和本办法规定的，中国保监会将记录其不良行为；情节严重的，中国保监会有权责令保险机构予以更换。涉嫌犯罪的相关机构和人员，中国保监会将依法移送司法机关查处
	13. 保险资金参与股指期货交易规定 2012	股指期货：是指经中国证券监督管理机构批准，在中国金融期货交易所上市的以股票价格指数为标的的金融期货合约 交易原则：保险机构参与股指期货交易，应当以确定的资产组合为基础，分别开立股指期货交易账户，实行账户、资产、交易、核算和风险的独立管理 期货公司：①成立 5 年以上，上季末净资本达到人民币 3 亿元（含）以上，且不低于客户权益总额的 8%；②通信条件和交易设施高效安全，符合期货交易要求，信息服务全面；③公司或股东具有较强的金融市场研究及服务能力；④具有完整的风险管理架构，最近两年未发生风险事件；最近三年无重大违法和违规记录，且未处于立案调查过程中；⑤书面承诺接受中国保监会的质询检查，并向中国保监会如实提供保险机构参与股指期货交易涉及的各种资料 禁止规定：不得从事内幕交易、操纵证券及期货价格、利益输送等活动
其他投资	21. 关于保险资金投资有关金融产品的通知 2012	金融产品：境内依法发行的商业银行理财产品、银行业金融机构信贷资产支持证券、信托公司集合资金信托计划、证券公司专项资产管理计划、保险资产管理公司基础设施投资计划、不动产投资计划和项目资产支持计划等 相关比例：保险公司投资理财产品、信贷资产支持证券、集合资金信托计划、专项资产管理计划和项目资产支持计划的账面余额，合计不高于该保险公司上季度末总资产的 30%。保险公司投资基础设施投资计划和不动产投资计划的账面余额，合计不高于该保险公司上季度末总资产的 20%。细化比例参见文件规定。金融产品的信用等级国内在 A 级以上，国际在 BB 级以上的
	15. 保险机构投资设立基金管理公司试点办法 2013	基金管理公司：由保险机构作为主要股东，从事基金管理业务的企业法人 设立要求：向保监会提交申请；符合股权投资规定；可以采用发起设立或收购股权等方式；应对发展战略、投资成本、管理能力等进行全面评估；转让股权时要符合相关规定；建立保险公司与其设立的基金管理公司之间的风险隔离制度；投资基金公司发行的基金产品时应当符合有关投资品种和投资比例等方面的规定；不得进行内幕交易和关联方利益输送。（试点）
	27. 关于保险资金投资集合资金信托计划有关事项的通知 2014	主要内容：确定董事会或董事会授权机构的决策权限及批准权限；应当配备独立的信托投资专业责任人，完善可追溯的责任追究机制，并向中国保监会报告。基础资产限于融资类资产和风险可控的非上市权益类资产；应就投资行为合法合规性以及投资者权益保护等内容，由专业律师出具相关意见；向中国保监会指定的信息登记平台报送信息 信托公司条件：①近三年公司及高级管理人员未发生重大刑事案件且未受监管机构行政处罚；②承诺向保险业相关行业组织报送相关信息；③上年年末经审计的净资产不低于 30 亿元人民币。④保险公司委托保险资产管理公司投资的，由保险资产管理公司制定相关标准、制度和机制

表 11－9　　我国境外投资相关规定与违规处理

投资方式	法规名称	主要规定及违规处理
境外投资	2. 保险资金境外投资管理暂行办法	投资当事人：委托人、受托人和托管人。委托人：境内保险机构；受托人：境内（保险资产管理公司、专业投资管理机构）、境外（符合条件的专业投资管理机构），可以有多个；托管人：商业银行（中资银行、中外合资银行、外商独资银行和外国银行分行），只能有 1 个 保险资金：委托人自有外汇资金、用人民币购买的外汇资金及上述资金境外投资形成的资产 资格条件：委托人，有外汇业务经营许可证，高管有 10 年以上投资经验，3 年无重大违规记录；境内受托人，有从事保险资产管理资质、有投资团队，高管相关经验在 10 以上、净资产不低于 1 亿元、3 年内无重大违规记录；境外受托人，其他同境内的要求，多了一项：所在国家或者地区的金融监管制度完善，金融监管机构与中国金融监管机构已经签订监管合作文件，并保持有效的监管合作关系；托管人，内控制度完善、有管理团队、资本充足率达 10%、核心资本充足率达 8%，3 年无重大违规记录、有结售汇业务资格 账户管理：遵循账户分类管理原则。委托人开设境外投资境内托管账户；托管人根据托管协议，为委托人开设境外投资结算账户和证券托管账户 境外投资品种：货币市场产品、固定收益产品、权益类产品、其他投资产品 监督管理：保监会、国家外汇管理局，还可以聘请中介机构协助检查 违规处理：按照各自权限和监管职责给予行政处罚；受托人、托管人严重违规的，可责令保险公司予以更换
	30. 保险资金境外投资管理暂行办法实施细则	资格条件：进行了量上的细化。将境外可投资国家和地区分为两类：25 个发达国家市场、20 个新兴国家市场；以及境外的为 13 个国家的 13 个期货期货期权交易所 违规处理：由保监会对违规机构与个人进行处理

（四）保险公司内控、投资风险与违规处理

另外还有一些是专门关于投资风险控制方面的规定，目前有 5 个较为重要的文件，见表 11－10。

表 11－10　　相关合规与风险规定

投资工具	法规名称	主要规定及违规处理
内控、合规	14. 保险资金运用内控与合规计分监管规则 2014	内控与合规计分：是指中国保监会在现场检查和非现场监管工作基础上，通过整理、汇总、分析保险机构的资金运用内控与合规运作的记录、信息和数据，按照计分标准对保险机构进行评分并开展持续监管的过程 计分原则：保险资金运用内控与合规计分采取评分制，每一评价期的基准分为 100 分。每年进行两次，评价期分别为每年的 1 月 1 日至 6 月 30 日和 7 月 1 日至 12 月 31 日。根据保险机构的内控运作情况、持续合规情况和违规事项进行加分或者扣分，并汇总确定其最终得分 计分结果运用：评价分类为 A 类：评分 95 分（含）以上。保险机构的资金运用内

续表

投资工具	法规名称	主要规定及违规处理
内控、合规	14. 保险资金运用内控与合规计分监管规则 2014	控与合规管理和风险控制能力强。B 类：评分 80 分（含）以上 95 分以下。保险机构的资金运用内控与合规管理和风险控制能力较强。C 类：评分 60 分（含）以上 80 分以下。保险机构的资金运用内控与合规管理和风险控制能力较弱。D 类：评分 60 分以下。保险机构的资金运用内控与合规管理和风险控制能力弱 奖惩措施：最近连续 4 个评价期评价为 A 类（含暂定 A 类）的，经申请可以优先纳入创新业务试点范围。对评价等级为 C 类和 D 类的保险机构，可以加大现场检查和非现场检查频率，采取限制资金运用渠道、范围或比例等监管措施
风险	23. 关于保险机构投资风险责任人有关事项的通知 2013	风险责任人：包括行政责任人和专业责任人。风险责任人应当具有金融工作 5 年以上或者经济工作 10 年以上工作经历。行政责任人由公司董事长或者授权总经理担任，专业责任人由符合专业条件、能够承担相关业务决策风险责任的高级管理人员或者授权相关资产管理部门负责人担任，还应当具有至少一项专业资质，包括注册金融分析师、金融风险管理师、注册会计师、注册资产评估师、房地产估价师、精算师、律师等资格或者中国保监会认可的其他专业资质 保险机构首席风险官、风险管理部门负责人比照行政和专业风险责任人，纳入风险责任人体系进行监管 违规处理：风险责任人违反法律、行政法规规定，情节严重的，由中国保监会依法责令调整负责人及有关管理人员，或者依法撤销其高级管理人员任职资格，或者一定期限内直到终身不得进入保险业
	32. 保险资金运用风险控制指引（试行）2004	保险资金运用风险控制体系：是指保险公司和保险资产管理公司为维护保险公司的财务稳健和保障保险公司的偿付能力，对保险资金运用过程中的风险进行识别、评估、管理和控制的组织结构、制度安排和措施方法的总称 风险控制体系建立原则：独立制衡原则、全面控制原则、适时适用原则、责任追究原则 风险控制内容：资产负债管理、投资决策管理、投资交易管理、风险技术系统管理、信息技术系统管理、会计核算管理和人力资源管理 7 个部分 保险资金管理原则：①实行集中管理、专业化运作，保险资金的战略配置与战术配置、投资决策与投资交易职能应相互分离。②项目评审、投资决策、交易执行、资金清算、会计核算、风险控制等部门和岗位之间应相互独立。③保险资金应由保险公司专业资金运用部门、保险资产管理公司以及符合中国保监会规定条件的其他专业投资机构管理运用。④保险公司分支机构、保险公司的非专业资金运用部门不得从事保险资金运用业务。⑤应有专门部门负责保险资金的委托事务，评价委托资产的风险状况、受托管理机构的投资业绩和管理能力。⑥保险公司应建立第三方托管机制；应建立有效的资产隔离制度。⑦保险公司资金运用部门与风险控制、财务、稽核等部门之间，保险公司与保险资产管理公司之间应建立畅通的信息传递机制，构建相互监督、相互制约的信息平台 激励机制：保监会把保险资金运用风险控制建设作为确定保险公司和保险资产管理公司资金运用业务范围、对保险公司和保险资产管理公司进行评级的一项重要考核指标和条件
	33. 关于加强保险资产配置风险管理的通知 2009	①要防范产品定价风险：防止产生新的利差损；②要防范资产错配风险：确保保险产品负债与投资资产相匹配，防止资产低效配置和高风险投资损失；③要防范利率风险：建立投资收益预测模型，建立中长期绩效评估机制，防止利率敏感性资产的减值风险；④要加强合规经营：防范市场风险和信用风险；提高内部信用评级能力；做好风险压力测试工作；分析资产负债与配置期限及收益缺口；加强资产配置管理能力建设

续表

投资工具	法规名称	主要规定及违规处理
风险	28. 关于加强保险资金风险管理的意见 2006	全面风险管理：全面覆盖、全程管理、全员参与的新型风险管理体系 推进保险资金风险管理的主要任务：保险公司内部建立职责明确、分工合理、相互制衡的风险管理组织架构；完善保险资金管理重大突发事件应急处理机制；稳步实施保险资金托管制度；推行资产负债匹配管理，改进风险管理方式，优化信息技术系统，强化风险监测手段，提高保险资金风险管理能力；健全责任追究机制，严格治理商业贿赂，提高管理人员素质，防范管理和运营风险

第三节　国外保险投资监管

一、全球保险业发展概述①

（一）全球保费收入、保险密度与保险深度

2014 年，全球总保费收入为 47 780 亿美元，其中寿险保费收入为 26 550 亿美元，占比 56%，非寿险为 20 330 亿美元，占比为 44%，总保费收入增速为 3.7%。

1. 保险发达市场。2014 年发达市场总保费收入为 39 390 亿美元，增长 2.9%，总市场份额为 82%，较 2013 年下降 1%；发达市场的寿险深度由 2000 年峰值 5.7% 降至 4.7%；发达市场人均保费支出为 3 666 美元，人均寿险支出 2 090 美元；非寿险支出 1 577 美元。见图 11－2。

由图 11－2 可以看出，全球保险深度的均值约为 8%，保险密度均值约为 3 800 美元；全球保险深度最高的是中国台湾，约为 18%；全球保险密度最大的是瑞士，人均将近保险 8 000 美元；韩国的保险深度较 2013 年有较大提高，超过 11%。发达市场的保费增速要快于经济增速。

2. 保险新兴市场。2014 年新兴市场总保费收入为 8 390 亿美元，增速为 7.4%，市场份额为 17.6%，上升了 0.6 个百分点；人均保费支出从 2013 年的 127 美元上升至 2014 年的 136 美元，其中 68 美元用于寿险，67 美元用于非寿险；保险深度为 2.7%，大部分的损失处于缺乏保险保障的状态。见图 11－3。

---

① 主要根据 sigma2015（4），第 12～19 页相关内容整理。

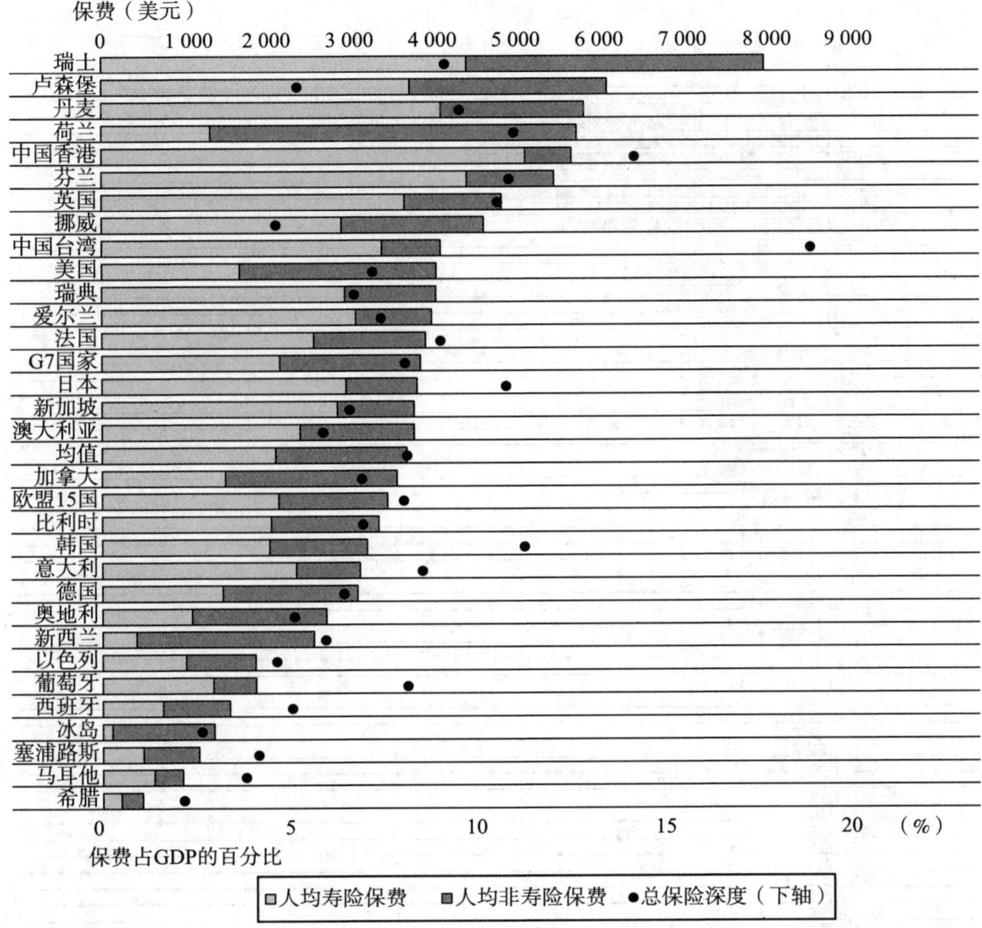

图 11-2 2014 年发达市场保费密度与保费深度

注：保费（美元）；保险深度（%）

资料来源：sigma2015（4），19。

由图 11-3 可知，新兴保险市场中中国澳门地区保险密度最大，而 2013 年是巴哈马的保险密度最大，将近人均保费 1 900 美元；保险深度最高的是南非，保费约占 GDP 的 14.8%。全球新兴保险市场保险深度的均值不到 1%，保险密度均值约为 200 美元；中国保险深度约为 2%，保险密度约为 240 美元。

（二）全球保险承保业务与投资业务

2014 年全球灾害事件造成的保险与未保险损失约为 1 100 亿美元，低于 2013 年的 1 380 亿美元，其中保险业承担了 280 亿美元的自然灾害损失和 70 亿美元的人为灾害损失，亚洲受到的冲击最为沉重，损失达 520 亿美元。全球最大规模的灾害事件是气旋胡德（Hudhud），美国和欧洲的强雷暴导致的保险理赔最高，美

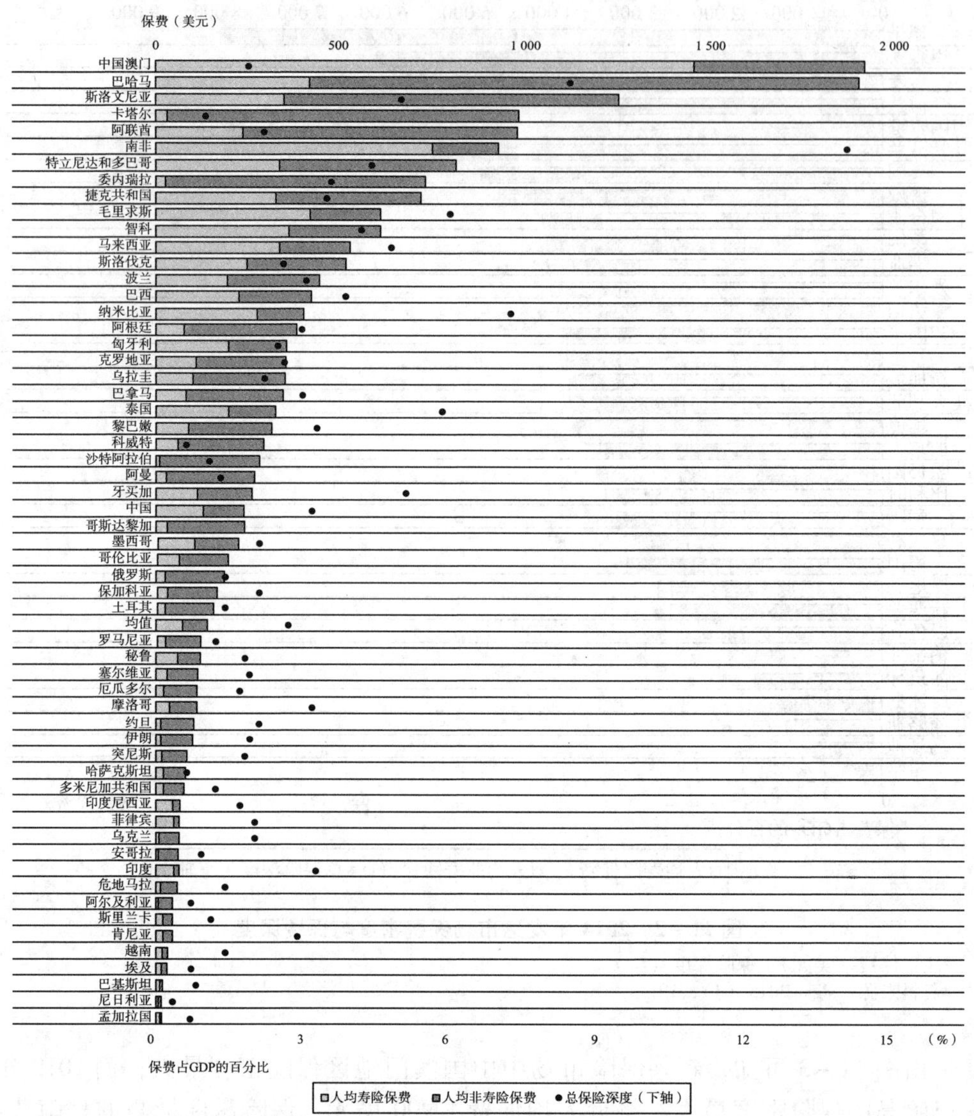

图 11－3　2014 年新兴市场保险密度与深度

资料来源：sigma2015（4），25。

国和日本的冬季严寒是引发保险理赔的另一大因素。总损失与保险损失之间存在 750 亿美元的缺口，主要是新兴市场缺乏保险保障所致。

2014 年全球寿险业盈利能力略有改善，股本回报率约为 13%，高于 2013 年的 12%。英国盈利的走强主要源于结构性改革，北美洲和欧洲保险公司的盈利能力的提高，得益于稳健的股市、强劲的保费增长及有效的成本控制措施。

2008~2012年，非寿险业的总体盈利能力疲弱，2014年非寿险综合成本率从2013年的97.5%上升至98.1%，非寿险业总体业绩从2013年的13.2%下降至2014年的11.8%，平均数税后股本回报率则从2013年的8.6%下滑至2014年的7.6%。图11-4列出了全球八大保险市场[①]承保业绩的趋势，可以看出2014年由于灾害损失增加，损失准备金释放水平相对前几年有所降低，八大市场中唯有日本的承保业绩呈持续改善状态，八大市场平均投资收益占保费净收入的比重达8.6%（2013年为9%）。未来利率每降低1个百分点，保险投资收入也会大幅减少，可见加强对保险投资的监管对保险业可持续发展具有重要意义。

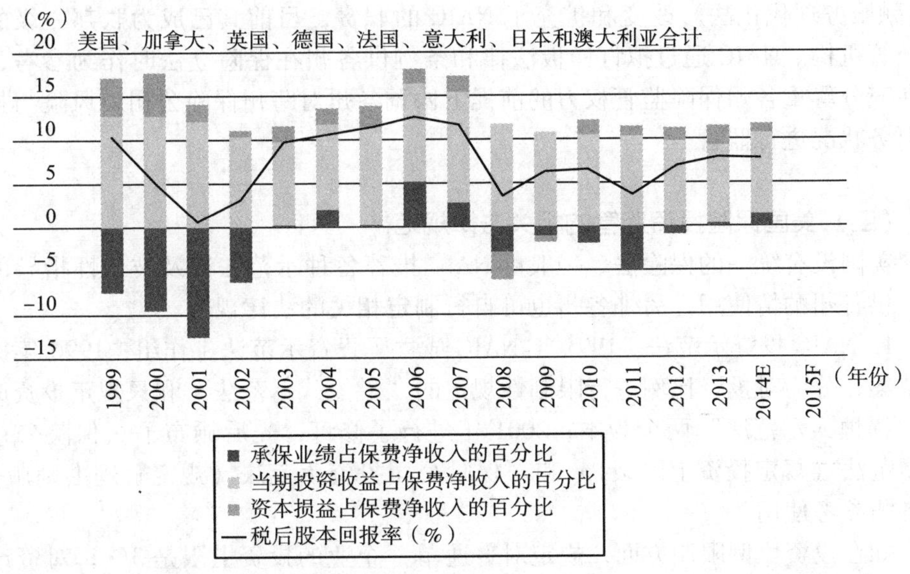

图11-4 1999~2015年八大市场合计利润占保费净收入百分比及股本回报率

资料来源：sigma2015（4），12。

二、美国保险投资监管

（一）美国保险投资监管体系

由于美国实行联邦制，各州有自己的议会和立法权，因此对保险的监管一直是双重监管，即由联邦政府和州政府共同负责，在1999年《金融服务现代化法》通过后，又强化了全国保险监督官协会（Natiollal Association of Insurance Commis-

① 亚洲保险发达经济体包括日本、韩国、新加坡及中国香港地区、中国台湾地区。

sioners，NAIC）对保险的监管立法等统一性方面的监督管理。

1. 各州保险监管局。美国的保险监管职责主要是由各州的保险监管局承担，保险监管局的最高领导是保险监督官，由所在州的州长任命，对州长负责。保险监管的法律法规均可由各州自行制订、自行管理，虽然各州的法律均有所差异，但在全美保险监督官协会的协调下，基本上都对保险公司的设立、资本要求、经营范围、偿付能力、保险投资、费率厘定等内容进行了相应规定。

2. 全美保险监督官协会（NAIC）。全美保险监督官协会（NAIC）成立于1871年，执行总部位于密苏里州的堪萨斯城，由50个州、华盛顿特区和4个美国领土特区的保险监督官组成。NAIC是一个由各州保险监督官组成的民间协会，最初是一个非正式的联邦监管协调机构，扮演着监管辅助者的角色，1999年的《金融服务现代化法》改变和扩充了NAIC的职责，目前其已成为联邦一级的保险监管机构。NAIC通过拟订样板法律和条例供各州在保险立法时作为参考，以便在充分尊重各州保险监管权力的前提下协调各州对跨州保险公司、风险与投资与财务状况进行监管。

（二）美国保险投资监管的相关法律规范

美国没有统一的保险法，一般由NAIC推荐各种示范法律及技术性指导的体制，供各州酌情使用，另外各州也可自行制定相关的法律规范。

1. NAIC投资示范法。1991年NAIC成立了投资示范法工作组；1996年提出了草案，分为对投资比例进行限制性规定的“鸽笼式示范法”和只规定投资原则的“谨慎人示范法”两个版本；2001年进行了修订，先后颁布了《保险公司投资示范法（规定投资上限版）》和《保险公司投资示范法（规定管理准则版）》，供各州参考使用。

如在投资比例限制方面，规定对普通单一企业的投资上限是3%；对资产支持证券（ABS）的总量不能3%；对评级在中下的资产投资总额不超过认可资产的20%等。在投资准则方面则规定保险公司财务安全的最低标准、对投资行为进行谨慎性评估的标准、对投资资产的类型进行了相应的分类，如现金、债券、抵押贷款、信托协议、房地产等的类型等。

2. 州立法的相关规定。目前美国大部分州采用的是“鸽笼式示范法”，有些甚至全部采用，有些则是部分采用，基本上每州都会对保险投资的比例等进行相应的规定。由于每州的立法均不同，本书仅以纽约州为例介绍对保险投资的规定。纽约州对保险投资监管的法律在《纽约州统一法律》第28章“保险法”中予以规定，其只是部分采用了投资上限版的部分内容，如对房地产的投资上限是房地产总投资额不得25%，其中以收益为目的的房地产投资总额不得20%，单项投资金额不得超过2%；对股权投资总额不得20%，对同一机构的不得超过2%；对同一机构的证券投资不得超过10%等。

三、英国保险投资监管概述

（一）英国保险投资监管体系

英国政府对保险的监管一直比较宽松，采用的是一级多元辅助监管模式，即由贸易工业部根据议会立法全面监管与保险行业协会自律监管相结合的高度自律形式，对保险投资的监管也是如此。1998 年前贸工部大臣享有对保险业实行全面监督和管理的权力，具体监管机构是贸工部下属的保险理事会；1998 ~2001 年由财政部行使对保险业直接监管职能；2001 年后将对金融业的统一监管权办交给了英国金融服务局（Financial Service Authority，FSA），新成立的 FSA 是集银行、证券、保险三大监管职能于一体的综合监管机构。英国的行业自律组织体系完善，主要有劳合社承保人协会、劳合社理事会、英国保险人协会、伦敦保险人协会、大灾保险人协会、人寿保险协会等，部分协会也会引导保险公司关注保险投资问题。

英国还有一种特殊的精算师监管制度，1994 年以来政府精算师管理局（GAD）为保险业提供精算技术支持。国内所有经营长期业务的保险公司都必须有一名指定的精算师，同时对监管当局和保险公司双方负责，每个指定的精算师都是精算协会的成员，如果精算师认为保险公司出现严重的经营问题，则需向监管当局报告。这一机制也保证了对保险投资监管的准确和持续有效。

（二）英国投资监管的相关法律规范

英国关于保险投资方面的法规规范主要有《1982 年保险公司法》《1994 年保险公司条例》《2000 年金融服务与市场法案》《过渡期保险业法规汇编（2001 年）》《金融业法规综合汇编》（2004 年）《保险业法规汇编》（2006 年）等。

总体上讲英国保险投资运用[①]领域十分广泛，股票、债券、房地产、共同基金以及海外投资等均可作为其投资对象。如《1994 年保险公司条例》中对保险投资的比例进行了相应的规定：保险公司对某一公司的证券投资不得超过保险公司总资产的 5%，特定条件下为 1%；在同一单位信托的资金不得超过保险公司总资产的 5%；对所有未上市的公司股票和公司债券投资不得超过保险公司总资产的 10%；对土地的投资不得超过保险公司总资产的 5%；对公司或个人的其他放款不得超过保险公司总资产的 1%；对同一公司的上市股票投资不得超过保险公司总资产的 2.5%；对同一公司的上市股票以及上市公司的抵押债券投资不得超过保险公司总资产的 5% 等。《保险业法规汇编》中对投资规则的监管散见于各章中，如对保险公司的资产负债匹配原则、再保险公司的资产配置、市场风险

① 孙同舟．国际视野下的保险投资监管法律制度研究［D］．大连海事大学，2008.

和交易对手限额、与资产相关的资本金的提取要求等，提取系数最高的是普通股、基金和私募投资等，为16%。

四、日本保险投资监管概述

（一）日本保险投资监管体系

早期的日本保险业是由几个有深厚官方背景的保险公司寡头形成的一个集中型的保险市场。1997 年以前，行政指导是日本保险监管的特色，当时保险监管权力集中于中央，由大藏省对保险公司采取保驾护航式的监管；1998 年6 月日本成立了金融监管厅（FSA），由其接管了大藏省对银行、证券、保险的监管工作；2000 年7 月金融监管厅更名为金融厅，将金融行政计划和立案权限从大藏省分离出来，对保险的监管也由金融厅负责，金融厅厅长由首相直接任命以确保其在金融监管上的相对独立。

（二）投资监管的相关法律规范

日本相关法律规定寿险公司可在股票、债券、贷款、不动产、海外资产等领域投资①。20 世纪 80 年代后日本保险公司的保险资金运用由贷款转向有价证券和存款，1985 年日本保险公司保险资金中有价证券的比例首次超过贷款成为日本保险资金最大的运用方式。1996 年 4 月 1 日，日本颁布了新的《保险业法》，规定保险资金运用的方式可以包括有价证券、不动产、银行存款、短期资金交易及各种形式的抵押贷款；在保险资金运用方面撤销和放宽了资金运用上限；使损害保险的费率逐步实现市场化与自由化；对保险资金入市采用“分类监管、比例限制”的监管方式；并规定股票投资不得超过保险公司总资产的3%，保险公司购买同一公司的债券和股票不得超过其总资产的10%等。

五、德国保险投资监管概述

（一）德国保险投资监管体系

德国是混业监管的代表国家，金融监管由联邦金融监管局负责。金融监管局对保险领域的监管分为联邦和州两个层次，在联邦一级负责监管跨州经营的私营保险公司和竞争性的国有保险公司；州一级监管主要是对在特定州经营的私营保险公司和竞争性的国有保险公司。在德国经营的保险公司必须要获得一份联邦或州监管机构颁发的业务经营许可证，并由相应的监管机构负责以动态的标准监控这些保险公司。

---

① 刘新鹏．美日保险监管制度的比较与借鉴［J］．金融教学与研究，2004（2）：63－64.

（二）德国保险投资监管的相关法律规范

德国保险监管法律制度最为严格，监管内容十分广泛，德国对保险投资的方式在《保险法》中又进行了详细的规定，如规定保险机构应将其用于支付理赔和用于其他特别规定用途的资金以多样化和平均分布的方式进行投资，以确保投资最大的安全性和收益性，同时亦保证其变现能力；对有限制资产的投资必须有一定的组合而且规定最高限度。在《保险企业监督法》中规定保险企业资产的投资应当在考虑保险企业所经营的险种与企业结构后，兼顾保险投资的最大保障与利润，投资应在保障保险企业的支付能力的前提下进行；保险机构应当每年向监管当局提供其偿付能力的计算报告、自有资金账目、年度财会报表以及有关业务状况的报告等。

【经典案例】

AIG危机成因①

2008年9月16日晚美联储宣布授纽约联邦储备银行向陷于破产边缘的AIG提供850亿美元的紧急贷款，期限24个月，同时美国政府将控制AIG79.9%的股份，并有权否决普通股和优先股股东的派息收益。至此这家有着长达89年的经营历史、总资产规模超过1万亿美元的美国国际集团（AIG），曾经是利润最丰厚的世界保险巨擘（曾经位列世界500强第19位，财富500强前10位）被阶段性国有化了。AIG是如何走到破产边缘的?②

一、AIG历史③

AIG是极少数起源于中国的美国公司之一。1919年，AIG的创始人史带先生在上海创立了AIG的前身美亚保险公司。最初，美亚保险公司只在上海承揽一些美国保险公司的代理业务，并提供火险及水险服务。1939年，史带将总部迁往纽约，公司业务从亚洲扩展到美国、拉丁美洲和欧洲。1968年，格林伯格接任，在他任职的38年间，AIG的业务领域从保险领域扩展到寿险、财险、汽车保险、按揭保险、退休服务、贷款、投资服务和航空租赁等多个领域，业务遍及130多个国家和地区，市值从3亿美元上升到1 730亿美元，AIG已成为全球最受人景仰的大公司之一，在世界保险业享有盛誉，股价最高曾达到72.65美元，雇员11.6万人，总资产高达1.1万亿美元；2005~2007年蝉联全球净利润最高保险公司，2007年世界500强企业中排名23。

---

① 据刘平．精于风险却毁于风险——AIG的启示［J］［中国保险，2009（1）：43］和李妍，陈敏．AIG风险案例和启示［金融发展评论［J］.2010（4）：30－32］内容改写．

② 刘平．精于风险却毁于风险——AIG的启示［J］．中国保险，2009（1）：43.

③ 李妍，陈敏．AIG风险案例和启示［J］．金融发展评论，2010（4）：30－32.

二、AIG 危机演化

1987 年，AIG 在伦敦设立了一家名为“美国国际集团金融产品公司”（AIGFP）的子公司，很早就进入了刚刚兴起的金融衍生市场，成为美国最早投资金融衍生产品的公司之一。金融产品公司主营业务是从事金融衍生产品交易，最初的衍生产品交易业务大多是利率互换之类的产品，从 20 世纪 90 年代后期开始大量介入为担保债务权证（CDO）提供担保的 CDS 业务。当时由于其母公司 AIG 自身是 AAA 评级的公司，不必提供任何抵押，便可以担保，当时美国经济蓬勃向上，违约率相当有限，这些 CDS 交易对金融产品公司来讲盈利性极佳，也给 AIC 带来了丰厚的回报。金融产品公司在 1999 年的营业额是 7.37 亿美元，到 2005 年达到 32.6 亿美元，营业收入在 AIG 所占比率由 4.2% 升至 17.5%。

高风险与高收益并存。次贷危机爆发后，AIG 开展的 CDS 业务损失惨重，2008 年净亏损累计 993 亿美元，而 2007 年净盈利仅为 62 亿美元。2008 年 9 月 15 日，雷曼宣告破产保护当天，AIG 的股价暴跌 61%，跌至 4.76 美元，成交量剧增至 7.38 亿手，相当于平日的 15 倍以上。虽然在 2008 年早些时候，AIG 筹资 200 亿美元，但不断增加的需求令 AIG 的资源捉襟见肘。

在 2008 第三季度，美国的四大评级机构标准普尔（S&P）、穆迪（Moody）、惠誉 Fitch 和 AM. Best 公司均下调对 AIG 公司的信贷评级及 AIG 的大部分保险子公司的财务实力评级。如对于 AIG 的长期债务（Long-term Debt）评级，标准普尔评级下调三级，惠誉国际评级下调两级，穆迪的评级下调两级，AMBest 对 AIG 的信用评级从 A + 调至 BBB，对 AIG 保险公司财务实力评级从 A + 调到 A①。资金方面的压力导致三大信用评级机构均下调了对其的评级，而信用评级下调又反过来要求 AIG 增加上百亿美元的担保物或者资金，让 AIG 雪上加霜，财务状况短期内急速恶化，股价暴跌、信用评级下调、交易对手追索抵押品，一系列危机环环相扣，仅用三天时间就使 AIG 走入绝境。

三、AIG 危机成因

（一）大量与次贷相关的信贷业务遭受损失

AIG 旗下子公司金融产品公司大量开展的 CDS 业务损失惨重。CDS 是为标的资产（通常是债券）提供信用保护的一种合约。在合约期内，如果标的资产没有出现信用违约，客户将向担保方支付固定成本来获得违约风险的保护，相反，一旦标的资产出现信用违约，则担保方将向客户支付违约造成的损失。CDS 的风险主要取决于其标的资产和交易对手，而这次导致金融机构大幅亏损的 CDS，其标的资产相当一部分是次级抵押证券中的高风险的担保债务权证（CDO）。截至

① 曹志成. 我国保险集团的风险管理与控制研究——基于 AIG 危机的分析［D］. 西南财经大学，2011：31－32.

2008年6月30日，金融产品公司的高级信用衍生品净敞口为4 410亿美元，其中以CDO为标的的信用衍生品共计578亿美元。CDS业务在次贷危机爆发以来损失惨重。自2007年10月至2008年6月底，AIG开展的CDS业务累计亏损高达250亿美元。

此外，AIG还有多家子公司开展与次贷相关的其他业务，如债券担保业务、抵押贷款保险、房地产贷款以及在保险投资组合中持有次贷资产等，这些导致了AIG与次贷相关的风险过度集中。当次贷违约率上升时，一个领域的风险会迅速蔓延到另一个领域，并导致损失呈几何级数增长，拖累了其财务状况。

（二）流动性缺乏导致的融资成本增加

AIG旗下的金融产品公司发行了大量为CDO等产品提供担保的超级CDS，并由金融产品公司向交易对手提供抵押资产。抵押资产的数额主要取决于信用衍生产品的重置价值或是债券的市值，并与发行者信用评级和债券信用评级有关。随着次贷危机加深，金融产品公司担保的债务急剧贬值，2007年和2008年上半年有相当数量的CDO的信用评级被降，并且三大评级机构调低了对AIG的评级，这些均导致金融产品公司必须向交易对手追加抵押或提供赔偿，CDS业务亏损不断加大，当其无力偿还损失时，则由母公司AIG承担。而在日益动荡的金融市场中，AIG外部融资难度加大，融资成本不断增加，财务状况进一步恶化。截至2008年7月31日，金融产品公司因CDO评级的恶化，为其高级信用衍生品提供了总计约165亿美元的抵押资产。

（三）内控不严和风险管理薄弱

作为一个大型金融集团，AIG组织架构庞杂，内控不严，致使其难以全面管理风险，反应滞后。主要表现在：一是金融产品公司在AIG里面是个高度自治的实体，而作为母公司的AIG近年来也放松了对其的监管，很少过问其业务，甚至取消了原来每月两次评估其工作的例会。2008年3月，美国联邦监管机构曾警告说，AIG在对子公司的监管方面缺乏独立性、透明度和精细化。二是AIG的内设工作机制没有发挥应有的作用。在2005年会计丑闻以后，AIG设立了两个专门的委员会负责对复杂金融衍生产品交易审查，即复杂结构金融交易委员会和交易审核委员会。2007年负责处理AIG欧洲金融产品的首席全球策略官伯纳德·康诺利曾对次贷危机的爆发及其可能对衍生产品的影响发出警告，但AIC高层对此未给予足够重视。三是激励机制与风险管理脱钩，不合理的薪酬制度导致了高管层大量的短期投机行为，进一步加大了AIG的经营风险。

（四）外部监管缺失

AIG旗下的金融产品公司是一家投资银行而不是保险机构，不接受美国州级监管机构的监管。AIG危机爆发前的四年里，总部设在伦敦的金融产品公司有不少业务通过在法国注册的AIG银行完成，该机构接受美国储贷机构监理署的监管，但这种监管本身就十分不完备。此外，监管部门对次贷相关业务的监管不力，一些衍生产品（尤其是CDS）存在监管空白，这些都导致了风险的不断积聚和扩散。

【知识拓展1】

信用评级机构简介

据国际清算银行（BIS）的报告，在世界上所有参加资信评级的银行和机构中，穆迪涵盖了80%的银行和78%的机构，标准普尔涵盖了37%的银行和66%的机构，惠誉涵盖了27%的银行和8%的机构；其中穆迪的优势在于主权国家评级，标普专注企业评级，菲奇则在金融机构和结构融资评级中占比较大。在世界100多家评级机构中，保险信用评级行业的四大巨头依次是：A. M. Best、标准普尔、穆迪公司和惠誉（也翻译为菲奇）公司，“四大”评级机构占据了98%的行业收入，这些收入主要来源于保险公司给付的评级费用，A. M. Best是专门的保险评级机构，保险信用评级业务收入最高。

表11－11中列出了目前世界主要国家的信用评级机构的数量，可以看出我国的信用评级机构最多，主要是由于历史原因，存在着大量的中小评级公司，随着信用评级机构的行业集中度的提高，中小评级公司将被进一步整合。

表11－11　　全球主要国家的评级机构数量

国家	数量
美国	3
日本	3
德国	1
韩国	3
印度	2
巴西	1
俄罗斯	1
阿根廷	1
智利	1
中国	50家左右

资料来源：国际清算银行报告（2000），申万研究。

我国目前有50家左右的评级机构，国内三大资信评级机构分别是中诚信、大公国际和联合资信公司，图11－5列出了三者在不同类型债券中评级业务的行业占有率。

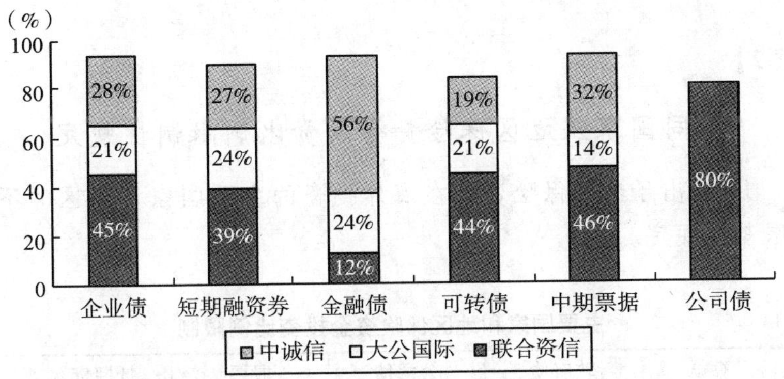

图 11-5 国内三大评级机构的市场占有率

资料来源：Wind 资讯，申万研究。

随着我国保险资金在债券投资、股权投资、房地产与基础设施等投资领域的业务扩展，对信用评级的要求也在不断提高，表 11-12 列出了我国保监会对保险资金投资标的的相关评级要求。

表 11-12 保险资金投资标的相关信用评级要求

发布日期	法规/办法名称	颁发部门	信用评级的最低级别要求
2004 年 9 月	保险公司次级定期债务管理暂行办法	保监会	可以评级
2003 年 5 月	保险公司投资企业债券管理暂行办法	保监会	AA
2004 年 8 月	保险外汇资金境外运用管理暂行办法	保监会	A
2005 年 8 月	保险机构投资者债券投资管理暂行办法	保监会	商业银行金融债券和次级债券：国内评级 A 以上；国际评级 BB 以上 企业（公司）债券：AA 短期融资券：A-1 豁免评级的，国内评级 AA 以上；国际评级 BBB 以上
2007 年 1 月	保险机构债券投资信用评级指引（试行）	保监会	要求建立保险机构内部信用评级系统
2012 年 10 月	关于保险资金投资有关金融产品的通知	保监会	保险资金投资的理财产品、信贷资产支持证券、集合资金信托计划、专项资产管理计划、基础设施债权投资计划、不动产投资计划及其受托机构的信用等级不低于国内信用评级机构评定的 A 级或者相当于 A 级的信用级别，境外上市并免于国内信用评级的，信用等级不低于国际信用评级机构评定的 BB 级或者相当于 BB 级的信用级别。

资料来源：据保监会网站相关资料整理。

【知识拓展2】

不同国家及地区保险资金投资比例限制性规定

表11－13列出了我国保险资金在海外投资的主要国家及地区的不同投资工具的比例限制性规定。

表11－13　主要国家和地区保险资金投资比例限制　单位：%

国别	存款	政府债	公司债	股票	抵押贷款	房地产
美国	100	100	100	10～20	100	10
英国	100	100	100	100	100	100
德国	100	100	100	30	10	40
法国	100	100	100	65	5	10
日本	100	100	100	30	100	20
中国台湾	100	100	35	35	100	19
中国香港	100	100	100	20	100	30
中国	100	100	60①	30②	0	10③

注：中国股票投资占比不包括投连和万能产品保费，①不同类型公司债券要求不同，详见本章中的表11－5中的债券投资部分；②具体比例参见《关于提高保险资金投资蓝筹股票监管比例有关事项的通知》(2015)；③具体规定参见《保险资金投资不动产暂行办法》(2010)。

关键术语

市场垄断　外部影响　公共物品　信息不对称　保险脆弱性　保险投资监管　保险资本保证金　基础设施债权投资计划　历史存量保单　股权　直接投资股权　间接投资股权　保险资金间接投资基础设施项目　投资计划　不动产　不动产投资管理机构　自用性不动产　金融衍生品　股指期货　金融产品　全面风险管理

思考题

1. 简述保险监管产生的主要原因。
2. 简述保险投资监管的原则。
3. 请谈谈我国对保险投资进行监管的机构及相应的职能。
4. 我国对保险信用评级的体系是怎样的？
5. 了解我国对保险资本保证金的主要监管措施。
6. 了解我国对保险资金银行存款的主要要求。
7. 谈谈我国基础设施债权信用增级的三种方式。
8. 我国保险资金股权投资指向企业的范围。

9. 保险资金间接投资基础设施项目的当事人主要有哪些？

10. 保险资金间接投资基础设施项目的违规处理办法主要有哪些？

11. 我国保险公司设立基金管理公司的主要要求。

12. 了解我国保险资金境外投资的当事人、能够使用的保险资金、账户管理等信息。

13. 请查阅资料谈谈我国保险资金境外投资的主要品种及区域的相关规定。

14. 谈谈我国对保险公司保险资金投资的内控与合规计分的意义。

15. 谈谈我国对保险资金投资的风险控制管理的原则。

16. 推进保险资金风险管理的主要任务。

17. 请熟悉美国、英国、日本、德国的保险投资监管体系。

本章探究专题

1. 请结合书中相关资料，谈谈进行保险业内与业外信用评级的利弊。

2. 根据书后的经典案例提供的资料，请你谈谈 AIG 危机对我国保险公司投资与监管方面的启示。

3. 自己上网查找并认真研读最新的保险方面的法规，谈谈它出台的意义是什么？查查新旧“保险国十条”文件，谈谈你得到了什么启示？

4. 查阅资料，谈谈最新的全球保险业发展概况。

参考文献

中文学习网站（用于学生学习）

1. 中国保监会 http：//www. circ. gov. cn/web/site0/.
2. 中国保险行业协会 http：//www. iachina. cn/.
3. 中国保险保障基金有限责任公司 http：//www. cisf. cn/index. jsp.
4. 中国保险学会 http：//web. iic. org. cn/iicv2_webmap/iicv2_index/.
5. 中国人力资源与社会保障部 http：//www. mohrss. gov. cn/.
6. 中国保险网 http：//www. china-insurance. com/.
7. 中保网（中国保险报）http：//www. sinoins. com/.
8. 东方财富网 http：//www. eastmoney. com/.
9. 和讯网 http：//news. hexun. com/sitemap/.
10. 中央人民政府网 http：//www. gov. cn/.
11. 中国财产再保险股份有限公司 http：//www. cpcr. com. cn/index. shtml.
12. 中国人寿保险集团公司 http：//www. e-chinalife. com/.
13. 中国人民财产保险股份有限公司 http：//www. piccnet. com. cn/.
14. 中国人民保险集团股份有限公司 http：//www. picc. com/html/folder/4295. shtml.
15. 平安保险 http：//www. 4008000000. com/.
16. 中国平安集团股份有限公司 http：//www. pingan. com/index. shtml.
17. 新浪宏观经济数据 http：//finance. sina. com. cn/worldmac/.
18. 上海银行间同业拆放利率网站 http：//www. shibor. org/shibor/web/shtml/.
19. 中国外汇交易中心/全国银行间同业拆借中心 http：//www. chinamoney. com. cn/index. shtml.
20. 中国票据网 http：//www. chinacp. com. cn/.
21. 中国货币网 http：//www. chinamoney. com. cn/.
22. 中国债券信息网 http：//www. chinabond. com. cn.
23. 国家外汇管理局 http：//www. safe. gov. cn/.
24. 北京金融资产交易所 http：//www. cfae. cn/.
25. 上海证券交易所 http：//www. sse. com. cn.

26. 深圳证券交易所 http：//www. szse. cn/main/research/.

27. 中国政府公开信息整合服务平台 http：//govinfonew. nlc. gov. cn/gtfz/index. shtml.

英文学习网站

28. 瑞士再保险集团 http：//www. swissre. com/.

29. 美国保险监督官协会 http：//www. naic. org/.

30. 易保（Esurance）http：//www. esurance. com/.

31. 大都会 http：//www. metlife. com.

32. 劳合社（Lloyd's）http：//www. lloyds. com/.

33. 英国保诚（Prudentail）http：//www. prudential. co. uk/.

34. 新加坡保险代理人协会（Association of Singapore Insur）http：//www. asia. org. sg/.

35. 伦敦再保险集团（London Reinsurance Group）http：//www. lrg. com/009/.

36. 英国保险索引，http：//www. uk-insurance-index. co. uk/.

37. 新西兰保险公司，http：//www. nzi. co. nz/.

38. 加拿大英杰华集团，http：//www. avivacanada. com/.

39. 美林证券公司（Merrill Lynch），http：//ml. com/.

40. 纽约证券交易所（New York Stock Exchange），https：//nyse. nyx. com/.

41. 纳斯达克（NASDAQ），http：//www. nasdaq. com/.

42. 香港交易所（Hong Kong Exchanges and Cleari）http：//www. hkex. com. hk/eng/index. ht.

43. 纽约人寿保险公司（New York Life Insurance Compan）http：//www. newyorklife. com/.

44. 旅行者集团（Travelers），http：//www. travelers. com/.

45. UNEP FI. 可持续保险协会网站，http：//www. unepfi. org.

46. 红杉资本（Sequoia Capital），http：//www. sequoiacap. com/.

参考资料

1. Black F and Jones R. Simpliyfing portfolio insurnace ［J］. Journal of Portfolio Management，1987（14）：48－51.

2. Jobson，J. D.：“Estimating the Mean – Variance Efficient Frontier：The Markowitz Criterion Is Not Enough.” Presented to the Q Group，Fall Seminar，1994.

3. 查尔斯·史密森著，应惟伟译. 管理金融风险——衍生产品、金融工程和价值最大化管理［M］. 中国人民大学出版社，2003.

4. Douglas Hearth、Janis K. Zaima，现代投资学［M］. 清华大学出版社，

2005.

5. 兹维·博迪，亚历克斯·凯恩，艾伦·J·马科斯．投资学精要［M］．中国人民大学出版社，2007.

6. Edwin J. Elton，Martin J. Gruber，Stephen J. Brown，William N. Goetzmann. 现代投资组合理论与投资分析［M］．机械工程出版社，2008.

7. Edwin J. Elton，Martin J. Gruber，Stephen J. Brown，William N. Goetzmann. 现代投资组合理论与投资分析［M］．机械工程出版社，2008.

8. 约翰·赫尔，期权与期货市场基本原理［M］．机械工业出版社，2009.

9. 弗兰克·法博兹．债券市场分析与策略［M］．中国人民大学出版社，2007.

10. David F. Babbel、Frank J. Fabozzi，保险公司投资管理［M］．经济科学出版社，2010.

11. 威廉·F. 夏普等．投资学［M］．中国人民大学出版社，2013.

12. 弗兰克·J. 法博齐．固定收益证券手册［M］．中国人民大学出版社，2014.

13. 李秀芳．中国寿险业资产负债管理研究［M］．中国社会科学出版社，2002.

14. 傅安平．中国寿险业与资本市场的互动发展［M］．北京：经济科学出版社，2004.

15. 王国刚，中国资本市场的深层问题［M］．北京：社会科学文献出版社，2004.

16. 谢剑平．投资学基本原理与实务［M］．北京大学出版社，2004.

17. 周骏，张中华，刘冬姣．2004 年中国金融与投资发展报告：保险业与资本市场［M］．北京：中国金融出版社，2004.

18. 张洪涛．保险资金管理［M］．中国人民大学出版社，2005.

19. 孟昭亿．保险资金运用国际比较［M］．中国金融出版社，2005.

20. 周道许．中国保险业发展若干问题研究［M］．中国金融出版社，2006.

21. 李冰清．保险投资［M］．南开大学出版社，2007.

22. 王晓芳，许祥秦．证券投资学［M］．北京大学出版社，2007.

23. 吴定富．中国保险业发展蓝皮书［M］．中国广播电视出版社，2007.

24. 徐高林．保险资金投资管理教程［M］．北京大学出版社，2008.

25. 魏巧琴．保险投资学［M］．上海财经大学出版社，2008.

26. 吴晓求．证券投资学［M］．中国人民大学出版社，2008.

27. 高坚．中国债券资本市场［M］．经济科学出版社，2009.

28. 裘红霞，郭冬梅．保险学［M］．清华大学出版社，2011.

29. 房海滨．保险公司资产负债管理问题研究［D］．天津大学，2006.

30. 伍燕芳. 保险公司动态财务分析在资产负债管理中的应用 [D]. 暨南大学, 2006.

31. 行瑞. 寿险公司的资产负债管理及免疫模型的运用研究 [D]. 东北财经大学, 2007.

32. 傅娟娟. 论我国保险公司资金入市与股票市场发展的互动关系 [D]. 厦门大学, 2007.

33. 孙晓丹. 人民币汇率变动对我国股市影响的实证研究 [D]. 首都经济贸易大学, 2007.

34. 姜姗. 保险资金投资问题研究 [D]. 首都经济贸易大学, 2008.

35. 孙同舟. 国际视野下的保险投资监管法律制度研究 [D]. 大连海事大学, 2008.

36. 李强. 我国保险资金投资股票市场问题研究 [D]. 苏州大学, 2009.

37. 曹志成. 我国保险集团的风险管理与控制研究——基于 AIG 危机的分析 [D]. 西南财经大学, 2011.

38. 晏宗飞. 当前保险资金投资股票市场研究 [D]. 东北财经大学, 2011.

39. 周建胜. 抵押担保证券产品的开发与应用 [J]. 学术论坛, 2001 (5).

40. 陈荣, 吴冲锋. 金融衍生市场上企业套期保值的动机理论研究 [J]. 国际金融研究, 2001 (8).

41. 应明幼, 郑晓彬. 我国保险资金进入证券市场方式的分析与比较 [J]. 财政研究, 2001 (9).

42. 张明燕. 保险投资组织模式的选择 [J]. 中外科技信息, 2001 (12).

43. 陈学华, 杨耀辉. RAROC 方法及证券投资基金绩效评价 [J]. 华南金融研究, 2002 (6).

44. 杨军. 基础设施投资结构变动决定机制研究 [J]. 湖北经济学院学报, 2003 (5).

45. 刘新鹏. 美日保险监管制度的比较与借鉴 [J]. 金融教学与研究. 2004 (2).

46. 杨之曙, 姚松瑶. 沪市买卖价差和信息性交易实证研究 [J]. 金融研究, 2004 (4).

47. 刘喜华. 保险资金运用与寿险公司的资产负债管理 [J]. 金融与保险, 2004 (6).

48. 田君, 陈伟忠. 基于资产负债管理的保险资金投资问题研究 [J]. 上海金融, 2005 (10).

49. 王环, 董虹. 我国保险资金运用困境的制度分析 [J]. 经济问题探索, 2006 (1).

50. 周开国、何兴强、柴俊. 股票交易活跃性、流动性与基于信息的交易——

对 H 股的微观结构分析［J］. 财经问题研究，2006（8）.

51. 孙家瑜 . 当前保险资金运用的机遇与挑战 . 沿海企业与科技［J］. 2006（11）.

52. 杨辉 . 我国证券公司直接投资业务问题浅析［J］. 商情（教育经济研究），2007（2）.

53. 吕兆德 . 投资基金风格分析之构建研究［J］. 现代财经，2007（2）.

54. 丁建勋 . 基础设施投资与经济增长［J］. 山西财经大学学报，2007（2）.

55. 王寒，辜毅 . 保险资金投资多元化的若干效应［J］. 中国保险，2007（9）.

56. 金勇德，赵磊 . 日韩保险资金运用对中国的启示［J］. 生产力研究，2008（20）.

57. 焦曼 . 试论我国寿险资金投资股票市场的风险防范［J］. 时代经贸，2008（7）.

58. 张艳妍，吴韧强 . 美国保险资金运用的分析及借鉴［J］. 金融经济，2008（10）.

59. 刘平 . 精于风险却毁于风险——AIG 的启示［J］. 中国保险 . 2009（1）.

60. 蔡茂祥 . 证券投资基金的业绩评价及选择方法研究［J］. 中国科技博览，2009（8）.

61. 佘伯明 . 我国巨灾风险管理的现状及体系构［J］. 学术论坛 . 2009（8）.

62. 许辉，祝立宏 . 我国资本市场与证券投资基金互动关系［J］. 技术经济与管理研究，2010（2）.

63. 董堃，梁为鲜 . 论基金托管人制度完善［J］. 市场现代化，2010（3）.

64. 李妍，陈敏 . AIG 风险案例和启示［J］. 金融发展评论，2010（4）.

65. 王晨 . 浅谈影响投资基金选择的因素［J］. 投资分析，2010（10）.

66. 韩良 . 资产支持证券的流通性法律问题研究［J］. 天津师范大学学报，2012（2）.

67. 李强 . 基础设施投资、教育支出与经济增长［J］. 财经理论与实践，2012（5）.

68. 林志红 . 房地产投资的因素及风险控制研究［J］. 宏观经济，2012（7）.

69. 缪建民 . 保险资产负债管理解题［J］. 中国金融，2013（2）.

70. 赵红丽 . 我国保险资金不动产投资发展现状及展望［J］. 郑州航空工业管理学院学报，2013（4）.

71. 李长德 . 浅析我国基金市场治理架构、发展模式、投资者结构［J］. 时代金融，2014（1）.

72. 谢光 . 浅谈我国保险资金运用风险管理［J］. 产业研究，2014（5）.

73. 谭祖卫，刘春晓 . 我国政府资金股权投资模式创新研究［J］. 科学管理研究，2014（21）.

74. 刘超．从战略资产配置到战术资产配置［N］．期货日报，2008年11月14日．

75. 高利．保险公司资产负债匹配管理系列报告一：框架及影响因素［R］．华创证券研究报告，2011年12月27日．

76. 中国基金业协会．基金投资者情况调查分析报告（2012度）http：//www. amac. org. cn/.

77. 中国人寿保险股份有限公司2013年年度报告［R］．网址 http：//www. e-chinalife. com/IRchannel/http/gb2312/annual_interim_reports. shtml.

78. 中国大地保险2013年信息披露报告［R］．网址 http：//www. cpcr. com. cn/tzzgx/.

79. 中国证券业协会编．证券市场基础知识［M］．中国金融出版社，2013.

80. 中国证券业协会编．证券投资基金［M］．中国财政经济出版社，2012.

81. 中国证券业协会编．证券投资基金［M］．中国金融出版社，2013.

敬告读者

为了帮助广大师生和其他学习者更好地使用、理解、巩固教材的内容，本教材配课件和部分习题答案，读者可关注微信公众号“经科新知”，浏览课件和习题答案。

如有任何疑问，请与我们联系。

QQ：16678727

邮箱：esp_bj@163. com

教师服务 QQ 群：208044039

读者交流 QQ 群：894857151

经济科学出版社

2022 年 1 月

经科新知

教师服务 QQ 群

读者交流 QQ 群

经科在线学堂